契約トラブルの出口戦略と予防法務

リスク管理から考える条項例と紛争対応

阿部・井窪・片山法律事務所・弁護士
服部　誠　　中村　閑
大西ひとみ　柿本祐依　【著】

ぎょうせい

はしがき

　本書は、企業等の契約トラブルに関する相談を日々お受けし、多くの訴訟事件の実績のある筆者らが、実務的な知見をできるだけ盛り込みつつ、契約トラブルの「予防法務」と「出口戦略」について解説したものです。

　「予防法務」は、契約に関するトラブルが発生するリスクや、トラブルが発生してしまった場合に被る不利益をできる限り下げるためには、どのような条項を作成すべきかという、いわゆる平時の場面を想定したものです。また、「出口戦略」は、契約の締結後、契約に関するトラブルが発生してしまった場合に、それをどのように解決すべきかという、いわゆる有事の場面を想定したものとなります。

　本書の特長は、筆者らの実務経験を基に、具体的なトラブルをイメージしながら、それに適切に対処するにはどのような点に留意すべきかを念頭に、「予防法務」と「出口戦略」の双方について、実務に資する事項をわかりやすく解説した点にあります。

　具体的には、第1編を「予防法務」パート、第2編を「出口戦略」パートとして、各編第1章で、すべての契約類型にあてはまる事項を、主に契約実務の経験が短い読者の方々に向けて解説しております。そして、第2章から第7章において、多くの企業でよくみられる契約類型（秘密保持契約、OEM契約、業務委託契約）と、トラブルが生じた場合にリスクが大きくなりやすい契約類型（共同開発契約、合弁契約、AI開発・利用契約）を取り上げ、それぞれの契約類型ごとに、「予防法務」パートでは、一般に想定されるトラブルをあげて、効果的な契約条項案とその説明を行い、「出口戦略」パートでは、代表的なトラブルと各トラブルにおける法的論点や対応策を解説しております。

　本書が契約にかかわる業務を担当する皆様にとってわずかでもお役に立つようであれば、望外の喜びです。

　最後に、本書の企画、構成および推敲にあたっては、株式会社ぎょうせいの安倍雄一様に大変お世話になりました。この場を借りて厚く御礼を申し上げます。

令和6年12月吉日

阿部・井窪・片山法律事務所
弁護士 服部 誠
同 中村 閑
同 大西ひとみ
同 柿本祐依

本書の利用方法

1　本書のテーマ

　本書は、表紙のタイトルのとおり、「契約トラブル」に焦点をあてた解説本である。

　多くの企業においては、他社（他者）とのさまざまな取引関係の中で、日々の事業活動を行っていることから、どうしても契約に関するトラブルがつきものである。読者の皆様も、トラブルを解決するために契約相手との交渉といった対応に追われたり、その際に対象の契約書を確認して「契約条項がこうなっていれば」と反省したり、といったご経験をおもちの方も多いかもしれない。

　本書は、企業等の契約トラブルに関する相談を日々お受けし、多くの訴訟事件の実績もある筆者らが、その実務的な知見をできるだけ盛り込んで、契約トラブルの「出口戦略」と「予防法務」について解説したものである。

　「出口戦略」は、契約の締結後、契約に関するトラブルが発生してしまった場合に、それをどのように解決するかという、いわゆる有事の場面を想定したものである。他方、「予防法務」は、そのような契約に関するトラブルが発生するリスクをできる限り下げるため、また、トラブルが発生してしまった場合に被る不利益をできる限り下げるため、どのような内容で契約すべきか（どのような内容の契約書を作成すべきか）という、いわゆる平時の場面を想定したものである。

2　「出口戦略」パートの活用法

　契約に関するトラブルが発生してしまった場合には、まず迅速な初動対応が重要になる。

　契約トラブルは、頻繁に起こりうるものであるがゆえ、それぞれの案件が企業に与える影響は大きいものから小さいものまで千差万別であり、さらに、緊急性の高い案件もあれば、そうでもない案件もある。企業としては、影響の大きい案件や緊急性の高い案件については特に、早い段階から外部の専門家に依頼するという選択肢もあると思われる。そのため、まずは発生したトラブル案件について、事実関係を確認し、法的に問題になりうる点や、生じうる帰結

（自社にとってのワーストシナリオ）を大まかに検討して、その案件の重大性・緊急性等を見極めることが、企業内におけるトラブル対応の初動としてまず重要になる。

　そのうえで、さらに案件の検討を進めるとともに、今後の対応方針やスケジュールを決定していくことになる。具体的には、契約相手が事実関係を争った場合に、当方が認識している事実を裏付ける証拠があるか否かを確認するとともに、法的に問題になりうる点について、法令や裁判例等に照らしてどのように判断される可能性が高いか、契約相手からどのような反論が予想されるか、などを検討する。そして、これらを踏まえたうえで、このトラブルを解決するために具体的にとり得る対応方法・手段を検討し、方針を決めていくことになる。もちろん、最終的な対応方針を決定するうえでは、このような法的な観点からの検討結果に加え、契約相手との関係性といった事業・経営的な観点も十分に考慮することが重要になる。

　本書の「出口戦略」パート（第2編）は、契約トラブルが発生してしまった場合に、特にその初動での検討の一助となることをめざしたものである。

　具体的には、総論として、すべての契約類型にあてはまる、契約トラブルの対応策を整理したうえで、多くの企業でよくみられる契約類型（秘密保持契約、OEM契約、業務委託契約）と、トラブルが生じるリスク・生じた場合のリスクが大きくなることが多いと思われる契約類型（共同開発契約、合弁契約、AI開発・利用契約）を取り上げ、それぞれの契約類型ごとに、代表的なトラブルと、各トラブルにおける法的論点や対応策を解説している。

　そのため、特に、本書で取り上げている契約類型に関するトラブルが発生した場合（さらにそれが本書で解説している代表的なトラブルと一致する場合）には、その解説内容をお読みいただくことで、時間の面でも気持の面でも余裕がなくなりがちな初動の場面でも、問題となりうる法的論点について、端的に、迅速にご理解いただけるのではないかと思う。

　また、本書では、初動の後、より深く法的な検討を行い、対応方針を決定する場面においても、参考となる内容をできる限り盛り込んだ。もっとも、実際の案件における出口戦略は、まさに「戦略」という用語のもつニュアンスのとおり、個別のさまざまな事情を総合的に考慮して決定することが、なにより重

要である。読者の皆様におかれては、ある程度汎用性のある本書の内容にとらわれすぎることなく、柔軟な発想で、最善と考えられる解決をめざしていただきたいと願っている。

3 「予防法務」パートの活用法

　上記の有事の場面での対応がいかに重要であるかは、あえて強調するまでもないだろうが、契約トラブルの「予防」のための契約書作成の場面（平時）における対応も、企業にとっては、同じかそれ以上に重要なものである。

　多くの企業においては、業務のさまざまな場面で、契約書（覚書、合意書なども含む）を目にすることになり、契約書の作成、契約の相手方との交渉、契約条項の修正、契約の締結の事務手続といった業務が日々行われている。そのような契約に関する業務は、たとえば、事業部門の社員にとっては、企業の売上げに直結するような業務に比べて、地味で些末な作業と感じられたり、法務部員であっても、上記のような、目の前でまさに発生しているトラブル対応などの業務に追われ、契約に関する業務は優先順位が低くなりがちといった現状があるかもしれない。しかしながら、契約書は、将来のトラブルを防止し、取引やその他のビジネスの中核的な業務の安定をもたらしたり、万が一トラブルが生じてしまった場合も自社を守ってくれるものになりうる。その一方で、逆に、契約書によって、トラブルが引き起こされたり、新しいビジネスを妨げられたりする可能性も否定できない。そして、契約書がこのどちらの方向にはたらくかは、ひとえに契約の内容によるといっても過言ではない。

　本書では、「予防法務」パート（第1編）の総論（第1章）において、主に契約実務の経験が短い読者に向け、契約書作成の意義やその作成・交渉にあたっての留意点やコツを、基礎的な事項を含めて詳細に解説しているが、ここで1つだけポイントを述べると、自社にとって良い契約書が作成できるかは、その契約に関して生じうるトラブルを想定し、それを意識して契約書を作成できるか否かによる、ということである。つまり、契約書の作成（レビューも含む）にかかわる担当者は、その契約に関してどのようなトラブルが発生する可能性があるかを想定しながら、その業務にあたることが非常に重要である。そして、この場合、契約に関するトラブルは、契約条項ごとに一般に想定されるも

のと、個別の案件の事情によって想定されるものに大きく分けられるであろう。

　本書においては、このうち前者の一般に想定されるトラブルを考慮しながら、契約条項について具体的な解説を行っている。取り上げている契約類型は、上記で述べた「出口戦略」パートのものと同じく、多くの企業でよくみられる契約類型（秘密保持契約、OEM契約、業務委託契約）と、トラブルが生じるリスク・生じた場合のリスクが大きくなることが多いと思われる契約類型（共同開発契約、合弁契約、AI開発・利用契約）である。

　企業実務においては、実際にトラブルが発生したという有事の場面より、契約書を作成するという平時の場面のほうが圧倒的に多いであろうことから、本書の順番も「予防法務」パートからとした。もっとも、より適切に有効に「予防法務」を行うためには、契約トラブルのイメージを具体的にもつことが重要であることから、契約書作成の場面においても、本書の「出口戦略」パートをご一読いただき、活用いただけると幸いである。

目　　次

はしがき
本書の利用方法

第1編　契約トラブルの予防法務

第1章　総　論 …………………………………………………… 2

I　契約に関する基礎知識 ………………………………………… 2
1　契約書作成の意義（なぜ契約書を作成するのか？）………… 2
2　任意規定と強行規定 ……………………………………………… 3
3　民法の構成と典型契約 …………………………………………… 5

II　契約の基本的な要素とチェックポイント ……………………10
1　表　題 ………………………………………………………………10
2　前　文 ………………………………………………………………11
3　契約の目的 …………………………………………………………11
4　権利義務の内容 ……………………………………………………12
5　期間・条件・期限・存続期間 ……………………………………12
6　秘密保持条項 ………………………………………………………18
7　債権譲渡・債務引受・契約上の地位移転禁止条項 ……………19
8　不可抗力条項 ………………………………………………………22
9　完全合意条項 ………………………………………………………24
10　解　除 ………………………………………………………………25
11　損害賠償 ……………………………………………………………29
12　反社条項 ……………………………………………………………34
13　準拠法・紛争解決手段・合意管轄 ………………………………36

III　どうすれば良い契約書を作成できるか？ ……………………39
1　ファーストドラフトを作成する場合 ……………………………39

i

2　相手方がファーストドラフトを作成する場合……………………41
Ⅳ　契約締結交渉における留意点——契約交渉をまとめる工夫——
　　……………………………………………………………………………42
　　1　好ましくない契約交渉……………………………………………42
　　2　契約条項をまとめる工夫…………………………………………42
　　3　チーム編成…………………………………………………………45
　　4　スケジュールの策定………………………………………………45

第2章　秘密保持契約……………………………………………46

Ⅰ　秘密保持契約の締結にあたって考慮すべき事項……………………46
　　1　最初に確認すべき事項……………………………………………46
　　2　秘密保持契約の契約交渉に関する基本的姿勢…………………52
Ⅱ　具体的な契約条項の検討………………………………………………53
　　1　目的条項……………………………………………………………53
　　2　秘密情報の定義条項………………………………………………56
　　3　秘密保持義務………………………………………………………65
　　4　目的外使用の禁止…………………………………………………71
　　5　秘密情報の複製の取扱い…………………………………………71
　　6　報告及び監査………………………………………………………72
　　7　事故対応……………………………………………………………74
　　8　秘密情報の破棄または返還………………………………………75
　　9　損害賠償……………………………………………………………78
　　10　差止め………………………………………………………………79
　　11　有効期間……………………………………………………………81
Ⅲ　取引基本契約書等における秘密保持条項……………………………82
　　1　条項例………………………………………………………………82
　　2　取引基本契約書等の秘密保持条項と先行する秘密保持契約との関係…83
Ⅳ　従業員の秘密保持誓約書………………………………………………84
　　1　はじめに……………………………………………………………84
　　2　従業員の秘密保持誓約書…………………………………………86

【書式例1-2-1】　秘密保持誓約書……………………………87
　3　退職者の競業避止義務……………………………………………89
V　秘密情報の漏えい防止のための平時の対策………………………90
　1　はじめに……………………………………………………………90
　2　秘密情報の管理のステップ………………………………………90

第3章　OEM契約（製造物供給契約）……………………93

I　OEM契約の締結にあたって考慮すべき事項………………………93
　1　最初に確認すべき事項……………………………………………93
　2　OEM契約の基本的姿勢……………………………………………95
II　具体的な契約条項の検討……………………………………………97
　1　目的条項……………………………………………………………97
　2　適用範囲……………………………………………………………98
　3　個別契約……………………………………………………………99
　4　取引の対象製品…………………………………………………103
　5　製品の仕様の決定方法および変更方法…………………………104
　6　製品の製造、原材料・包装資材等………………………………107
　7　再委託……………………………………………………………111
　8　保　証……………………………………………………………115
　9　納入、受入検査、引渡し…………………………………………117
　10　所有権・危険負担の移転…………………………………………123
　11　契約不適合責任……………………………………………………125
　12　製造物責任…………………………………………………………127
　13　商　標……………………………………………………………131
　14　知的財産権の帰属…………………………………………………132
　15　知的財産権に関する第三者との紛争……………………………134
　16　類似製品の製造禁止………………………………………………136
　17　不可抗力…………………………………………………………137

iii

目 次

第4章 業務委託契約 ……………………………………………… 139

Ⅰ 業務委託契約の締結にあたって考慮すべき事項 ………………… 139
  1 委託業務の内容 ………………………………………………………… 139
  2 業務委託契約の法的性質 ……………………………………………… 139
  3 下請法による規制 ……………………………………………………… 143
  4 労働法による規制 ……………………………………………………… 145
  5 フリーランス・事業者間取引適正化等法 …………………………… 146
  6 業務委託契約の契約交渉に関する基本的姿勢 ……………………… 149
Ⅱ 具体的な契約条項の検討 …………………………………………… 150
  1 目的条項 ………………………………………………………………… 150
  2 委託業務の内容 ………………………………………………………… 150
  3 報酬及び費用 …………………………………………………………… 152
  4 受託者の義務 …………………………………………………………… 153
  5 委託者の義務 …………………………………………………………… 156
  6 免責、非保証 …………………………………………………………… 158
  7 知的財産 ………………………………………………………………… 159
  8 損害賠償 ………………………………………………………………… 162
  9 契約期間、中途解約 …………………………………………………… 163
  10 個人情報保護 …………………………………………………………… 165

第5章 共同開発契約 ……………………………………………… 168

Ⅰ 共同開発契約の締結にあたって考慮すべき事項 ………………… 168
  1 最初に確認すべき事項 ………………………………………………… 168
  2 共同開発契約の契約交渉に関する基本的な姿勢 …………………… 169
Ⅱ 具体的な契約条項の検討 …………………………………………… 170
  1 目的条項 ………………………………………………………………… 170
  2 役割分担 ………………………………………………………………… 172
  3 費用負担 ………………………………………………………………… 173
  4 共同開発の期間・終了 ………………………………………………… 174

iv

5	成果の帰属	175
6	成果の公表	179
7	改良発明・派生生成物の取扱い	181
8	競業避止義務	182

第6章　合弁契約 ……184

Ⅰ　合弁契約とは ……184
Ⅱ　契約交渉の開始にあたって考慮すべき事項 ……184
1 最初に確認すべき事項 ……184
2 合弁契約の契約交渉に関する基本的な姿勢 ……187

Ⅲ　基本合意書を締結するにあたって考慮すべき事項 ……188
1 タームシート ……188
2 基本合意書 ……188
3 誠実交渉義務・独占交渉義務の違反 ……191
4 契約交渉の頓挫 ……191

Ⅳ　合弁事業を行う事業体の組織形態 ……192
1 概　要 ……192
2 法人格の有無 ……193
3 出資者の責任 ……193
4 業務執行者の行為に対する責任 ……194
5 支配形態の変更容易性 ……195
6 税務メリットの有無 ……195
7 小　括 ……195

Ⅴ　有限責任事業組合契約の契約条項の検討 ……196
1 必要的記載事項 ……196
2 組合の運営に関する事項 ……199
3 組合の財産に関する事項 ……200
4 組合の損益分配に関する事項 ……200
5 組合員の変動に関する事項 ……200
6 解散・清算に関する事項 ……201

Ⅵ 合弁契約の契約条項の検討 ……………………………………… 202
1 合弁会社の基本設計に関する事項 ……………………………… 202
2 合弁会社の運営に関する事項 …………………………………… 214
3 剰余金の配当に関する事項 ……………………………………… 218
4 競業避止義務に関する事項 ……………………………………… 220
5 株主等との取引条件に関する事項 ……………………………… 221
6 株式の譲渡に関する事項 ………………………………………… 223
7 解散、解除に関する事項 ………………………………………… 232

第7章 AI開発・利用契約 …………………………………………… 235

Ⅰ はじめに ……………………………………………………………… 235
Ⅱ AI開発・利用契約の締結にあたって考慮すべき事項 ………… 235
1 AI開発のプロセス ……………………………………………… 235
2 AI開発・利用契約の特殊性 …………………………………… 238
3 AI開発契約の検討ポイント …………………………………… 239
4 AI利用契約の検討ポイント …………………………………… 245
5 AI開発・利用契約の契約交渉に関する基本的な姿勢 ……… 249

第2編 契約トラブルの出口戦略

第1章 総論 ……………………………………………………………… 252

Ⅰ 代表的なトラブル類型 ……………………………………………… 252
Ⅱ トラブル対応 ………………………………………………………… 252
1 各トラブルに共通する対応策 …………………………………… 252
2 対応方針に従ったトラブル対応手段の実施 …………………… 255

第2章 秘密保持契約 … 268

- I 代表的なトラブル類型 … 268
- II 秘密保持契約に関するトラブル類型に共通する対応策 … 269
  - 1 対策本部の設置・応急措置の実施 … 269
  - 2 事実関係の調査 … 269
  - 3 証拠の保全 … 270
  - 4 被害の大きさや影響が及ぶ範囲の検証 … 270
  - 5 対応手段の選択 … 270
  - 6 従業員の懲戒処分、退職者への対応 … 276
- III 秘密保持契約に関するトラブル類型別の対応策 … 277
  - 1 受領者による漏えい … 277
  - 2 受領者による目的外使用 … 281

第3章 OEM契約（製造物供給契約） … 285

- I 代表的なトラブル類型 … 285
- II OEM契約に関するトラブル類型に共通する対応策 … 285
  - 1 事実関係および契約条項の確認 … 285
  - 2 生じうる影響の検証および対応策の検討 … 286
  - 3 相手方との任意交渉 … 286
- III OEM契約に関するトラブル類型別の対応策 … 287
  - 1 受注者から満足のいかない品質の製品が納入された … 287
  - 2 納期を過ぎても受注者から製品が納入されない … 293
  - 3 製品の欠陥について顧客からクレームがあった … 301
  - 4 発注者が代金を支払ってくれない … 307
  - 5 取引を解消したい … 311

目次

第4章　業務委託契約 …………………………………………… 316

- Ⅰ 代表的なトラブル類型 ……………………………………………… 316
- Ⅱ 業務委託契約に関するトラブル類型に共通する対応策 ……… 316
  - 1 対応方針の検討 ……………………………………………………… 316
  - 2 相手方との任意交渉 ………………………………………………… 317
- Ⅲ 業務委託契約に関するトラブル類型別の対応策 ………………… 317
  - 1 受託者が納期までに成果物を完成させなかった ………………… 317
  - 2 委託業務の成果が得られていない ………………………………… 324
  - 3 当初予定より業務範囲が増大し、追加作業分の費用が発生した …… 328
  - 4 契約を解除したい …………………………………………………… 330
  - 5 委託者が報酬を支払ってくれない ………………………………… 336

第5章　共同開発契約 …………………………………………… 338

- Ⅰ 代表的なトラブル類型 ……………………………………………… 338
- Ⅱ 共同開発契約に関するトラブル類型に共通する対応策 ……… 338
  - 1 関連資料の整理・保存 ……………………………………………… 338
  - 2 事実関係の調査 ……………………………………………………… 338
  - 3 調査結果の評価 ……………………………………………………… 339
  - 4 対応手段の選択 ……………………………………………………… 339
- Ⅲ 共同開発契約に関するトラブル類型別の対応策 ………………… 339
  - 1 一方当事者が共同開発契約上の分担業務を履行しない ………… 339
  - 2 一方当事者が成果を開示・提供しない …………………………… 343
  - 3 共同開発の継続の有無 ……………………………………………… 344
  - 4 一方当事者による成果に関する単独出願 ………………………… 345
  - 5 一方当事者による成果の不正利用 ………………………………… 349

第6章 合弁契約 ……………………………………………… 351

Ⅰ 代表的なトラブル類型 …………………………………………… 351
Ⅱ 合弁契約に関するトラブル類型に共通する対応策 …………… 351
  1 関連資料の整理・保存 ………………………………………… 351
  2 事実関係の調査 ………………………………………………… 352
  3 調査結果の評価 ………………………………………………… 352
  4 対応手段の選択 ………………………………………………… 352
Ⅲ 合弁契約に関するトラブル類型別の対応策 …………………… 353
  1 合弁会社の運営方針をめぐる対立が生じている …………… 353
  2 合弁当事者が合弁会社と競業する事業を行っている ……… 359
  3 合弁会社への資金供与が必要な状況が生じている ………… 362
  4 合弁関係の解消をめぐる対立が生じている ………………… 367

第7章 AI 開発・利用契約 ……………………………… 373

Ⅰ 代表的なトラブル類型 …………………………………………… 373
Ⅱ トラブル類型別の対応策 ………………………………………… 373
  1 納品された開発物の性能に争いがある ……………………… 373
  2 開発物の知的財産権の帰属に争いがある …………………… 376
  3 ベンダが同業他者に同種の開発物を提供している ………… 382

事項別索引 …………………………………………………………… 385
執筆者略歴 …………………………………………………………… 391

第1編　契約トラブルの予防法務

第1章　総論

[条項例1-1-1]　期限の利益喪失条項・・・・・・・・・・・・・・・・・・・・・・・・・・・・・・・・・・・・16
[条項例1-1-2]　自動更新条項・・18
[条項例1-1-3]　債権譲渡禁止条項・・・・・・・・・・・・・・・・・・・・・・・・・・・・・・・・・・・・・・19
[条項例1-1-4]　チェンジオブコントロール条項（COC条項）・・・・・・・・・・・・・21
[条項例1-1-5]　不可抗力条項・・23
[条項例1-1-6]　完全合意条項・・24
[条項例1-1-7]　解除に関する条項・・・・・・・・・・・・・・・・・・・・・・・・・・・・・・・・・・・・・28
[条項例1-1-8]　債務者の帰責事由に関する条項・・・・・・・・・・・・・・・・・・・・・・・・32
[条項例1-1-9]　損害賠償の範囲の限定に関する条項・・・・・・・・・・・・・・・・・・・・32
[条項例1-1-10]　損害賠償の額に関する条項・・・・・・・・・・・・・・・・・・・・・・・・・・・・33
[条項例1-1-11]　金銭債務の不履行による損害賠償に関する条項・・・・・・・・・・・33
[条項例1-1-12]　損害賠償・・・33
[条項例1-1-13]　損害賠償額の予定・・・・・・・・・・・・・・・・・・・・・・・・・・・・・・・・・・・・34
[条項例1-1-14]　違約罰の定め・・34
[条項例1-1-15]　反社条項・・35
[条項例1-1-16]　準拠法・紛争解決手段・合意管轄①・・・・・・・・・・・・・・・・・・・・36
[条項例1-1-17]　準拠法・紛争解決手段・合意管轄②・・・・・・・・・・・・・・・・・・・・36
[条項例1-1-18]　準拠法・紛争解決手段・合意管轄③・・・・・・・・・・・・・・・・・・・・37

第2章　秘密保持契約

[条項例1-2-1]　A社およびB社による情報の受領もY社による受領と扱うことを規定する場合・・・50
[条項例1-2-2]　Y社を介してA社およびB社に情報を開示する場合・・・・・・・・・50
[条項例1-2-3]　受領者にY社の関連会社も含まれると規定する場合・・・・・・・・51
[条項例1-2-4]　Y社の関連会社に対する開示をY社に対する開示として扱う場合・・・51

[条項例1-2-5] 目的条項①……………………………………………………53
[条項例1-2-6] 目的条項②……………………………………………………54
[条項例1-2-7] 秘密情報の定義条項①（すべての情報を秘密情報とする場合）……………………………………………………………………………56
[条項例1-2-8] 秘密情報の定義条項②（技術上または営業上の情報のすべてを秘密情報とする場合）…………………………………………………56
[条項例1-2-9] 秘密情報の定義条項③（秘密である旨が明示された情報のみを秘密情報とする場合）…………………………………………………56
[条項例1-2-10] 秘密情報の定義条項④（［条項例1-2-9］に加え、口頭で開示された場合の書面交付義務を定める場合）……………………………56
[条項例1-2-11] 秘密情報の定義条項⑤（開示の際に秘密である旨が明示された情報のみを秘密情報としつつ、一定の情報については秘密である旨の明示がなくとも秘密情報とする場合）……………………………………57
[条項例1-2-12] 秘密情報の定義条項⑥（秘密情報から除外される情報①）……………………………………………………………………………57
[条項例1-2-13] 秘密情報の定義条項⑦（秘密情報から除外される情報②）……………………………………………………………………………57
[条項例1-2-14] 秘密保持義務①………………………………………………65
[条項例1-2-15] 秘密保持義務②（受領者の宣伝①）………………………70
[条項例1-2-16] 秘密保持義務③（受領者の宣伝②）………………………70
[条項例1-2-17] 目的外使用の禁止……………………………………………71
[条項例1-2-18] 秘密情報の複製の取扱い①…………………………………71
[条項例1-2-19] 秘密情報の複製の取扱い②…………………………………71
[条項例1-2-20] 報告及び監査…………………………………………………72
[条項例1-2-21] 事故対応………………………………………………………74
[条項例1-2-22] 秘密情報の破棄または返還…………………………………75
[条項例1-2-23] 損害賠償①……………………………………………………78
[条項例1-2-24] 損害賠償②……………………………………………………78
[条項例1-2-25] 差止条項………………………………………………………79
[条項例1-2-26] 有効期間………………………………………………………81

［条項例］目次

［条項例1-2-27］　取引基本契約書等における秘密保持条項……………82
［条項例1-2-28］　秘密保持契約の規定を優先して適用する場合…………84
［条項例1-2-29］　競業避止義務………………………………………………89

第3章　OEM契約（製造物供給契約）

［条項例1-3-1］　目的条項……………………………………………………97
［条項例1-3-2］　適用範囲……………………………………………………98
［条項例1-3-3］　個別契約……………………………………………………99
［条項例1-3-4］　取引の対象製品……………………………………………103
［条項例1-3-5］　製品の仕様の決定方法および変更方法①（発注者が作成し定める場合）…………………………………………………………104
［条項例1-3-6］　製品の仕様の決定方法および変更方法②（受注者が作成し発注者が決定する場合）……………………………………………104
［条項例1-3-7］　製品の仕様の決定方法および変更方法③（受注者が作成し定める場合）…………………………………………………………105
［条項例1-3-8］　サンプルの納入……………………………………………106
［条項例1-3-9］　製品の製造①………………………………………………107
［条項例1-3-10］　製品の製造②………………………………………………107
［条項例1-3-11］　再委託①……………………………………………………111
［条項例1-3-12］　再委託②……………………………………………………111
［条項例1-3-13］　再委託③……………………………………………………112
［条項例1-3-14］　再委託④……………………………………………………112
［条項例1-3-15］　保証…………………………………………………………115
［条項例1-3-16］　納入、受入検査、引渡し①………………………………117
［条項例1-3-17］　納入、受入検査、引渡し②………………………………118
［条項例1-3-18］　受領遅滞……………………………………………………123
［条項例1-3-19］　所有権・危険負担の移転…………………………………123
［条項例1-3-20］　契約不適合責任……………………………………………125
［条項例1-3-21］　製造物責任①（協議により決定する場合）………………127
［条項例1-3-22］　製造物責任②（一切の責任を受注者が負う場合）………127
［条項例1-3-23］　製造物責任③（一定の条件下で受注者が責任を負う場合）

....128
［条項例1-3-24］ 製造物責任④（原因に応じて費用負担する当事者を定める場合）..128
［条項例1-3-25］ 商標..131
［条項例1-3-26］ 知的財産権の帰属①（原則受注者帰属とする場合）.........132
［条項例1-3-27］ 知的財産権の帰属②（原則共同保有とする場合）............133
［条項例1-3-28］ 知的財産権の帰属③（原則発注者帰属とする場合）.........133
［条項例1-3-29］ 知的財産権に関する第三者との紛争①（一定の条件下で受注者に対応義務を課す場合）..134
［条項例1-3-30］ 知的財産権に関する第三者との紛争②（帰責事由のある者が対応義務を負うとする場合）..135
［条項例1-3-31］ 類似製品の製造..136
［条項例1-3-32］ 不可抗力..137

第4章　業務委託契約

［条項例1-4-1］ 目的条項..150
［条項例1-4-2］ 適用範囲..150
［条項例1-4-3］ 報酬及び費用..152
［条項例1-4-4］ 受託者の義務..153
［条項例1-4-5］ 委託者の義務..156
［条項例1-4-6］ 貸与物品等の取扱い..157
［条項例1-4-7］ 免責・非保証..158
［条項例1-4-8］ 成果物の権利帰属①（原則委託者帰属とする場合）.........159
［条項例1-4-9］ 成果物の権利帰属②（受託者帰属とする場合）................160
［条項例1-4-10］ 損害賠償..162
［条項例1-4-11］ 契約期間、中途解約..163
［条項例1-4-12］ 個人情報保護..165

第5章　共同開発契約

［条項例1-5-1］ 目的条項①..170
［条項例1-5-2］ 目的条項②..170
［条項例1-5-3］ 目的条項③..171

xiii

［条項例］目次

［条項例1-5-4］　目的条項④ …………………………………………… 171
［条項例1-5-5］　役割分担① …………………………………………… 172
［条項例1-5-6］　役割分担② …………………………………………… 172
［条項例1-5-7］　役割分担③ …………………………………………… 173
［条項例1-5-8］　費用負担① …………………………………………… 173
［条項例1-5-9］　費用負担② …………………………………………… 174
［条項例1-5-10］　共同開発の期間・終了① …………………………… 174
［条項例1-5-11］　共同開発の期間・終了② …………………………… 175
［条項例1-5-12］　成果の定義に関する条項例① ……………………… 175
［条項例1-5-13］　成果の定義に関する条項例② ……………………… 176
［条項例1-5-14］　成果の定義に関する条項例③ ……………………… 176
［条項例1-5-15］　成果の帰属に関する条項例① ……………………… 176
［条項例1-5-16］　成果の帰属に関する条項例② ……………………… 176
［条項例1-5-17］　成果の帰属に関する条項例③ ……………………… 176
［条項例1-5-18］　成果の公表① ………………………………………… 179
［条項例1-5-19］　成果の公表② ………………………………………… 180
［条項例1-5-20］　成果の公表③ ………………………………………… 180
［条項例1-5-21］　改良発明・派生生成物の取扱い① ………………… 181
［条項例1-5-22］　改良発明・派生生成物の取扱い② ………………… 181
［条項例1-5-23］　改良発明・派生生成物の取扱い③ ………………… 181
［条項例1-5-24］　競業避止義務① ……………………………………… 182
［条項例1-5-25］　競業避止義務② ……………………………………… 182

第6章　合弁契約

［条項例1-6-1］　基本条件 ……………………………………………… 189
［条項例1-6-2］　誠実交渉義務 ………………………………………… 189
［条項例1-6-3］　法的拘束力の不存在 ………………………………… 189
［条項例1-6-4］　スケジュール目標の合意 …………………………… 190
［条項例1-6-5］　独占交渉義務 ………………………………………… 190
［条項例1-6-6］　情報開示義務 ………………………………………… 191
［条項例1-6-7］　有限責任事業組合契約の必要的記載事項 ………… 197

[条項例1-6-8]	目的、組成方法①	202
[条項例1-6-9]	目的、組成方法②	202
[条項例1-6-10]	設立費用の負担	202
[条項例1-6-11]	出資比率①	203
[条項例1-6-12]	出資比率②	203
[条項例1-6-13]	出資比率の変動に伴う役員指名権の変更	204
[条項例1-6-14]	機関設計①	208
[条項例1-6-15]	機関設計②	208
[条項例1-6-16]	取締役等の選任・解任	211
[条項例1-6-17]	取締役の責任等①	212
[条項例1-6-18]	取締役の責任等②	212
[条項例1-6-19]	重要事項の決定①	214
[条項例1-6-20]	重要事項の決定②	215
[条項例1-6-21]	重要事項の決定③	215
[条項例1-6-22]	資金調達①（原則として資金提供義務を負わない場合）	217
[条項例1-6-23]	資金調達②（資金提供義務を負う場合）	217
[条項例1-6-24]	剰余金の配当①（剰余金を出資比率に応じて行う場合）	218
[条項例1-6-25]	剰余金の配当②（定款で株主ごとに異なる取扱いを定める場合）	219
[条項例1-6-26]	競業避止義務	220
[条項例1-6-27]	引き抜き禁止	220
[条項例1-6-28]	株主等との取引条件①	221
[条項例1-6-29]	株主等との取引条件②	221
[条項例1-6-30]	株式の譲渡制限①	223
[条項例1-6-31]	株式の譲渡制限②	223
[条項例1-6-32]	優先買取権	224
[条項例1-6-33]	先買権を優先する条項例	225
[条項例1-6-34]	コール・オプション	228
[条項例1-6-35]	プット・オプション	229
[条項例1-6-36]	デッドロック①（多数派株主が買い取る例）	231

［条項例1-6-37］　デッドロック②（協議不成立の場合には解散する例）……231
［条項例1-6-38］　契約の解除……………………………………………………232
［条項例1-6-39］　合弁会社の解散………………………………………………232

凡　例

　裁判例を示す場合、「判決」⇒「判」、「決定」⇒「決」と略した。また、裁判所の表示および裁判例の出典については、次に掲げる略語を用いた。

(1)　裁判所名の略語

大	大審院
最	最高裁判所
○○高	○○高等裁判所
○○地	○○地方裁判所
○○支	○○支部

(2)　判例集・判例評釈書誌の略語

民録	大審院民事判決録
民集	最高裁判所民事判例集
金判	金融・商事判例
金法	金融法務事情
判時	判例時報
判タ	判例タイムズ
労判	労働判例
労経速	労働経済判例速報
裁判所ウェブサイト	裁判所ホームページ裁判例情報
LEX/DB	LEX/DB インターネット（TKC ローライブラリー）

第1編 契約トラブルの予防法務

総　論

Ⅰ　契約に関する基礎知識

1　契約書作成の意義（なぜ契約書を作成するのか？）

　契約書作成の最たる目的は、どのような内容で契約が成立したのかをあとになって証明できるようにしておくことである。契約書を作成して契約を締結することで、契約当事者同士がどのようなことをしようとしていたのかを具体的に特定し、理解に齟齬をなくす。すなわち、契約書を作成することによって、どのような内容で契約が成立したのかを確認でき契約当事者間の紛争を予防する効果が期待できる。

　関係当事者間でうまくことが進んでいれば、契約書は引き出しの中にしまわれ誰も見ないままそこに規定されたことが終了し、保管期間が過ぎて破棄され、静かにその役目を終える。ところが、「そんなことは約束していない」とか「契約違反だ」などと言い合いになったり、第三者から契約当事者の双方ないしいずれかに対して当該契約に関連してクレームがなされるなど、トラブルが発生することがある。その場合に、解決の指針を与えてくれるべきものが、当事者がかつて合意した内容を記した契約書である。

〈契約書の意義・役割〉
○　どのような内容で契約が成立したのかを後日証明し、紛争を予防し、また、紛争に至った場合に意図した権利の行使・義務の履行を実現するために、契約書の作成が極めて重要
○　法令の定めと異なる内容や、法令に定めのない法律効果の発生をも求める場合、典型契約以外の類型の契約を望む場合には、特にその合意を

証する書面が必要

2　任意規定と強行規定

　契約の内容を確定させるために理解しておかなくてはならないのが、契約にかかわる法律（法規）、そして契約と法律との関係である。

　まず、法律の規定には、任意規定と強行規定とがあることを押さえておく必要がある。

（1）　契約との効力の優劣

　法令の定めと異なる内容、あるいはその法令に定めのないことを契約に定めることができるのか、定めたらどうなるのか、という観点から、法律の規定は、任意規定と強行規定とに分かれる。

　任意規定とは、当事者の合意、すなわち契約が法律よりも優先される事項についての法律の規定を指す。これに対し、強行規定（強行法規）とは、当事者が契約の条項でそれと異なる定めをしても、法律の規定のほうが効力が勝る（契約の条項は無効となる）規定を指す。

　契約には、私的自治の原則――（わかりやすくいえば）私人間のことに国家が干渉してはならないとする原則――が適用される。そこで、当事者が合意したら、その合意内容が尊重されるというのが原則――契約自由の原則――となる。ただ、当事者の自由に任せておくと拙い結果となる場合、法律の効力が契約の効力よりも勝ることにする必要があり、そこで、強行規定が必要となる。強行規定の例は、弱者保護に関する規定である。企業と従業員との関係を規律する労働契約法や労働基準法、企業と消費者との間を規律する消費者保護法において、両当事者の関係を規律する規定は、強行法規に該当する。強行法規に反する契約は無効となる。

（2）　任意規定の意義

　任意規定は、これと異なる当事者の合意よりも効力において劣るというだけではなく、重要な意義を有している。すなわち、契約に取り決めがない場合、任意規定は、当該契約にかかわる当事者の合意を補充することになる。たとえば、「BはAの庭にあるスズメバチの巣を除去し、その対価としてAはBに10万円を支払う」という合意が成立したものの、Bは巣の除去を行わず、その結

〈図表1-1-1〉 任意規定と強行規定

- **任意規定**：当事者の合意があると排除できる法律の規定
- **強行規定**：当事者の合意では排除できない法律の規定
- **原則：契約＞法律**（私的自治）
- **例外：強行法規**（公序良俗、弱者（労働者、消費者、下請業者等）保護に関する法律、業法等）
- 契約に取り決めがない場合→任意規定の適用

<u>強行法規＞契約＞任意規定</u>

　果、Aは、スズメバチに刺されて入院治療費20万円を要してしまったため、Bに対して入院治療費相当額20万円の支払いを求めたい場合、契約書に損害賠償請求に関する条項が規定されなかったら、AはBに対して一切損害賠償請求できないことになるのか。答えはNOである。民法415条は、「債務者がその債務の本旨に従った履行をしないときは、債権者は、これによって生じた損害の賠償を請求することができる」と規定している。したがって、契約当事者の一方が、債務を履行しない場合、それによって相手方が損害を被ったときには、民法415条に基づいて損害賠償請求することが可能である。契約に損害賠償に関する規定が存在しなくとも、任意規定である民法415条に基づいて損害賠償請求できることになる。

　契約交渉の過程で、「この債務不履行に基づく損害賠償の条項は、削除してください」と交渉相手から言われてしまった場合、「わかりました。結構です」と回答して削除に応じても、法的には問題がない。なぜなら、損害賠償の条項の内容が民法415条と同じであれば、契約に規定がなくても、任意規定が適用され、任意規定に基づいて損害賠償請求できることになるからである（なお、「損害賠償できない」と規定した場合には、その規定が、任意規定である民法415条より効力が優先されるため、損害賠償できなくなるのが原則であることには注意を要する）。

　このように、契約の対象となりうる事象について、関連する法律の規定の有無、内容、強行規定と任意規定について知っておくことが肝要である。

　そこで次に、契約に関連する法律（民法）をごく簡潔に説明しておく。

3　民法の構成と典型契約

（1）　民法の構成

民法は、以下のとおり、「第1編　総則」、「第2編　物権」、「第3編　債権」、「第4編　親族」および「第5編　相続」の5つの編によって構成されている。

〈民法全体の構造〉

第1編　総則
→民法全体に共通して適用されるルールを規定
（例）権利能力・意思能力・行為能力・意思表示・代理・時効など

第2編　物権
→物に対する権利（物権）に関するルールを規定
（例）所有権・地上権・占有権・抵当権など

第3編　債権
→人に対する権利（債権）に関するルールを規定
（例）契約・事務管理・不当利得・不法行為など

第4編　親族
→近親者間の法律関係や権利義務に関するルールを規定
（例）婚姻・親子・親権・成年後見制度など

第5編　相続
→人が死亡した場合の財産の承継に関するルールを規定
（例）相続人・遺産分割・相続放棄・遺言など

（2）　「第3編　債権」の構成

「第3編　債権」は、「債権総論」と「債権各論」に分かれる。債権総論では、債権の成立や効力、消滅について規定されている。債権各論は、債権の4つの発生原因である契約、事務管理、不当利得、不法行為について、それぞれの発生要件や効力に関する条項が定められている。

「契約」は、「契約総論」と「契約各論」に分かれる。「契約総論」では、契約の成立や効力、契約の解除について規定されており、「規約各論」では、以下の13の典型契約について、それぞれその成立要件や効果が記載されている。

（3）　典型契約と非典型契約

典型契約（ないし有名契約）とは、民法に規定された13種類の契約をいう。

〈図表1-1-2〉 債権法の構成

　これに対し、非典型契約（ないし無名契約）とは、民法に規定がある典型契約以外の契約のことをいい、リース契約、合弁契約、フランチャイズ契約、秘密保持契約、労働者派遣契約、共同研究開発契約、ライセンス契約等がこれに該当する。契約自由の原則から、民法に規定のない契約であっても、当事者は、自由な意思に基づいてその内容を決定できるため、新たなサービスや事業が開始されたときには、さまざまな非典型契約が作成されることになる。その場合、当事者は契約内容を原則として自由に設計できるため、契約書のつくり込み方いかんが、事業の成功のための鍵の一つとなる。非典型契約は、契約総論（損害賠償、解除など）は適用されるが、契約各論において任意規定が存在しないため、規定をおく場合とおかない場合の効果に大きな違いが生じる可能性が相対的に大きいといえる。したがって、非典型契約を締結する場合には、特に注意して契約書を作成すべきである。想定される場面やリスクを可能な限り洗い出し、その対策を契約条項に落とし込んでいく作業を行うことが肝要である。

　（4）　その他の契約の分類
　　（A）　要式契約・不要式契約
　契約は、一定の方式に従うことの要否という観点から、要式契約と不要式契約に分類することができる。
　要式契約とは、契約の成立に一定の方式が必要となる契約である。日本では、契約自由の原則に従って、ほとんどの契約では方式に制限はない。要式契約の例としては、保証契約があり、書面または内容を記録した電磁的記録で行わなければ効力を生じないとされている（民法446条）。

〈図表1-1-3〉 13の典型契約

贈与（民法549条～）	当事者の一方が相手方に対して、財産を無償で譲渡する契約
売買（民法555条～）	当事者の一方が相手方に対して、代金の支払いと引換えに財産を譲渡する契約
交換（民法586条～）	当事者同士が、金銭以外の財産を交換する契約
消費貸借（民法587条～）	当事者の一方が相手方に対して、金銭その他の物を交付し、種類・品質・数量の同じ物を後日返してもらう契約
使用貸借（民法593条～）	当事者の一方が相手方に対して、無償で物を貸す契約
賃貸借（民法601条～）	当事者の一方が相手方に対して、有償で物を貸す契約
雇用（民法623条～）	当事者の一方が相手方の指揮命令下で働き、その対価として賃金を得る契約
請負（民法632条～）	当事者の一方が、相手方のために仕事を完成し、その対価として報酬を得る契約
委任（民法643条～）	当事者の一方が、相手方の委託を受けて法律行為をする契約
寄託（民法657条～）	当事者の一方が、相手方の委託を受けて物を預かり保管する契約
組合（民法667条～）	各当事者が出資をして、共同の事業を営む契約
終身定期金（民法689条～）	当事者の一方が相手方や第三者のために、定期的に金銭その他の物を給付する契約
和解（民法695条～）	当事者が互いに譲歩をして争いをやめることを約束する契約

（B）　要物契約・諾成契約

　契約は、契約時における物の引渡しの要否という観点から、要物契約と諾成契約に分類することができる。

　諾成契約とは、物の引渡しを伴うことなく、当事者同士の合意のみで成立する契約である。これに対し、要物契約とは、当事者同士の合意に加えて、契約の成立に物の引渡しが必要となる契約である。たとえば、使用貸借や消費貸借、寄託が要物契約に該当する。

（C）　有償契約・無償契約

　契約は、当事者による経済的支出の有無という観点から、有償契約と無償契約に分類することができる。

　有償契約とは、当事者双方が互いに経済的な支出を行う契約である。たとえば、売買契約において、売り手は商品という経済的な価値のある財産を提供（支出）し、買い手はその対価として対価を支払う（支出する）。このほか、交換、賃貸借、雇用、請負、組合、和解の計7種類の契約は常に有償契約となり、委任、寄託、消費賃貸などの契約も、有償契約となることがある。

　無償契約とは、経済的な支出を伴わない契約や、当事者の片方のみが経済的な支出を行う契約を指す。たとえば、贈与と使用貸借は無償契約に該当する。

（D）　双務契約・片務契約

　　（a）　双務契約と片務契約の意義

　契約は、当事者が負担する義務という観点から、双務契約と片務契約に分類できる。

　双務契約とは、契約の当事者が互いに対価的な債務を負担する契約のことをいう。たとえば、典型的な双務契約の一つである売買契約では、売主は商品を提供する義務を負い、買主は代金を支払う義務を負う。なお、双務契約は必ず有償契約となる。これに対し、片務契約とは、当事者の片方のみが対価的な債務を負担する契約のことをいう。贈与の場合、一方がたとえば「現金を渡す」という義務を負うが、もう一方は特段何らの義務も負わないため、片務契約となる。贈与以外には、消費貸借や使用貸借も片務契約に該当する。

　　（b）　双務契約における双方が負う債務の3つの牽連性

　双務契約における当事者双方が負う債務は、①成立の場面、②履行の場面、

③存続の場面の3つの場面における牽連性があるといわれている。

① 成立の牽連性

契約の成立時点において、すでに一方の債務が履行不能に陥っていた場合には他方の債務も成立しない。

ただし、平成29年改正民法では、一方の債務が契約成立の時点ですでに実現不可能であった場合も、直ちに無効であるとは扱わず、契約を成立させたうえで債務不履行責任の問題として整理しており（民法412条の2第2項）、成立の牽連性に修正が図られている。

（履行不能）
第412条の2 （略）
2 契約に基づく債務の履行がその契約の成立の時に不能であったことは、第415条の規定によりその履行の不能によって生じた損害の賠償を請求することを妨げない。

---

② 履行の牽連性

双務契約において、相手方が債務を履行しない場合、当方も自己の債務を履行していなくても責められない。つまり、双務契約の履行に際して、契約の一方当事者は、相手が同時に債務を履行しないのならば、自分も自己の債務を履行しないことが正当化される。これを「同時履行の抗弁権」という（民法533条）。

ただし、同時履行の抗弁権を定めた民法533条は任意規定であり、契約当事者の合意で排除することが可能である。

（同時履行の抗弁）
第533条 双務契約の当事者の一方は、相手方がその債務の履行（債務の履行に代わる損害賠償の債務の履行を含む。）を提供するまでは、自己の債務の履行を拒むことができる。ただし、相手方の債務が弁済期にないときは、この限りでない。

---

③ 存続の牽連性

契約が有効に成立した後になって、不可抗力等により、一方当事者の債務の履行が実現不可能となった場合に、もう一方の当事者の債務も消滅する、という関係を存続の牽連性という。

従来民法における主要な学説の解釈においては、公平の観点から、一方当事者の債務が不可抗力によって消滅した場合、原則として、他方の債務は消滅するとされていた。これを危険負担における債務者主義という。平成29年改正民法では、一方債務が消滅した場合、当然に他方債務も消滅するのではなく、解除権の行使によって、他方債務が消滅するとしており（民法536条）、存続上の牽連性は緩和されている。危険負担に関する条項も任意規定であり、特約で変更することができる。多くの取引契約において、民法上の規律とは異なる危険負担の取扱いを定めている。

（債務者の危険負担等）
第536条 当事者双方の責めに帰することができない事由によって債務を履行することができなくなったときは、債権者は、反対給付の履行を拒むことができる。
2 債権者の責めに帰すべき事由によって債務を履行することができなくなったときは、債権者は、反対給付の履行を拒むことができない。この場合において、債務者は、自己の債務を免れたことによって利益を得たときは、これを債権者に償還しなければならない。

Ⅱ 契約の基本的な要素とチェックポイント

次に、一般的な契約書の要素とそれぞれのチェックポイントを説明する。

1 表題

表題は、不動産の売買であれば「不動産売買契約書」、金銭の貸し借りであれば「金銭消費貸借契約書」というように、契約の内容を端的に表現するフレーズを用いるのが一般的である。ただし、そうでなかったら契約が成立しないのか、あるいは、契約として効力が生じないのかというと、そうではない。表題が「覚書」、「合意書」といった抽象的なものであっても、それに続く内容が

当事者間に権利義務を生じさせるのに十分に特定されていれば、契約として効力が生じることになる。タイトルが内容を適切に表していない場合、内容が優先される（タイトルの意義は小さい）。そのため契約交渉の相手方から契約書等の提示を受けた場合は表題にとらわれることなく、内容を精査することが肝要である。

2　前文

　契約書の本文（第1条以下）の前に記載され、契約の当事者や、ケースによっては目的、締結日等が記載されているのが前文である。

　単に、「○○株式会社（以下『甲という』）と株式会社□□（以下『乙という』）とは、以下のとおり契約（以下『本契約』という）を締結する。」といった簡素なものから、「○○株式会社（以下『甲という』）と株式会社□□（以下『乙という』）とは、甲が○○について、乙が□□について、それぞれ独自の技術を保有していることを踏まえ、△△に関する◇◇の研究開発（以下『本研究開発』という）を共同で行うこととし、以下のとおり契約（以下『本契約』という）を締結する。」というように契約の背景や目的を記載することがある。ここで注意を要するのは、前文で定義付けされている「本研究開発」という用語は、定義がなされている以上、以下の本文のどこかで使用されていることである。たとえば、秘密保持条項において、「甲及び乙は、本契約に基づき相手方から開示された一切の秘密情報を第三者に開示し又は漏えいしてはならず、本研究開発以外の目的に利用してはならない。」と規定されている場合、本研究開発、すなわち前文の「△△に関する◇◇の研究開発」が実際に甲乙が行っている共同研究開発よりも狭い場合、「本研究開発」に該当しない情報は秘密保持義務の対象とはならないため、当該情報が相手方により適切に秘密保持されるかどうか疑義が生じてしまうことになる。

3　契約の目的

　多くの契約では、第1条等、契約の本文の始めのほうに当該契約が作成される目的が記載される。契約の目的は、契約の文言解釈が問題となったときの解釈の指針の一つになる。また、契約の目的を達しない場合に契約を解除できる旨の条項が明示的に規定されていることもあり、契約書を作成する際に注意を要する。

4　権利義務の内容

多くの契約書において、一方当事者が他方当事者にどのような義務を負いまた権利を有するかを規定することが最重要事項であり、当事者が最も関心を寄せるところである。

5W1H——誰と誰が、何のために、いつ、どこで、何を、どのようにする——かがきちんと漏れなく記載されているかを確認することが肝要である。

ここで、「何を」については、契約の対象（たとえば、売買の目的物など）を具体的に特定して、契約当事者間に疑義がないようにしておくべきであるが、契約締結時には契約の対象を具体的に特定することが難しい場合には、「後日当事者による協議の上作成する仕様書において定める」などと規定して将来に特定するようにする、あるいは、契約の対象（成果物等）を具体的に特定するためのプロセス（週1回当事者間で協議を行って仕様を確定させるなど）を規定することもありうる。

5　期間・条件・期限・存続期間

（1）　期　間

期間については、期間の開始する時点である「起算点」と期間の終了する時点である「満了点」がそれぞれいつになるかが重要である。

時・分・秒といった1日未満の単位による場合は、すぐに期間の計算を開始するのが原則となり、即時起算という（民法139条）。

たとえば、9月1日午後7時に「今から24時間以内に5万円を支払う」と約束をした場合、9月1日午後7時が起算点となり、この時点から24時間が経過した9月2日午後7時が満了点となる。

これに対し、日・週・月・年といった期間が1日以上の単位による場合は、初日は期間に算入しないのが原則となり、これを初日不算入の原則という（民法140条）。そして、1日以上の単位で期間を定めた場合には、その期間の末日の終了時（末日の午後12時）が満了点になるのが原則となる（同法141条）。

たとえば、9月1日午後7時に「今から1日以内に5万円を支払う」と約束した場合、9月1日は算入しないため、9月2日午前0時が起算点となり、この時点から1日が経過した9月2日午後12時が満了点となる。

ただし、期間が1日以上の単位による場合、期間の末日が国民の祝日または

休日にあたり、その日に取引をしない慣習がある場合には、その国民の祝日または休日の翌日の終了時が満了点になる（民法142条）。

また、たとえば、A所有のアパートの一室をBが賃借するという建物賃貸借契約が、令和6年3月15日に締結され、成立したとする。このとき、建物賃貸借契約の期間を「令和6年4月1日から2年間」と定めたときは、初日（令和6年4月1日）が午前0時に始まる。したがって、初日を算入することになり、この期間の起算点は、令和6年4月1日午前0時となる。そして、この期間の満了点は、令和8年3月31日の終了時（令和8年3月31日午後12時）となる。

（期間の計算の通則）
第138条 期間の計算方法は、法令若しくは裁判上の命令に特別の定めがある場合又は法律行為に別段の定めがある場合を除き、この章の規定に従う。
（期間の起算）
第139条 時間によって期間を定めたときは、その期間は、即時から起算する。
第140条 日、週、月又は年によって期間を定めたときは、期間の初日は、算入しない。ただし、その期間が午前零時から始まるときは、この限りでない。
（期間の満了）
第141条 前条の場合には、期間は、その末日の終了をもって満了する。
第142条 期間の末日が日曜日、国民の祝日に関する法律（昭和23年法律第178号）に規定する休日その他の休日に当たるときは、その日に取引をしない慣習がある場合に限り、期間は、その翌日に満了する。
（暦による期間の計算）
第143条 週、月又は年によって期間を定めたときは、その期間は、暦に従って計算する。
2　週、月又は年の初めから期間を起算しないときは、その期間は、最後の週、月又は年においてその起算日に応当する日の前日に満了する。ただし、月又は年によって期間を定めた場合において、最後の月に応当する日がないときは、その月の末日に満了する。

（2）条　件

権利義務の発生に条件をつける場合には何が条件なのかを明確に特定する必要がある。条件には停止条件と解除条件の2種類がある。停止条件とは、効力

の発生が、条件が成就するまで停止されている条件のことである。「正午の気温が30度を超えれば、私はあなたにアイスクリームをプレゼントする」という場合、「正午の気温が30度を超える」という条件が停止条件である。一方、解除条件とは、その条件が成就してしまうとその効力が解除される、終了する条件のことである。「正午の気温が25度を下回れば、私はあなたにアイスクリームをプレゼントするのを止める」という場合、「正午の気温が25度を下回る」という条件が解除条件である。

停止／解除条件の具体的な内容や、停止条件が成就しない時あるいは解除条件が成就した時にその後の契約関係をどのように処理するのかについて、明確に規定しておく必要がある。

> （条件が成就した場合の効果）
> 第127条　停止条件付法律行為は、停止条件が成就した時からその効力を生ずる。
> 2　解除条件付法律行為は、解除条件が成就した時からその効力を失う。

（3）期　限

（A）始期と終期

期限とは、将来到来することが確実な事実であって、その到来を法律効果の発生や消滅にかからしめるものをいい、このうち、期限到来により法律効果が発生するものを「始期」といい、法律効果が消滅するものを「終期」という。たとえば、「本契約は本契約締結日から１年後に発効することとする」というのが、契約の効力の始期を定めた条項例であり、「本契約は令和６年８月30日に失効するものとする」というのは、契約の効力の終期を定めた条項例である。なお、到来する期日の確定した期限のことを確定期限といい、将来到来することは確実であるが、いつ到来するかは不確定であるものを不確定期限という。

> （期限の到来の効果）
> 第135条　法律行為に始期を付したときは、その法律行為の履行は、期限が到来するまで、これを請求することができない。
> 2　法律行為に終期を付したときは、その法律行為の効力は、期限が到来した

時に消滅する。

(B) 期限の利益と期限の利益喪失条項

　期限の利益とは、たとえば、金銭消費貸借契約の場合であれば借主が貸金を契約で定められた期限まで返済しなくてよいことなど、期限が到来していないことにより契約当事者が受ける利益をいう。民法は、期限は債務者の利益のために定めたものと推定している。また、期限の利益を放棄することは自由になしうるが、これによって相手方の利益を害することはできないと定めている（民法136条）。

> **（期限の利益及びその放棄）**
> **第136条**　期限は、債務者の利益のために定めたものと推定する。
> 2　期限の利益は、放棄することができる。ただし、これによって相手方の利益を害することはできない。

　期限の利益喪失条項とは、一定の事象が生じた場合に、かかる期限の利益を喪失させる条項をいう。

　期限の利益喪失条項には2つのタイプがある。「甲又は乙について、次の各号のいずれかに該当する事由が生じた場合、相手方からの何らの通知・催告がなくとも相手方に対する一切の債務について当然に期限の利益を喪失する」というように、期限の利益喪失事由が生じたら、当然に期限の利益の喪失が決まるというものであり、もう1つは、「甲又は乙は、当事者の一方が本契約に定める条項に違反した場合、相手方の書面による通知により、期限の利益を喪失する」というように、期限の利益喪失事由が生じた場合に、相手方に、期限の利益を喪失させるかどうかの決定権を与え、その行使があって初めて期限の利益を喪失させるものである。

　債務者に喪失事由の解消の機会を与えることができる事由の場合は後者、影響が重大であったり債務の履行がおよそ期待できないような事由の場合は前者とすることが一般的である。具体的には、相手方にまだ復活のチャンスがあるような場合には様子をみたうえで、書面の通知で期限の利益を失わせることが

できるように後者のタイプとして規定しつつ、相手方が破産したように復活は極めて難しい場合には前者のタイプとして規定することが比較的多い。

　（C）　期限の利益喪失事由と民法137条

　民法137条は、債務者が期限の利益を主張できない場合を規定しているが、多くの取引において、期限の利益を喪失させるべき事由を網羅しているとはいいがたい。

（期限の利益の喪失）

第137条　次に掲げる場合には、債務者は、期限の利益を主張することができない。
一　債務者が破産手続開始の決定を受けたとき。
二　債務者が担保を滅失させ、損傷させ、又は減少させたとき。
三　債務者が担保を供する義務を負う場合において、これを供しないとき。

　そこで、契約において、以下のような期限の利益喪失事由を定めた条項（期限の利益喪失条項）を設けていることが多い。

[条項例1-1-1]　期限の利益喪失条項

1　甲又は乙は、本契約に定める条項に違反した場合、相手方の書面による通知により、相手方に対する一切の債務について期限の利益を喪失し、直ちに相手方に弁済しなければならない。
2　甲又は乙は、次の各号のいずれかに該当する事由が生じた場合、相手方からの何らの通知催告がなくとも、相手方に対する一切の債務について当然に期限の利益を喪失し、直ちに相手方に弁済しなければならない。
(1)　監督官庁より営業の許可取消し、停止等の処分を受けたとき
(2)　支払停止もしくは支払不能の状態に陥ったとき、又は手形もしくは小切手が不渡りとなったとき
(3)　第三者より差押え、仮差押え、仮処分もしくは競売の申立て、又は公租公課の滞納処分を受けたとき
(4)　破産手続開始、民事再生手続開始、会社更生手続開始、特別清算手続開始の申立てを受け、又は自ら申立てを行ったとき
(5)　解散、会社分割、事業譲渡又は合併の決議をしたとき
(6)　資産又は信用状態に重大な変化が生じ、本契約に基づく債務の履行が困

難になるおそれがあると認められるとき
　(7)　その他、前各号に準じる事態が生じたとき

（4）　自動更新条項と中途解約条項

　契約には、ある不動産物件の売買など、1回的な取引で終了するものがある一方で、1年間、清掃事業を請け負うなど、継続的な取引が想定されているものもある。後者において、取引（契約）の期間をどれくらいに設定するか、また、当事者の意向により中途で終了することを可能とする条項をおくか、さらに、契約期間が満了した場合に更新される余地を残すのかを、契約締結時に考えて不備のないように契約書に反映させることが重要である。

　自動更新条項は、「本契約の有効期間は令和5年9月1日から2年間とする。ただし、期間満了日の3か月前までに、いずれの当事者からも何らの意思表示なき場合、同じ条件でさらに2年間更新されるものとし、その後も同様とする。」などの規定においてただし書に規定された条項のことである。

　まず、本文の「2年間」が、契約が対象とする当該取引において妥当なのかどうかを確認する必要がある。また、自動更新条項において、「3か月前までに」という期間が現実的に機能するのかを確認する必要がある。たとえば、（契約を終了される側の立場から）会社の予算との関係で3か月というタイミングでは短すぎるといった場合には、3か月よりも長い期間とする必要がある。また、「3か月前までにいずれの当事者も意思表示なき場合、同じ条件でさらに○年間継続するものとし、その後も同様とする。」などと規定されることが多いが、更新後の契約条件を従前と「同じ条件」とするのか、それとも、少なくとも特定の事項についてはあらためて当事者間で協議することとするのかも、事案ごとに検討が必要である。たとえば、物価の変動を受けやすい製品の対価の額などは、経済状況の変化に応じて適宜価額を見直す旨の規定をおくこともありうる。また、更新後の契約期間を従前と同様にするのか、それともそれより短期あるいは長期にするのかについても、将来を想定しつつ自己に不利益が生じないように規定する必要がある。

　中途解約条項、すなわち、たとえば、「甲また乙は、本契約の有効期間中であっても、相手方に対して3か月前までに書面をもって通知することにより、

本契約を解約することができる。」といった規定を設けるべきかどうかも、事案ごとに検討を要する。当方のみに中途解約が認められる条項を設けられればよいが、それが難しい場合には、当方からの中途解約が認められるべきことの必要性と、先方から中途解約された場合に当方が生じる不利益とを勘案して、条項をおくかどうか決めることになろう。仮に規定をおく場合は、先方が中途解約を申し入れてくる場合の告知期間が適切かどうかを確認すべきであろう。

［条項例1-1-2］　自動更新条項

> 本契約の有効期間は、令和6年9月1日から2年間とする。ただし、期間満了日の3か月前までにいずれの当事者からも何らの意思表示なき場合、同じ条件でさらに2年間更新されるものとし、その後も同様とする。

※当初の契約期間は2年が妥当か？
※自動更新させないためには期間満了前に通知を必要とすることでよいか、この場合3か月の期間は適切か？
※自動更新後の契約期間は2年更新となっているが、期間は妥当か？
※従前と同じ条件でよいか？

　一つの視点としては、信頼できる相手、取引内容であり、かつ、長期間継続させる必要がある取引の場合、契約が長く続くことを想定した規定がよく、中途解約条項も原則として不要であり、他方、相手方も相手方が適切に債務を履行するかもよくわからないということであれば、リスク回避の観点からなるべく契約期間を短く設定し、かつ、中途で不利益なく取引を終了できる規定を設けておくことが考えられる。また、別の視点として、個別契約を締結しなければ具体的な権利義務が発生しない場合には自動更新がなされ期間が長期になっても問題のないことが多いであろうが、競業避止義務など当方の事業の制約となるような条項が存在する場合には、長期の契約を締結してよいか慎重に検討する必要があるであろう。

6　秘密保持条項

秘密保持条項については、第1編第2章を参照されたい。

7 債権譲渡・債務引受・契約上の地位移転禁止条項

多くの契約では、以下のように、契約により生じる債権債務やいずれかの当事者の契約上の地位を相手方の同意なく譲渡することを禁止する条項がおかれている。

[条項例1-1-3] 債権譲渡禁止条項

> 甲及び乙は、本契約により生じた契約上の地位を移転し、又は本契約により生じた自己の権利義務の全部もしくは一部を、第三者に譲渡し、もしくは第三者の担保に供してはならない。

(1) 債権譲渡禁止条項

まず、債権譲渡については、民法上、債務者の承諾なくして自由に行えるのが原則である（民法466条1項）。例えば、債権者Aが債務者Bに対して今月末に代金債権100万円を払ってもらえる将来債権を有しているとき、債権者Aは、債務者Bの承諾なく、かかる将来債権をC社に譲渡することができる。そして、債務者Bは、100万円をAでなくCに支払うことになる。債務者Bからすると、第三者であるC社に支払いをすることは気持の良いものではないであろうが、民法上は、原則として債務者Bの承諾なくして債権譲渡を行えることになっている。ただし、当事者間（上記の例でいえば、AとBとの間）において、「債権譲渡は行ってはならない」と合意することは、民法上、許容されており、実際にそのようにした場合には、かかる合意について悪意の（ないし重過失で知らない）譲受人その他の第三者に合意を対抗することができる（民法466条3項）。そこで、多くの契約では、債権譲渡禁止条項が設けられている。

> (債権の譲渡性)
> 第466条　債権は、譲り渡すことができる。ただし、その性質がこれを許さないときは、この限りでない。
> 2　当事者が債権の譲渡を禁止し、又は制限する旨の意思表示（以下「譲渡制限の意思表示」という。）をしたときであっても、債権の譲渡は、その効力を妨げられない。
> 3　前項に規定する場合には、譲渡制限の意思表示がされたことを知り、又は重大な過失によって知らなかった譲受人その他の第三者に対しては、債務者

は、その債務の履行を拒むことができ、かつ、譲渡人に対する弁済その他の債務を消滅させる事由をもってその第三者に対抗することができる。
4　前項の規定は、債務者が債務を履行しない場合において、同項に規定する第三者が相当の期間を定めて譲渡人への履行の催告をし、その期間内に履行がないときは、その債務者については、適用しない。

（2）債務引受

他方、「債務」については、既存の債務者が債務を免れることになるかどうかで、2通りに分かれる。まず、既存の債務者が、新たな債務者と連帯して債務を負担する「併存的債務引受」の場合、債権者と新たな債務者（引受人）との契約によってこれをすることができる（民法470条）。これに対し、既存の債務者が債務を免れることになる「免責的債務引受」の場合は、債権者と新たな債務者（引受人）とが契約を締結したうえで、債権者が従来の債務者にその契約をした旨を通知するか、あるいは、従来の債務者と新たな債務者が契約をし、債権者が新たな債務者に対し承諾することによって、債務引受の効力が生じる（同法472条）。

（3）契約上の地位の移転

（併存的債務引受の要件及び効果）
第470条　併存的債務引受の引受人は、債務者と連帯して、債務者が債権者に対して負担する債務と同一の内容の債務を負担する。
2　併存的債務引受は、債権者と引受人となる者との契約によってすることができる。
3　併存的債務引受は、債務者と引受人となる者との契約によってもすることができる。この場合において、併存的債務引受は、債権者が引受人となる者に対して承諾をした時に、その効力を生ずる。
4　前項の規定によってする併存的債務引受は、第三者のためにする契約に関する規定に従う。
（免責的債務引受の要件及び効果）
第472条　免責的債務引受の引受人は債務者が債権者に対して負担する債務と同一の内容の債務を負担し、債務者は自己の債務を免れる。
2　免責的債務引受は、債権者と引受人となる者との契約によってすることが

できる。この場合において、免責的債務引受は、債権者が債務者に対してその契約をした旨を通知した時に、その効力を生ずる。
3　免責的債務引受は、債務者と引受人となる者が契約をし、債権者が引受人となる者に対して承諾をすることによってもすることができる。

　債権と債務を合わせた契約の一方当事者の地位（自己に課された債務を履行して、相手側に債務の履行を求める地位）を移転させるためには、契約の相手方の承諾が必要となる（民法539条の2）。

第三款　契約上の地位の移転
第539条の2　契約の当事者の一方が第三者との間で契約上の地位を譲渡する旨の合意をした場合において、その契約の相手方がその譲渡を承諾したときは、契約上の地位は、その第三者に移転する。

（4）　チェンジオブコントロール条項（COC条項）
　上記のとおり、契約上の地位を自分から第三者に移転させるためには、契約の相手方の承諾が必要である。これに対し、A社とB社との契約の一方当事者A社の100％株主がC社からD社に変わる場合には、契約上の地位はA社のままであるが、たとえばB社とD社とが競合関係にあるとき、B社としては、A社との契約関係を終了させたいと思うかもしれない。このように、一方の当事者に経営権・支配権の変更・異動が発生した場合に、当該当事者に一定の義務（たとえば、他方当事者に対する通知義務）を課したり、他方当事者による契約解除を可能にする条項を「チェンジオブコントロール条項（COC条項）」という。

[条項例1-1-4]　チェンジオブコントロール条項（COC条項）

　甲が、合併、株式交換もしくは株式移転を行った場合又は甲の株主が全議決権の3分の1を超えて変動した場合等、甲の支配権に実質的な変動があった場合には、乙は本契約を解除することができる。

　実際には、支配権が変動するといっても、契約の相手方にとって異存がない場合も多い。そこで、上記の条項例のように支配権の変動により契約を当然に終了させるのではなく、状況に応じ、解除権を行使できるように定めている例

21

が多くみられる。

なお、M&Aによりある会社の支配権を獲得しようとした第三者（買収側）からすると、COC条項の存在により取引を失う可能性がある。そうすると買収の対象となっている会社（対象会社）の売上が減少し、想定していた企業価値が毀損してしまうリスクがある。そこで、第三者（買収側）としては「COC条項が対象会社との重要な契約に盛り込まれているか」どうか、COC条項が発動されるリスクがどの程度あるか等を、買収前にきちんと把握しておくべきこととなる。

8　不可抗力条項

（1）　不可抗力と民法の規律

不可抗力による本契約の全部または一部の履行遅滞または履行不能についていずれの当事者もその責任を負わないことを定めたのが「不可抗力条項」である。不可抗力で履行できない場合は、いずれの当事者も責任を負わないということを明確化するために規定されることが多い。

「不可抗力条項」が規定されていない場合には、どうなるか。

まず、不可抗力によって債務の履行が不可能となった当事者についての民法の規律は次のとおりである。

すなわち、伝統的に、債務者の責めに帰することができない事由により履行ができなかった場合、損害賠償責任を負わないことは判例上認められていたが、平成29年民法改正で民法415条1項ただし書にそれが明文化された。ただし、金銭債務については、過失責任の原則が適用されない（民法419条）。たとえば、新型コロナウイルス感染症の世界的な流行によって、製品を供給するための材料を入手できないことにはやむを得ない事情があるとしても、金銭は用意できるはずであるから、民法上は金銭債務については不可抗力をもって抗弁とすることはできない旨が規定されているのである。

次に、不可抗力によって債務の履行が不可能となった当事者の相手方の債務についての民法の規律は次のとおりである。

当事者双方の責めに帰することができない事由によって、一方当事者が債務の履行ができなくなったとき、債権者は、反対給付の履行を拒否できる（債務者主義。民法536条1項）。

（2） 不可抗力条項の必要性
[条項例1-1-5]　不可抗力条項

> 1　地震、台風、津波その他の天変地異、戦争、暴動、内乱、テロ行為、重大な疾病、法令・規則の制定・改廃、公権力による命令・処分その他の政府による行為、争議行為、輸送機関・通信回線等の事故、その他不可抗力による本契約の全部又は一部（金銭債務を除く）の履行遅滞又は履行不能については、いずれの当事者もその責任を負わない。ただし、当該事由により影響を受けた当事者は、当該事由の発生を速やかに相手方に通知するとともに、回復するための最善の努力をする。
> 2　前項に定める事由が生じ、本契約の目的を達成することが困難であると認めるに足りる合理的な理由がある場合には、甲乙協議の上、本契約の全部又は一部を解除できる。

　不可抗力と「帰責事由」とは重なる部分が多いと思われるが、理論的には別の概念であって、不可抗力があったとしても、債務の不履行について当事者の帰責事由が肯定されうる場合もある。「不可抗力の場合は免責」とする旨の不可抗力条項が契約書中に存在すれば、不可抗力であったことを証明すれば免責されるが、民法上は、単に不可抗力があったことだけでなく、自らに帰責事由がないことを証明しなければ免責されないこととなる。また、上記条項例では、「不可抗力によって自己の債務の履行につき影響を受けた当事者は、当該事由の発生を速やかに相手方に通知するとともに、回復するための最善の努力をする」旨や、「契約の目的を達成することが困難であると認めるに足りる合理的な理由がある場合には、協議のうえ本契約の全部または一部を解除できる」旨が規定されているが、民法ではこれらの規定をおいていない。したがって、事案に応じたバランスのとれた解決を図ろうとするのであれば、法律の規定に頼らずに、契約に不可抗力条項を定めたほうがよい。

（3） 事情変更の法理
　不可抗力は、原則として履行遅滞や不履行の場合の責任を免じられるだけで、契約内容の変更や解除を認める効果は生じないが、契約の基礎となった事情が契約締結後に著しく変更し、当初の契約を維持することが著しく均衡を害

するような場合に、契約内容の改訂や解除を認めるという法理（事情変更の法理）が存在する。最判昭和29年2月12日民集8巻2号448頁は、「事情の変更により契約当事者に契約解除権を認めるがためには、事情の変更が信義衡平上当事者を該契約によって拘束することが著しく不当と認められる場合であることを要するものと解すべきであって、その事情の変更は客観的に観察されなければならない」と判示しており、一般論として事情変更の法理を肯定している。もっとも、裁判所はその適用には極めて消極的である。したがって、（不可抗力条項とは別の話となるが、）契約当時の事情（たとえば為替レートや原材料価格）が変更したときには契約条件を見直したいという場合は、あらかじめ契約書に条件と効果を定めておくべきである。

9 完全合意条項

完全合意条項とは、英米法上の口頭証拠排除原則（パロール・エヴィデンス・ルール）を起源とする条項であり、契約書に記載されていない約定に一切効力を認めないという取決めをいう。

日本の民法上、口頭の約定であっても、後にその約定を証明できれば契約の一部と認められるが、完全合意条項はこのような民法の原則を排したものと理解されている。完全合意条項は、もともと英米法圏との取引で用いられることが多かったが、近時では日本企業同士の契約でも用いられている。

完全合意条項を規定することによって、債権債務は、契約書またはその修正書面に記載されているものに限定されるので、契約当事者にとっては予測できない債務の発生がなくなるというメリットがあるが、反面、強行規定を除き、契約書の記載が絶対となるので、条項をおくかどうかは慎重に判断すべきである。

［条項例1-1-6］　完全合意条項

> 本契約は、本契約締結時における甲乙の合意の全てであり、本契約締結以前における甲乙間の明示又は黙示の合意、協議、申入れ、各種資料等は、本契約の内容と相違する場合には、効力を有しない。

10 解除

（1） 条項の意義

契約の相手方とトラブルになり、その関係を解消させ、清算させるための制度が解除と損害賠償である。そして、民法は、いずれについても規定をおいているが、任意規定であり、契約に定めがあれば原則としてそちらが優先して適用される。したがって、特に、解除や損害賠償が想定されうる取引や、極めて重要な取引に関しては、契約書の作成過程において、それらに関する条項を入念に作成していくべきである。

（2） 法定解除権

法律（民法）に規定されている解除を法定解除、契約に規定されている解除を約定解除という。

民法540条は、「契約又は法律の規定により当事者の一方が解除権を有するときは、その解除は、相手方に対する意思表示によってする」と規定する。

このことから、解除をするには、相手方にその旨を通知しなければならない。実務的には、解除した事実を証拠化しておく観点から、内容証明郵便が用いられることが多い。次に、民法541条は、「当事者の一方がその債務を履行しない場合において、相手方が相当の期間を定めてその履行の催告をし、その期間内に履行がないときは、相手方は、契約の解除をすることができる」と規定している。このとおり、解除をするためには、まずはその前に、原則として、相手方に対し、「相当の期間」を定めて履行を「催告」することが必要である。催告によって、相手方に翻意を促し、それでも当該期間履行しない状態が続く場合に、540条の解除をすることができる。そこで、相手方が債務の履行をしない場合に、民法の規定に基づき契約の解除を行うためには、原則として、催告の通知と解除の通知という2度の通知が必要となる。

この2度の通知書の発送を避け、1回で解除できるようにするためには、民法542条が規定する催告を要しない解除事由に該当しているか（全部解除について1項、一部解除について2項）、あるいは、一定の事由に該当した場合は無催告で解除できる旨を契約で定めておく必要がある。

（解除権の行使）
第540条　契約又は法律の規定により当事者の一方が解除権を有するときは、その解除は、相手方に対する意思表示によってする。
2　前項の意思表示は、撤回することができない。
（催告による解除）
第541条　当事者の一方がその債務を履行しない場合において、相手方が相当の期間を定めてその履行の催告をし、その期間内に履行がないときは、相手方は、契約の解除をすることができる。ただし、その期間を経過した時における債務の不履行がその契約及び取引上の社会通念に照らして軽微であるときは、この限りでない。
（催告によらない解除）
第542条　次に掲げる場合には、債権者は、前条の催告をすることなく、直ちに契約の解除をすることができる。
一　債務の全部の履行が不能であるとき。
二　債務者がその債務の全部の履行を拒絶する意思を明確に表示したとき。
三　債務の一部の履行が不能である場合又は債務者がその債務の一部の履行を拒絶する意思を明確に表示した場合において、残存する部分のみでは契約をした目的を達することができないとき。
四　契約の性質又は当事者の意思表示により、特定の日時又は一定の期間内に履行をしなければ契約をした目的を達することができない場合において、債務者が履行をしないでその時期を経過したとき。
五　前各号に掲げる場合のほか、債務者がその債務の履行をせず、債権者が前条の催告をしても契約をした目的を達するのに足りる履行がされる見込みがないことが明らかであるとき。
2　次に掲げる場合には、債権者は、前条の催告をすることなく、直ちに契約の一部の解除をすることができる。
一　債務の一部の履行が不能であるとき。
二　債務者がその債務の一部の履行を拒絶する意思を明確に表示したとき。

　なお、法定解除権行使が認められるために、相手方の帰責事由が必要とされるであろうか。
　この点は、平成29年民法改正により、旧民法543条但書の文言（「ただし、その債務の不履行が債務者の責めに帰することができない事由によるものであるとき

は、この限りではない」)が削除され、解除権行使の要件から「債務者の帰責事由（責任）」が除かれることになった。これは、契約解除は、履行を怠った債務者に対する「制裁」ではなく、契約の拘束力から当事者を解放する制度であるとの学説を反映したものである。したがって、現行民法においては、法定解除権行使が認められるために、相手方の帰責事由の立証は不要である。他方において、債務者による債務の不履行が債権者の帰責事由によるときは、債権者は契約を解除できないことが明文化されている（民法543条）。

> （債権者の責めに帰すべき事由による場合）
> 第543条　債務の不履行が債権者の責めに帰すべき事由によるものであるときは、債権者は、前二条の規定による契約の解除をすることができない。

（3）　約定解除

法定解除の適用のみならず、解除事由や解除の手続を契約書に規定して、契約の継続が困難となるような事由が発生した場合に契約を速やかに解除することができるようにしておくことが一般的である。

解除事由としては、期限の利益喪失条項と同様、契約違反のほか、営業の許可取消しや営業停止等の処分、支払停止、手形の不渡り、差押え・仮差押え、倒産手続の申立て等の債務不履行に直結する危険性の高い事由、会社の解散、会社分割、合併等の組織上の大きな変更や、包括的な事由として、「財産状態や信用状態の悪化その他これらに準じる事由」といった条項を設けることが多い。

解除の手続としては、催告なくして直ちに解除権を行使し得る旨の条項（無催告解除特約）を設けることも多い。以下の条項例においては、柱書において、「甲は乙が次の各号のいずれか一つに該当したときは何ら通知・催告を要せず、直ちに本契約の全部又は一部を解除することができる」と規定されてるが、1号は「本契約に定める条項に違反し、相手方に対し催告したにもかかわらず14日以内に当該違反が是正されないとき」と規定されているため、1号に基づいて解除するには、催告と解除の2度の通知が必要ということになる。2号以降は営業の許可取消しであるとか支払停止、支払不能というような場合には何ら

通知・催告なく解除ができるという「無催告解除条項」が規定されている。

[条項例1-1-7] 解除に関する条項

1　甲又は乙は、相手方が次の各号のいずれか一つに該当したときは、何らの通知、催告を要せずに直ちに本契約の全部又は一部を解除することができる。
　(1)　本契約に定める条項に違反し、相手方に対し催告したにもかかわらず14日以内に当該違反が是正されないとき
　(2)　監督官庁より営業の許可取消し、停止等の処分を受けたとき
　(3)　支払停止もしくは支払不能の状態に陥ったとき、又は手形もしくは小切手が不渡りとなったとき
　(4)　第三者より差押え、仮差押え、仮処分もしくは競売の申立て、又は公租公課の滞納処分を受けたとき
　(5)　破産手続開始、民事再生手続開始、会社更生手続開始、特別清算開始の申立てを受け、又は自ら申立てを行ったとき
　(6)　解散、会社分割、事業譲渡又は合併の決議をしたとき
　(7)　資産又は信用状態に重大な変化が生じ、本契約に基づく債務の履行が困難になる資産又は信用状態に重大な変化が生じ、本契約に基づく債務の履行が困難になるおそれがあると認められるとき
　(8)　その他、前各号に準じる事由が生じたとき
2　前項の場合、相手方は解除によって甲又は乙が被った損害の一切を賠償する。

（4）　原状回復の内容

　契約が解除されると、その効果として、原則として、契約上の債権・債務は初めにさかのぼって消滅し、その結果、初めから契約を結ばなかったことになる（大判大正6年12月27日民録23輯2262頁）。そこで、当事者の一方がその解除権を行使したときは、各当事者は、その相手方を原状に復させる義務を負う（民法545条1項本文）。すでに履行された債務は遡及的に消滅し、履行の提供を受けた側に不当利得返還義務（同法703条、704条）が発生する。未履行の債務は当然に履行の義務を免れる。給付された物が原物のままで存在する場合は、これを返還する。解除による原状回復として金銭を返還する場合、受領の時からの利息を付さなければならない（同法545条2項）。解除による原状回復とし

て金銭以外の物を返還する場合、当該物を受領した時以後に生じた果実（物から生まれた収益）を返還しなければならない（同条3項）。使用利益についても同様である。さらに、解除をしてもなお損害があれば、損害賠償の請求も可能である（同条4項）。

　もっとも、上記民法545条1項本文には、同項ただし書により例外が規定されている。すなわち、当事者の一方がその解除権を行使したときは、各当事者は、その相手方を原状に復させる義務を負うが、第三者の権利を害することはできない。このただし書の「第三者」とは、解除前に新たに独立の権利を取得した者をいう。第三者が保護されるためには、善意であることは不要だが、対抗要件（権利保護要件）を具備していなければならない（大判大正10年5月17日民録27輯929頁、最判昭和33年6月14日民集12巻9号1449頁）。

（解除の効果）
第545条　当事者の一方がその解除権を行使したときは、各当事者は、その相手方を原状に復させる義務を負う。ただし、第三者の権利を害することはできない。
2　前項本文の場合において、金銭を返還するときは、その受領の時から利息を付さなければならない。
3　第一項本文の場合において、金銭以外の物を返還するときは、その受領の時以後に生じた果実をも返還しなければならない。
4　解除権の行使は、損害賠償の請求を妨げない。

11　損害賠償

（1）　債務不履行に基づく損害賠償責任

（A）　損害賠償請求の要件

　民法上、契約の相手方に対して債務不履行に基づく損害賠償請求権が生じるのは、「債務者がその債務の本旨に従った履行をしないとき又は債務の履行が不能であるとき」であり、かつ、「債務者の責めに帰することができる事由」がある場合である（民法415条1項）。したがって、相手方が無過失でも損害賠償請求できるようにしたり、逆に、相手方が損害賠償請求できる場合を自らに重大な過失がある場合に限定しようとする場合には、契約にその旨を記載する

必要がある。

> **(債務不履行による損害賠償)**
> **第415条** 債務者がその債務の本旨に従った履行をしないとき又は債務の履行が不能であるときは、債権者は、これによって生じた損害の賠償を請求することができる。ただし、その債務の不履行が契約その他の債務の発生原因及び取引上の社会通念に照らして債務者の責めに帰することができない事由によるものであるときは、この限りでない。

（B）　賠償の範囲

民法は、賠償の範囲について、「通常生ずべき損害（通常損害）」と「特別の事情によって生じた損害（特別損害）」という2つの概念を規定している。

通常生ずべき損害とは、その種の債務不履行があれば、社会一般の観念に従って通常発生するものと考えられる範囲の損害であり、特別の事情によって生じた損害とは、通常損害の枠をはみ出るような損害である[1]。たとえば、売主の不履行のために買主が他から同種の物を買い入れたときは、その代金の差額および費用、賃借人が賃借物を滅失したとき（返還義務の履行不能）は、賃借物の市価、賃借人が賃借物を返還しないとき（履行遅滞）は、賃料相当額、利息付債務の不履行（履行遅滞）のときは、利息相当額が、通常生ずべき損害である[2]。また、特別の事情は、当事者間における個別的具体的事情のほか、戦争の勃発とか、異常なインフレーションなどのように外部的事情であることもある[3]。

通常損害と特別損害の区別の実益は、債権者にとって、ある損害が通常損害のカテゴリーに入るものであるならば、損害の発生を証明しさえすれば、無条件に賠償されるべきものであるのに対し、特別損害のカテゴリーに入る損害については、損害発生の証明だけでは足りず、さらに、当事者が特別の事情を予見すべきであったこと（予見可能性）をも証明しなければならない点にある[4]。

1　奥田昌道『債権総論〔増補版〕』（悠々社、1992年）178頁。
2　奥田・前掲書（注1）178頁。
3　奥田・前掲書（注1）178頁。
4　奥田昌道＝佐々木茂美『新版債権総論（上巻）』（判例タイムズ社、2020年）285頁。

何が通常損害であり、何が特別損害であるかは、抽象的一般的に確定することはできないが、「特別事情」に該当するかどうかは、当該契約類型や契約の目的（自己利用目的か、転売目的かなど）、当事者の属性（商人か否か、事業者か消費者か）、目的物の種類（動産か、不動産か、権利か）、契約の態様（継続的、反復的なものか、1回的なものか）などを総合して考察すべきであり、事業者ないし商人間で継続的、反復的に種類物を売買する場合などは、転売目的であることが多く、その場合の転売利益の喪失は通常損害に、逆に、個人による建物購入の場合などは、転売による利益は特別事情に振り分けられることになる[5]。

> **（損害賠償の範囲）**
> **第416条** 債務の不履行に対する損害賠償の請求は、これによって通常生ずべき損害の賠償をさせることをその目的とする。
> 2　特別の事情によって生じた損害であっても、当事者がその事情を予見すべきであったときは、債権者は、その賠償を請求することができる。

（2）　過失相殺

　債務不履行において債権者に過失があった場合にその過失分が損害賠償額から控除されることを過失相殺という。民法418条は、「債務の不履行又はこれによる損害の発生若しくは拡大に関して債権者に過失があったときは、裁判所は、これを考慮して、損害賠償の責任及びその額を定める。」として、過失相殺を認めている。過失相殺は、当事者間の衡平のために認められた制度である。

　たとえば、タクシー運転手の過失により交通事故が起きて、乗客がけがをしたとき、乗客はタクシー会社に債務不履行に基づく損害賠償を請求できるが、その乗客が、タクシー運転手の要請に反してシートベルトをしていなかったために大けがを負った場合、債権者である乗客にも過失があり、その過失分が30％と裁判所により評価されれば、乗客は損害（治療費や慰謝料）の70％分しかタクシー会社に賠償請求できないことになる。

---

[5]　奥田＝佐々木・前掲書（注4）286頁。

(3) 契約による損害賠償責任の限定

損害賠償についての民法の規定は任意規定であり、事案に応じて契約により条件を変えることができる。

(A) 債務者の帰責事由に関する条項

［条項例1-1-8］ 債務者の帰責事由に関する条項

> 甲は、第○条に定める義務に違反して乙に損害を与えた場合、故意又は重過失のある場合に限りその損害を賠償する責任を負う。

このような規定をおいた場合、民法上では責任を負うこととなりうる「軽過失」では責任を負わず、重過失がある場合に限って責任を負うことになる。

(B) 損害賠償の範囲の限定

［条項例1-1-9］ 損害賠償の範囲の限定に関する条項

> 甲又は乙が本契約に違反して相手方に損害を与えたときは、相手方に対し直接かつ現実に生じた通常の損害について賠償する責任を負う。

このように定めることにより、一般に特別損害が仮に生じたとしても賠償義務を負わないことを定めていると理解される。また、この文例は、「直接かつ現実に生じた損害」に賠償義務を限定しており、反対解釈として、間接損害、現実に生じたものでない損害の賠償義務を除外しているように理解しうる。「直接損害」「間接損害」「現実に生じた損害」とは何を指すかが問題となるが、日本の民法に定められた概念ではなく、必ずしも明確ではない。すなわち、「直接損害」（および「間接損害」）は、もともとはフランス法にみられる概念であって、日本法においては採用されていない。もっとも、「間接損害」は、一次的に損害を被った者から派生して、第三者に波及した二次的損害と説明する学説も存在する。「現実の損害」については、米国不法行為法の「懲罰的損害賠償」の対義語として理解する立場（すなわち、填補賠償を認める日本法下においては特段の意味をもたないとする立場）があり得るが「逸失利益」を含まない趣旨としてとらえる立場もあり得る。したがって、予測可能性の観点からは、「直接損害」や「現実に生じた損害」といった民法上の概念ではない用語は用

いずс、「通常損害」や「特別の事情によって生じた損害」といった民法上の概念を用いて規定することが考えられる。「通常損害」の範囲をより限定することを目的として、「直接損害」や「現実の損害」を契約に規定し、それに意味をもたせようとする場合は、交渉時にその意義を相手方と確認し、必要に応じて契約上に定義を設けるほうがよいであろう。

　（C）　損害賠償の額に関する条項
[条項例1-1-10]　損害賠償の額に関する条項

> 甲が本契約に関して乙に対して負う損害賠償の額は、第○条に基づき甲が乙より受領した金額を超えないものとする。

　上掲のように定めることで、乙の損害が1億円だとしても、受注者甲は、受領した契約金（たとえば、500万円）の範囲で賠償すればよいことになる。なお、ただし書として、「甲に故意又は重大な過失がある場合は除く。」と規定することも多い。

　（D）　金銭債務の不履行に関する損害賠償に関する条項
　2026（令和8）年3月31日までの遅延損害金の利率は、3％と定められている（民法404条、令和4年3月30日法務省告示第64号）。民法上の遅延損害金の利率は3年ごとに変動しうることから（同条3項）、契約時点での利率を確認する必要がある。民法上の利率よりも高率の遅延損害金を望む場合には、その旨を契約で定める必要がある。

[条項例1-1-11]　金銭債務の不履行による損害賠償に関する条項

> 甲が第○条に定める金員の支払を怠ったときは、甲は乙に対し、支払期日の翌日から支払済みに至るまで、年14.6％の割合による損害金を支払う。

（4）　損害賠償額の予定
[条項例1-1-12]　損害賠償

> 甲が債務を履行しなかった場合、甲は乙に対し、乙の被った損害を賠償しなければならない。

33

上掲のような契約条項を前提に、乙が甲に対し損害賠償を請求するためには、乙において、「損害が発生したこと」および「損害の額」を立証しなければならない。これに対し、以下のように、契約当事者間において、債務不履行が発生した場合の損害賠償額をあらかじめ定めた場合、甲は「損害が発生したこと」および「損害の額」を立証することなく、一定の損害賠償を請求できる。

[条項例1-1-13] 損害賠償額の予定

> 甲が債務を履行しなかった場合、乙は甲に対し、損害の賠償として○○円を支払うよう請求できる。

民法420条3項によれば、違約金は賠償額の予定と推定されるため、上記条項は「損害賠償額の予定」を定めたものと解釈される。損害賠償とは別個にペナルティー（違約罰）として金銭を支払わせるべき場合は、推定規定が適用されないよう、その旨を明確に規定した契約文言とする必要がある。

[条項例1-1-14] 違約罰の定め

> 甲が債務を履行しなかった場合、甲は乙に対し、違約罰として、債務不履行による損害賠償とは別に、○○円を支払わなければならない。

なお、消費者と事業者との間で締結された契約が解除された場合については、事業者に生ずる平均的な損害の額を超える損害賠償額の予定は、当該超える部分が無効とされる（消費者契約法9条1号）。また、事業者間の契約でも、公序良俗に反する合意は無効となるため（民法90条）、過度に高額の違約金条項は無効になるリスクがあることに留意しておく必要がある（東京地判平成25年3月19日（平成22年（ワ）第7887号、第37745号）LEX／DB25512175等参照）。

12　反社条項

「反社条項（反社会的勢力の排除に関する条項）」とは、契約を締結する際、反社会的勢力ではないことや、暴力的な要求行為等をしないことなどを、相互に示し保証する条項をいい、「暴排条項（暴力団排除条項）」ということもある。

「反社会的勢力」とは、暴力、威力（言葉や行動などで圧力をかけ、人の意思を

制圧するに足る力)、または詐欺的手法を駆使して、経済的利益を追求する集団・個人を指す[6]。

　各都道府県は、暴力団排除条例（暴排条例）を定めており、暴排条例では、事業者に対して反社会的勢力の排除に関する一定の対応を義務づけており、多くの暴排条例において、事業者に求められる対応の中に、契約を締結する際に反社条項を定めるべきことが含まれている。そこで、企業は、コンプライアンスを徹底して社会的責任を果たすとともに、反社会的勢力からの不当な要求を回避するため、契約中に、以下のような、反社条項を規定することが広く行われている。

[条項例1-1-15]　反社条項

1　本契約の当事者は、それぞれ相手方に対し、自らが、本契約の締結日において、次の各号に掲げる者（以下「反社会的勢力」と総称する。）に該当しないことを表明し、かつ将来にわたっても該当しないことを確約する。
　(1)　暴力団
　(2)　暴力団員
　(3)　暴力団員でなくなった時から5年を経過しない者
　(4)　暴力団準構成員
　(5)　暴力団関係企業
　(6)　総会屋
　(7)　社会運動等標ぼうゴロ
　(8)　特殊知能暴力集団
　(9)　その他前各号に準ずる者
2　本契約の当事者は、それぞれ相手方に対し、自らが、本契約の締結日において、次の各号のいずれにも該当しないことを表明し、かつ将来にわたっても該当しないことを確約する。
　(1)　反社会的勢力によって経営を支配されていること
　(2)　反社会的勢力が経営に実質的に関与していること
　(3)　自社もしくは第三者の不正の利益を図る目的又は第三者に損害を加える目的をもってするなど、不当に反社会的勢力を利用していること
　(4)　反社会的勢力に対して資金等を提供し、又は便宜を供与するなどの関与

---

[6]　法務省ウェブサイト「企業が反社会的勢力による被害を防止するための指針」〈https://www.moj.go.jp/keiji1/keiji_keiji42.html〉。

をしていること
    (5) 自らの役員又は経営に実質的に関与している者が、反社会的勢力と社会的に非難されるべき関係を有すること
3 本契約の当事者は、それぞれ相手方に対し、自ら又は第三者を利用して、次の各号に該当する行為を行わないことを確約する。
    (1) 暴力的な要求行為
    (2) 法的な責任を超えた不当な要求行為
    (3) 取引に関して脅迫的な言動をし、又は暴力を用いる行為
    (4) 風説を流布し、偽計又は威力を用いて相手方の信用を毀損し、又は相手方の業務を妨害する行為
    (5) その他前各号に準ずる行為
4 本契約の当事者は、相手方が本条の表明に関して虚偽の申告をし、又は本条の確約に違反したことが判明した場合には、催告を要することなく直ちに本契約を解除できるものとする。
5 前項に基づく契約の解除が行われた場合、本条の表明に関して虚偽の申告をし、又は本条の確約に違反した当事者(以下「違反当事者」という。)は、解除を行った相手方(以下「解除当事者」という。)に対して損害賠償を請求できないものとする。
6 第4項に基づく契約の解除によって、解除当事者が損害を被った場合には、違反当事者は解除当事者に対してこれを賠償する責を負うものとする。

13 準拠法・紛争解決手段・合意管轄

(1) 条項例

[条項例1-1-16] 準拠法・紛争解決手段・合意管轄①

第○条(準拠法・紛争解決手段・合意管轄)
　本契約に関する紛争(調停手続を含む。)については、日本国法を準拠法とし、○○地方裁判所を第一審の専属的合意管轄裁判所とする。

[条項例1-1-17] 準拠法・紛争解決手段・合意管轄②

第○条(準拠法・紛争解決手段・合意管轄)
　本契約に関する一切の紛争については、日本国法を準拠法とし、○○(仲裁機関名)の仲裁規則に従って、○○(都市名)において仲裁により終局的に解

決されるものとする。

[条項例1-1-18]　準拠法・紛争解決手段・合意管轄③

第○条（準拠法・紛争解決手段・合意管轄）
1　本契約に関する一切の紛争については、日本国法を準拠法とし、まず○○簡易裁判所における調停の申立てをしなければならない。
2　前項に定める調停が不成立となった場合、○○裁判所を第一審の専属的合意管轄裁判所とする。

(2)　解　説

準拠法、紛争解決手段、管轄の合意に関する条項である。

準拠法は契約書についてどの国の法律を適用するかという問題であり、紛争解決手段は訴訟、仲裁、調停等の紛争解決手段のうちどれを選択するかという問題であり、管轄はどの裁判所で紛争解決手段を用いるかという問題である。

準拠法については、当事者がいずれも日本の法人の場合であれば、特に規定しない限り準拠法は基本的には日本法となる。他方で、当事者が日本の法人と米国の法人である場合などには、どのように準拠法を決定するのかが問題となる。なお、日本の裁判所においては、準拠法について当事者が法律行為の当時に選択していない場合、原則として、当該法律行為の当時において当該法律行為に最も密接な関係がある地の法律が準拠法とされることになる（法の適用に関する通則法8条）。

紛争解決手段については、発生することが想定される紛争に応じて、訴訟、仲裁、調停等の各手続のメリット・デメリットを比較検討して規定する必要がある。

紛争を訴訟により解決することを合意していた場合、慎重な手続の下で公正な判断を受けることができるというメリットがあるものの、三審制の下、判断（判決）が確定するまで長期間を要する可能性があるうえ、裁判公開原則の下、訴訟において秘密情報の内容について明らかにしなければならないことが想定される。訴訟記録閲覧等制限の申立て（民事訴訟法92条1項）を行うことにより第三者の閲覧等を一定の範囲で制限することも可能であるが、当該申立てが

認められるのは、当事者が保有する営業秘密（不正競争防止法2条6項の営業秘密）等に限られるため、必ずしも秘密保持契約上の秘密情報のすべてを閲覧等制限の対象とすることができるわけではない。そのため、紛争解決手段として訴訟を選択すれば、秘密情報を第三者に知られてしまう可能性もある。

仲裁手続[7]を利用する場合、裁判と異なり非公開が原則であるうえ、迅速に仲裁判断を得ることができるというメリットを享受できる。他方で、仲裁判断の結果はどのような仲裁人が選任されるかによって左右される部分が大きく、判断の予見可能性が担保されにくい可能性がある。また、費用が高額になる可能性があるほか、仲裁判断に不服があっても争う方法がないというデメリットがある。

調停手続を利用する場合には、申立手続が簡便で柔軟であり、手続が非公開であるうえ、調停が成立すれば訴訟に比して短期間かつ低コストで解決に至る可能性があるというメリットを享受できる。他方で、調停は、相手方が出頭せず手続が進まない可能性があるほか、当事者間の合意により調停調書が成立しなければ法的拘束力が生じない手続であることから、紛争解決の実効性が高いとはいえず、調停を経ることによって紛争解決が先延ばしになる場合もあるというデメリットがある。

紛争解決条項は、定型文を使い回すよりも、以上のような紛争解決手段のメリット・デメリットを比較検討して事案に応じて最適な紛争解決手段を定めることが望ましい。

紛争解決手段について定めなかった場合、仲裁手続は仲裁合意がなければ利用することができないものの、訴訟および調停のいずれの手段をとるかは当事者が任意に選択でき、かつ利用する裁判所も管轄が認められる限り任意に選択できる。

合意管轄は、一定の法律関係に基づく訴えについて、第一審に限り、当事者の書面または電磁的記録による合意により管轄を生じさせることができるもの

---

[7] 仲裁手続とは、当事者が選任した仲裁人が構成する仲裁廷が、仲裁申立書および反対請求申立書において申し立てられた請求について判断し、仲裁判断書を作成する手続であり、仲裁判断は最終的で、法的拘束力を有するが、仲裁判断に基づき強制執行を行うには裁判所に執行判決を求める必要がある。

であり、専属的合意（その裁判所にのみ管轄を認め、法定管轄も排除するもの）と付加的合意（法定管轄に付加して管轄を認めるもの）があり、契約条項ではそのいずれを定めているのかを明確にする必要がある。

また、管轄合意は一定の法律関係に基づく訴えについて認められるものであるから、当事者間の一切の紛争について管轄合意をすることはできず、「本契約に関する一切の紛争」などの限定が必要になる。その他、管轄裁判所を契約当事者の一方が任意に選択できるとしたり、原告の全国に複数存在する本支店所在地を管轄する裁判所とする管轄合意は無効とされる（東京高決平成16年2月3日判タ1152号283頁、横浜地決平成15年7月7日判タ1140号274頁）こと、管轄合意は第一審についてしか認められないこと、管轄合意は書面または電磁的記録で行う必要があることにも注意が必要である。

契約において準拠法、紛争解決手段、合意管轄を定めることは、紛争が生じた場合の今後の流れの予測可能性を担保するために必須となる。

Ⅲ　どうすれば良い契約書を作成できるか？

1　ファーストドラフトを作成する場合

当方で契約書のファーストドラフトを作成する場合、実務的には、契約条項を一つひとつ一から作成するより、すでに作成されたひな型をベースに、事案に応じた修正を加えて契約書を作成することが多いと思われる。限られた時間に効率的に契約書案を作成するためには、ひな型を用いることは意味があるといえるが、ひな型は、過去に誰かが一定の意図の下に作成したものにすぎず、①今回の取引に本来必要な条項が欠落しているリスク、②条項自体は存在してもその内容が今回の事案に即していないリスク、③近時の法改正やルール改正によって、ひな型の条項が古くなってしまっていたり、裁判例に反する内容となってしまっているリスク、④契約の相手方からある条項の修正を要請されたとき、要請に従ってひな型を修正することの是非が判断できず、本来受け入れてもよい要請を頑なに拒否することで、契約締結までに不毛な時間を費やし、場合によっては取引の機会を失うことになりかねないリスク等が潜んでいる。

かかるリスクを回避するためには、（1）複数のひな型や過去の契約書を検

討する、（2）当該契約に関連する最新の法改正やルール改正の動向を確認する、（3）5W1Hを意識する、（4）「2つのそうぞう力——想像力と創造力——」を働かせる、といったことが重要である。

（1） 複数のひな型や過去の契約書等を検討する

たとえば、第2章で取り上げる秘密保持契約は、インターネット上などで多くのひな型が掲載されているが、「秘密情報」の定義やその例外、「秘密保持義務の具体的な内容」等について、いくつかのパターンがある。それらの各パターンの中から、当該取引における当方の立場に立ってどのパターンがふさわしいのかを判断すべきである。そのためには、たまたま最初にみつけたひな型だけに依拠してファーストドラフトを作成しようとするのは避けるべきである。また、自社において、これまでいく度となく用いてきた秘密保持契約のひな型が存在しているときも同様である。当該ひな型が今回の取引において最適である保証はどこにもない。他のひな型や第2章を読み比べて、より良い条項があればそれを取り入れ、また修正していく姿勢が肝要である。そうした過程を通じて、上述したリスク①と②（①今回の取引に本来必要な条項が欠落しているリスク、②条項自体は存在してもその内容が今回の事案に即していないリスク）を低減することにつながる。

（2） 契約に関連する最新の法改正やルール改正の動向を確認する

法律やガイドライン等のルールは、社会を規律する規範であり、社会が不可避的に変容するものである以上、それらのルールも不可避的に改正が行われていくものである。過去に作成されたひな型は、作成時点において通用していたルールを前提としているため、現時点でもそれがそのまま通用するのかどうか、確認する必要がある。

また、当然のことながら、契約書は、強行法規に反しないように作成する必要がある。たとえば、独占禁止法上の優越的地位の濫用に該当するかどうかは、法律だけでは判断できず、近時の裁判例や学説の内容まで確認したうえで、判断する必要がある。

この過程を通じて、上述したリスク③を低減することにつながる。

（3） 5W1H

5W1H（誰と誰が、何のために、いつ、どこで、何を、どのように（する））が契

約書に正しく規定されているかを意識し、不足や誤りがあれば正すことが必要である。頭の中で、「5W1Hがきちんと入っているか」を意識して契約書案に目を通すことで、規定漏れを可及的に予防することができる。たとえば、ライセンス契約のあるひな型において、ライセンス技術を用いて製品を販売する場所（地域）の限定がない場合、はたしてそれでよいのかを検討する（あるいは事業部門に念のため再度検討してもらう）。

　この過程を通じて、上述したリスク①を低減することにつながる。

（4）　想像力と創造力

　今回の取引で、将来何か問題が発生するとすると、どのような問題が発生するのか、あるいは、どういった契約条件が必ず遵守される必要があるのかを想像し、そのような問題や重要事項について手当てしておくためにふさわしい条項を創造するという姿勢が肝要である。

　たとえば、東京オリンピックの開会式で使用する物品を製作する製作物供給契約を締結する場合、東京オリンピックの開会式前に納品されることが絶対に必要であるから、納期の遵守が極めて重要な契約条件となる。ここまでが、想像力を発揮する部分である。次に、委託先に納期を遵守してもらうために望ましい契約条項を作成する。これが、創造力を発揮する部分である。

　これから契約を締結する取引において、将来どのようなことが起こると問題になるのか、避けるべきリスクは何なのか、契約担当者自身の実務経験や、担当事業部からのヒアリングの結果を踏まえて想像する。たとえば、受託業者による納期の遅れは絶対に許されないということであれば、定期的に委託業務の進捗状況について報告する義務を課す条項を作成し、委託業務の進捗状況を逐次確認できるようにする、あるいは、相手方に対し期限厳守を確実に促すために、履行期限を過ぎた場合に違約金が発生する旨の条項を作成するといったことが考えられる。

　この過程を通じて、上述したリスク④を低減することにつながる。

2　相手方がファーストドラフトを作成する場合

　相手方の交渉窓口となっている部門（事業部門や開発部門等）の担当者は非常に親切で好意的であっても、当該担当者から提示される先方の誰かが作成した（場合によっては外部の法律事務所が作成した）契約書のファーストドラフト

は、残念ながら、非常に不親切で悪意に満ちていることがある。そのような場合がありうることも想定しつつ、できれば複数の立場（事業部門、法律部門等）で契約書案を精査し、細かな点も含めて問題点（あるいは将来問題となり得る点）を拾い上げ、創造力を働かせて、対案を示していくべきである。時間との兼ね合いもあるであろうが、可及的に当方の要求を受け入れてもらうためにも、いったんは当方の要求事項を網羅的に反映した対案を示したうえで、下記Ⅳにおいて説明しているように、譲るべきところは譲り、譲れない部分は断固として譲らないという姿勢で交渉を行っていくことが特に会社にとって重要な契約においては肝要である。

Ⅳ　契約締結交渉における留意点
——契約交渉をまとめる工夫——

1　好ましくない契約交渉

　好ましくない契約交渉としては、①本来は（神様の目からみれば）Win-Winの契約が締結できるはずであるのに交渉が不調に終わるパターンや、②争点について相手方に押し切られてしまい不本意な内容の契約を締結してしまうパターン、③相手方のドラフトの内容精査が不十分なまま契約を締結してしまうパターンなどがある。

　上記③は、当方（担当者）の能力不足によるものであり、いかんともしがたい面があるが、上記①や②は、具体的には、ⓐ条件面であともう少しというところで折り合いがつかない（ないし交渉時間切れ）、ⓑ当事者が、自己のスタンスを無理に押し通そうとする、ⓒ交渉担当者の能力／知識／やる気不足等が理由であることが多く、何とか対処のしようがあったのではないかと思われる。

　そこで、上記ⓐからⓒを念頭におきつつ、いくつかの契約交渉をまとめる工夫を紹介しておく。

2　契約条項をまとめる工夫

（1）　想像力とGive and Take

　契約交渉の相手方も同じ人間であり、組織内の立場もある。したがって、こちらの要求を100％受け入れさせ、相手の要求を100％退けることは難しい。肝

要なのは、必ず相手に認めさせるべきことを条項として規定させることにあるのであって、交渉をまとめるためには、規定しなくても何とかなりそうなことは先方の要求を受け入れてこちらが折れる姿勢を示すことも重要である。そこで、肝要なのは、要求すべきことは何であり、要求しなくてもよいこと（受け入れ可能な事項）は何なのかの見極めである。想像力を働かせて、当該取引において何が肝であり、何がリスクなのかを推し量ることによって、この見極めを行うべきである。次に、要求すべき事項は、なぜそこに当方がこだわる必要があるのか、その合理的な根拠を、相手方に粘り強く説明していくことである。合理的な思考をする相手方であれば、それによって、当方の要求を受け入れてくれることも多いように思われる。

　ここでの「合理的な根拠」（必要性）とは、たとえば、当方の要求が法律（強行法規）や組織の基本方針・コンプライアンスに即したものであること、あるいは、当方の要求が容れられなければ、看過しがたい不利益が当方に生じてしまうことなどがあげられる。また、「受け入れ可能な事項」とは、たとえば、規定しなくても法律に規定があり、解釈上その適用を排除したと解釈されるリスクのない事項（例：民法415条、709条等）、現実的なリスクを想定し得ない事項（例：「△△の場合は、○○を返還する。」において、△△の事態の発生が想定できず、かつ、○○を返還しても、重大なリスクとはならないようなケース）などがある。

　なお、こちらが譲歩する場合は、固執する部分との「交換条件」として譲歩することを明示するようにして、Give and Takeであることを先方に理解してもらうようにすべきである。

（2）「必要性」に加え「許容性」を示す

　ある事項について、当方は、ぜひともそれを契約に規定することが必要だとしても、相手方にとって、その条項を規定することによって何らかの不利益が生じてしまうようであれば、相手方としては当該条項を拒否しようとする。そこで、当方にとっての必要性を示すことに加えて、相手方が受け入れても許容範囲内であること（許容性）を示すことができれば、相手方を説得できることにつながりうる。

　たとえば、当方がライセンス契約の実施料率を5％にしたいと考えていると

した場合、「本年度の予算達成のために、実施料率を5％にすることがどうしても必要であり、それをしないとこのビジネスが消滅してしまうかもしれない」というのは、当方にとっての「必要性」であるが、それに加えて、他のライセンス事例との比較（技術の重要性、開発に至る期間、コスト、開発の困難性等）からすれば、5％が妥当でありそれを受け入れても先方が損をするわけではないことを示す（許容性）ことが考えられる。

（3） 折衷案を示す

当方が提示した条項について、先方が受け入れないとき、双方の立場を踏まえた折衷案を提示することも有用である。

たとえば、「Aに関する一切の事項について甲の事前の書面による同意を要する。」との条項について、先方がこれを拒否した場合、拒否した理由を踏まえつつ、「Aに関する次に挙げる事項について甲の事前の書面による同意を要する。」、あるいは、「Aに関する一切の事項について甲の事前の書面による同意を要する。ただし、甲は、合理的な理由がなく同意を拒否しない。」といった折衷案を提示することが考えられる。また、「甲は、○○が存在しないことを保証する。」との条項について、先方がこれを拒否した場合、「甲は、特定事項について保証する。ただし、○の点を除く。」、あるいは、「甲は、甲の代表者が知りうる限り、○○が存在しないことを保証する。」といった折衷案を提示することがありうる。

（4） 大きなことから決めていく

初めから細かな点について議論になり時間を費やしてしまい、長期間を要しても契約の基本条件がまとまらず、契約が不調となってしまうこともある。そういった事態を防ぐために、まずは、タームシート等を用いて、基本的な条件について先方とすり合わせを行うべきである。そして、先方の主張との相違点がある場合、その相違点に絞って交渉を行い溝を埋めていく。最後に埋めきれなかった溝が許容範囲かどうかを判断し、許容範囲内であるときは、交渉を先に進めるべく、契約書案をベースとした交渉を行っていくことになる。その際は、できるだけ当方から契約書案を相手方に示すようにすべきである。そして、当方の修正案について、先方が修正してきた事項について、受け入れ可能な部分と受け入れがたい部分とを峻別したうえで、上記で述べた交渉術を用い

て、契約締結をめざしていくべきである。

3　チーム編成

　契約交渉においては、交渉担当者と交渉担当者をバックアップすべき社内外の陣容から構成される。

　交渉担当者は、できるだけ固定して、当方の主張、立場の一貫性を示しやすくできるとよい。また、交渉担当者のキャラクターとしては、（相手方との相性もあるであろうが）基本的には信念をもっていて他人の言動に流されないタイプでありつつも、想像力と創造力を発揮して交渉をまとめる柔軟性を兼ね備えたタイプが適任であると思われる。

　バックアップとしては、契約交渉の案件を担うことになる事業部、法務部門、知的財産部門、経理・財務部門等の当該案件にかかわりのある社内の各部門と、（事案によっては）海外や外部の専門家からなる。先方から提案のあった契約条項について、それぞれの専門部署ないし専門家が、当該条項のリスクを推し量り、リスクを軽減する対案を適時に提示できるようにすることが肝要である。

4　スケジュールの策定

　大型の契約交渉案件については、契約締結しなければならない時期、めざすべきゴールを設定するとともに、相手方との関係性（力関係）や相手方の交渉力等を考慮して、締結に至るまでの交渉のスケジュールを策定することもありうる。スケジュールを意識しながら契約交渉を行うことによって、時間切れで不調に終わってしまうというリスクを低減することができる。

秘密保持契約

Ⅰ 秘密保持契約の締結にあたって考慮すべき事項

1 最初に確認すべき事項

（1） はじめに

　企業が事業活動で用いる技術情報、営業情報、顧客情報、市場分析情報、人事・財務情報などの情報の中には、秘密として維持されながら活用されることにより、他社との差別化を図り、自社の競争力を向上させることができるものがある。

　企業の秘密情報は、ひとたび不注意に開示・公開されてしまうようなことがあれば、その価値はなきに等しいものになるから、秘密情報の保護は競争力の維持強化のために不可欠である。

　また、秘密情報が流出してしまえば、研究開発投資の回収機会の喪失、取引先・顧客からの信用低下などの重大な損害の発生にもつながりかねない。

　売買契約、事業譲渡契約、業務委託契約、ライセンス契約等の契約の締結を予定している場合、事前にそれらの契約関係に用いる秘密情報の確認・評価が行われるのが通常である（たとえば、売買契約締結の前に、商品の見本（サンプル）や設計図等の関係資料を受領してその品質・性能等を評価することが考えられる）。その際に、情報の開示者が受領者に何ら秘密保持義務を負わせることなく秘密情報を開示すると、当該秘密情報が直ちに第三者に漏えいされたり、その後予定していた契約が締結されることなく秘密情報だけ相手方の今後のビジネスに利用されたりする可能性があり、開示者の秘密情報の財産的価値が失われるおそれがある。

　秘密保持契約は、そのような弊害を避けるため、開示者の秘密情報の流出を防止し、相手方に対して第三者に対する開示を禁止し、違反行為があった場合

にそれを差止め、損害賠償をさせる目的で締結する。

　もっとも、秘密保持契約を締結したとしても、実際に秘密保持契約違反に基づき救済を受けることは、違反行為があったことの立証、損害額の立証などの点から困難な場合が多い。また、ひとたび秘密情報が流出してしまえば、その価値は不可逆的に失われてしまううえ、流出した秘密情報を取得した第三者は秘密保持契約書の当事者ではないから、当該第三者との関係では不正競争防止法等に基づく救済を求めるしかない。

◇◇コラム　不正競争防止法による営業秘密および限定提供データの保護と、秘密保持契約に基づく秘密の保護の対象の違い

　不正競争防止法上、営業秘密および限定提供データに該当する情報については、不正取得または不正取得した情報の使用もしくは開示等が不正競争行為とされており（営業秘密については不正競争防止法2条1項4号～10号、限定提供データについては同法2条1項11号～16号）、不正競争行為の被害にあった場合、不正競争行為者に対して不当利得返還請求や信用回復措置請求をすることができる（同法7条）。

　しかしながら、不正競争防止法上、営業秘密として保護されるのは、①秘密管理性、②有用性、③非公知性の3つの要件をすべて満たしている情報に限られている（不正競争防止法2条7項）。また、限定提供データとして保護されるのは、①限定提供性、②電磁的管理性、③相当蓄積性を満たし、かつ営業秘密に該当しない情報（同法2条7項）に限られている。これらのうち1つでも要件を満たしていなければ不正競争防止法上保護されることはなく、これらの要件を満たしていることの立証は容易ではない。そして、実態として、企業が秘密として維持する必要がある情報の中には、上記の要件をすべて満たしているとは必ずしもいえない情報も多々含まれている。

　これらの不正競争防止法上の営業秘密や限定提供データに必ずしも該当しない秘密情報について流出しないよう保護するためには、秘密情報に触れる相手方に対して契約上秘密保持義務を課すことが必要になる。

　契約上秘密保持義務を課された情報は、それが不正競争防止法上の営業秘密や限定提供データに該当するかにかかわりなく、相手方に秘密保持義務が課され、違反行為に対する差止請求、損害賠償請求が可能となる（ただし、秘密保持情報の範囲を無限定にした場合については、Ⅱ2(3)(A)参照）。

秘密保持契約書の締結は、企業の秘密情報保護の基本であるが、実際のビジネスの場面では、秘密保持契約の締結前に秘密情報を開示してしまったり、秘密保持契約書のひな型を特段調整せずに締結して実際に必要な規定が盛り込まれていなかったりする事案も存在する。そこで、以下では秘密保持契約を締結するにあたっての留意点を解説する。

（2） 両当事者の立場の確認

いずれの当事者も、自身の立場によって契約交渉において留意すべき点が変化するため、当該取引で自身が開示者となるのか、受領者となるのか、あるいはその両方となるのかを把握する必要がある。

自身が開示者となる場合は、自身の秘密情報の管理の観点から、どのように情報を開示するのか、相手方にどのような秘密保持義務を負わせるのかなどを検討する必要がある。他方で、自身が受領者となる場合は、情報管理義務が現実的に履行可能であるか、契約違反を問われる可能性があるかなどを検討する必要がある。自身が開示者にも受領者にもなる場合は両方の立場から検討が必要となる。

（3） 契約の形式の確認

秘密保持契約には、一方当事者のみが開示者となり、他方当事者のみが受領者となるものと、双方当事者が開示者および受領者のいずれにもなるものがある。

前者では、契約書の形式をとるものと、受領者から開示者への誓約書の形式をとるものがあるが、いずれも基本的に法的な効果は同じである。

自身が開示者となるのか、受領者となるのか、あるいはそのいずれにもなるのかを正確に把握し、適切な契約の形式を選択する必要がある。

（4） 契約に関与する者の範囲の確認

たとえば、X社がY社に対して業務を委託することを検討する場合、通常はX社およびY社を当事者とする秘密保持契約を締結すればよいが、X社およびY社以外の者が関与するときには、誰が契約の当事者になるべきかなどについて特別な考慮が必要となる。

（A） 受領者が複数の場合
　（a）　事　例

　【事例】
　　Y社は、Aグループというグループ企業に属しており、X社と取引をするには親会社であるA社の承認が必要であり、業務の遂行状況等に関してもA社に随時報告する必要がある。また、Y社はX社から受託した業務の一部を、同じAグループ内の企業であるB社に再委託する予定である。

　【事例】のような場合、A社およびB社も秘密情報を知る可能性がある。そのため、X社としては、Y社のみならず、A社およびB社にも秘密保持義務を負わせたり、秘密情報の管理について監督を及ぼしたりすることが考えられる。

　（b）　契約当事者に含める方法
　そのような場合に、A社およびB社も契約当事者に加えることが考えられる。X社、Y社、A社およびB社の間で個別に秘密保持契約を締結したり、全員を当事者として一つの契約書を作成したり、Y社がA社およびB社を代理して契約を締結するのである。そのようにすることでX社はA社およびB社に対して直接契約上の義務の履行を求めることができるようになる。
　もっとも、この方法は実務上はあまりみられず、より簡便で実務上より多く使用される対応方法として、以下の方法がある。

　（c）　契約当事者による受領として扱う方法
　秘密保持契約はX社およびY社で締結するが、秘密情報の受領者には、Y社のみならずA社およびB社も含まれると規定し、A社およびB社による受領もY社による受領として扱う方法である。ただし、【事例】とは異なり、複数の受領者が別の企業グループに属している場合や、X社の情報を開示するY社において、秘密情報の内容によって受領者を異ならせたい事情がある場合等には、全員を当事者とする契約を締結するか、各社と個別に秘密保持契約を締結すること（上記（b））が適切であることもある。

[条項例1-2-1] A社およびB社による情報の受領もY社による受領と扱うことを規定する場合

> 第○条（当事者）
> 1 「開示者」とは、X社及びY社のうち、情報を開示する者をいう。
> 2 「受領者」とは、X社及びY社のうち、開示者が開示した情報を受領する者をいい、以下の各号に定める者による受領は、Y社が本契約に従い受領したものと扱い、Y社が受領者として一切の責任を負う。
> (1) A社
> (2) B社

（d） 受領者を介して情報を開示する方法

また、実務上最もよくみられる方法として、Y社がA社およびB社に対して、X社・Y社間の秘密保持契約におけるY社の義務と同等以上の義務を課したうえ、A社およびB社の行為についてY社が責任を負うことを義務づける方法もある。

[条項例1-2-2] Y社を介してA社およびB社に情報を開示する場合

> 第○条
> 　第○条（第三者への秘密情報の開示等を禁止する旨を定める条項）の定めにかかわらず、Y社は、以下の各号に規定する者に対し、秘密情報について本契約と同等以上の秘密保持義務を負わせる契約を書面で締結することにより、事前にX社の書面による承諾を得ることなく秘密情報を開示し使用させることができる。この場合、Y社は、これらの者の義務違反につき、X社に対して一切の責任を負う。
> (1) A社
> (2) B社

（e） 関連会社への開示

【事例】では、Y社側の受領者としてA社およびB社の2社のみが加わることとされているが、さらに広くY社の関連会社に対する秘密情報の開示を可能としたい場合の契約条項としては以下のようなものが考えられる。

[条項例1-2-3] 受領者にＹ社の関連会社も含まれると規定する場合

第○条
　受領者には、Ｙ社及びＹ社の関連会社（Ｙ社を支配するか、Ｙ社に支配されるか、またはＹ社と共通の支配下にある会社を意味し、ここで「支配」とは、これらの会社につき、その議決権の50％以上を直接もしくは間接的に所有するか、または事実上の経営権を掌握することを意味する。）が含まれるものとし、Ｙ社の関連会社による受領は、Ｙ社が本契約に従い受領をしたものとして、Ｙ社はＸ社に対して一切の義務を負う。

[条項例1-2-4] Ｙ社の関連会社に対する開示をＹ社に対する開示として扱う場合

第○条
　別紙に定めるＹ社の関連会社に対してＸ社の情報が開示された場合には、Ｘ社からＹ社に対して開示されたものとして、本契約の条項が適用されるものとする。また、Ｙ社の関連会社が秘密情報について行った行為について、Ｙ社はＸ社に対して自らが行った行為として一切の責任を負うものとする。
〈別紙〉
　第○条に定める関連会社は、以下のとおりとする。
　1　Ａ社
　2　Ｂ社
　3　…

　なお、関連会社や関係会社という用語には統一的な定義が存在しないため、契約書の中でその範囲を定義する必要があり、[条項例1-2-3]のように関連会社を定義したり、[条項例1-2-4]のように関連会社名を具体的に規定することも考えられる。
　また、会社計算規則[8]や財務諸表等の用語、様式及び作成方法に関する規則[9]における定義を用いて関連会社を定義することもある。

---

[8] 会社計算規則２条３項21号「関連会社　会社が他の会社等の財務及び事業の方針の決定に対して重要な影響を与えることができる場合における当該他の会社等（子会社を除く。）をいう。」。

（B）　開示者が複数の場合
　開示者にX社以外の会社も加える方法としては、当該会社による秘密情報の開示をX社による開示であると扱うなどの方法が考えられる。

2　秘密保持契約の契約交渉に関する基本的姿勢

（1）　開示者の基本的な姿勢

　開示者は、原則として、秘密保持契約により相手方に秘密保持義務を課す前に秘密情報を開示すべきではない。特に、同種の事業を営む会社の従業員であれば一部分や関連する情報を一見するだけで秘密情報の内容を把握することができる可能性もあることに留意すべきである。一方で、受領者を信頼できる場合や取引の機会を得ることを目的とする場合には、秘密保持契約締結前に秘密情報を開示するというビジネス上の判断もあり得る。ただし、そのような判断をするにあたっては開示する秘密情報の重要性や、開示後速やかに秘密保持契約を締結する必要性に十分留意する必要がある。

　また、秘密保持契約を締結したうえで秘密情報を開示する場合であっても、契約の目的に照らして最小限の範囲で開示すべきであり、万が一外部に開示されれば取り返しのつかない事態となり得る情報を開示するかどうかは特に慎重に判断しなければならない。

　秘密保持契約においては、外部に知られてはならない情報が漏れなく秘密情報に含まれるようにする必要がある。また、相手方に秘密保持義務の対象となる情報の範囲を理解させ、その秘密保持のために十分な対応を義務づける必要がある。

　そして、秘密情報を開示した目的が達成され、あるいは達成不能が判明したなどの理由により受領者が秘密情報を保持する必要がなくなったと認められる時点で、秘密情報を返還させ、あるいは確実に破棄させることができるようにしておくべきである。

　また、受領者の秘密保持義務を十分な期間存続させることも必要である。

9　財務諸表等の用語、様式及び作成方法に関する規則8条5項「この規則において『関連会社』とは、会社等及び当該会社等の子会社が、出資、人事、資金、技術、取引等の関係を通じて、子会社以外の他の会社等の財務及び営業又は事業の方針の決定に対して重要な影響を与えることができる場合における当該子会社以外の他の会社等をいう。」。

そのほか、漏えい等の事故発生時の対応や、差止め、損害賠償のほか、紛争の解決方法などについても規定しておく必要がある。

（2） 受領者の基本的な姿勢

秘密保持契約書は、開示者側が契約書案を用意し、受領者側がそれを確認する場合が多いと思われるが、受領者としては、開示者から提示された秘密保持契約書のドラフトからリスクのある条項を洗い出し、適切に修正を求めることが必要となる。

受領者の立場からは、開示者との間でやり取りされる情報はさまざまなものがあり得るため、そのうちのどれが秘密情報に該当するのかを明確にして、秘密情報として扱う情報の範囲の設定が適切かを検討する必要がある。

また、自社が対応不可能な内容の秘密保持義務を受け入れないようにする必要があるほか、客観的に必要だと思われる期間を超えて秘密保持義務を負い続けることがないようにする必要がある。

商談を速やかに進めるために秘密保持契約を早急に締結する必要がある場合もあるが、当該秘密保持契約に受領者が履行不可能な義務が課せられていることや、高額な違約金が設定されていることもあり得るため、相手方に提示された契約条項を十分に検討しないまま締結をするようなことがないようにすべきである。

Ⅱ 具体的な契約条項の検討

1 目的条項

（1） 条項例

［条項例1-2-5］　目的条項①

> 第○条（目的）
> 　本契約は、甲及び乙が以下の各号の目的（以下、総称して「本目的」という。）に関して相互に開示する秘密情報の取り扱いについて定めるものとする。
> 　（1）　甲及び乙が共同して甲が企画した別紙1に定める商品（以下「本件商品」という。）の製品化を行うことについての検討。

> （２）　甲が乙に対して本件商品の製造を委託することについての検討。

[条項例1-2-6]　目的条項②

> （前文）
> 　X社（以下「甲」という。）とY社（以下「乙」という。）とは、甲が乙に対して甲の商品である〇〇（以下「本件商品」という。）の製造に係る業務を委託し、乙がこれを受諾するか否かの検討を行う目的（以下「本目的」という。）のため、甲又は乙が相手方に開示等する秘密情報の取扱いについて、以下のとおり秘密保持契約（以下「本契約」という。）を締結する。

（２）　目的条項の意義

　目的条項は、開示者から受領者に開示される秘密情報を利用することができる範囲を当該目的の範囲内に限定する機能があり、秘密保持契約には必須の条項である。

　目的条項の例としては以下のようなものがあるが、目的条項は目的外使用があったかの判断基準となるため、可能な限り明確に規定する必要がある。

> 〈目的の規定例〉
> 　・甲乙間の〇〇に関する取引の検討、準備、遂行
> 　・甲が乙に委託する〇〇の業務の遂行
> 　・甲乙が共同で実施する〇〇の開発
> 　・甲乙間の〇〇の分野での業務提携の可能性の検討
> など

（３）　開示者の立場から

　開示者の立場からは、受領者が秘密情報を利用できる範囲を当該目的の範囲内に限定するため、目的条項には実際の秘密情報の開示目的をできる限り具体的に規定することが望ましい。

　目的が概括的に定められている場合も多いが、秘密情報を開示しようとする場合、そこには目的があるはずであるから、目的規定を具体的に定めることは

可能であると考えられる。秘密保持契約書のレビューを行う者は、当該案件の担当者に照会するなどの方法により目的規定を具体的に定めることが重要である。

仮に、目的を「乙における○○業務の遂行」などと規定し、目的が開示者が受領者に対して委託する業務の遂行に限定されていなかった場合には、開示者が想定していなかった目的（たとえば受領者における自社開発など）のために秘密情報が利用される可能性があるため、注意が必要である。

(4) 受領者の立場から

目的規定は、開示者から受領者に開示される秘密情報を利用することができる範囲を画するものであるから、受領者の立場からは、目的情報の規定が秘密情報を受領する目的のすべてをカバーしていることを十分に確認する必要がある。目的の範囲を狭く定めすぎると、当初企図していた目的で秘密情報を利用することができなくなる事態も生じうる。

秘密保持契約書を締結する段階で秘密情報の利用目的の範囲が明確に定まっていない場合は、ある程度概括的な規定とし、後の秘密情報の利用が契約違反とならないように手当てをしておく必要もあると考えられる。

また、たとえば、秘密情報の開示時に秘密保持契約の目的規定において、「乙が甲の商品を製造する場合の工程及び見積の検討を行う」目的が規定されていた場合で、その後受領者が開示者から当該商品の製造を受託したときに、秘密情報を当該商品の「製造」のために使用することは、厳密には秘密保持契約において規定していない目的に秘密情報を使用することとなるため、目的外使用となり得る。そのため、商品の製造業務の受託時に締結する業務委託契約の秘密保持条項において、秘密保持契約に基づき秘密情報としてすでに受領した秘密情報についても、当該業務委託契約に基づく秘密情報として扱い、当該業務委託契約において定める目的のために利用できることを定めておくなどの対応をしておくことが望ましい。

2 秘密情報の定義条項

(1) 条項例

(A) 秘密情報の定義

[条項例1-2-7] 秘密情報の定義条項①（すべての情報を秘密情報とする場合）

第○条（秘密情報）
1 本契約において、「秘密情報」とは、文書、口頭、電磁的記録媒体その他有形無形を問わず、本目的のために、本契約の締結前後にかかわらず、開示者から受領者に対して開示された一切の情報をいう。

[条項例1-2-8] 秘密情報の定義条項②（技術上または営業上の情報のすべてを秘密情報とする場合）

第○条（秘密情報）
1 本契約において、「秘密情報」とは、文書、口頭、電磁的記録媒体その他有形無形を問わず、本目的のために、本契約の締結前後にかかわらず、開示者から受領者に対して開示された技術上又は営業上の情報をいうものとする。

[条項例1-2-9] 秘密情報の定義条項③（秘密である旨が明示された情報のみを秘密情報とする場合）

第○条（秘密情報）
1 本契約において、「秘密情報」とは、文書、口頭、電磁的記録媒体その他有形無形を問わず、本目的のために開示者から受領者に対して開示された一切の情報のうち、開示の際に開示者から秘密である旨が明示された情報をいう。

[条項例1-2-10] 秘密情報の定義条項④（[条項例1-2-9]に加え、口頭で開示された場合の書面交付義務を定める場合）

第○条（秘密情報）
1 本契約において、「秘密情報」とは、文書、口頭、電磁的記録媒体その他有形無形を問わず、本目的のために、開示者から受領者に対して開示された一切の情報のうち、開示の際に開示者から秘密である旨が明示された情報をいう。ただし、口頭等により開示される場合には、開示者が、開示の時点で秘

密である旨を明示した上で、開示後30日以内に秘密である旨を明示した書面に秘密情報の内容を記載して受領者に交付しなければならないものとし、その交付がない場合には、開示後30日の経過をもって秘密情報として取り扱わないものとする。

[条項例1-2-11] 秘密情報の定義条項⑤（開示の際に秘密である旨が明示された情報のみを秘密情報としつつ、一定の情報については秘密である旨の明示がなくとも秘密情報とする場合）

第○条（秘密情報）
1 本契約において、「秘密情報」とは、文書、口頭、電磁的記録媒体その他有形無形を問わず、本目的のために開示者から受領者に対して開示された一切の情報のうち、開示の際に開示者から秘密である旨が明示された情報をいう。ただし、本製品の設計資料及びサンプルについては、秘密である旨の明示の有無にかかわらず秘密情報に含まれるものとする。

（B） 秘密情報から除外される情報

[条項例1-2-12] 秘密情報の定義条項⑥（秘密情報から除外される情報①）

第○条（秘密情報）
2 前項[10]の定めにかかわらず、以下の各号のいずれかに該当する情報は、秘密情報には含まれないものとする。
① 開示された時点で受領者が既に保有していた情報
② 開示された時点で既に公知であった情報
③ 開示された後に受領者の責めに帰すべき事由によらずに公知になった情報
④ 開示者に対して秘密保持義務を負わない正当な権限を有する第三者から受領者が秘密保持義務を負うことなく適法に取得した情報

[条項例1-2-13] 秘密情報の定義条項⑦（秘密情報から除外される情報②）

第○条（秘密情報）
2 前項[11]の定めにかかわらず、受領者が書面等の客観的証拠によってその根拠

---

10 ［条項例1-2-7］〜［条項例1-2-11］。
11 ［条項例1-2-7］〜［条項例1-2-11］。

を立証できる場合に限り、以下の情報は秘密情報の対象外とするものとする。
①〜④　［条項例1-2-12］の①〜④と同じ
⑤　開示された後、開示者から開示等を受けた情報に関係なく独自に取得し、または創出した情報

（2）秘密情報の定義条項の意義

秘密情報の定義条項は、受領者に秘密保持義務を課す情報の範囲を画する重要な条項である。まず、秘密情報を定義したのち、秘密情報から除外されるものを規定し、秘密情報の範囲を定めることが一般的である。

（3）開示者の立場から

（A）秘密情報の定義

開示者は、秘密保持契約の目的として定めた事項のために開示した情報はすべて秘密情報に該当するように規定することにより、情報を開示する際の秘密情報であることを明示しなくとも当該情報について受領者に秘密保持義務を負わせることができると解される（［条項例1-2-7］［条項例1-2-8］）。

しかしながら、秘密情報の範囲を無限定にした場合、すべての情報が秘密情報に該当することとなり、およそ秘密情報に該当しないとも思われる情報までもが形式的には保護の対象とされることとなるため、特に情報のやり取りが大量になったり長期化したりした場合には、受領者がどれが実質的に秘密情報に該当するのかを認識できない可能性がある。また、開示者側でも何が秘密情報に該当するかを検討することなく情報開示をしてしまう可能性がある。そうなると、すべての情報が秘密情報に該当するものと契約書上定めることが常に適切であるとはいいがたい。

さらに、秘密情報の範囲を無限定にした場合、いざ受領者に違反行為があったとして争いになった場合に、当事者の合理的な意思解釈として、秘密情報の範囲を実質的な秘密に限定したとの解釈が適用される可能性があるほか（大阪地判平成24年12月6日裁判所ウェブサイト（平成23年（ワ）第2283号）等（下記コラム参照））、そもそも「すべての情報」が秘密情報に該当するとされたのでは秘密情報の特定が不可能であるとして、秘密保持契約の有効性が争われる可能性があることが指摘されている[12]。

そのため、秘密保持契約の有効性を確保するという観点からは、少なくとも、[条項例1-2-12] や [条項例1-2-13] のように、一定の情報は秘密情報の範囲から除くことが望ましいと思われる。

また、実際に情報を開示する場面では、実質的な秘密に限定解釈されたとしても当該情報が秘密情報に該当することを相手方が認識できたことを立証できるよう、真に保護する必要のある重要な情報については秘密である旨の明示を施して相手方に保護の必要性を認識してもらうなどの工夫がなされることが望ましい。

他方、秘密情報を秘密である旨が明示された情報に限定するとき（[条項例1-2-9]）は、開示者において、秘密にすべき情報が記載された資料等の媒体のすべてに「㊙」、「Confidential」、「厳秘」などの明示を施す措置や、パスワードの設定、アクセス権制限などの措置が必要となるだけでなく、口頭で述べた内容についても、議事録等に残して議事録の記載内容を秘密に指定するなどして厳格な情報管理をする必要が生じる。口頭等により開示した情報についても、当事者双方が秘密情報に該当する情報の範囲を明確に認識できるようにするため、[条項例1-2-10] のように定めることも多い。

このように秘密情報を秘密である旨が明示された情報に限定すると、秘密である旨の明示をすることなく開示等がなされた情報については、それが開示者にとって重要な情報であったとしても、秘密情報として認められない可能性が高い。現場レベルで誤って明示を失念して情報を開示する事故が発生することも想定されるため、開示者の立場からは、秘密情報について秘密である旨が明示されたものに限定することには一定のリスクもあることを認識する必要がある。

開示者の立場からは、一定のカテゴリーに属する情報については秘密である旨の明示の有無にかかわらず秘密情報として扱うこと（[条項例1-2-11]）などの工夫をすることが望ましいと考えられる。

---

12 特許庁ウェブサイト「秘密保持契約書（新素材）」〈https://www.jpo.go.jp/support/general/open-innovation-portal/document/index/ma-v2-nda_chikujouari.pdf〉6頁。

◇◇コラム　秘密保持契約書上の機密情報は、不正競争防止法上の営業秘密に該当するものを指すと限定的な解釈をした裁判例（前掲大阪地判平成24年12月6日）

原告が被告に原告の製品の主要部分の製造を委託していたところ、取引関係終了後に被告が他社の委託に基づき原告の機密情報を用いて同様の製品を製造したと主張し訴えた事案である。原被告間の基本契約には以下の規定があった。

> 第35条（秘密保持）
> 1）乙は、この基本契約ならびに個別契約の遂行上知り得た甲の技術上及び業務上の秘密（以下、機密事項という。）を第三者に開示し、または漏えいしてはならない。ただし、次の各号のいずれかに該当するものは、この限りではない。
> ① 乙が甲から開示を受けた際、既に乙が自ら所有していたもの。
> ② 乙が甲から開示を受けた際、既に公知公用であったもの
> ③ 乙が甲から開示を受けた後に、甲乙それぞれの責によらないで公知または公用になったもの。
> ④ 乙が正当な権限を有する第三者から秘密保持の義務を伴わず入手したもの。
> 2）乙は、機密事項を甲より見積作成・委託・注文を受けた本業務遂行の目的のみに使用し、これ以外の目的には一切使用しない。

裁判所は、上記の秘密保持条項による秘密保持義務の対象について、契約上、公知の情報が明示的に機密情報の範囲から除外されていること（基本契約35条1項②・③）、被告は、原告の「技術上及び業務上の秘密」（同項本文）について秘密保持義務を負うと規定されていること、そのほか、被告の負う秘密保持義務が基本契約期間中のみならず、契約終了後5年間継続することとされていたなどの事情に照らせば、原告が秘密と考えているものを一律に秘密保持義務の対象とするものではなく、不正競争防止法における営業秘密の定義（同法2条6項）と同様に、原告が秘密管理しており、かつ、生産方法、販売方法その他の事業活動に有用な情報を秘密保持義務の対象とするものと解するのが相当であると判断した。

（B） 秘密情報から除外される情報
（a） 一般的に規定される除外情報
　一般的に秘密情報から除外する情報として規定するのは、①開示された時点で受領者がすでに保有していた情報、②開示された時点ですでに公知であった情報、③開示された後に受領者の責めに帰すべき事由によらずに公知になった情報、④開示者に対して秘密保持義務を負わない正当な権限を有する第三者から受領者が秘密保持義務を負うことなく適法に取得した情報である（[条項例1-2-12]）。
（b） 開示された時点で受領者がすでに保有していた情報
　開示された時点で受領者がすでに保有していた情報（①）を秘密情報から除外するのは、受領者が本来制限なく利用することができた情報について秘密保持義務を負うという不都合を回避するためである。
　ただし、情報が口頭などの無形の方法で開示され、議事録や開示情報リストなどに明確に記録が残されておらず、いつ開示がなされたのか不明確である場合などに、どこまでが開示を受けた時点で受領者が保有していた情報なのかが不明確になることも想定されるため、開示者としては、秘密情報から除外される範囲を、「秘密保持契約を締結した時点で」受領者が保有していた情報などに限定することも考えられる。
（c） 開示を受けた時点ですでに公知であった情報
　開示を受けた時点ですでに公知であった情報（②）も、受領者が本来は制限なく利用することができた情報であるから、当該情報について秘密保持義務を負うという不都合を回避するために秘密情報から除外されることが一般的である。
　ここで、公知とは、一般に知られた状態または容易に知ることができる状態であり、具体的には、当該情報が合理的な努力の範囲内で入手可能な刊行物に記載されていたり公開情報や一般に入手可能な商品等から容易に推測・分析することができるなど、保有者の管理下以外でも一般的に入手できる状態をいうと解される[13]。

---

[13] 経済産業省「営業秘密管理指針（平成15年1月30日（最終改訂：平成31年1月23日））」〈https://www.meti.go.jp/policy/economy/chizai/chiteki/guideline/h31ts.pdf〉17頁。

（d）　開示された後に受領者の責めに帰すべき事由によらずに公知になった情報

　開示された後に受領者の責めに帰すべき事由によらずに公知になった情報（③）も、秘密情報から除外する場合が多い。それは、事後的に公知となった情報について引き続き受領者が秘密保持義務を負い続ける不都合を回避するためである。

　もっとも、受領者の帰責事由により公知となった情報について秘密情報から除外することは不当であるから、開示者としては、受領者の責めに帰すべき事由によらずに公知になった情報のみが秘密情報から除外される旨を明確にしておく必要がある。

　（e）　開示者に対して秘密保持義務を負わない正当な権限を有する第三者から受領者が秘密保持義務を負うことなく適法に取得した情報

　開示者に対して秘密保持義務を負わない正当な権限を有する第三者から受領者が秘密保持義務を負うことなく適法に取得した情報（④）を秘密情報から除外する場合があるのは、秘密情報の開示を受けた後、当該情報が公知になっていない場合で、第三者からその情報を適法に取得し、当該情報を自由に利用できる場合（上記①～③に該当しない場合）にも、当該情報について受領者が秘密保持義務を負い続ける不都合を回避するためである。

　開示者の立場からも、④の情報は、開示の時点で受領者がすでに保有していたわけでも公知情報となったわけでもないが、第三者も保有している情報であればそれだけ要保護性も低いものと考えられる。もっとも、開示者としては、④の情報を秘密情報から除外する場合には、以下の点が確保されていることを十分に確認すべきである。

　まず、秘密情報から除外される情報は、第三者が開示者に対して秘密保持義務を負っていない情報に限定されることが明記されているかを確認する必要がある。すなわち、第三者が開示者に秘密保持義務を負っている情報は、開示者の秘密情報であるといえるため、秘密情報から除外すべきではない。

　また、秘密情報から除外される情報は、第三者が開示者から正当に取得した情報に限定されることが明記されているかを確認する必要がある。すなわち、第三者が開示者から情報を窃取した場合など、不正に取得された情報まで秘密

保持義務の対象外にしてしまうと、開示者が不当に不利益を負う可能性があるため、かかる情報を秘密情報から除外すべきではない。

さらに、秘密情報から除外される情報は、受領者が第三者に対して秘密保持義務を負っていない情報に限定されることが明記されているかを確認する必要がある。受領者が当該情報について開示者に対しても第三者に対しても秘密保持義務を負っている場合は、当該情報の要保護性は否定されないと解され、当該情報も秘密情報から除外されるべきではないからである。

加えて、秘密情報から除外される情報は、受領者が第三者から適法に取得した情報に限定されることが明記されているかを確認する必要がある。受領者が第三者から不正に入手した情報についてまで秘密情報から除外する必要はないと解されるためである。

（f） 開示された後、開示者から開示等を受けた情報に関係なく独自に取得し、または創出した情報

受領者が開示者から入手した情報に基づかず、独自に開発を行い取得した情報について秘密保持義務を負うことのないよう、開示等を受けた後、開示者から開示等を受けた情報に関係なく独自に取得し、または創出した情報（［条項例1-2-13］）を秘密情報から除外する場合も多い。

開示者の立場からは、受領者が秘密情報に基づかずに開発を行ったかどうかは不明確であり、受領者が独自に開発して得た情報を秘密情報から除外することを認めれば開示者の秘密情報が十分に保護されない可能性がある。したがって、開示者としては、少なくとも秘密情報に基づかずに得られた情報であることを受領者が客観的証拠により立証できる場合に限り、当該情報を秘密情報から除外することを認めることが考えられる。

（g） 秘密情報から除外される情報に該当することの立証責任

秘密情報から除外される情報を規定する際、開示者の立場からは、秘密情報から除外される情報に該当することについて、受領者が立証できる場合に限り、当該情報を秘密情報から除外することを認めることを明記することが考えられる。かかる規定をおかない場合でも、紛争になった場合に当該情報が秘密情報から除外される情報に該当することは受領者が立証すべきであると解されるが、訴訟実務に詳しくない者も認識できるよう、あらかじめ立証責任を明確

に定めることには意義があると考えられる。

(4) 受領者の立場から

(A) 秘密情報の定義

受領者は、開示者から開示を受けた秘密情報を秘密保持契約で定めた目的の範囲内で第三者に開示・漏えい等することなく秘密に管理する義務を負い、これらに違反した場合は債務不履行責任を問われることとなるため、秘密情報の範囲を明確に規定することは極めて重要である。

受領者は、秘密情報の範囲が特に限定されていない場合、原則としてそのすべてについて厳格な秘密保持義務を果たす義務を負うことになる。それが現実的に不可能であると考えられる場合もあるほか、すべてについて秘密保持義務を負う必要性が実際にあるのかも疑問であるから、秘密情報の範囲について何らかの限定を求めることが合理的である。

受領者の立場からは、開示の時点で秘密である旨の明示がなされることにより、当該情報が秘密情報であるか否かが特定されることが望ましく、秘密情報の範囲を、秘密である旨の明示がなされたものや、「○○に関するデータ」「○○についての手順」のようにあらかじめ特定した一定の種類に該当するものに限定するように求めるべきであると考えられる。

それらの特定が難しい場合であっても、受領者としては、具体的な秘密情報の例示を条項の中に加えることによって秘密情報の範囲を一定程度限定することを求めることなどが考えられる。

(B) 秘密情報から除外される情報

受領者の立場からは、秘密情報から除外される情報の範囲の規定も特に重要であり、仮に秘密情報から受領者が本来自由に利用できる情報を除外する旨の規定が設けられていない場合には、[条項例1-2-12] [条項例1-2-13] のような条項を盛り込む必要がある（前記（3）（B）（b）～（f）の解説も参照）。

受領者は、一般的に秘密情報から除外されることの多い [条項例1-2-12] の4つの類型に加えて、[条項例1-2-13] 第5号に係る条項を設けることにより、開示者から開示を受けた情報と共通する分野の開発および開発の結果得られた情報の利用を制限されることを回避することも検討すべきである。

その他、受領者の立場からは、秘密情報から除外される情報から容易に導く

Ⅱ　具体的な契約条項の検討

ことのできる情報についても、秘密情報から除外することを検討すべきであると考えられる。

　また、受領者としては、契約条項に［条項例1-2-12］または［条項例1-2-13］の条項を盛り込むだけでは十分ではなく、実際に秘密情報から除外されるべき情報であることを立証できるように情報管理を行う必要がある。

　たとえば、開示者から受領することが見込まれる情報と類似ないし関連する情報を保有している場合、その情報が「開示等を受けたときに既に保有していた情報」であることを証明できるよう、開示者から開示を受ける前に当該情報について特許出願等を完了させておいたり、文書等の形にしたうえ、管理台帳にも記録し、開示者から受領した情報とコンタミネーション（混在）が生じないように管理するなどの対応が必要となる。

3　秘密保持義務

（1）　条項例

［条項例1-2-14］　秘密保持義務①

第○条
1　受領者は、善良なる管理者が払うべき注意義務をもって秘密情報を管理し、その秘密を保持するものとし、開示者の事前の書面による承諾なしに第三者に対して開示又は漏えいしてはならない。
2　受領者は、秘密情報の管理責任者を定め、自己の責任と費用において技術面及び組織面において合理的に必要かつ十分な安全対策を講じなければならず、受領者の役員及び従業員のうち本目的のために秘密情報を知る必要のある者に対し、必要最小限の範囲に限り秘密情報を開示できるものとする。
3　受領者は、受領者の役員及び従業員に対し、秘密情報の漏えい、滅失、毀損の防止等の安全管理が図られるよう必要かつ適切な監督を行い、その在職中及び退職後も本契約に定める秘密保持義務を負わせるものとする。役員及び従業員による秘密情報の開示、漏えい、本目的以外の目的での使用等については、受領者による秘密情報の開示、漏えい、本目的以外の目的での使用等とみなし、受領者が一切の責任を負うものとする。
4　受領者は、第1項に定める開示者の事前の書面による承諾を得て第三者に秘密情報を開示する場合には、当該第三者に対して本契約と同等の義務を負わせ、これを遵守させる義務を負うものとし、当該第三者による義務違反に

65

つき一切の責任を負うものとする。
5 前各項の定めにかかわらず、受領者は、次の各号に定める場合、当該秘密情報を開示等することができるものとする。ただし、1号又は2号に該当する場合には速やかに（可能な限り事前に）開示者に通知するものとする。
① 法令の定めに基づき開示等すべき場合
② 裁判所の命令、監督官公庁又はその他法令・規則の定め（ガイドライン、証券取引所もしくは自主規制機関のその他の規制を含む。）に従った要求がある場合
③ 受領者が、弁護士、公認会計士、税理士、司法書士等、秘密保持義務を法律上負担する者に開示する必要がある場合

（2） 秘密保持条項の意義

　秘密保持義務を定める条項は、秘密保持契約書の中核をなすものであり、受領者に秘密情報を秘密に保持し、第三者に開示しないこと、受領者の社内でも秘密情報を知る必要があると認められる範囲を超えて開示しないことが義務づけられる。

　秘密保持条項は、排他的な保護が与えられている権利（特許権等）ではない技術・ノウハウの開示がなされる場合に、その技術・ノウハウが不正競争防止法上営業秘密として保護されるために必要な秘密管理性や非公知性の要件を維持するために必要な条項であり、受領者に秘密保持義務を課すことなく開示された技術・ノウハウについては、もはや営業秘密に該当せず、不正競争防止法上の保護が及ばなくなると考えられる。

（3） 開示者の立場から

　秘密保持契約には、受領者の社内において秘密情報を知る必要のある範囲を超えて秘密情報を開示してはならないとする規定や、受領者に対して従業員等を監督し、在職中および退職後の秘密保持義務を課す義務を負わせる規定をおく必要がある。仮に不必要に情報が受領者の社内に広まれば、漏えいや目的外利用のリスクが高まることとなるから、これらのリスクに対応する規定は、特に受領者が多数の従業員が属する企業である場合には、必ず盛り込まれるべきである。

　さらに、開示者において定める規則に従った秘密情報の管理を求めたい場合

は、以下のような文言を追記することも考えられる。

> 受領者は、秘密情報の管理にあたって別紙の開示者の規則のほか、開示者の指示を遵守するとともに、受領者の役員及び従業員のうち本目的のために秘密情報を知る必要のある者にこれらを遵守させなければならない。

また、受領者において、グループ会社の役職員や、弁護士、公認会計士、税理士等の第三者への秘密情報の共有が必要となる場合には、そのような一定の第三者への秘密情報の開示を認める事由、開示手続、開示の範囲その他の条件を規定することが通常行われている。

そのような一定の第三者の範囲は、限定列挙により秘密保持契約上明記することが望ましく、その際には、情報の開示先が拡大すればするほど情報漏えい等のリスクも増大することから、受領者から提示される第三者が本当に秘密情報を知る必要があるのかを確認する必要がある。特に、秘密情報に該当する情報を秘密である旨が明示されたものに限定している場合などにおいては、実際にそのような外部者に情報開示をする必要があるのか、開示が必要になった段階で個別同意を与えることで十分ではないのかを検討したうえで条項の内容を決定する必要がある。

秘密情報を知る必要があると認めた一定の第三者に対して情報を開示する場合には、受領者と当該第三者との間で、当該秘密保持契約と同等の義務を課す契約を締結することを義務づけたうえ（ただし弁護士や公認会計士等、法律上守秘義務を負う第三者については秘密保持契約の締結を求めない場合が多い）、目的を遂行するために必要最小限度の範囲での開示のみ認めることとし、秘密情報の漏えいがあった場合は受領者が自らが行ったものとして責任を負う規定を盛り込むことが望ましい。

> 1 受領者は、以下の各号に定める第三者（以下「受領権者」という。）に対し、開示者の事前の承諾を得ることなく、本目的のために必要最小限の範囲に限り、秘密情報を開示することができる。
> ① ○○○○
> ② ○○○○

> 2 受領者は、前項の開示にあたって、受領権者に対し、本契約によって受領者が負う義務と同等の義務を課しその義務を遵守させるとともに、受領権者に義務違反があった場合には、受領者に本契約違反があったものとして開示者に対して一切の責任を負うものとする。

　また、受領者が取引に関して融資を受けたり出資を募ったりする場合は、受領者から融資者や出資者への秘密情報の開示を求められることも考えられる。実際にそのような第三者に秘密情報も含む情報共有が必要かどうかは一律に判断をすることができないため、それらの第三者に対して秘密情報を開示するにあたっては、個別に開示先、開示する秘密情報内容等を明らかにさせ、開示者の書面による許可を取得するようにすることが適切である。

　裁判所の命令、監督官公庁またはその他法令・規則の定めに従った要求がある場合の秘密情報の開示については、［条項例1-2-14］のような文言であれば、強制力を伴わない一般的な法令上の回答義務（たとえば、警察もしくは検察による照会、または弁護士会照会、文書送付嘱託、調査嘱託等）に基づき秘密情報を開示することは可能であると解釈される。開示者は、そのような一般的な義務に基づく開示を認めないのであれば、受領者が秘密情報を開示できる場合を、受領者が法令上回答を強制され、または回答をしなければ罰則等の制裁を科される場合（たとえば、令状に基づく捜索・差押え・検証、裁判所の文書提出命令等）に限る旨を明記する必要がある。また、開示にあたっては、事前に開示者の書面による同意を取得することを義務づけることや、原則として事前に開示者の書面による同意を要するが、例外的に緊急を要する場合には事後の通知でも足りるとすることなどが考えられる。

（4）　**受領者の立場から**

　受領者の立場からは、開示者により秘密保持義務の内容として求められる秘密情報の管理が実際に履行可能であるのかを確認する必要がある。

　そして、秘密保持義務の例外として秘密情報を開示することができる第三者の範囲についても、秘密情報の開示が必要となる第三者が漏れなく含まれているかを確認する必要がある。秘密情報を開示する必要がある第三者の例として

は、受領者が属するグループ会社や、弁護士、税理士、公認会計士、経営アドバイザー、投資家、金融機関等があり得る。

　また、法令等に基づき秘密情報を捜査機関、裁判所その他の官公庁に対して開示しなければならない場合は、秘密保持契約上の秘密保持義務を根拠にそれを拒むことはできないと解されるため、法令等に基づき開示をした場合に債務不履行とならないように手当てしておく必要がある。そこで、受領者が、法令等に基づき秘密情報を開示しなければならない場合等において、事前に開示者の同意を取得することが義務として定められているときは、受領者としては、受領者が開示について通知をしてから一定の期間内に開示者が返答をしない場合には開示に同意したとみなすことを定めたり、開示者は正当な理由がない限り同意を拒絶しないことを定めたり、事前に開示者の同意を取得する時間がない場合には受領者が秘密情報を開示することになっても秘密保持契約違反とはしないことを規定することなどがあり得る。

　第三者への秘密情報の開示が必要な場合を想定せず、第三者への情報の開示を一切禁じるような規定となっている場合、第三者への開示がやむを得ないものであったとしても秘密保持契約上の義務違反となる可能性があるため、秘密情報の開示が必要な第三者の範囲は慎重に検討し、当該第三者に開示ができるように手当てしておく必要がある。

　また、受領者は、秘密保持契約において明示的に定められていない場合でも、将来的に漏えい等の事故が生じた場合に備えるため、社内的に秘密情報の管理について管理責任者を定め、秘密情報の管理方法および秘密情報にアクセスできる者の範囲を定める必要がある。また、開示者から開示を受けた秘密情報と、受領者における情報との間にコンタミネーション（混在）が生じないよう、開示者から秘密情報を受領する前に受領者が保有する情報を特定し、タイムスタンプ等によりそれらが受領者に存在していた日時を記録しておくほか、情報を受け取る窓口（メールアドレス等）や受領方法等を確定させておくこと、秘密情報の保管にあたっては開示者の秘密情報を自社の情報とは別のフォルダや別のサーバ、別のファイルやキャビネットに保管し、分離保管された秘密情報には関係者以外はアクセスできないようにしておくことなどの措置を徹底し、それらに係る記録を残しておくことにより、事後的に受領者における秘密

情報の管理に問題がなかったことを客観的に示せるようにしておく必要がある。

◇◆コラム　宣伝と秘密保持義務条項

　受領者が開示者と取引をしていることや、取引の結果得られた成果物や成果を宣伝等の目的のために公表することを希望することがある（たとえば、広告代理業を営む企業が、自身が手がけた広告などを顧客名とともに自社のウェブサイトに成果として掲載し、宣伝することを希望するような場合が考えられる）。

　このような場合、受領者の立場からは、このような宣伝行為が秘密保持契約に違反しないことを明確にするため、秘密保持義務を定める条項に［条項例1-2-15］［条項例1-2-16］のような規定を追加することが考えられる。

　他方、開示者の立場からは、受領者に取引をしていることや成果物等を公表されることに問題がある場合には、秘密情報の定義に取引関係の存在や契約内容、契約の結果得られた成果物等を含めることが考えられる。

　また、公表には問題がない場合であっても、開示者が公表する前に成果物を公表されたり、開示者の意図に反する方法や態様で公表されたりすることがないようにしたいときには、公表にあたって事前に開示者の承諾を要することとし、公表される情報の範囲や公表方法について開示者が指図することができるようにしておくことが考えられる。

［条項例1-2-15］　秘密保持義務②（受領者の宣伝①）

> 第○条（受領者の宣伝）
> 　受領者は、第○条に定める秘密保持義務に反しない限りにおいて、受領者が本業務を受託した事実及び成果物を自己の制作実績として公表することができる。

［条項例1-2-16］　秘密保持義務③（受領者の宣伝②）

> 第○条（受領者の宣伝）
> 　受領者が開示者より本件業務を受託した事実及び本件業務に関して生じた成果物は機密情報には該当しないものとし、乙は自らの業績を宣伝する目的で、これらを受領者のポートフォリオ、ウェブサイトその他の媒体上に掲載するこ

とができる。

4 目的外使用の禁止
(1) 条項例
[条項例1-2-17] 目的外使用の禁止

第○条（目的外使用の禁止）
　受領者は、開示者から開示等された秘密情報を、本目的以外のために使用してはならない。

(2) 目的外使用禁止条項の意義
　目的外使用の禁止に係る条項は、秘密情報の使用範囲を目的条項や前文（[条項例1-2-5]および[条項例1-2-6]参照）に定めた目的に限定するものであり、秘密保持契約において必須の条項である。
　秘密情報を、受領者の社内で、開示を受けた目的以外の目的のために利用することは、秘密情報の第三者への開示には該当せず、また、社内で秘密情報を知る必要がある範囲の役員および従業員の範囲を超えて開示したことにも該当しない場合があるため、[条項例1-2-14]（秘密保持義務）のほかに、秘密情報の目的外使用に係る条項を設ける必要がある。

5 秘密情報の複製の取扱い
(1) 条項例
[条項例1-2-18] 秘密情報の複製の取扱い①

第○条（複製）
　受領者は、事前に開示者の書面による承諾を得た場合に限り、秘密情報を複製（文書、電磁的記録媒体、光学記録媒体及びフィルムその他一切の記録媒体への記録を含む。）することができる。

[条項例1-2-19] 秘密情報の複製の取扱い②

第○条（複製）
　受領者が、本目的のために必要な範囲において秘密情報を複製（文書、電磁的記録媒体、光学記録媒体及びフィルムその他一切の記録媒体への記録を含む。）

する場合には、複製により生じた情報も秘密情報に含まれるものとする。

（2） 秘密情報の複製の取扱い条項の意義

　受領者が秘密情報を複製することは、特に秘密保持契約上制限されていなければ、秘密保持義務や目的外使用の禁止等に違反しない限り受領者の判断で適宜行い得ると解される。ただし、秘密情報が著作権法上の著作物である場合に複製を行うには相手方の許諾が必要となりうる点に留意が必要である。［条項例1-2-18］は、複製について事前に開示者の書面による承諾が必要であるとするものであり、開示者は必要性に応じてこのような制限を付すことが考えられる。

　秘密情報の定義において、秘密情報が開示を受けた情報のすべてと定義されているなど、秘密情報が媒体ではなくその媒体に化体された情報として定義されている場合、複製物に記載された情報も秘密情報に該当することとなる。

　他方で、秘密情報が化体された媒体を秘密情報として定義している場合は、複製物は必ずしも秘密情報に該当しないため、［条項例1-2-19］のように、複製により生じた情報も秘密情報に含まれる旨を規定する必要がある。

（3） 受領者の立場から

　受領者の業務遂行上、開示者から受領した資料を担当者に共有したり、資料を保管する目的から、一定の範囲で秘密情報を複製することは不可欠であることも想定される。そのような必要な複製行為が禁止されていたり、事前に開示者の承諾を得る必要があるとするような規定が設けられている場合、実務での運用レベルで違反が生じる可能性も高いことから、必要な範囲での複製は受領者の判断で行うことが認められるように条項の修正を求める必要がある。

6　報告及び監査

（1） 条項例

［条項例1-2-20］　報告及び監査

第○条（報告及び監査）
1　開示者は、受領者における秘密情報の利用及び管理状況について、随時に受領者に対して報告を求めることができ、受領者は速やかにこれに応じるものとする。また、開示者は必要に応じ、受領者の事業所・事務所等に立ち入

> り、秘密情報の利用及び管理状況について資料の閲覧その他適宜の方法によって監査を実施することができるものとする。
> 2 受領者は、かかる監査に基づき開示者から秘密情報の保護に必要な措置の指示があった場合は、受領者の責任と負担で是正措置を講じるものとする。ただし、具体的な対応については、開示者及び受領者の協議により定めるものとする。

(2) 報告及び監査条項の意義

　開示者が受領者に対する監査を実施することができる旨を規定する条項である。監査条項はすべての秘密保持契約に当然に盛り込まれる条項ではないものの、開示者にとって重要な秘密情報が開示される場合などには盛り込むことがある。

　[条項例1-2-20]では、受領者に秘密情報の利用および管理状況について報告させることのほか、開示者が受領者および再委託先に立ち入ったうえで監査を実施できることを定めている。

(3) 開示者の立場から

　開示者は、受領者においてどのように秘密情報が利用され、管理されているかを知ることは困難である。開示者にとって極めて重要な情報（たとえば、重要製品の製造ノウハウ等）を必ずしも情報管理が徹底されていない可能性のある取引先に開示するような場面では、報告および監査条項を規定するとともに、実際に、条項に基づいて報告を受け、また一度は監査を実施することが情報漏えい対策として有用であると考えられる。なお、受領者が立ち入りによる監査を可能とする条項を盛り込むことを拒絶するような場合でも、少なくとも秘密情報の利用および管理状況について報告を求めることができるように規定することが望ましい。

(4) 受領者の立場から

　受領者は立ち入り監査が実施されると、監査目的とは無関係な自社の秘密情報が流出するおそれもあり、それらの流出を避けつつ監査を受けられる環境を整備するためには相当の負担が生じることも考慮すれば、立ち入りによる監査を受け入れるかは、開示者にとっての開示を受ける秘密情報の重要性との兼ね

合いも考慮しつつ慎重に判断すべきであると考えられる。

　受領者の立場からは、監査を受け入れるとしても、監査の実施について事前に受領者の承諾を得ることや、少なくとも実施日時について受領者と協議のうえ決定すること、開示者は監査において得た受領者の情報について秘密保持義務を負うことなどを規定することなどが考えられる。特に、立ち入りによる監査がなされる場合には、受領者の担当者が立ち会って対応したり、受領者の秘密情報を保護する措置をとったりすることができるように、少なくとも立ち入りによる監査の実施について相当期間を設けて予告を受けられるようにすべきである。

7　事故対応

（1）条項例

［条項例1-2-21］　事故対応

> 第○条（事故対応）
> 　受領者は、秘密情報について、漏えい、紛失、盗難、押収等の事故が発生した場合又は発生のおそれがあることを認識した場合、直ちに開示者に報告するものとし、受領者の費用負担において、開示者の指示に従い適切な対応（合理的に必要な調査や弁護士等の専門家への対応の依頼等を含む。）をするものとする。

（2）事故対応条項の意義

　秘密情報について漏えい等の事故が発生した場合の対応について定める条項である。

　［条項例1-2-21］では、受領者に対して秘密情報の漏えい等の事故が発生した時点のみならず、それらのおそれがあることを認識するに至った時点で、開示者に対して報告をする義務を課しているほか、開示者の指示に従い受領者の費用負担において適切な対応を実施することを定めている。

　このように規定することにより、漏えい等の事故が発生した際などに、開示者が契約上の根拠に基づき、受領者に対して状況を直ちに報告させたうえ、具体的な対応を指示できることとなる。

（3） 開示者の立場から

開示者としては、漏えい等の事故が発生した場合などに、受領者から報告を受けるだけでは十分に状況を把握できない事態も想定されるため、［条項例1-2-20］のような開示者による監査を定めた条項をおいていない場合は、次のような監査の条項を追加することも考えられる。

> 受領者は、秘密情報について、漏えい、紛失、盗難、押収等の事故が発生した場合又は発生のおそれが生じた場合、開示者は、受領者の事業所・事務所等に立ち入り、秘密情報の利用及び管理状況について資料の閲覧その他適宜の方法によって監査を実施することができるものとする。

（4） 受領者の立場から

受領者の立場からすれば、秘密情報の漏えい等の事故が発生するおそれがあることを知覚した場合に開示者に報告をすることや、漏えい等の事故が発生した後に「直ちに」開示者に報告をすることは困難な場合もあることが想定される。

そのため、受領者が負う報告義務を「秘密情報の漏えい等の事故が発生したことを知った場合」に、「速やかに」報告をすることにとどめることなども考えられる。

また、受領者の立場からは、漏えい等の事故に受領者がどのように対応するか、受領者自身が判断できるほうが望ましく、開示者と協議のうえ、受領者が自己の責任と費用において適切な対応をする旨を規定することなども考えられる。

8　秘密情報の破棄または返還

（1） 条項例

［条項例1-2-22］　秘密情報の破棄または返還

> 第○条
> 1　受領者は、本契約の有効期間中であるか、本契約終了後であるかを問わず、開示者からの書面による請求があった場合には、受領者の費用負担により、受領者及び受領者から開示等を受けた第三者が保持する秘密情報を速やかに

再生不能な方法により破棄又は返還するものとする。
2　受領者は、開示者が秘密情報の破棄を要請した場合には、速やかに秘密情報が化体した媒体を再生不能な方法により破棄し、当該破棄に係る受領者の義務が履行されたことを証明する文書を開示者に対して提出するものとする。

（2）　秘密情報の破棄または返還条項の意義

秘密情報を開示した後、秘密保持契約が終了した場合などに、受領者に対し、秘密情報を破棄し、または秘密情報を開示者に返還することを義務づける条項である。

（3）　開示者の立場から

開示者の立場からは、情報漏えいや目的外使用を防止するため、秘密保持契約の目的が達成または不達成となり終了した場合は、秘密情報の破棄または返還を求める必要がある。

開示者の立場からは、秘密保持契約の終了時のみならず、開示者が要請した時点でも秘密情報の破棄または返還を義務づける規定とすることが望ましい。

複製が容易ではない秘密情報については返還を求めることも考えられるが、複製が容易であるデータ等の場合は返還ではなく破棄を求めることが相当であると考えられる。破棄を求めた秘密情報については、受領者に破棄を確実に実施させるため、破棄後、破棄したことを証明する破棄証明書を受領者に提出させることが望ましい。

（4）　受領者の立場から

秘密保持契約には、多くの場合、秘密情報の破棄・返還に関する条項が設けられるが、受領者側はそれが実際に履行可能であるかを検討する必要がある。

秘密保持契約上、秘密情報の範囲が明確に定められていない場合には、破棄・返還が必要な範囲が不明確となる可能性もあるため、秘密情報の範囲の定め方はここでも重要となる。

さらに、受領者において、開示者から受領した秘密情報の管理がずさんになっている場合は、破棄・返還が必要な範囲が不明確となるおそれもあるため、契約期間中に受領者は常に注意をしておく必要がある。

受領者において、社内規程や法人税法等の税法上、一定期間保管することが

必要な資料も存在するが、そのような資料に化体した情報も一律に秘密情報に該当するものとして破棄・返還の対象となっているような場合は、必要な期間が経過するまで、破棄・返還等しなくてもよいとする規定を追加する必要がある。

　また、受領者が秘密情報をすべて破棄することは困難であり、バックアップシステム等に保存されたデータを他のデータと分離してそれのみを削除することはできないことも想定される。また、各従業員のメールフォルダやパソコンの中に残された秘密情報の破棄については各従業員の作業にゆだねられる場合もあり、実際に各従業員がメール等をすべて削除したかどうかを受領者が確認することは困難な場合もある。しかしながら、一般的には、［条項例1-2-22］のようにこれらのバックアップシステムや従業員のメールフォルダ等に残された秘密情報も含めて秘密情報を破棄することが求められていることから、受領者においてはこれらも含めて確実に秘密情報が破棄できるよう対応する必要がある。

　受領者は、秘密情報の返還後、開示者から秘密情報を目的外利用したとのクレームを受ける可能性もあるが、その際にすでに破棄・返還済みの情報について情報のコンタミネーション（混在）が生じていないことなどを検証することは困難であるから、そのようなクレームを受ける事態に備え、以下のように受領者が受領情報を記録目的で1セット保管することができる旨が明記されることもある。

> ただし、受領者は、開示者の秘密情報のコピーを1部に限り、記録保存の目的のためにのみ保管することができるものとする。

　なお、受領者において、図利加害目的で営業秘密を実際には消去していないにもかかわらずこれを消去したかのように仮装した場合は、10年以下の懲役もしくは2000万円以下の罰金に処され、またはこれらが併科される可能性がある（不正競争防止法21条2項1号ハ）。

> **不正競争防止法**
> （罰則）
> 第21条
> 2 次の各号のいずれかに該当する者は、10年以下の拘禁刑若しくは2千万円以下の罰金に処し、又はこれを併科する。
> 一 営業秘密を営業秘密保有者から示された者であって、不正の利益を得る目的で、又はその営業秘密保有者に損害を加える目的で、その営業秘密の管理に係る任務に背き、次のいずれかに掲げる方法でその営業秘密を領得したもの
> イ～ロ （略）
> ハ 営業秘密記録媒体等の記載又は記録であって、消去すべきものを消去せず、かつ、当該記載又は記録を消去したように仮装すること。

9 損害賠償

（1）条項例

[条項例1-2-23] 損害賠償①

> 第○条（損害賠償）
> 本契約に違反した当事者は、相手方に対し、損害賠償を請求することができる。

[条項例1-2-24] 損害賠償②

> 第○条（損害賠償）
> 本契約に違反した当事者は、相手方に違約金として○○万円を支払う。ただし、相手方に生じた損害が本違約金額を上回る場合には、その上回る部分についても賠償するものとする。

（2）損害賠償条項の意義

受領者が秘密保持契約上の義務に違反した場合、損害賠償条項があるかどうかにかかわらず、民法415条の規定に基づいて損害賠償を請求することができる。

秘密保持契約上の債務不履行に基づき損害賠償請求をする場合には、不正競

争防止法に基づく損害賠償請求を行う場合と異なり損害額の推定規定（不正競争防止法5条）は存在しないため、受領者の債務不履行と、損害の発生との因果関係、損害額を開示者が立証する必要がある。

（3） 開示者の立場

秘密漏えいにより損害が生じたことの立証は困難であるため、漏えいに対する抑止効果を高める目的で、［条項例1-2-24］のように、違約金（違約罰）について定めることもあり得る（ただし、著しく高額な違約金の定めは公序良俗に反し無効と判断されるおそれがある）。

しかし、秘密保持契約を締結するのは業務提携等の取引を検討するごく初期段階であり、この時点で違約金を定めることおよびその金額について合意をすることは困難であると考えられ、実際に違約金条項が設けられている例は多くはない。

（4） 受領者の立場から

受領者の立場からは、損害賠償額に上限が設定されていることが望ましいが、そのような限定を開示者側が受け入れる可能性は低い。

開示者が違約金の定めをおくことを提示してきた場合でも、実際に情報の目的外使用や情報漏えいが生じたときに開示者が被る損害額が開示者が定めようとする違約金の額まで至るのかは契約締結時には不明確な場合が多いことが想定される。そのうえ、秘密保持契約違反には、契約上求められる管理体制の整備義務違反など、開示者に損害が発生するとは必ずしもいえない場合も考えられることから、違約金を定める条項については、［条項例1-2-24］とは異なり、違約金の額が損害賠償額の予定としての固定額で定められており、かつ、その額が受領者側が想定する額より低廉であるというような例外的場合を除き、受け入れには慎重であるべきである。

10 差止め

（1） 条項例

［条項例1-2-25］ 差止条項

第○条（差止め）
契約当事者は、相手方が、本契約に違反し、又は違反するおそれがある場合

には、その差止め、又はその差止めに係る仮の地位を定める仮処分を申し立てることができるものとする。

（2）解　説

当該条項は、受領者が秘密保持義務に違反するおそれがある場合に、開示者が当該違反行為を差し止めることができることを確認的に定めるものである。

もっとも、事前に秘密保持義務違反を予見することは困難であり、かつ秘密保持契約に基づく差止請求権は契約当事者間でしか効力を有しない。そのため、秘密情報が第三者に渡ってしまった後に当該条項に基づいて第三者に対して差止請求をすることはできず、当該第三者に対しては、不正競争防止法に基づく差止請求等の手段を検討することになる。

なお、受領者が秘密保持義務違反をする前には、以下の兆候がみられる場合があるとされている[14]。

〈受領者が秘密保持義務違反をする前にみられる兆候〉
・受領者からの突然の取引の打切り
　ex）自社しか製造できないはずの特別な部品について、受領者からの部品発注が途絶えた
・インターネット上での取引先に関する噂
　ex）インターネット掲示板、SNS、HP等において、自社の非公開情報や自社製品との類似品が取り沙汰されている
・受領者からの、取引内容との関係では必ずしも必要でないはずの業務資料のリクエストや通常の取引に比べて異様に詳細な情報照会
・自社の秘密情報と関連する受領者の商品の品質の急激な向上
・自社の秘密情報と関連する分野での受領者の顧客・シェアの急拡大

---

[14] 経済産業省「企業における秘密情報の保護・活用ハンドブック〜企業価値向上に向けて〜」（平成28年2月、最終改訂：令和6年2月）〈https://www.meti.go.jp/policy/economy/chizai/chiteki/pdf/handbook/full.pdf〉150頁〉。

11　有効期間

(1)　条項例

[条項例1-2-26]　有効期間

> 第○条（有効期間）
> 1　本契約の有効期間は本契約の締結日より1年間とする。ただし、受領者は本契約の終了後（終了の理由を問わないものとし、以下同様とする。）においても、本契約の有効期間中に開示等された秘密情報については、本契約の終了日から3年間、第○条から第○条に基づく義務を負うものとする。
> 2　前項の規定にかかわらず、第○条、第○条から第○条、第○条第○項の規定は、本契約終了後も有効に存続するものとする。

(2)　解　説

　取引等の可能性を検討するために初期の段階で締結される秘密保持契約は、検討の必要がなくなった時点で速やかに秘密保持契約を終了させ、秘密情報の取扱いに区切りをつけることが望ましい。そのため、秘密保持契約の有効期間を規定する条項が設けられることが多い。そして、秘密保持契約の有効期間については、一定の有効期間を定めるとともに、必要に応じて当事者の合意により延長可能としたり、自動更新としたりすることもある。

　[条項例1-2-26]の第1項のように秘密保持契約の有効期間を定めるとともに、契約の終了原因を問わず、契約終了後も一定期間は継続して受領者が秘密保持義務や目的外使用禁止義務、秘密情報の取扱いに関する義務、報告および監査に関する義務などを負う旨を定めることも一般的である。なお、秘密情報の目的外使用禁止義務に係る条項について、契約終了後も効力を存続させる旨のみを規定している例もみられるが、有効期間満了後は、秘密保持契約の目的でも使用しないこととする場合には、その旨を明確に定めるべきである。

　また、秘密保持契約の有効期間が満了しても、破棄・返還、損害賠償義務、差止め、誠実協議、紛争の解決方法等に関する規定など、期間の定めなく効力を存続させる必要のある条項も存在するため、それらの効力を存続させる旨の規定もおくことが必要となる。

　秘密保持契約の有効期間は、秘密保持契約の目的に照らし、必要十分な長さ

に設定する必要がある。たとえば、取引の可能性を検討する目的で情報を開示する場合、通常は半年ないし1年程度の有効期間を定めることで十分な場合が多いと考えられる。

　他方で、受領者の秘密保持義務等の存続期間については、開示者は、秘密情報の価値に照らし、陳腐化により利用価値がなくなるまでの期間とする必要がある。開示者が自身の営業に重要な情報を開示するのであれば、受領者に秘密保持義務等の存続期間の短縮を求められても容易に譲歩するべきではなく、また、陳腐化することが想定される類型の情報であっても、確実に数年以内に陳腐化するとは限らないことから、契約締結時点で安易に秘密保持義務等の存続期間を短期に設定することには慎重になるべきである。もっとも、合理性がないにもかかわらず受領者に長期にわたって秘密保持義務等を課す契約条項はその有効性が否定される可能性もあることから、適切な存続期間を検討する必要がある。

　なお、一般的には秘密保持契約の有効期間は契約締結日を始期とするが、契約締結前から情報を開示しており、その情報も当該秘密保持契約に従って取り扱うこととする場合は、当該情報を開示した日を契約の有効期間の始期として定めるなど、漏れがないようにしておく必要がある。

Ⅲ　取引基本契約書等における秘密保持条項

1　条項例

[条項例1-2-27]　取引基本契約書等における秘密保持条項

第○条（秘密保持）
1　甲及び乙は、本契約の遂行により知り得た相手方の技術上又は営業上その他業務上の一切の情報を善管注意義務をもって秘密に管理し、相手方の事前の書面による承諾を得ないで第三者に開示又は漏えいしてはならず、本契約の遂行のためにのみ使用するものとし、他の目的に使用してはならないものとする。ただし、情報を受領した者は、自己の役職員もしくは弁護士、会計士又は税理士等法律に基づき守秘義務を負う者に対して秘密情報を開示することが必要であると合理的に判断される場合には、同様の義務を負わせるこ

とを条件に、情報を受領した者の責任において必要最小限の範囲に限って秘密情報をそれらの者に対し開示することができる。
2 前項の規定は、次のいずれかに該当する情報については、適用しない。
(1) 開示を受けた際、既に自己が保有していた情報
(2) 開示を受けた際、既に公知となっている情報
(3) 開示を受けた後、自己の責めによらずに公知となった情報
(4) 正当な権限を有する第三者から適法に取得した情報
(5) 相手方から開示された情報によることなく独自に開発・取得した情報
3 本条の規定は、本契約終了後も○年間、引き続き効力を有する。

　秘密保持条項はどのような契約においても盛り込まれることが多い一般条項である。[条項例1-2-27]は一般的なものを示しているが、取引基本契約書等における秘密保持条項にもⅡにおいて解説した秘密保持契約の各条項と同様のことが妥当するため、取引の内容に応じて適宜必要と思われる文言を追加、調整することが望ましい。

2　取引基本契約書等の秘密保持条項と先行する秘密保持契約との関係

　秘密保持契約を締結したのち、秘密保持契約の目的が達成され、取引基本契約等の締結に進むこととなった場合、当該契約の中にあらためて秘密保持条項が盛り込まれるのが通常である。

　なお、秘密保持契約の下で開示され、その後取引基本契約等の遂行のために保持される秘密情報については、形式的には、取引基本契約等の締結後も秘密保持契約に基づき取り扱われるようにも解されるが、当事者の合理的意思解釈として、受領者は取引基本契約等の秘密保持条項に基づき秘密保持義務を負うものと解釈される。もっともこの点を明確化するため、取引基本契約等の秘密保持条項の秘密情報の定義において「秘密情報には○○○○年○○月○○日付け秘密保持契約に基づき相手方から受領した秘密情報を含む。」などと明記しておくことも考えられる。

　秘密保持契約において定めた目的が取引基本契約等の目的も含んでいるような場合、取引基本契約等に基づき授受された秘密情報については、原則として当事者間で後に合意された取引基本契約書等の秘密保持条項の規定が優先する。この場合に、秘密保持契約のほうが規定が詳細であるなどの理由で秘密保

持契約の規定をそのまま適用したい場合は、取引基本契約書等において［条項例1-2-28］のような条項を盛り込み、秘密保持契約に従い情報を取り扱うことを定めることおよび秘密保持契約の有効期間を取引基本契約等に合わせることが考えられる。

［条項例1-2-28］　秘密保持契約の規定を優先して適用する場合

> 第○条
> 　甲及び乙は、○○○○年○○月○○日付け秘密保持契約に従って、本契約の遂行のために相手方から受領した情報を取り扱うものとし、同秘密保持契約○条の定めにかかわらず、同秘密保持契約の契約期間は、本契約の契約期間の定めに従うものとする。

Ⅳ　従業員の秘密保持誓約書

1　はじめに

　これまでに、秘密保持契約を締結するにあたって、契約トラブルを予防するために留意すべき点などについて解説してきたが、企業の秘密情報の漏えいの原因として最も多いのは、退職者（役員を含む）による漏えいであり、それに次ぐ原因が在職中の労働者等の誤操作・誤認等による漏えいである[15]。そのため、企業が秘密情報をめぐるトラブルを予防するためには、退職者や現職従業員等を通じた秘密情報の漏えいへの対策をとることが必須となる。

　そこで、以下では企業内で講じるべき予防策として、従業員に対して課すべき秘密保持義務について解説する。

　在職中の労働者は、労働契約を遵守するとともに、信義に従い誠実に、権利を行使し、および義務を履行しなければならず（労働契約法3条4項）、労働契約上の付随義務としての誠実義務の一つとして秘密保持義務を負っているものと一般に解されている。この信義則上の秘密保持義務は、労働者の在職中、就

---

[15] 独立行政法人情報処理推進機構「企業における営業秘密管理に関する実態調査2020調査実施報告書（令和3年3月）」〈https://www.ipa.go.jp/archive/files/000089191.pdf〉27〜28頁。

業規則や労働契約上の特約の存否にかかわらず存在しており、不正競争防止法上の営業秘密に該当しない秘密情報についても及びうるものとされている[16]。

また、多くの企業では就業規則等の社内規程において在職中の労働者の秘密保持義務を規定しており、在職中の労働者は労働契約の内容としてそれらに従った秘密保持義務を負うこととなる。

他方で、労働者は退職後においてはそのような義務を負わないため、退職者が使用者との間の契約（就業規則等の社内規程または個別に締結した契約等）に基づき秘密保持義務を負っていない場合、原則として不正競争防止法上の営業秘密（同法2条6項）の保護が及ぶのみであると解される（同法21条2項4号等）。

◇◇コラム　退職者の秘密保持義務

契約上の根拠がない場合、退職者の秘密保持義務の存否に関する裁判所の判断は分かれている。

会社の営業秘密について、退職、退任後にわたっての秘密保持義務を課す規則がなく、退職、退任時に秘密保持義務を課す特約を交わしていない場合であっても、退職、退任による契約関係の終了とともに、営業秘密保持の義務も全くなくなるとするのは相当ではなく、退職、退任による契約関係の終了後も、信義則上、一定の範囲ではその在職中に知り得た会社の営業秘密をみだりに漏えいしてはならない義務を引き続き負うものと解するのが相当である旨判示した裁判例が存在する（大阪高判平成6年12月26日判時1553号133頁）。

他方で、退職者に秘密保持義務を課すには労働契約上の明確な根拠が必要であると判示した裁判例も存在している（東京地判平成27年3月27日労経速2246号3頁。ただし、退職後に秘密情報を不当に開示する目的で在職中に秘密情報を取得することは在職中の秘密保持義務に違反すると判示した）。

退職者に信義則上の秘密保持義務が認められるとしても、その範囲等は不明確であるから、退職者から秘密保持誓約書を提出させる等の方法により、退職者に秘密保持義務を課しておく必要性は高いといえる。

16　水町勇一郎『詳解労働法〔第2版〕』（東京大学出版会、2021年）944頁。

2　従業員の秘密保持誓約書

　退職者に秘密保持義務を課す方法として、退職時に秘密保持誓約書を提出させたり、秘密保持契約を締結することが多くの企業で行われている。

　この秘密保持誓約書等において、労働者が秘密保持義務を負う秘密情報の範囲は、不正競争防止法上の営業秘密の範囲に限定されるものではないが、秘密情報の範囲が不明確であったり、秘密保持義務の内容が重すぎたりする場合、労働者は自身の職務経歴を武器に転職活動や転職先での勤務をすることが通常であるため、労働者の職業選択の自由に照らし、過度の制約となるとしてその有効性が否定される可能性もある。

　すなわち、従業員の秘密保持誓約書における秘密保持義務の有効性は、対象とする秘密情報の範囲および特定の程度、当該情報を秘密として保護する価値の程度、退職労働者の地位や職務等を総合考慮して判断され、その制限が必要かつ合理的範囲を超える場合は、公序良俗違反として無効となると解されている（大阪地判平成25年9月27日判例集未登載（平成24年（ワ）第7562号））。具体的には、労働者が業務を通して取得した一般的知識・技能や、もともと秘密性を欠く事項は秘密保持義務の対象とならないとされている（大阪地判平成23年3月4日労判1030号46頁）。

　そのような一般的知識などではなく、秘密性が肯定される情報であっても、秘密保持誓約書において何を秘密情報とするのかの特定がなされておらず、無限定となっている場合（「業務上知り得た会社及び取引先の情報」等と漠然不明確な内容にとどまり、秘密情報の例示もなくおよそ特定不可能な場合など）は、秘密保持義務の対象となるのは不正競争防止法上の営業秘密に該当するものに限られると判断されたり（大阪地判平成24年12月6日裁判所ウェブサイト（平成23年（ワ）第2283号））、秘密保持義務の対象となるのは社内情報のみであると判断されたりする可能性がある（知財高判平成28年3月8日裁判所ウェブサイト（平成27年（ネ）第10118号））ほか、秘密保持義務が公序良俗に違反するものとして無効と判断される可能性すらある（前掲大阪地判平成25年9月27日、前掲大阪地判平成23年3月4日）。

　また、労働者の地位や職務が秘密保持義務を課すのにふさわしいものであるかどうかも、秘密保持義務の有効性を判断するポイントになりうる（東京地判

平成14年8月30日労判838号32頁)。

　もっとも、秘密保持義務は、営業秘密その他の秘密・情報の漏えいのみを禁止するものであり、競業避止義務よりも職業選択の自由に対する制限の程度が低いことから、その有効性は競業避止義務ほど厳格には判断されず、秘密・情報の特定は必要であるものの、秘密保持義務の存続期間の限定や代償などが必須というわけではないと考えられている[17]。

　また、秘密保持義務を課すにあたっては、手続的要件として、使用者は、信義則(労働契約法3条4項)および労働契約内容理解促進の責務(同法4条1項)に基づき、守秘義務の内容について十分説明する必要があるとされており、秘密保持誓約書を提出させる際には、その内容について従業員に十分に説明をする必要がある。

　さらに、従業員に秘密保持義務を課す前提として、企業が当該秘密情報についてこれを秘密として管理してきたかという実態も問われる。秘密情報としての管理が形骸化していたとして、従業員の秘密保持義務の存在が否定された事例も存在する(知財高判平成28年12月21日裁判所ウェブサイト(平成28年(ネ)第10079号))。

　退職時の秘密保持誓約書は、退職者の経歴や過去の担当業務を踏まえて、より具体的かつ明確に秘密情報の対象を特定できると考えられることから、退職時の秘密保持誓約書には秘密情報の範囲を明確に規定すべきであり、かつ退職者が過度の義務を負わないようにする必要がある。

　退職時の秘密保持誓約書としては、たとえば以下のような内容とすることが考えられる。

【書式例1-2-1】　秘密保持誓約書

誓　約　書

　私は、令和○年○月末日付けにて、貴社を退職いたしますが、貴社秘密情報に関して、下記の事項を遵守することを誓約いたします。

記

第1条(秘密情報の定義)

17　土田道夫『労働契約法〔第2版〕』(有斐閣、2016年)709頁。

本誓約書において、「秘密情報」とは、貴社に関する次に示す情報の全てを指すものとします。
① 商品の企画、製造、販売に関する情報（商品の製造原価、価格設定等、その他商品に関する情報を含む。）
② 商品の原材料の仕入先、販売先その他の取引先に関する情報
③ 上記以外の情報で、貴社が特に秘密として指定した情報

第２条（退職後の秘密保持の誓約）
私は、貴社の秘密情報を、貴社退職後においても、貴社の書面による事前の同意なく、第三者に開示せず、又は使用しないことを約束いたします。

第３条（媒体等の返還）
私は、貴社を退職するにあたり、貴社の秘密情報について、その原本、複製物、それが記録された一切の資料、媒体等（PC、スマートフォン、文書、図画、写真、USBメモリー、DVD、ハードディスクその他情報を記載又は記録するものをいう。）を直ちに貴社に返還し、その情報を自ら一切保有しないことを約束いたします。

第４条（メール、文書等の保存）
前条の返還を完了するまで、会社の電子メールアドレスにて授受したメール及びその添付ファイルは、破棄せずそのまま保存しておくこととします。

第５条（秘密情報の帰属）
私は、秘密情報が貴社に帰属することを確認いたします。また、秘密情報に関し、私に帰属する一切の権利を貴社に譲渡し、当該秘密情報が私に属している旨の主張を行いません。

第６条（秘密情報の管理に対する協力）
本誓約書に関し、貴社から連絡があった場合、誠実に対応することを誓約いたします。また、私の連絡先（携帯番号、住所等）に変更があった場合、速やかに貴社に通知します。

第７条（損害賠償）
本誓約書の各条項に違反して、秘密情報を開示もしくは漏えいし、又は利用するなどした場合、法的な責任を負担するものであることを確認し、当該違反によって貴社に生じた一切の損害（社会的な信用の毀損など無形の損害を含む。）を賠償します。

以上

令和〇年〇月〇日
株式会社〇〇御中

住　所：○○県○○市○○１－２－３
氏　名：○　　　○　　　○　　　○　印

　もっとも、使用者との間で何らかのトラブルを抱えて退職するに至った従業員は、秘密保持誓約書の提出を拒否することが考えられるため、退職時のみならず、入社時や在職中にも秘密保持誓約書を提出させ、その中で退職後の秘密保持義務についても定めることも併せて検討が必要である。在職中の従業員による情報漏えいも多発しているが、入社時や担当部署の変更等のタイミングで秘密保持誓約書を提出させることにより、従業員の秘密情報の保護の必要性に関する自覚を促す効果も期待される。なお、入社時または在職中の秘密保持誓約書は、職種等の限定のない従業員である場合などには具体的な秘密情報の範囲を規定することは困難なことも想定されるため、包括的、一般的な内容になることはある程度やむを得ないと考えられる。

3　退職者の競業避止義務

　退職者による情報漏えいを防止するための対策として、退職後に競合企業等への競業避止義務を課すことも一般に行われている。上記の秘密保持誓約書の中に競業避止義務も盛り込む場合、以下のような規定を追加することが考えられる。

[条項例1-2-29]　競業避止義務

> 第○条（競業避止義務）
> 　私は、退職後１年間、貴社からの書面による事前の同意がない限り、次の行為をしないことを誓約いたします。
> ①　貴社で従事した○○の企画、運営に係る職務を通じて得た経験や知見が、貴社にとって重要な企業秘密であることに鑑み、当該職務及びこれに類する職務を、貴社の競合他社（競業する新会社を設立した場合にはこれを含む。以下同じ。）において行うこと。
> ②　貴社で従事した○○の企画、運営に係る職務を、貴社の競合他社から契約の形態を問わず、受注又は請け負うこと。

Ⅴ 秘密情報の漏えい防止のための平時の対策

1 はじめに

　これまでに、秘密保持契約をめぐるトラブルを予防するため、秘密保持契約の内容を慎重に検討して締結すること、従業員に対して適切に秘密保持義務を課すことについて解説してきた。

　もっとも、取引先との秘密保持契約や従業員の秘密保持義務の内容を充実させたとしても、企業内で秘密を管理する体制が整っていなければ、保護すべき「秘密情報」自体が存在しないことになってしまうため、実際に秘密保持契約をめぐるトラブルの発生を予防することは困難である。

　そこで、以下では、秘密情報の漏えい防止のために企業が講じるべき平時の対策として、秘密情報の管理方法についても概説する。

2 秘密情報の管理のステップ

　秘密情報の管理のためには、まず何を秘密情報として保有・管理するかを特定して重要度に応じて分類し、重要度に応じた管理方法をルール化したうえ、当該ルールに従った取扱いを実践する必要がある。

（1） 保有・管理する秘密情報の特定、重要度に応じた分類

（A） 秘密情報の把握

　社内に存在する秘密情報を漏れなく把握するためには、紙媒体、データ等の目に見える形で企業内に存在している情報だけでなく、ノウハウ等の従業員の記憶の中に存在する情報も把握する必要がある。そのうえで、ノウハウ等の目に見えない形で存在する情報はデータ化するなどして管理可能な状態にしたうえで、社内に存在する情報を体系的に整理することが望ましい。

　企業が秘密情報として管理する必要がある典型的な情報としては、以下のものがあげられる。

　① 技術情報
　　・研究開発情報（研究データ、実験データ、試作品等）
　　・製品の製造に関する情報（設計図面、製造プロセス、工場レイアウト等）
　など

② 営業情報
・顧客情報（顧客リスト等）
・市場情報（競合他社の情報、市場分析情報等）
・価格情報（原価、利益率等）
・取引先情報

など

　これらの情報を把握するにあたっては、経営者や各部署の責任者が社内の各部署や担当者に対してヒアリング等を実施することにより把握する方法や、秘密情報の管理を統括する担当部署が統一的な基準を示しつつサポートしながら各部署や個別の担当者にその基準に即してそれぞれが有する情報を報告させることにより把握する方法があり得る。

　（B）　どの程度重要な秘密情報として管理するかの決定

　企業内で保有・管理している情報を把握した次の段階では、情報を重要度に応じて分類し、秘密情報として保有・管理するか否か、どの程度重要なものとして管理するかを決定する。

　分類にあたっては、以下の観点から検討することが重要である。
・情報の経済的な価値がどの程度あるか
・法令や取引先との契約等により適切な管理が義務づけられているか
・漏えいした場合の損失の大きさ
・競合他社にとって有用な情報か
・悪用されるおそれのある情報か

（2）　重要度に応じた管理方法のルール化

　社内の秘密情報の管理のため、就業規則、情報管理規程等の社内規程を整備し、そこで、秘密情報の定義やその重要性に応じた分類を規定したうえ、各分類ごとに管理方法を規定することが一般的である。

　秘密情報の管理方法としては、秘密情報の重要性に応じて以下の事項などを規定することが考えられる[18]。

18　具体的な対策については、経済産業省知的財産対策室「秘密情報の保護ハンドブック～企業価値向上に向けて～」（平成28年2月、最終改訂令和6年2月）〈https://www.meti.go.jp/policy/economy/chizai/chiteki/pdf/1706blueppt.pdf〉などが参考になる。

・秘密情報が記録された媒体に秘密である旨の表示をすることおよび表示の方法
・秘密情報の保管場所、保管方法
・秘密情報を閲覧することができる者の範囲、管理責任者
・持ち出しに関するルール

OEM契約（製造物供給契約）

I　OEM契約の締結にあたって考慮すべき事項

1　最初に確認すべき事項

（1）　OEM契約とは

OEMとは、Original Equipment ManufacturingまたはOriginal Equipment Manufacturerの略語で、発注者のブランドで販売される製品（OEM製品）を生産すること、または生産するメーカーのことをいう。

OEM契約は、OEM製品の製造を委託する契約であり、OEM契約の中にも受注者がOEM製品の販売権をもつものや、そのような販売権をもたないものなど、複数のバリエーションがある。

また、OEM契約に類似する契約類型として、ODM契約も存在する。ODM契約とは、Original Design Manufacturing契約の略語で、製品の開発についても受注者が行い、受注者は発注者のブランドで製品の設計および生産を行う契約である。

なお、プライベートブランド（PB）製品は、一般的には販売業者が企画した製品をメーカーに委託して製造させ、販売業者のブランドを付して販売する製品をいうものとされ、OEM契約により製造された製品をPB製品とよぶこともある。これに対して、製造業者のブランドで販売する製品をナショナルブランド（NB）製品とよぶことがある。

（2）　OEM契約の法的性質

OEM契約は、発注者が受注者に対して物の製造を委託し、受注者が物を製造して発注者に引き渡し、発注者は受注者にその報酬を支払うという製造物供給契約の一種である。

製造物供給契約は、請負契約と売買契約の両方の性質をあわせもった契約類

93

型であるとされる。その法的性質については、契約の主たる目的が請負か売買かを振り分け、主たる目的に関する典型契約の規律を原則として適用するという考え方と、このような複合的な性質を有する契約類型を混合契約とし、問題となる事項ごとに適切な典型契約の規定を適用するという考え方(たとえば、製作の面については請負の規定を適用し、供給の面については売買の規定を適用する)が存在している[19]。

もっとも、前者の考え方をとる場合であっても、従たる目的の契約に関する典型契約の規律が類推適用される場合があるため、主たる目的の法的性質のみに基づいて契約解釈をすることは適切ではない。

また、平成29年民法改正(令和2(2020)年4月施行)前は、請負と売買の瑕疵担保責任に関する規定内容の差異が大きかったが、改正後は両契約の契約不適合責任の内容が近似したものとされたため、主に製造物完成前の解除権(民法641条)や、契約が途中で終了した場合の履行割合に応じた報酬請求権等について請負と売買のいずれの規定が適用されるかという問題が残されるのみとなった[20]。

(3) OEM契約のメリット・デメリット

OEM契約を締結することには、発注者側、受注者側にそれぞれ以下のメリット、デメリットがあるとされており、OEM契約を締結するかどうかの判断はこれらのバランスをとって検討する必要がある。

〈発注者側〉

メリット	デメリット
・製造能力がない、または不十分であっても自社ブランドを市場に出すことができる。 ・自社で製造するよりも低コストで製品を製造することができる可能性がある。 ・製品の製造や製造設備の維持等にコ	・製品の製造ノウハウ等が自社内で蓄積されない。 ・発注者のノウハウ等を使用した製品の製造を委託する場合、受注者が当該ノウハウ等を身に付け、競合先に成長する可能性がある。 ・情報漏えいの可能性がある。

---

[19] 中田裕康『契約法』(有斐閣、2017年)66頁。
[20] 平野裕之『債権各論Ⅰ契約法』(日本評論社、2018年)337頁。

| ストをかけずに済み、経営や販売等に集中できる。 | |

〈受注者側〉

メリット	デメリット
・販売能力がないまたは不足している場合でも発注者のブランドや販売能力を利用して製品の売上げを拡大できる。 ・市場での販売コストを削減することができる。 ・(大量に発注を受ける場合は) 大量製造により製造コストを下げることができる。 ・自社の製造技術やノウハウを蓄積し強化することができる。	・受注者の自社ブランドの知名度が向上しない可能性がある。 ・発注者からの受注数の変動が大きいと、売上げが大きく左右される。

2 OEM契約の基本的姿勢

(1) 発注者の基本的姿勢

　OEM契約による取引を円滑に実施するには、受注者が、発注者が発注しようとしている製品の製造能力や品質保証体制を備えていることが前提となる。発注者としては、OEM契約により、期待する仕様および品質を備えた製品の納入を受けられるよう、契約交渉において、製品の仕様や遵守すべき規格等を明確に提示し、受注者が十分な製造能力や品質保証体制を備えていることを、過去の製造実績等を踏まえて検証する必要がある。

　受注者において、発注者が指定する仕様の製品を製造するのが初めてであるような場合には、OEM契約の締結に至る前に、単発の取引として、試作品の製造を委託し、試作品の品質に問題がないことを確認し、仕様の微調整を行うなどしてから、大量の発注を前提とするOEM契約を締結することもありうる。その場合には、試作品の品質が期待を下回るなどの理由でOEM契約の締結に至らないことにもなりうることから、発注者は自社の仕様や製造ノウハウ

に係る営業秘密の取扱いについて、受注者に制限を課すことを検討すべきである。

　また、OEM契約に特約事項を定めない限り、OEM契約には民法や商法等が適用されるところ、OEM製品の種類、内容、取引実態等によっては、法規上の基本ルールを適用するのでは不適切な場合もありうる。そのため、OEM契約の契約交渉においては、法規上の基本ルールと、当該OEM製品の特殊性等を前提に、どの範囲で法規上の基本ルールを排除して特約を定める必要があるかという観点から、OEM契約の品質保証、契約不適合責任、損害賠償、解除等の条項について交渉していくべきである。

　さらに、発注者としては、自らは発注義務を負わず、かつ、発注した場合には必ず受注してもらえるよう受注者に受注義務を課すことが望ましいところであるが、受注者にとっては、所定量の発注があるからこそ製造体制を維持したり、原材料を確保したりすることができ、発注に応じられるという場合も想定される。そのため、一切発注義務を負わずに受注者には受注義務を課すということに拘泥するのではなく、受注者側の事情も勘案しながら、両者にとって受入れ可能な条件を模索していくという姿勢が肝要である。

（2）　受注者の基本的姿勢

　受注者としては、交渉段階において、発注者がどのような仕様・品質を備えた製品を発注しようとしているのかを具体的に確認し、自社において製造することの可否を検証することが必要である。また、自社では確約できない仕様や品質レベルについては、交渉段階において、確約できず保証もできないことを明確に説明し、そのことを議事録等に残したうえで、発注者に、それでも発注者においてOEM契約を締結する目的を達成することができるかを検討してもらう必要がある。発注者の納得が得られた場合には、OEM契約の仕様書等が、自社が仕様・品質を確約できるものに限定されているか、注意深く検証すべきである。

　また、受入検査において発注者側から想定外の指摘を受け不合格とされることを避けるため、受入検査の基準についてもOEM契約の交渉段階において確認をしておく必要がある。また、法規上の基本ルールをどの範囲で排除して特約を定める必要があるかという観点から、OEM製品の種類、内容、取引実態

等を踏まえ、OEM契約の品質保証、契約不適合責任、損害賠償、解除等の条項について交渉していくべきことは、発注者と同様である。

　さらに、受注者において、発注者に発注義務を課す必要があるかや、受注義務を受け入れられるか否かは、受注者が同種の製品を日常的に製造しており原材料も受注者の製品用に確保されているような状況なのか、それとも、OEM製品の製造のために製造ラインを別途用意し、OEM製品の製造にしか用いない原材料を購入する必要がある状況なのか、といった受注者側の体制にもよるものと考えられる。受発注義務に関する交渉に際しては、このような自社の状況を確認したうえで、受注者において、OEM製品の製造のために購入した原材料や、大量に製造したOEM製品が無駄になるなどの不利益を被らない条件を確保できるように交渉していくことが必要である。

Ⅱ　具体的な契約条項の検討

1　目的条項

（1）　条項例

［条項例1-3-1］　目的条項

> 第○条（目的）
> 　本契約は、発注者が販売する○○○（以下「本製品」という。）の製造を受注者に委託し、受注者がかかる委託に基づき本製品を製造し、受注者が発注者に供給する取引（以下「本件取引」という。）に関する基本的事項及び共通的事項を定めるものとする。

（2）　解　説

　目的条項は、取引の目的および内容を概括的に明示する機能を有する。

　目的条項自体は具体的な権利義務関係を規律するものではなく、権利義務関係はその他の各条項により規律されることとなるが、その各条項の解釈において目的条項の内容が考慮されることがあるため、目的条項は解釈上の指針としての意義も有する。

　目的条項は［条項例1-3-1］のように簡略に定める場合が多いが、より具体

的に契約締結に至った経過、当事者のいずれの技術を用いて製品の製造等を行うのか等の契約の前提となっている事項を示し、さらに関連する契約が複数存在する場合にはそれらの契約の関係を前文で明らかにすることもある。そのような詳細な目的規定を設けることで、契約締結時の当事者の意思や関連する契約との適用関係などをより明確にすることができ、契約の全体像を把握しやすくすることができる。

2 適用範囲

(1) 条項例

［条項例1-3-2］ 適用範囲

> **第○条（適用範囲）**
> 　本契約は、発注者と受注者の間で締結される本件取引に関する個別契約（以下「個別契約」という。）に共通に適用される。個別契約に本契約と異なる定めがあるときは、特別の定めがない限り、本契約の規定が優先して適用される。

(2) 解説

　基本契約および個別契約を締結する場合、基本契約が当事者間のどこまでの法律関係に適用されるのかを明確にするため、適用範囲に係る条項を設ける必要がある。

　また、ここで個別契約において定める内容が基本契約において定める内容と矛盾した場合の取扱いについて定めることが一般的である。この点について特段の定めをおいていなかった場合、原則として後に合意された内容が優先すると解釈されることから、個別契約において規定した内容が優先することとなると考えられるが、事案ごとに契約解釈を行って判断することになるため、実際に基本契約と個別契約において矛盾する内容が定められた場合にいずれが優先するかは必ずしも明らかではない。そのため、基本契約の定めが優先するか、個別契約の定めが優先するかを明確に規定することが望ましい。

　基本契約と個別契約のいずれの規定を優先して適用すべきかについては、取引の実情に応じて検討すべきである。仮に、基本契約は慎重に検討したうえで締結するものの、個別契約は担当者の判断でそのつど締結することが想定されている場合には、個別契約の規定を優先して適用すると、統一的なルールの下

で取引を管理することが難しくなるうえ、予期せず自社に不利な内容の個別契約を締結することにより損害が発生するおそれもある。そのような事態を防ぐためには、［条項例1-3-2］のように基本契約の定めが優先することを規定しておくことが適切であると考えられる。この場合、基本契約と異なる内容を定める個別契約の条項は効力が認められないため、個別契約において基本契約と異なる定めをするには、個別契約ないし覚書等で、基本契約の規定にかかわらず個別契約の条項を優先して適用する旨を規定し、当該個別契約の条項が効力を否定されないように調整する必要がある。

　他方で、そのときどきの実情に合わせて柔軟に契約内容を調整するため、個別契約において契約内容を適宜調整することを想定している場合には、個別契約が優先する旨を明記すべきである。

3　個別契約

(1)　条項例

［条項例1-3-3］　個別契約

第○条（個別契約）
1　発注者が受注者に対して発注する本製品の品名、仕様、種類、数量、価格、納期、納入場所、受渡条件等売買に必要な条件は、本契約に定めるものを除き、個別契約にて別途定める。
2　個別契約は、発注者が受注者に対して本製品の品名、数量、価格、納期、納入場所、支払期日その他取引に必要な事項を記載した注文書を書面により送付し、受注者が発注者に対して注文請書を書面により送付したときに成立する。ただし、注文書受領後、発注者の7営業日以内に書面によって諾否の通知をしない場合、当該期間が経過した時点で個別契約が成立したものとする。

---

(2)　個別契約の成立

　平成29年民法改正（令和2（2020）年4月施行）により、隔地者間の契約の成立に関する同法526条1項の規定が削除され、一般原則（同法97条1項）に従い、承諾が相手方に到達した時に契約が成立することとなった。

　もっとも、商法が適用される商人である会社においては、平常取引をする者

からその営業の部類に属する契約の申込みを受けたときは、遅滞なく、契約の申込みに対する諾否の通知を発しなければならないこととされており（商法509条1項）、申込みを受領した会社が遅滞なく諾否の通知を発しなかったときは、その会社はその申込みを承諾したものとみなされ（同条2項）、通知等の意思表示をしなくとも契約が成立することが原則である。

　［条項例1-3-3］の第2項は、これらのルールに従い、受注者の承諾の意思表示が到達した時点で個別契約が成立することとしつつ、一定期間内に受注者が諾否の通知をしない場合には個別契約が成立したものとすることを規定している。商法509条1項は任意規定であり、これと異なる合意も可能である。いずれにせよ、受発注のやり取りは取引に係る記録を保存し後日立証できるようにする観点から書面等により行うことが双方当事者にとって望ましいと考えられる。

（3）　発注義務・受注義務の有無

　基本契約において当事者間のOEM契約に共通して適用される条件を定めたうえ、具体的な取引条件を別途締結する個別契約において定めることとしている場合、基本契約の締結によって直ちに具体的な製造物供給契約が成立するわけではなく、それはあくまでも個別契約の締結により成立する。

　また、基本契約において受注者の最低販売数量や、発注者の最低購入数量の規定や、双方が独占的に受注・発注する旨の規定を定めていない場合、原則として、基本契約の締結のみで直ちに双方に具体的な発注義務・受注義務が生じるわけではないと解されている（東京地判昭和55年9月16日判タ437号143頁参照）。

　他方で、受注者が独占的に製品を供給する旨を定めた基本契約を締結した事案においては、原則として受注者側が基本契約に基づいて供給義務を負うと判断した裁判例が存在しており（東京地判平成12年8月28日判時1737号41頁）、受発注の最低数量や受発注を独占的に行うことを基本契約において定めた場合には、当該定めに従い当事者に受発注に係る義務が認められる場合がある。

　さらに、受発注の最低数量等の規定がなくとも当事者間の関係性や従来の経緯等を踏まえ、基本契約に基づく受発注義務が認められる可能性がある。裁判例の中には、発注者が受注者に対して現に継続的に発注した経緯があり、受注

者が広告宣伝活動等で発注者に貢献するなど、当事者間で強い協力関係を維持してきた事案において、両当事者が契約期間中は需要数量に応じて受注者に発注することを当然の前提としていたことが推認できるとして、発注義務違反を認めた事例も存在する（東京地判平成20年9月18日判時2042号20頁）。

受発注の最低数量や独占的契約とする旨の定めが必要であるかは、具体的に行おうとしている事業や取引の実情、当事者間の交渉力の差をはじめとする諸般の事情によって判断されるものの、そのような定めをする場合には、発注義務・受注義務が発生したとみられる可能性もあることに留意し、下記（4）（5）に述べるように受発注義務を負わないことを明記したり、最低数量を合理的な数量としたり、契約解除を容易にしたりするなどの工夫をすることも考えられる。

（4） 発注者の立場から

発注者としては、受注者に個別契約の締結を拒絶されると多大な損害が発生しうるような場合には、受注者に受注義務を課すことが望ましい。

その場合には、以下のような条文を追加し、受注者に一定の受注義務を課すことが考えられる。

〈受注義務〉

> 受注者は、発注者から本契約に基づく個別契約の締結を求められた場合、当該個別契約を締結できない合理的理由がある場合を除き、当該個別契約の締結に応じるものとする。

また、発注者は、基本契約の締結によって発注義務があると解釈されることがないように、以下のような条文を追加することも考えられる。

〈発注義務がないことの確認〉

> 発注者は、個別契約の締結状況、当事者の取引継続への協力体制その他事情の如何を問わず、本契約により、受注者に対して発注義務を負うものではない。

受注者からは、発注者から受注者に対して一定の発注数がなければ契約締結のメリットがないとして最低発注数量を定めることを要請される場合がある

が、そのような場合には最低発注数量を上回る数量を発注することを努力義務とすることにとどめることが望ましい。

（5） 受注者の立場から

受注者の立場からは、将来的に受注に応じることが困難になる事態に備えて、受注義務を負わないようにすべきである。

受注者に受注義務があると解釈されないよう、以下のような条項を加えることも考えられる。

> 受注者は、個別契約の締結状況、当事者の取引継続への協力体制その他事情の如何を問わず、本契約により、発注者に対して受注義務を負うものではない。

また、ミス等により申込みに対する承諾期間を徒過して個別契約が成立されたものとみなされたり、実際の製造能力を超えて受注したりすることのないように注意する必要がある。そこで、受注者としては、商法の原則にかかわらず、個別契約は受注者が注文請書を発注者に送付し、これが発注者に到達した場合にのみ成立すると規定したり、受注者の営業日を基準として十分に余裕のある承諾期間を設定したりすることが考えられる。

その他、製造スケジュールや製造能力等との関係上、納期を発注から一定期間以上先に設定する必要がある場合には、以下のように発注期限についても規定することが考えられる。

〈発注期限〉

> 発注者は、希望する納期の○か月前までに受注者に注文書を送付するものとする。

個別契約は発注者と受注者の合意により成立するため、受注者は発注者からの発注数や納期の設定に無理がある場合にはそれを修正したうえで個別契約を締結することが可能である。しかし、受注者に受注義務があることが規定されている場合などには、そのような対応は困難になりうる。そこで、以下のように、受注者が発注を受けた際に受注する数量を減らしたり、納期が遵守困難である場合にはその延期をしたりすることを発注者と協議できることを明記する

ことも考えられる。
〈発注に関する協議〉

> 受注者は、発注者が注文書に記載した品名、数量、価格、納期、納入場所、支払期日その他取引に必要な事項について、当該条件による受注が困難である場合には、発注者に対して発注内容に係る協議を申し入れることができる。かかる申入れがあった場合、発注者は誠実に協議に応じるものとする。

他方で、受注者の実際の製造工程等からみて、一定の数量以上を超えた受注でなければ受注がコストに見合わないような場合は、最低発注数量を規定することも考えられる。
〈発注の最低数量〉

> 発注者は、各個別契約において最低○○○個以上の本製品を発注するものとする。

4 取引の対象製品

（1）条項例

[条項例1-3-4] 取引の対象製品

> 第○条（本件取引の対象製品）
> 1 発注者及び受注者が本件取引の対象とする本製品は、別紙1のとおりとする。
> 2 本製品には取扱説明書、包装その他仕様書において指定する物を含むものとする。
> 3 発注者は、受注者と協議の上承諾を得ることにより、別紙1の本製品を追加し、又は削除することができる。

（2）解説

取引の対象となる本製品の範囲を特定する条項である。取引の対象となる製品を特定するために必要な要素を当該条項の中に盛り込む必要があり、対象製品の特定のために複数の要素を記載する必要がある場合や、対象製品が多い場合などは、別紙にまとめて記載すると契約書が読みやすくなると考えられる。

なお、［条項例1-3-4］では製品に付随する製品説明書、包装等も本製品に含まれるものとしている。

また、後から対象となる製品の範囲を変更する必要が生じることも考えられるため、［条項例1-3-4］第３項のように本製品の範囲を変更する際の手続について明記することも考えられる。

5 製品の仕様の決定方法および変更方法

（１）条項例

[条項例1-3-5] 製品の仕様の決定方法および変更方法①（発注者が作成し定める場合）

第○条（本製品の仕様）
1 本製品の仕様（以下「本仕様」という。）は、発注者が定める仕様書によるものとする。発注者が仕様書を定めるにあたっては、受注者は適切な技術・ノウハウをもって発注者に助言をするものとし、万一仕様書に不備・不具合を発見した場合は、発注者に速やかに適切な助言を行うものとする。
2 発注者は、法令の改変、本製品のモデルチェンジ、発注者の販売戦略の変更その他の事情により仕様に変更の必要が生じたと判断した場合、○か月前までに受注者に書面により通知することにより、本仕様を変更することができる。

[条項例1-3-6] 製品の仕様の決定方法および変更方法②（受注者が作成し発注者が決定する場合）

第○条（本製品の仕様）
1 本製品の仕様（以下「本仕様」という。）は、受注者が作成し、発注者及び受注者の協議を経て発注者が決定するものとし、受注者は当該決定内容に従い仕様書を作成して発注者の承認を得るものとする。
2 受注者は、本仕様に関して、使用する材料、製造工程その他の事項を変更する必要がある場合は、具体的な仕様書の変更案を示した上、あらかじめ書面による発注者の承諾を得なければならない。

[条項例1-3-7] 製品の仕様の決定方法および変更方法③（受注者が作成し定める場合）

第○条（本製品の仕様）
1　本製品の仕様（以下「本仕様」という。）は、受注者が作成する仕様書によるものとする。ただし、本製品の外観、機能、性能については、受注者は発注者と事前に協議するものとする。
2　受注者は、本契約の有効期間中、本仕様を必要に応じて変更しうるものとする。ただし、本仕様を変更することにより、本製品の外観、機能、性能に重大な影響を及ぼすおそれのある場合、受注者はその取扱いについて事前に発注者と協議し、発注者の書面による承諾を得るものとする。受注者は、本仕様を変更した場合、その内容を書面により発注者に報告するものとする。

（2）　仕様の決定方法および変更方法
　取引の対象となる製品の仕様の決定方法および変更方法を定める条項である。
　基本契約を締結する段階では具体的な仕様が定まっていない場合や、個別契約に基づく取引の中で仕様がそのつど変更されることが想定される場合などには、基本契約においては仕様の決定方法および変更方法を取り決めるにとどめ、具体的な仕様は別途取り決めることとしている場合が多い。
　製品の仕様は、契約不適合の有無にかかわる極めて重要な要素であり、特にOEM契約においては、製品の仕様をめぐる紛争が生じやすいため、明確に取り決める必要がある。
　また、契約期間中に製品の仕様を変更する必要性が生じる場合に備えて仕様変更の方法をあらかじめ定めておくことにより、仕様変更をめぐって発注者と受注者との間でトラブルが生じることを回避する必要がある。これらは仕様の決定方法に応じて、［条項例1-3-5］〜［条項例1-3-7］の第2項にそれぞれ記載した方法などを定めることが考えられる。
　製品の仕様の決定方法や変更方法をどのように定めるべきかはケースバイケースである。製品の仕様書を作成するには、細部にまでわたる専門的知見等が必要であり、発注者にそのような仕様を作成する専門的知見等がある場合は発

注者が定める（[条項例1-3-5]）ことも考えられるが、発注者においてそのような仕様書を作成することが想定されない場合には受注者がこれを作成することが考えられる。受注者が仕様書を作成する場合、仕様を最終決定する権限が発注者にある場合（[条項例1-3-6]）と受注者にある場合（[条項例1-3-7]）とが考えられる。

　製品の仕様が不明確な場合や、仕様が仕様書等の書面に明記されておらず当該仕様に関する合意が成立していたかが不明確な場合、発注者が満足しない製品が納入された場合でも、契約不適合責任を追及することは容易ではない。そこで、発注者としては、製品が備えるべき仕様が存在するのであればそれを漏らさず仕様書等において取り決めておく必要があり、受注者に対して口頭で仕様に関する要望を伝えたにとどまるなどということがないようにする必要がある。受注者としても、納入後に発注者から製品の性能等について指摘を受け、やり直し等を求められて紛争に発展する事態を防ぐため、発注者から製品の仕様に関して要求された事項があればこれを仕様書等に反映させることを求めるほか、仕様書等に不明確な記載がある場合にはこれを具体化するようにあらかじめ求めるなどして、製品に要求される仕様を明確に確定しておくことが望ましい。

（3）　サンプルの納入

　発注者および受注者が、仕様書に従った製品の仕上がりや受注者の製造能力等をあらかじめ把握するため、量産を開始する前にサンプルを製造して納入することを合意する場合もある。その場合、[条項例1-3-8]のような条項例を追加することが考えられる。

[条項例1-3-8]　サンプルの納入

> 第○条（サンプルの納入）
> 1　受注者は、別途発注者及び受注者が協議の上決定した期限までに、本仕様に従い製造した本製品のサンプルを発注者に提供する。当該サンプルの対価、対価の支払方法、納入方法等は別途発注者及び受注者の協議により決定する。
> 2　発注者は、前項のサンプルの受領後○日以内に、当該サンプルの検査を実施した上、当該サンプルを承認するか否かを受注者に通知する。検査の結果、サンプルが本仕様に適合しないことが判明した場合は、受注者は発注者から

の通知に基づき前項の定めに従ってサンプルを発注者に再度提供し、再度本項に基づく発注者の検査を受ける。

6 製品の製造、原材料・包装資材等
（1） 条項例
［条項例1-3-9］ 製品の製造①

第〇条（本製品の製造）
1 受注者は、本仕様に従って本製品を製造する。
2 受注者は、別途定めのない限り、本契約に基づき本製品を製造するために使用する原材料、容器、及び包装材料等（以下「原材料等」という。）を、受注者自らの費用と責任で調達するものとし、調達にあたっては、本仕様に適合する良質の原材料を使用するものとする。
3 前項にかかわらず、本製品の原材料等について、発注者が材質、デザイン、規格等を指定した場合、受注者は当該指定に基づき原材料等を調達する。
4 受注者は、原材料等の品名、種類、規格、品質、数量、原産地及び仕入先等について詳細に確認及び記録するものとし、原材料等が本仕様に適合していることを保証するとともに、発注者から要請を受けた場合は当該記録を閲覧させ、又は当該記録の写しを提供する。
5 受注者及び発注者の協議により原材料等の受入検査基準を定めた場合、受注者は、原材料等を調達後、遅滞なく当該受入検査基準に基づいて受入検査を行い、当該受入検査に合格した原材料等のみを本製品の製造に使用する。なお、受入検査によって発見できなかった瑕疵を製造途中で発見した場合、受注者は、直ちに当該原材料等に係る製造を中止して発注者に通知し、発注者の指示に従う。

［条項例1-3-10］ 製品の製造②

第〇条（本製品の製造）
1 受注者は、本契約の定めに従い、善良なる管理者の注意のもとに、本仕様を充たす本製品を製造する。
2 受注者は、本製品の製造のために準備し使用する原材料及び包材資材（以下「原材料等」という。）の種類、規格、品質、数量、原産地（加工地も含む。）及び仕入先等について、法令及び発注者が定める基準に適合することを

確認するものとする。
3　前項までの規定にかかわらず、発注者は、受注者と協議のうえ、受注者に対して本製品の原材料等を支給することができ、この場合、受注者は、発注者から支給された原材料等をもって本製品を製造する。受注者は発注者から支給された原材料等を本製品の製造以外のために使用してはならず、発注者と受注者が本製品の取引を終了する場合は、これを発注者に全て返還しなければならない。

（2）　発注者の立場から

　本製品の製造に関する規定であり、[条項例1-3-9][条項例1-3-10]では原材料の調達や取扱いについても規定している。原材料も含めて仕様書において特定の物を指定する場合には、本仕様に従って原材料を調達する旨を規定することになる。

　発注者の立場からは、本製品に使用される原材料等にどのようなものを使用するかは、本製品の品質にかかわる重要な事項であるため、その選定基準や、調達先等の指定などが必要であれば、それらも含めて規定する必要がある。

　下請取引に該当する場合であって、発注者が受注者に対して有償で原材料等を支給する（発注者から買わせる）ときには、当該原材料等の代金について、当該原材料等を用いた給付に係る下請代金の支払期日より早い時期に相殺したり支払わせたりすることは、下請代金支払遅延等防止法（下請法）により原則として禁止されている（同法4条2項1号）。そのため、下請法の適用がある取引においては、受注者の給付に対する代金の支払期日に、当該給付に使用された原材料等の対価を控除して下請代金を支払う、受注者が原材料等をすべて使い切った後に到来する下請代金の支払い時に原材料等の代金を控除して下請代金を支払うようにするなど、代金の支払いを受ける時期について注意が必要となる。

　発注者が本製品の品質を維持するためなどの正当な理由がないにもかかわらず、自己が指定する物を受注者に購入させることは、当該取引が下請取引に該当する場合には、購入強制・役務の利用強制（下請法4条1項6号）に該当し、下請取引に該当しない場合でも、優越的地位の濫用として違法となる可能性が

Ⅱ　具体的な契約条項の検討

ある。
　また、発注者の立場からは、受注者に対し、発注者からの発注に備えて一定の原材料等を保管しておくことを求めることも考えられる。その場合は以下のような条項を追加することがあり得る。

〈原材料等の保管義務①〉

　受注者は、発注者が要請した場合は、別途受注者と発注者が協議の上定める一定数量の原材料等を保管する。保管に要する費用は、第〇条に定める対価に含まれるものとする。

〈原材料等の保管義務②〉

　受注者は、発注者及び受注者が別途合意した一定数量の本製品の原材料等を常に保管して発注者の発注に備える。保管に要する費用は、第〇条に定める対価に含まれるものとする。

　下請取引に該当する場合、発注者が受注者に十分な原材料等の在庫を確保させつつ、実際に発注が少なかった場合などに無駄となった原材料等について発注者が買い取り等の補償をしない場合には、経済上の利益の提供要請（下請法4条2項3号）に該当し違法となるおそれがある。下請取引に該当しない場合でも、受注者は、当該原材料等がよほど汎用的に受注者の業務に用いることができる物でない限り、自己のリスクで原材料等を保管することに難色を示す可能性が高い。
　そのため、受注者に原材料等の在庫を確保させる場合、当該在庫が本製品の終売や仕様変更、発注数不足等により廃棄せざるを得なくなったときに、以下のように発注者がこれを買い取ることなどを併せて規定することも考えられる。

〈原材料等の買取り①〉

　本製品の終売や仕様変更により、受注者が発注者の要請により調達した原材料等に余りが生じた場合において、当該原材料等を受注者が本製品の製造以外に利用することができないときは、受注者は発注者に対して当該原材料等を調

109

達時の価格で買い取ることを請求することができる。

　このとき、発注者は、以下のように受注者から買い取る原材料等の範囲を発注者が保管を求めた範囲に限定するとともに、受注者の帰責事由によって本製品に係る取引が終了した場合には買取りを行わないことなどを規定することが考えられる。

〈原材料等の買取り②〉

　発注者と受注者が本製品の取引を終了する場合、発注者は受注者から原材料等（ただし、他の製品への汎用性がなく、本製品の製造以外に使用できないものであり、かつ発注者と受注者が本製品の製造のために調達することを合意した数量の範囲内の原材料等に限る。）を買い取るものとする。ただし、取引終了が受注者の責に帰すべき事由による場合はこの限りではない。

（3）受注者の立場から

　受注者としては、原材料等の選定基準や調達先を発注者が指定することを求められた場合には、限られた納期や予算の中で発注者が指定した原材料等を確保できないリスクに備える必要がある。そこで、以下のように、原材料等の選定基準や調達先を受注者と協議のうえで決定するように修正を求めたり、発注者が指定した原材料等が調達できない場合にはこれと同等の原材料等を調達することで足りるようにしたりすることが考えられる。

〈原材料の選定基準を協議のうえ定めることとする条項〉

　受注者は、別途定めのない限り、本契約に基づき本製品を製造するために使用する原料、容器、及び包装材料等（以下「原材料等」という。）を、受注者自らの費用と責任で調達するものとし、調達にあたっては、発注者及び受注者が協議の上決定した基準に適合する原材料を使用するものとする。

〈発注者が指定した原材料等が調達できない場合には受注者においてこれと同等の原材料等を調達することとする条項〉

　受注者は、別途定めのない限り、本契約に基づき本製品を製造するために使用する原料、容器、及び包装材料等（以下「原材料等」という。）として、発注

者が指定した原材料等を受注者の費用と責任で調達するものとする。ただし、発注者の指定に係る原材料等が調達できない場合、又はこれを調達することが納期、費用等の観点から困難である場合には、受注者は、発注者が指定した原材料等と同等の品質を有する原材料等を調達することができる。

また、発注に備えて原材料等の在庫を保管するように要請された場合は、原材料等の保管費用の負担を求めたり、発注者の指示で保管していた在庫が不要となった場合には特に他の製品へ利用できるかを問わずに発注者が買い取ることを求めることなどが考えられる。

〈原材料の保管費用の負担、買取り等に関する条項〉

1　受注者は、発注者が要請した場合は、両者が別途合意した一定数量の原材料等を保管し、発注者の発注に備えるものとする。かかる発注者の要請に応じて受注者が原材料等を保管する場合、発注者は受注者に対して第○条に定める対価に上乗せして、保管日数1日あたり○○○円を支払うものとする。
2　発注者と受注者が本製品の取引を終了し、もしくは仕様変更により、前項の発注者の要請により調達した原材料等に余りが生じた場合、又は発注者の発注が不足したため原材料等が劣化した場合、発注者は、他の製品への汎用性の有無等にかかわらず、受注者が当該原材料等を調達した時点の調達価格でそれを買い取るものとする。

7　再委託

(1) 条項例

[条項例1-3-11]　再委託①

第○条（再委託）
　受注者は理由の如何を問わず、本製品の製造を第三者に再委託又は代行させてはならない。

[条項例1-3-12]　再委託②

第○条（再委託）
1　受注者は、発注者に対して再委託先の名称、住所、再委託する業務の内容等を書面により通知し、発注者の事前の書面による承諾を得ない限り、本製

品の製造を第三者に再委託することはできない。
2 受注者は、再委託先に対し、本契約に基づく受注者の義務と同等の義務を負わせてこれを監督するものとし、再委託先の行為について、自らがなしたものとして発注者に対して全ての責任を負うものとする。

[条項例1-3-13] 再委託③

第○条（再委託）
1 受注者は、本製品の製造を○○○（○○県○○市○○…）に再委託することができる。受注者がその他の第三者に再委託をする場合、事前に発注者に対して再委託先の名称、住所、再委託する業務の内容等を書面により通知し、発注者の書面による承諾を得るものとする。受注者は、再委託先に対し、本契約に基づく受注者の義務と同等の義務を課してこれを遵守させるものとし、再委託先の行為について、自らがなしたものとして発注者に対して全ての責任を負うものとする。

[条項例1-3-14] 再委託④

第○条（再委託）
1 受注者は、受注者の責任において、本製品の製造義務の一部を第三者に再委託することができる。ただし、受注者は、事前に再委託先の名称、住所、再委託する業務の内容等を発注者に報告するものとし、発注者において当該第三者に再委託することが不適切であると判断する理由が存在する場合、発注者は受注者に対しその理由を通知して当該第三者に対する再委託を中止させることができる。
2 受注者は、再委託先に対し、本契約に基づき受注者が発注者に対して負担するのと同等の義務を負わせる契約を書面で締結し、再委託先を適切に監督するものとし、再委託先がなした行為について、再委託先と連帯して、発注者に対して一切の責任を負うものとする。

（2） 概　要

　法律上、請負契約について再委託をすることは制限されておらず、契約で明示的に制限していない場合には、秘密保持条項等の他の契約条件に違反することになるときや、商慣習ないし取引上の信義則に照らしてこれを否定すべきと

きを除き、受注者は、発注者の承諾を得ることなく、自由に再委託することができる。

そして、OEM契約は製造物供給契約の一種であり、請負契約と売買契約の両方の性質をあわせもった契約類型と解されていることから、原則として再委託は自由に行うことができると解され、再委託に関して何らかの制限を課すには、契約で定めることが必要となる。

再委託を禁止したり、発注者の許可をとらせたりする必要がない場合であっても、債務の履行主体が変更されることは発注者にとっては重要な問題となるため、再委託に係る手続や、再委託先が負う義務の内容、再委託先が義務違反をなした場合の責任等について規定をしておくことが必要になる。

(3) 発注者の立場から

発注者は、受注者の信用、製造能力、技術力等を考慮して受注者を選出していることが通常である。さらに、OEM契約においては発注者から受注者に対して製品や販売に関する秘密情報が開示されることが想定されるため、再委託が行われるとそれらの情報が漏えいする危険性も高まることとなる。そのため、発注者にとって、再委託を許容するのか否か、許容する場合はどのような条件の下で許容するのかは重要な問題となる。

発注者が受注者の再委託を制限するバリエーションとしては、［条項例1-3-11］から［条項例1-3-14］等が考えられる。

［条項例1-3-11］は、再委託を一切禁止する条項であり、［条項例1-3-12］は、発注者の書面による承諾を事前に得た場合に限り再委託をすることを可能とする条項であり、［条項例1-3-13］は、［条項例1-3-12］の内容に加え、特定の再委託先への再委託についてはあらかじめ許諾するものである。そして、［条項例1-3-14］は、民法の原則どおり、再委託を受注者の判断でなすことを許容する条項であるが、発注者が可能な限り受注者による再委託をコントロールし、状況を把握できるようにするため、事前に再委託先に関する情報を報告させ、発注者が問題があると判断した場合には、再委託を中止させ得る旨を規定するものである。

また、発注者としては、再委託をどのように制限するかにかかわらず、再委託を行う場合に受注者が経るべき手続や、受注者が再委託先に対して発注者と

受注者との間の契約において受注者が負う義務と同等の義務を課すべきこと、受注者が再委託先に対する監督義務を負うこと、再委託先が義務違反をした場合には受注者が発注者に対して責任を負うことを定める必要がある。

(4) 受注者の立場から

　受注者は、経営効率化、コスト削減等のために自社で取り扱っている業務のうち一部を他社に請け負わせている場合が多く、製品の製造に関してもその全部ないし一部を再委託することが一般的に行われている。そこで、自社のみではOEM契約上の義務を履行できない場合や、再委託先を利用しなければコストに見合わない場合などは、予定している再委託が支障なく行えるような条項にすべきである。

　また、再委託をする場合、受注者が発注者に対して再委託先の行為について責任を負うこととされる場合が多いが、再委託をすることが必須と考えられるような場合や、再委託について発注者の承諾を得た場合には、再委託先の行為について受注者に過失があった場合にのみ責任を負うようにしたり、選任および監督についての責任のみを負うように責任の範囲を限定したりすることが考えられる。また、再委託先を発注者が指定するような場合には、再委託先の行為について受注者に故意または重過失のない限り責任を負わないこととするなども考えられる。

〈[条項例1-3-11] の修正案① (第2項)〉

> 2　受注者は、再委託先に対し、本契約に基づく受注者の義務と同等の義務を負わせるものとし、再委託先の行為について、受注者に過失がある場合には、発注者に対して責任を負うものとする。

〈[条項例1-3-11] の修正案② (第2項)〉

> 2　受注者は、再委託先に対し、本契約に基づく受注者の義務と同等の義務を負わせるものとし、発注者に対し、再委託先の選任及び監督についての責任のみを負うものとする。

〈［条項例1-3-11］の修正案③（第2項）〉

> 2　受注者は、再委託先に対し、本契約に基づく受注者の義務と同等の義務を負わせてこれを監督するものとし、再委託先の行為について、発注者に対して全ての責任を負うものとする。ただし、再委託先を発注者が指定した場合は、受注者は当該再委託先の行為について故意又は重過失がない限り責任を負わないものとする。

8　保　証

（1）条項例

［条項例1-3-15］　保証

> 第○条（保証）
> 1　受注者は、発注者に対し、本製品について次の事項を保証する。
> (1) 本製品（原材料・品質・機能・表示・製造工程その他本製品に関する一切の事項を含む。）が本仕様に適合すること。
> (2) 本製品の使用目的に適合する実用性、安全性を備えていること。
> (3) 原材料・品質・機能・表示その他本製品に関する一切の事項について、関係諸法規・諸条例、ガイドライン等に違反していないこと。
> (4) 第三者が有する特許権・実用新案権・意匠権・商標権及び著作権等の知的財産権並びに肖像権その他一切の権利を侵害していないこと。また、不正競争防止法に違反していないこと。
> (5) 原産地・原材料及び品質に関して虚偽の表示をしていないこと。
> (6) 本製品の取扱説明書又は警告書の表示内容が必要かつ十分に安全な使用方法、禁止事項を定めたものであること。
> (7) 本製品の使用者が本製品を通常の状態において使用又は保管する限り、発注者及び受注者が協議して定めた期間実用に供することができること。
> 2　受注者は、発注者より請求を受けたときは、公的第三者機関又は発注者の承認した検査機関が発行した本製品の品質を証する書面を提出するものとする。

（2）発注者の立場から

　発注者としては、受注者に製品が仕様に従っていることや、製品に関して適用される法令等を遵守していること、第三者の知的財産権等を侵害していない

ことなどを保証させるほか、製造に許認可が必要な製品の製造を委託する場合には受注者が必要な許認可を有していることを保証させること、法令等により製品基準が定められている製品の製造を委託する場合には法令等が定める基準を満たしていることなどを保証させる必要がある。保証事項を満たさない製品については、契約不適合責任を追及しうることとなる。

その他、発注者が承諾することにより製品の仕様等を確定させることとしている場合は、発注者の承諾によって受注者の義務が免除されるものではないことを確認する規定を盛り込むことも考えられる。

〈保証責任が免責されないことの確認〉

> 受注者は、第○条に基づき発注者が本仕様を承諾又は確認したことによって、本条に基づく受注者の義務違反から免責されるものではないことを確認する。

(3) 受注者の立場から

受注者の立場からは、自身がコントロール可能な範囲のみを保証の対象とする必要がある。

たとえば、製品の仕様を発注者が決定する場合には、その仕様が法令等に適合していること、第三者の知的財産権を侵害していないことについては発注者自身が責任を負うものとして保証の対象から外すことや、発注者が提供した材料や発注者の指示に従った仕様等に関する保証は行わないことなどが考えられる。

このとき、受注者においては、契約不適合責任と保証責任の関係について留意が必要である。保証条項において保証の対象に含めないこととした事項であっても、民法の契約不適合責任の適用を排除する旨が明確ではない場合には、発注者から契約不適合責任を追及される可能性があるため、保証の対象に含めた事項以外について民法の契約不適合責任の適用を排除しようとする場合には、その旨を明確に規定しておくことが望ましい。また、保証条項について契約不適合責任の規定に係る請求期間の制限を適用したい場合には、そのことを契約上、明示すべきである。

〈［条項例1-3-15］の修正案①〉

1　受注者は、発注者に対し、本製品が本仕様に適合することのみを保証するものとし、受注者は、本製品の使用目的への適合性、安全性、本製品の原材料・品質・機能・表示その他一切の事項に関する関係諸法規・諸条例、ガイドライン等への適合性、第三者が有する特許権・実用新案権・意匠権・商標権及び著作権等の知的財産権並びに肖像権その他一切の権利の非侵害、原産地・原材料及び品質に関する正確性、本製品の取扱説明書又は警告書の表示内容の適切性、本製品を実用可能な期間等については保証せず、これらについては民法第562条から564条、及び同第572条の規定（契約不適合責任）に基づく責任も負わないものとする。

〈［条項例1-3-15］の修正案②（第2項として追加）〉

2　前項の規定にかかわらず、受注者は、発注者が提供した材料又は発注者による指図に従ったことにより生じた事項については前項の責任を負わないものとする。ただし、受注者が発注者の材料又は指図が不適当であることを知りながら告げなかった場合はこの限りではない。

9　納入、受入検査、引渡し

（1）　条項例

［条項例1-3-16］　納入、受入検査、引渡し①

第○条（納入等）
1　受注者は、個別契約に定める引渡期日及び引渡場所において本製品を発注者へ納入する。
2　受注者が本製品を納入したときは、発注者は、事前に発注者及び受注者が協議の上定める検査基準に従い、当該本製品を速やかに検査する。
3　発注者は、本製品の納入を受けた日から○営業日以内に検査の結果を受注者に通知する。
4　検査の結果が不合格の場合、受注者は、発注者の指示に基づき、速やかに修補、代替品の引渡し又は不足分の引渡しによる履行の追完をする。
5　本製品は、発注者が受注者に検査の合格を通知した時に、受注者から発注者に対する引渡しがなされたものとする。

[条項例1-3-17] 納入、受入検査、引渡し②

> **第○条(納入等)**
> 1 受注者は、本製品が本仕様その他本契約及び個別契約に規定する事項に適合しているかを事前に発注者と受注者が合意の上定めた検査基準に従って検査した上、検査に合格した本製品のみを発注者又は発注者の指定する者に対し、個別契約に定める引渡期日及び引渡場所において納入する。本製品の納入に係る費用は受注者の負担とする。
> 2 発注者又は発注者の指定する者は、前項に基づき納入された時から○営業日以内に本製品の数量と外観の検査を行い、受領を証する書面又はデータを交付する。発注者又は発注者の指定する者による受領を証する書面又はデータの交付が行われたときをもって、本製品の引渡しが完了したものとする。
> 3 前項の検査時に数量の過不足又は外観の異常その他の問題が見つかった場合、発注者は受注者に対し、直ちにその旨通知する。この場合、受注者は発注者の指示に従い、修補、代替品の納入、不足分の納入、超過分の引取り、代金の減額又は損害の賠償その他の措置を直ちに講じなければならない。

(2) 「納入」、「引渡し」

［条項例1-3-16］［条項例1-3-17］では、「納入」を指定された引渡期日および引渡場所において本製品の占有を発注者に移転することとし、受入検査に合格したものを債務の弁済として受け入れることをもって「引渡し」が完了するものとしている。

「納入」は法律上の用語ではなく、一般に物を納めることをいうものとされており、どのような行為をすれば「納入」がなされたといえるのかは契約で具体的に規定しなければ不明確になり得る。

そして、「引渡し」は、民法上、物の占有（物に対する現実的な支配）を移転することをいい（民法182条1項）、現実の引渡しのみならず、簡易の引渡し（同条2項）や占有改定（同法183条）も含まれる。特に契約書上「引渡し」という用語を使う際に特段の定義をしていなければ、「引渡し」は製品の占有を発注者に移転した時点でなされたものと解釈されることになるが、どのような行為をすれば「引渡し」がなされたと解釈できるかは事案によるものと考えられ、必ずしも明確ではない。

このように、契約において「納入」や「引渡し」がどのような行為をさすのかが明確に規定されていない場合、受注者がなすべき行為の内容が不明確になるおそれがあるため、[条項例1-3-16][条項例1-3-17]のように明確に規定しておくことが望ましい。

(3) 受入検査

受入検査についても、それがどのような行為を指しているのかを契約上明らかにしておく必要がある。

[条項例1-3-16][条項例1-3-17]では、それぞれ受入検査は、製品が別途定める検査基準に適合しているか否かを検査することであると規定している。

受入検査の合否の基準等が契約書上定められていなかった場合、製品の合格・不合格をめぐって発注者および受注者との間で紛争が生じる可能性があるため、事前に受入検査の合否の基準を明確に定めることが望ましい。

受注者において製造後の製品を検査し、合格したもののみを納入させる場合は、[条項例1-3-17]のように規定することが考えられる。

(4) 発注者の立場から

(A) 特別採用

発注者の立場からは、受入検査に不合格であった製品であっても、その瑕疵が重大ではない場合、当該製品を一定の値引き等を受けて受領すること（特別採用）を希望することも考えられる。そのような場合に備え、以下のような条項を追記することも考えられる。

〈特別採用〉

> 発注者は、受入検査に不合格となった本製品のうち、発注者が使用可能と認めたものについては、適正な評価額に代金を減額してこれを引き取ること（以下「特別採用」という。）ができる。このとき、発注者は、受注者に対し、本製品の選別、評価、修理等を含む特別採用に要した合理的費用を請求することができる。

(B) 納期遅延に関する通知義務、納期遅延による損害賠償、解除

また、発注者は、受注者の製品の納入が納期より遅れる場合には、そのことを事前に把握できたほうが望ましく、納期に遅れる見込みについて受注者に通

知義務を課すことが考えられる。また、納期に遅れた場合には、遅延により被った損害（代替品の確保や顧客対応、広告宣伝の変更等に必要となった費用、弁護士費用等が考えられる）を受注者に対して請求しうることを明記したり、遅延1日につき一定の金額の違約金を定めることとしたり、特に必要な場合にはその遅延の程度を問わず受領を拒み、当該発注に係る契約を解除できることを定めることも考えられる。

〈納期遅延に関する通知義務〉

> 受注者は、製品の納入が個別契約に定める引渡期日に遅れるおそれがある場合は、直ちにその理由及び遅延日数の見込みを発注者に通知するものとし、対応について発注者の指示に従うものとする。

〈納期遅延による損害賠償〉

> 受注者による製品の納入が個別契約に定める引渡期日に遅れた場合、受注者は発注者が遅延により被った損害（顧客対応や代替品の確保等に必要となった一切の費用及び合理的な弁護士費用を含む。）を賠償する責任を負うものとする。

〈納期遅延による違約金〉

> 受注者による製品の納入が個別契約に定める引渡期日に遅れた場合、受注者は違約金として遅延日数1日当たり〇円（消費税別）を発注者に支払うものとする。なお、当該規定は発注者が遅延により被った損害（顧客対応や代替品の確保等に必要となった一切の費用及び合理的な弁護士費用を含む。）のうち、違約金を超える金額の賠償を請求することを妨げない。

〈納期遅延による解除〉

> 受注者による製品の納入が個別契約に定める引渡期日に遅れた場合には、発注者はその遅延の程度を問わず、当該個別契約を解除することができるものとする。

（C）　下請法が適用される取引の場合の留意点

発注者の立場からは、下請法が適用される取引である場合、本製品の納入等

を受けるにあたって、以下に述べるとおり、代金の支払い、返品、やり直しに関して留意すべき事項が存在する。

（a）　代金の支払い（下請法4条1項2号）

受注者が下請法上の下請事業者に該当する場合には、給付を受領した日（下請事業者の給付の目的物を検査の有無にかかわらず受け取り、自己の占有下においた日）から60日以内に代金を支払う必要がある。ただし、下請事業者の給付に瑕疵があるなど、下請事業者の責めに帰すべき理由があり、下請代金の支払い前（受領後60日以内）にやり直しをさせる場合には、やり直しをさせた後の給付を受領した日が支払期日の起算日となる[21]。

製品の引渡しに関して、製品の給付を受けた後、受入検査に合格した製品についてのみ引渡しが完了したものと扱う場合（[条項例1-3-16]のような場合）であっても、代金の支払いは引渡しが完了した日ではなく、給付を受けた日から60日以内に完了する必要があることに注意が必要である。

（b）　返品（下請法4条1項4号）

受注者が下請法上の下請事業者に該当する場合には、一度納入を受けたものを下請事業者に返品することができるのは、下請事業者の責めに帰すべき事由がある場合（注文と異なる製品等が納入された場合や、汚損・毀損その他の契約不適合のある製品等が納入された場合）に限られる。さらに、返品することのできる期間も限定されており、直ちに発見できる契約不適合を理由として返品する場合には、原則として、契約不適合を発見次第速やかに行う必要がある。また、直ちに発見できない契約不適合を理由として返品する場合には、受領後6か月以内に行う必要がある（ただし、一般消費者に対して品質保証期間を定めている場合は、その保証期間内であって、かつ最長1年以内であれば返品をすることが可能とされている）[22]。

（c）　やり直し（下請法4条2項4号）

受注者が下請法上の下請事業者に該当する場合、受注者から受領した製品について、発注者が費用を負担することなくやり直しをさせることができるの

---

[21] 公正取引委員会・中小企業庁「下請取引適正化推進講習会テキスト（令和5年11月）」〈https://www.chusho.meti.go.jp/keiei/torihiki/download/shitauke_koushu.pdf〉45頁。
[22] 公正取引委員会・中小企業庁・前掲資料（注21）61〜63頁。

は、当該製品に契約不適合があるときに限られる。そして、契約不適合が直ちに発見できるものであれば、やり直しは契約不適合を発見次第速やかに行わせなければならず、直ちに発見することのできないものであった場合には、受領後1年以内に行わせなければならない（ただし、発注者が顧客等に対して1年を超えて契約不適合責任を負うことを約しており、発注者と受注者がそれに応じた契約不適合責任の存続期間をあらかじめ定めている場合は、当該存続期間中はやり直しをさせることができる）[23]。

(5) 受注者の立場から

受注者としては、発注者との間でのトラブルを防止するため、不合格の通知の際には、発注者に不合格となった理由を書面に明記させることが望ましい。

また、受注者は、検査の結果がいつまでも通知されないという事態を防止するため、合否の通知がなされないまま一定の期間が経過した場合には受入検査に合格したものと取り扱えるようにすることが望ましい。

〈一定期間の経過により合格とみなす条項〉

> 発注者は、本製品を不合格とする場合、受注者に対し、書面により不合格とする製品の種類、数量、検査基準を満たさない点を具体的に通知するものとする。発注者が本製品の納入を受けた日から○日以内に検査の結果を受注者に通知しない場合、当該本製品は検査に合格したものとし、その時点で受注者から発注者に対する引き渡しが完了したものとする。

また、受注者としては、発注者が製品の受領を拒否し、または受領ができない場合のリスクに対応することが望ましい。債権者に受領義務が認められるかどうかについて学説は分かれており、判例は債権者の受領義務を認めていない（大判大正4年5月29日民録21輯858頁（買主の受領拒絶を理由とする売主の契約解除を認めなかった判例）、最判昭和40年12月3日民集19巻9号2090頁（債務者が債権者の受領遅滞を理由として契約を解除することは特段の事由のない限り許されないとした判例））ことから、受注者が製品の受領拒否等を発注者の債務不履行とし、契約を解除したり、受領拒否等により被った損害を発注者に請求できるようにするには、以下のような条項を盛り込むことが必要である。

---

[23] 公正取引委員会・中小企業庁・前掲資料（注21）85頁。

[条項例1-3-18] 受領遅滞

第○条（受領遅滞）
　受注者は、発注者が正当な理由なく納期に納入された本製品の受領を拒絶し、受注者が相当期間を定めて催告したにもかかわらず受領をしない場合、以下の各号の対応の全て又はいずれかをとることができる。
(1) 本契約及び個別契約の全部又は一部を解除すること。
(2) 本製品について第三者への売却その他の処分をすること。
(3) 発注者に対して受注者が被った損害について損害賠償請求をすること。

10　所有権・危険負担の移転

（1）条項例

[条項例1-3-19]　所有権・危険負担の移転

第○条（所有権・危険負担の移転）
　本製品の所有権は、第○条[24]に定める引渡しをもって受注者から発注者へ移転する。
2　危険負担は、第○条に定める引渡しをもって受注者から発注者に移転する。
3　本製品が第○条に定める引渡しがなされる前に発注者の責めに帰さない事由によって滅失したときは、発注者は本契約又は個別契約を解除することができる。

（2）所有権の移転時期

　[条項例1-3-19]では、本製品の所有権が引渡しをもって受注者から発注者へ移転することを定めている。ここで「引渡し」は、上記9における[条項例1-3-16][条項例1-3-17]に従い、発注者が受入検査に合格した製品を債務の弁済として受け入れることをもって「引渡し」とすることを前提としている。
　所有権の移転時期は、発注者が製品を自由に処分できる時期などにかかわる重要事項である。
　民法の原則によれば、製品は不特定物（契約当事者が物1点1点の個性に着目せず、種類、数量、品質等を定めて取引する物）であると解され、そのような不

---

[24] [条項例1-3-16]または[条項例1-3-17]。

特定物の所有権は、特段の事情がない限り、目的物が特定した時に移転するものと解されている。ここで、目的物が特定した時とは、「債務者が物の給付をするのに必要な行為を完了し、又は債権者の同意を得てその給付すべき物を指定したとき」をいい（民法401条2項）、物の給付をするのに必要な行為を完了するとは、たとえば持参債務の場合には目的物を債権者の住所において提供すること（同法493条）をいう。

したがって、特に契約上所有権の移転時期について定めがない場合、原則としては受注者が本製品を引渡期日に引渡場所において提供した時点で所有権が移転することになると考えられるが、受注者が提供した製品に契約不適合があった場合などには債務者が物の給付をするのに必要な行為を完了したといえるのか否かが問題となり、所有権が移転しているのか否かが不明確となる。

このような事態を防ぐため、所有権の移転時期は契約上明確に定めることが望ましい。

（3）　危険負担

平成29年改正民法上、危険負担については、特定物か不特定物かにかかわらず、「当事者双方の責めに帰することができない事由によって債務を履行することができなくなったとき」には、「債権者は、反対給付の履行を拒むことができる」こととされ、ただし、「債権者の責めに帰すべき事由によって債務を履行することができなくなったときは、債権者は、反対給付の履行を拒むことができない」とされている（民法536条1項・2項）。また、危険負担の移転時期については、特定された目的物の引渡し時（占有の移転時）とされている（同法567条1項）。

危険負担についてこれらと異なるルールを規定する場合は、その旨を明確に規定する必要がある。

［条項例1-3-19］では、引渡し時（受入検査に合格した製品を債務の弁済として受領した時点）に危険負担も移転することを定め、その時点までに製品が発注者の責めに帰すべき事由によらず滅失した場合には、発注者は本契約または個別契約を解除することができる旨を規定している。

他方で、受注者の立場からすれば、受注者が本製品を現実的に支配管理できなくなった時点で発注者に危険が移転することが望ましいことから、製品の納

入が完了した時点で発注者に危険が移転する旨を規定することが考えられる。

11 契約不適合責任

(1) 条項例

[条項例1-3-20] 契約不適合責任

第○条（契約不適合責任）
1 本製品の種類、品質、仕様、数量、その他契約条件についての本契約又は個別契約の内容との不適合（以下「契約不適合」という。）があった場合、受注者は発注者の指定する方法に従い、受注者の費用と責任で、本製品の修補、代替品の提供、不足分の引渡し等の履行の追完に応じるものとし、代替品についても同様とする。ただし、受注者は、発注者に不相当な負担を課するものでないときは、発注者が請求した方法と異なる方法による履行の追完をすることができる。
2 前項に基づき発注者が相当の期間を定めて履行の追完の催告をしたにもかかわらず、受注者が当該期間内に履行の追完をしないときは、契約不適合が発注者の責めに帰すべき事由による場合を除き、発注者はその不適合の程度に応じて第○条に定める対価を減額することができる。ただし、以下の各号に掲げる場合には、発注者は何らの催告をすることなく直ちに対価の減額を請求することができる。
(1) 履行の追完が不能であるとき。
(2) 受注者が履行の追完を拒絶する意思を明確に表示したとき。
(3) 特定の日時又は一定の期間内に履行をしなければ契約をした目的を達することができない場合に受注者が履行の追完をしないでその時期を経過したとき。
(4) 前3号に掲げる場合のほか、発注者が催告をしても履行の追完を受ける見込みがないことが明らかであるとき。
3 発注者は、本製品の引渡し後6か月（本製品に使用期限等が付されている場合は、当該期間）以内に受注者に対して、契約不適合の通知をした場合に限り、第1項の請求をすることができる。ただし、受注者が引渡し時に契約不適合を知り、又は重大な過失によって知らなかった場合には、当該通知期間の制限は適用されない。
4 前項までの規定は、発注者の受注者に対する損害賠償請求権及び解除権の行使を妨げない。

（2） 解　説

　民法上、受注者が納入した本製品が種類、品質または数量に関して契約の内容に適合しないときは、発注者は、受注者に対して、その事実を知った時から１年以内に受注者に対してその旨を通知すれば（契約不適合の種類および大体の範囲を通知することを要するが、その細目まで通知することは要しない）、契約不適合責任を追及することができ、履行の追完等を求めることができる[25]。

　発注者は、具体的には、①履行の追完請求（民法562条）、②代金減額請求[26]（同法563条）、③損害賠償請求（同法564条、415条）をすることができ、また、④契約解除（同法564条、541条、542条）をすることもできる。これらのうち、損害賠償請求（③）以外（①②④）については、受注者に過失がなくとも行うことが可能である。

　商人間の売買においては、商法526条が適用され、発注者が目的物を受領した後、遅滞なく検査する義務が定められている。そして、売買の目的物に契約不適合（種類、品質または数量に関して）を発見した場合、発注者は、直ちに受注者に対して契約不適合である旨の通知を発しなければ、その不適合を理由として履行の追完等を請求することができないとされており、直ちに発見することができない契約不適合（ただし数量は除く）を６か月以内に発見した場合も同様とされている（ただし受注者が初めからその製品に契約不適合があることを知っていた場合は商法の規定は適用されず、民法が適用される）。なお、OEM契約のような、受注者が代替的な製品を大量に納入する類型の製造物供給契約については、商法526条を含む不特定物の売買に関する民商法の規定の適用を受けるとされている（東京高判昭和48年８月30日金判389号８頁等）。

　［条項例1-3-20］は上記の民法や商法526条のルールに沿った内容を規定しているが、これらは任意法規であるため、契約において別段の定めをすることが可能である。

　たとえば、発注者の立場からは、以下の条項例のように、発注者が直ちに代

---

[25] ただし、受注者が悪意・重過失である場合には、１年以内に通知をするとの制限は適用されない（民法566条ただし書）。
[26] ただし、履行の追完が不能である等の一定の場合を除き、相当の期間を定めて履行の追完の催告をし、その期間内に履行の追完がないときに請求可能となる。

Ⅲ 具体的な契約条項の検討

金減額請求も行い得るようにしたり、発注者の指示と異なる方法での履行の追完を認めないこととしたりすることが考えられる。

〈[条項例1-3-20] の1項および2項の修正案〉

> 発注者は受注者に対し、本物件の品質が本契約の内容に適合しないとき（契約不適合）は、受注者の責任及び費用により、発注者の指示に従って本製品の修補、代替品の提供、又は不足分の引渡しによる履行の追完をすることを求めることができるほか、何らの通知催告を要せず直ちに代金の減額を求めることができる。このとき、受注者は発注者が請求した方法と異なる方法による履行の追完をすることはできないものとする。

そのほか、契約不適合責任を追及しうる期間を伸長したり、契約不適合があった場合の受注者の損害賠償責任を無過失責任としたりすることなども考えられる。

他方で、受注者の立場からは、履行の追完方法や代金減額請求により減額される金額を受注者および発注者との協議により決定することを規定することが考えられるほか、製品の性質等により製品の保証期間が民商法上の契約不適合責任の存続期間よりも短い場合には、契約不適合責任の存続期間を当該保証期間と合わせて短期に設定することなども考えられる。

12 製造物責任

（1） 条項例

[条項例1-3-21] 製造物責任①（協議により決定する場合）

> 第○条（製造物責任）
> 本製品に起因して第三者の生命、身体又は財産に損害が生じ、当該第三者から発注者に対して製造物責任に基づく請求その他の損害賠償請求があったときは、受注者及び発注者は協議によりその責任と対応に係る費用（リコール費用も含む。）の負担の割合、その他対応に係る必要な事項を定めるとともに、相互に協力して解決にあたるものとする。

[条項例1-3-22] 製造物責任②（一切の責任を受注者が負う場合）

> 第○条（製造物責任）

受注者は、本製品の欠陥に起因して、発注者又は第三者の生命、身体もしくは財産に損害が生じた場合には、直ちに当該損害（発注者が第三者に対して支払った賠償額、発注者が本製品のリコールをするために要した費用、合理的な範囲の弁護士費用を含むが、これらに限らない。）を賠償するものとする。

[条項例1-3-23]　製造物責任③（一定の条件下で受注者が責任を負う場合）

第○条（製造物責任）
　本製品の欠陥（製造物責任法第２条第２項所定の「欠陥」をいう。以下同じ。）に起因して、第三者から発注者に対して損害賠償請求がなされ発注者がこれを支払った場合、又は本製品のリコールを実施した場合、発注者は、発注者が次の各号に定める義務を果たすことを条件に発注者が被った損害の賠償を受注者に請求することができる。ただし、当該欠陥が製造物責任法第４条（免責事由）の各号の一に該当する場合はこの限りではない。
　⑴　発注者は本製品に関し、第三者から損害賠償請求をされた際は、直ちにその旨を書面にて受注者に通知すること。
　⑵　発注者は当該損害賠償に関し、第三者に対して、受注者の書面による事前の承諾を得ることなく回答又は和解に応じないこと。
　⑶　発注者は受注者の書面による事前の承諾を得ることなく本製品のリコールを実施しないこと。
　⑷　発注者は第三者からの損害賠償請求及びリコールに関する問題の解決のために受注者に対して必要な協力をすること。
２　受注者は、前項に定める義務の履行を担保するため、製造物賠償責任保険に加入し、かつ少なくとも本契約の有効期間又は本製品の保証期間のうちいずれか長期のものが終了するまでこれを継続し、発注者から求められた場合は当該保険の契約内容を発注者に開示する。

[条項例1-3-24]　製造物責任④（原因に応じて費用負担する当事者を定める場合）

第○条（製造物責任）
１　本製品が第三者の生命・身体もしくは財産に損害を及ぼした場合、又は損害を及ぼすことが予想される場合、発注者及び受注者は直ちに相手方に通知し、協議の上当該損害に係る処理解決にあたるものとする。
２　前項の処理解決に要した費用（リコール費用も含む。）の分担は次の通りと

する。
(1) 本製品の仕様に起因して生じた費用　全額発注者が負担
(2) 本製品の製造工程に起因して生じた費用　全額受注者が負担
(3) その他の費用　協議により定める

（2） OEM 契約における製造物責任

　目的物の欠陥に起因して、第三者の生命、身体または財産に損害が生じたときは、製造物責任法に基づき、製造業者等はこれにより被害者が被った損害（求償権の行使やリコールに要した費用を含む）を賠償する責任を負う（製造物責任法3条）。ただし、当該目的物を製造業者等が引き渡した時における科学または技術に関する知見によっては、当該目的物にその欠陥があることを認識することができなかった場合、当該目的物が他の製造物の部品または原材料として使用された場合において、その欠陥がもっぱら当該他の製造物の製造業者が行った設計に関する指示に従ったことにより生じ、かつ、その欠陥が生じたことにつき過失がない場合は、この限りではない（同法4条）。

　製造物責任法において製造物責任の主体とされている製造業者等は、①製造物を業として製造、加工または輸入した者、②製造物に製造業者として氏名、商号、商標等（以下「氏名等」という）を表示した者、③製造物に製造業者と誤認される氏名等を表示した者、④製造物の製造、加工、輸入または販売の形態等から、製造物にその実質的な製造業者と認められる氏名等を表示した者である（製造物責任法2条3項各号）。

　OEM契約においては、まず、受注者は本製品の製造をしていることから、①に該当し、製造物責任を負うと解される。

　また、発注者も、本製品に自身の氏名等を付すことにより、②〜④に該当するものとして製造物責任を負う可能性がある。具体的には、製品または製品と一体となってる容器包装等に「製造者」「製造業者」「製造元」などとして発注者を表示している場合（②に該当する）や、製品に発注者の氏名等が表示されているが、実際の製造者等の表示がなされていない場合（③に該当する）、発注者が製品に「発売元」、「販売元」、「販売者」などとして自己の氏名等を表示しており、かつ発注者が製品の製造業者として社会的に認知されていたり、製品

を一手販売していたりするような場合（④に該当する）には、発注者は実際には製品の製造をしていなくとも製造物責任を負うことになる。

　したがって、製造物責任に関する条項は、製品の性質や表示の実態、製品の製造、販売等において発注者および受注者がどのような役割を果たすのかなどの実際の事情に照らし、発注者が製造物責任を負う可能性があるかを分析し、発注者も製造物責任を負う可能性がある場合には発注者と受注者との間でどのように責任を分担すべきかを検討したうえで規定する必要がある。

　また、第三者に対する損害賠償に係る責任の負担割合のみならず、製品のリコール（①製造・流通および販売の停止、流通および販売段階からの回収、②消費者に対するリスクについての適切な情報提供、③類似の製品事故等未然防止のために必要な使用上の注意等の情報提供を含む消費者への注意喚起、並びに④消費者の保有する製品の交換・改修等に至る対応を含む、製品による事故の発生および拡大可能性を最小限にすることを目的とする対応をいう）に係る費用の負担割合も併せて定めておくことが考えられる。

　条項例では、第三者に対する損害賠償やリコールに係る対応や費用の負担割合も含め、発注者および受注者が協議により決定するもの（[条項例1-3-21]）、一切の責任を受注者が負うもの（[条項例1-3-22]）、一定の条件を満たせば受注者が責任を負うもの（[条項例1-3-23]）、あらかじめ損害発生の原因に応じて費用を負担する当事者を定めるもの（[条項例1-3-24]）をあげている。

（3）　発注者の立場から

　発注者の立場からは、製造物責任に加え、製品に係るクレーム等の処理についても規定を設けておくことが望ましい。製品の仕様の作成や製造等をもっぱら受注者が担い、発注者において製品に関するクレーム等に適切に対応できないと考えられる場合には、以下のような条項とすることが考えられる。

〈クレーム等への対応①〉

> 本製品に関して消費者等の第三者からクレーム等を受けた場合、受注者がクレーム処理及び原因究明にあたるものとし、発注者は受注者に必要な協力をするものとする。

〈クレーム等への対応②〉

　本製品に関して消費者等の第三者からクレーム等を受けた場合、発注者がクレーム処理及び原因究明にあたり、受注者は発注者に必要な協力をするものとする。このとき、発注者が必要に応じて原因究明のための費用等を支出した場合において、その原因が本製品の引渡し前の原因に起因した場合は、当該費用等は受注者が負担するものとする。

13　商　標

(1)　条項例

[条項例1-3-25]　商標

第○条（商標）
1　発注者は、本契約及び個別契約の有効期間中、受注者に対し、発注者が保有する別紙○記載の登録商標（以下「本商標」という。）について、次の範囲の通常使用権を許諾し、受注者は当該範囲で本商標を使用する義務を負う。
　(1)　対象製品　本製品
　(2)　使用地域　○○
　(3)　使用範囲　本契約及び個別契約の受注者の債務を履行するため、本仕様に従って本製品、本製品の包装及び梱包材に本商標を付すこと
　(4)　使用料　無償
2　発注者は、受注者に対し、本商標に係る商標権を発注者単独で保有していることを保証する。
3　受注者は、本製品に関して本商標以外の商標を使用してはならず、本商標を第1項により許諾された範囲以外に使用したり、本商標を第三者に再実施許諾したり、本商標を付した本製品を発注者に無断で第三者に販売したりしてはならない。
4　受注者は、本商標と類似する標章の商標登録出願をしてはならない。
5　受注者は、第三者が本商標を侵害していること又はそのおそれがあることを発見した場合、直ちに発注者にその内容を報告する。この場合、発注者は、自己の責任と費用で当該侵害又はそのおそれの排除もしくは予防のために必要な行為を行う。受注者は、発注者からの要請に基づき発注者による費用負担を条件としてこれに協力する。
6　受注者による本商標の使用に関して第三者から権利侵害の主張、損害賠償

の請求その他の主張もしくは請求がなされた場合、又は本商標につき第三者から無効事由もしくは取消事由があると主張された場合（無効審判もしくは取消審判を請求された場合を含む。）、両当事者は協力してこれに対処する。ただし、いずれかの当事者の責めに帰すべき事由により当該主張又は請求がなされた場合は、当該当事者がその責任と費用でこれに対応し、相手方当事者に一切の損失、費用等の負担を及ぼさない。
7 受注者は、本契約が終了した場合には、本商標の使用を直ちに停止する。

（2） 解　説

　商標の使用許諾について定めるにあたっては、①許諾対象となる商標の特定、②使用対象製品の特定、③使用許諾の場所的・時間的制限、④使用方法、⑤設定する使用権の種類（通常使用権とすることが通常である）、⑥再実施許諾の可否、⑦第三者の侵害行為を発見したときの対応について規定しておく必要がある。また、④の使用方法については、書体や色、形態、取り付け位置等を具体的に仕様書等において取り決めるべきである。

　商標の使用に起因する第三者からのクレーム等については商標権者である発注者が対応することが一般的であるが、受注者の設計に基づいて第三者のクレーム等がなされた場合には受注者に対して対応し解決する責任を負わせることが考えられる。［条項例1-3-25］では、両当事者が協力して対応にあたることとしつつ、いずれかの当事者に帰責事由がある場合には当該当事者に対応義務を課すこととしている。

　なお、商標のほかに受注者が発注者から使用許諾を受ける必要のある知的財産権がある場合には、それについても使用許諾に係る条項を設ける必要がある。

14　知的財産権の帰属

（1）　条項例

［条項例1-3-26］　知的財産権の帰属①（原則受注者帰属とする場合）

第○条（知的財産権）
　本契約及び個別契約の遂行の過程で本製品及びその製造方法に関して受注者が単独で新たになした発明、考案又は創作について取得される特許権、実用新

案権、意匠権、著作権等の知的財産権（これらの知的財産権を受ける権利を含み、以下総称して「本知的財産権」という。）は受注者に帰属する。ただし、発注者と共同でなし、又は受注者が発注者の独自の技術情報に基づきなした発明等及びこれらに基づき取得される本知的財産権の帰属並びに利用などについては、発注者及び受注者の協議により決定する。

[条項例1-3-27]　知的財産権の帰属②（原則共同保有とする場合）

> 第○条（知的財産権）
> 1　本契約及び個別契約の遂行の過程で発注者と受注者が共同でなした発明、考案又は創作について取得される特許権、実用新案権、意匠権、著作権等の知的財産権（これらの知的財産権を受ける権利を含み、以下総称して「本知的財産権」という。）は発注者及び受注者が協議により定める持分割合により共同保有するものとする。発注者及び受注者は本知的財産権を共同保有するために必要な手続を履践しなければならないものとし、これについての費用は発注者及び受注者が折半するものとする。
> 2　本知的財産権に関して、第三者との間に問題が発生した場合には、発注者及び受注者が共同して解決にあたるものとする。

[条項例1-3-28]　知的財産権の帰属③（原則発注者帰属とする場合）

> 第○条（知的財産権）
> 　本契約及び個別契約の遂行の過程で本製品の製造に関連してなされた発明、考案又は創作について取得される特許権、実用新案権、意匠権、著作権等の知的財産権（これらの知的財産権を受ける権利を含み、以下総称して「本知的財産権」という。）は、全て原始的に発注者に帰属するものとし、受注者は予めこれを承諾する。本知的財産権が原始的に発注者に帰属しない場合には、受注者は発注者に対して本知的財産権等の一切（著作権法第27条及び第28条所定の権利を含む。）をその発生の都度譲渡し、当該譲渡に係る対価は、第○条に定める対価に含まれることを承諾する。

（2）解　説

　OEM契約においても受注者が受託した業務を遂行する過程で知的財産権が生じる可能性があり、当該知的財産権の帰属についてあらかじめ契約において

定めておかなければ、かかる知的財産権の帰属や今後の利用について紛争が生じる可能性がある。

［条項例1-3-26］は、受託した業務を遂行する過程で生じた知的財産権は受注者に帰属することとしつつ、発注者と受注者が共同してなした発明等に係る知的財産権の帰属については、発注者と受注者が協議により定めることを定めている。

［条項例1-3-27］は、受託した業務を遂行する過程で生じた知的財産権は発注者および受注者が共同して保有とすることを定めている。

［条項例1-3-28］は、受託した業務を遂行する過程で生じた知的財産権は発注者に帰属することを定めている。

受注者の立場からは、受注者の事業に必要な技術等を受注者の下にとどめることができるようにする必要がある。特に、受注者が製造している製品の仕様をほとんど変更せずに発注者の商標等を付して本製品を販売するような場合には、受注者が保有している本製品の製造に必要な技術等を発注者に譲渡するような規定になっていないかよく確認する必要がある。

15　知的財産権に関する第三者との紛争

（1）条項例

［条項例1-3-29］　知的財産権に関する第三者との紛争①（一定の条件下で受注者に対応義務を課す場合）

> 第○条（知的財産権に関する紛争）
> 1　発注者及び受注者は、本製品について第三者との間で知的財産権に関する紛争が生じたとき、又はそのおそれがあるときは、直ちにその旨を書面により相手方に通知する。ただし、本商標に関する紛争については第○条[27]の規定に従う。
> 2　受注者の責に帰すべき事由に起因して第三者との間で前項の紛争が生じた場合、発注者が前項及び次の各号に定める義務を果たすことを条件に、受注者はその責任と負担においてその一切を処理し、発注者に損害を及ぼさない。ただし、当該紛争が、発注者が行った指示に起因する場合は発注者がその責任と負担において一切を処理し、受注者はこれに協力する。

---

[27]　［条項例1-3-25］。

(1) 発注者は、当該紛争に関し、第三者に対して、書面による受注者の事前の承諾を得ることなく、いかなる回答又は和解にも応じないこと。
(2) 発注者は、当該紛争の解決のために、受注者に対して必要な協力をすること。

[条項例1-3-30] 知的財産権に関する第三者との紛争②（帰責事由のある者が対応義務を負うとする場合）

第○条（知的財産の侵害）
1 発注者及び受注者は、本製品について第三者との間に知的財産権に関する紛争が生じたときは、直ちに相手方にその旨を通知し、発注者及び受注者のうちその責に帰すべき者が、その責任と負担において処理解決するものとする。
2 前項の規定にかかわらず、本商標に関する紛争については第○条[28]の規定に従う。

（2）解　説
　製品に係る知的財産権をめぐって第三者と紛争が生じた場合の措置についても契約書上取り決めておく必要がある（なお、商標に関して第三者との間で紛争が生じた場合の対応に関する規定については、上記13を参照）。
　OEM契約においては、受注者が設計し製造している製品に発注者の商標を付したものを製造販売する場合も多いが、そのような場合には、商標に関しては発注者が責任を負うこととしつつ、その他の製品に係る知的財産権をめぐって生じた第三者との紛争については、発注者の指示に起因するものを除いて、受注者が対応および解決する責任を負うことを定めるケースが比較的多い。
　[条項例1-3-29]は、発注者が一定の条件を満たした場合に受注者に対応義務を課すものであり、[条項例1-3-30]は、発注者または受注者のうち帰責事由のある者が対応義務を負うことを規定するものである。
　受注者が引き渡した製品が第三者の知的財産権を侵害しており、契約上定めていた販売地域で製品を販売できなくなったような場合、契約上特に受注者の免責に関する定めがなければ、契約の目的物が「種類、品質又は数量に関して

---

[28]　[条項例1-3-25]。

契約の内容に適合しないもの」として、受注者に契約不適合責任が発生しうることとなり、発注者が受注者に対し、目的物の修補等による追完請求、代金減額請求、損害賠償請求をする可能性がある。

受注者の立場からは、以下のように、発注者が対応義務を負うべき一定の場合には受注者が対応義務を負わないことを明記することも考えられる。

〈受注者が対応義務を負わない場合〉

> 第三者との間に生じた知的財産権上の紛争の原因が次の各号の一に該当する場合には、受注者はこれを処理解決する責を負わない。
> (1) 発注者の指示する仕様・商標等に起因する場合
> (2) 発注者から受注者に提供されたデータブック、説明書、マニュアルその他の資料の記載に起因する場合
> (3) 受注者（再委託先を含む。）以外の者により本製品になされた変更、改造、付加などに起因する場合
> (4) 本製品と他の製品、部品、回路、装置、ソフトウェアなどとの組み合わせに起因する場合
> (5) 発注者等が本製品を本来の目的以外の用途に使用したことに起因する場合

16 類似製品の製造禁止

（1） 条項例

[条項例1-3-31] 類似製品の製造

> 第○条（類似製品の製造）
> 　受注者は、本契約の期間中は、発注者の書面による承諾なしに本製品の類似製品を製造、販売してはならない。

（2） 解 説

発注者が本製品の仕様等を定めている場合などには、発注者が受注者に対して本製品と同一または類似の製品の製造、販売、譲渡を禁止することを希望することがある。しかし、そのような受注者の事業活動を制限する条項は、一般的に受注者の将来の事業活動を制限するものとして受注者の立場からは受け入

れがたいと考えられる。特に、受注者が同様の製品の OEM 取引を事業の中心としている場合には受注者の事業活動への影響は重大なものとなり得る。そのため、受注者はこのような条項が含まれている場合には当該条項の削除等を求めたり、少なくとも「極端に」類似する製品の製造等のみが制限されるように条項を修正したりする必要がある。

17 不可抗力

(1) 条項例

[条項例1-3-32] 不可抗力

> 第○条（不可抗力）
> 1 発注者及び受注者は、地震、洪水、火災、暴風その他の災害、感染症、疫病、戦争、内乱、暴動、ストライキ、法令の制定・改廃、公権力による命令・処分等の制限、その他本契約締結時に予測不可能であり、結果の回避について自らの合理的な制御が及ばず、そのことについて帰責事由がない事由による本契約及び個別契約に基づく債務の全部又は一部の不履行もしくは履行不能については責任を負わない。
> 2 発注者及び受注者は、前項の不可抗力事由が発生し、本契約及び個別契約に基づく債務の全部又は一部の履行に支障が生じることが合理的に予測された場合、速やかに書面で相手方に通知をし、協議の上対応を決するものとする。
> 3 発注者及び受注者は、第1項の不可抗力事由による債務の不履行又は履行不能が○か月以上にわたって継続した場合は、相手方に書面で通知することにより本契約及び個別契約を解除することができる。

(2) 解説

債務者は、不可抗力事由によって債務が不履行または履行不能となった場合、「債務の不履行が契約その他の債務の発生原因及び取引上の社会通念に照らして債務者の責めに帰することができない事由によるものであるとき」（民法415条1項ただし書）に該当するものとして債務不履行責任を負わないとされている。

不可抗力事由とは、債務者に制御できず、予見可能性や結果回避可能性がなく、債務者に帰責できない事由をいう。

137

不可抗力事由は抽象的な概念であり、実際に一定の事由が発生し債務不履行や履行不能が生じた場合に、それが不可抗力事由に該当するかは不明確な場合が多く、債務不履行に係る責任の有無について債権者および債務者との間で紛争が生じる可能性がある。

　そのため、不可抗力条項を設け、当事者間でどのような事情が生じた場合にそれが不可抗力事由に該当するのかを取り決めておくことが望ましい。［条項例1-3-32］の第1項は、一般的な不可抗力事由を定めたものである。

　さらに、不可抗力事由が発生した場合の対応方法についても事前に規定しておき、早期に解決を図ることができるようにしておくことが望ましい。そこで、［条項例1-3-32］では、第2項および第3項において、不可抗力事由が発生し、債務の履行に影響が生じることが合理的に予測される場合に、債務者に通知義務を課し、当事者間で協議して対応を決することとしたうえ、不可抗力事由による債務不履行または履行不能状態が一定期間以上継続した場合には当事者双方が契約解除をすることができる旨を規定し、不可抗力事由が生じた場合の対応方法をあらかじめ定めている。

業務委託契約

Ⅰ 業務委託契約の締結にあたって考慮すべき事項

1 委託業務の内容

業務委託契約の名称で締結される契約において委託される業務には、さまざまなバリエーションが存在している。たとえば、業務委託契約において委託する業務は、物の製作・加工等に係る業務、およびサービスの提供に係る業務に大別することができる。さらに、物の製作・加工等に係る業務は、有体物の製作・加工等に係る業務（製品の製造業務等）、および無体物の製作・加工等に係る業務（ソフトウェア開発業務等）に分類でき、サービスの提供に係る業務は、一定の資格を有する専門家（弁護士・税理士・公認会計士等）が提供する業務、経営等に関する専門性の高いサービスの提供に係る業務（コンサルタント業務等）、およびそれら以外の業務（物品の運送・保管業務、コールセンターの外注業務等）に分類できると考えられる。

このように、業務委託契約の内容は多様であるため、常に定型のひな型を用いるのではなく、委託する業務の内容に応じてそのつど必要な調整を行い、どのような内容の業務を、どのような範囲で、どのような条件で委託し、当事者がそれぞれどのような役割分担をし、どのように報酬を支払うのか、当事者はそれぞれどのような責任を負うのかなどを明確に定める必要がある。

2 業務委託契約の法的性質

業務委託契約の名称で締結される契約には、さまざまな法的性質のものが含まれているが、法的性質が請負契約または準委任契約であるものが多いと考えられるため、まずは請負契約と準委任契約の違いを整理しておく。

まず、請負契約とは、仕事の完成を目的とする契約であり、典型的な請負契約としては、土木工事等の契約があげられる。ここで、仕事とは、労務による

結果を生じさせることをいい、有形的結果を生じさせるか、無形の結果を生じさせるかを問わない。請負契約においては仕事の完成に対してのみ報酬が支払われるため、その過程でなされる事務処理等に対する報酬は支払われず、原則として仕事が完成しなければ報酬を請求することができない（民法633条。ただし、民法634条に規定する場合を除く）。

　他方で、準委任契約とは、事務処理のうち、法律行為ではない事務を委託する契約であり、委任契約に係る民法の規定が全面的に準用される（民法656条）。準委任契約は、特に報酬の定めがない限りは無償契約であるとされるが（同法648条）、無償であるか有償であるかを問わず、当事者間の信頼関係を基礎とし、受託者は事務処理について善管注意義務を負う（同法644条）。ここでいう善管注意義務とは、受任者と同様の職業・地位にある者に対して一般的に期待される水準の注意義務であり、実際の受任者の能力によってその水準が左右されるものではない。有償の準委任契約には事務処理に対して報酬を支払うものと、成果に対して報酬を支払うものに分かれ、そのいずれであるかによって報酬の支払いを請求できるタイミングなどが変わることとなる（同法648条、648条の2、634条）。

　その他、請負契約と準委任契約に係る民法の規律の主な違いは、〈図表1-4-1〉のとおりである。

　業務委託契約の法的性質は、契約条項の文言のみからではなく、当事者の契約締結の背景、目的、契約条件に係る交渉の状況、実際の取引の状況などの実態に照らして総合的に判断される。

　業務委託契約に関して紛争が生じた場合には、法的性質に応じたルールを形式的に適用することのみによって紛争が解決されるのではなく、契約条項がどのように定められているかが第一次的に考慮される。そして、契約の規定内容が不明確である場合や契約に定めがない場合に、当該業務委託契約の法的性質に応じたルールが補充的に適用される。

　したがって、業務委託契約を締結するにあたっては、その法的性質にかかわらず、当該契約条項の中で明確に委託業務の内容や当事者の責任等を取り決めておくことが重要になる。

〈図表1-4-1〉 請負契約と準委任契約に係る民法の規律の主な違い

	請負契約	準委任契約（委任の規定を準用（民法656条）)
目的・性質	仕事の完成と、それに対して報酬を支払うことを約することで成立する（民法632条）。	法律行為でない事務を委託し、相手方がこれを承諾することによって成立する（民法643条、656条）。
請負人／受任者が負う義務	仕事完成義務（民法632条）。	善管注意義務をもって委任事務を処理する義務（民法644条）。
再委託／復代理人の選任	契約で特に制限されていない限り自由。	委任者の許諾を得たときまたはやむを得ない事由があるときに限り可能（民法644条の2第1項）。
業務遂行状況の報告義務	契約で特に規定されていない限りなし。	委任者の請求を受けたときおよび委任終了後に報告義務あり（民法645条）。
報酬支払時期	〈目的物の引渡しを要する場合〉目的物の引渡しと同時（民法633条）。〈目的物の引渡しを要しない場合〉仕事を終えた後に請求可能（民法633条）。	〈事務処理に対して報酬を支払う場合〉委任事務を履行した後、または期間により報酬を定めた場合はその期間の経過後に請求可能（民法648条2項）。〈成果に対して報酬を支払う場合〉成果の引渡しと同時（民法648条の2第1項）。
中途解除等の場合の報酬請求権	注文者の帰責事由によらず仕事が完成できなくなった場合（※1）または請負契約が仕事完成前に解除された場合（※2）に、請負人がすでになした仕事の結果のうち可分な部分の給付により注文者が	〈事務処理に対して報酬を支払う場合〉委任者の帰責事由によらず委任事務の履行ができなくなった場合または委任が履行の中途で終了した場合には、すでになした履行の割

	利益を受けるときは、その部分の仕事を完成したものとみなしてその利益の割合に応じて報酬請求が可能（民法634条）。	合に応じて報酬請求が可能（民法648条3項）。〈成果に対して報酬を支払う場合〉委任者の帰責事由によらず仕事が完成できなくなった場合または委任契約が成果の完成前に解除された場合に、受任者がすでになした履行の結果のうち可分な部分の給付により委任者が利益を受けるときは、その利益の割合に応じて報酬請求が可能（民法648条の2第2項、634条）。
契約不適合責任	売買と同様の契約不適合責任を負う（民法559条、562条〜566条、637条）。ただし、目的物の種類または品質に関する契約不適合が注文者の供した材料の性質または注文者の与えた指図によって生じた場合には、契約不適合責任を追及することができない（請負人がその材料または指図が不適当であることを知りながら告げなかったときを除く）（民法636条）。	事務処理に対して報酬を支払う場合は契約不適合責任を負わないが、成果に対して報酬を支払う場合には、売買の契約不適合責任の規定（民法559条）が準用されるか否かについて学説は分かれている。
解除	注文者は、請負人が仕事を完成しない間はいつでも解除できるが、請負人に対する損害賠償が必要（民法641条）。	いずれの当事者からもいつでも解除できる。ただし、相手方に不利な時期に委任を解除したときまたは受任者の利益（もっぱら報酬を得ることによる利益以外）をも目的とする委任契約を解除したときには、やむを得ない事由がない限り、相手方に対する損害賠償が必

要（民法651条）。

※1　請負人と注文者の双方に帰責事由がない場合と、請負人に帰責事由がある場合を含む（請負人に帰責事由がある場合には別途債務不履行または履行不能に基づく損害賠償請求がなされる可能性がある）。
※2　注文者が請負人の債務不履行を理由に解除した場合および注文者と請負人が合意により解除した場合を含む（請負人に帰責事由がある場合には別途債務不履行または履行不能に基づく損害賠償請求がなされる可能性がある）。

3　下請法による規制

(1)　下請取引の該当性

　業務委託契約を締結するにあたっては、当該契約が下請契約に該当し下請法が適用されるかを確認することが重要である。

　下請法の適用対象となり得る取引は大きく区分して①製造委託、②修理委託、③情報成果物作成委託、④役務提供委託の4種類があり、親事業者（委託者）と下請事業者（受託者）それぞれの資本金額がそれらの取引類型ごとに定められた基準に該当するかによって適用対象となるかどうかが決まる。

　具体的には、①、②および③のうちプログラム作成に係る情報成果物作成委託、並びに④のうち運送・物品の倉庫における保管および情報処理に係る役務提供委託については、親事業者の資本金が3億円超かつ下請事業者の資本金が3億円以下（個人を含む）の場合であるか、または親事業者の資本金が1000万円超3億円以下かつ下請事業者の資本金が1000万円以下（個人を含む）の場合であれば、下請法の適用対象となる。

　③のうちプログラム作成以外に係る情報成果物作成委託、④のうち運送・物品の倉庫における保管および情報処理以外に係る役務提供委託については、親事業者の資本金が5000万円超かつ下請事業者の資本金が5000万円以下（個人を含む）の場合、または親事業者の資本金が1000万円超5000万円以下かつ下請事業者の資本金が1000万円以下（個人を含む）の場合であれば、下請法の適用対象となる。

(2)　下請取引に該当する場合の留意点

　下請取引に該当する場合、親事業者となる当事者は、以下の点に留意する必

要がある。

　（A）　親事業者の義務

　親事業者となる当事者は、以下の義務を尽くす必要がある。

- 書面の交付義務（下請法3条。発注時に直ちに3条書面（下請法3条に定める事項を記載した書面）を交付する義務）
- 下請代金の支払期日を給付の受領後60日以内に定める義務（下請法2条の2）
- 下請代金の支払い遅延時に遅延利息（年率14.6％）を支払う義務（下請法4条の2）
- 書類の作成および保存義務（下請法5条。下請取引の内容を記載した書面を作成し、2年間保存する義務）

　（B）　親事業者の禁止行為

　親事業者となる当事者は、以下の行為をしてはならない（下請事業者の了解がある場合でも許されない）。

- 受領拒否（下請法4条1項1号。注文した物品等の受領を正当な理由なく拒むこと）
- 下請代金の支払いの遅延（下請法4条1項2号。給付の受領後60日以内に定められた支払期日までに支払わないこと）
- あらかじめ定めた下請代金の減額（下請法4条1項3号）
- 受け取った物品の返品（下請法4条1項4号）
- 買いたたき（下請法4条1項5号。類似品等の価格または市価に比べて著しく低い下請代金を不当に定めること）
- 購入・利用強制（下請法4条1項6号。親事業者が指定する物・役務を強制的に購入・利用させること）
- 報復措置（下請法4条1項7号。下請事業者が親事業者の不公正な行為を公正取引委員会または中小企業庁に知らせたことを理由として不利益取扱いをすること）
- 有償支給原材料等の報酬の早期決済（下請法4条2項1号。有償で支給した原材料等の報酬を、下請事業者の責めに帰すべき事由がないのに、当該原材料等を用いた給付に係る下請代金の支払期日より早い時期に相殺したり支払わせ

・割引困難な手形の交付（下請法4条2項2号。下請代金の支払のために一般の金融機関で割引を受けることが困難であると認められる手形を交付すること）
・不当な経済上の利益の提供要請（下請法4条2項3号。下請事業者から金銭、労務の提供等をさせること）
・不当な給付内容の変更および不当なやり直し（下請法4条2項4号。下請事業者の責めに帰すべき事由がないのに費用を負担せずに注文内容を変更し、または受領後にやり直しをさせること）

（C）　下請法違反があった場合の制裁等

　下請法違反があったことが発覚した場合、公正取引委員会により、違反行為の停止、下請事業者の被った不利益の原状回復、再発防止措置の実施を内容とする勧告・指導が行われる。このうち、勧告が行われた場合には、その後の是正結果等にかかわらず、原則として勧告を受けた親事業者はインターネット上で企業名が公表されることとなる。勧告に従わない場合には独占禁止法に基づく排除措置命令や課徴金納付命令が行われる可能性がある。

　また、親事業者による3条書面の交付義務違反や、取引書類の作成・保管義務違反、報告拒否や虚偽報告、検査の拒否や妨害、忌避行為等は罰金刑（50万円以下）の対象となり、違反行為をした者のほか、会社も罰金刑に処せられる可能性がある。

4　労働法による規制

　個人との間で当該個人から労務の提供を受けることを目的として締結される業務委託契約については、その法的性質が雇用契約に該当するかが問題となり、仮に雇用契約に該当し、当該個人が労働基準法上の労働者に該当する場合は、労働基準法等の労働法規に従う必要がある。

　労働基準法上の労働者に該当するかどうかは、一般的には、使用従属性があるかどうかで判断され、それは、使用者の指揮監督下で労働しているか（仕事の依頼や指示に対し諾否の自由があるか、業務内容等や遂行方法について具体的な指揮命令がなされているか、勤務時間や場所の制限があるか、労務提供者に代替性があるか）、報酬が労務提供への報酬として支払われているか（労務対償性があるか）を基本的な考慮要素とし、補充的に、当該個人の事業者性の程度（道具

の負担等）、専属性の程度なども考慮して判断される。

　このように、個人との間の業務委託契約が雇用契約に該当するかどうかは、当該個人との関係の実態に照らして判断されることになるものの、個人との間で雇用契約に該当するか否かをめぐってトラブルが生じないよう、契約書上、当該個人との契約関係が雇用関係に該当するのか否かを明確に定め、認識の齟齬がないようにしておくことが望ましい。

　雇用契約に該当しない業務委託契約を締結する場合には、契約条項において、当該業務委託契約が雇用契約ではないことを明記するほか、個人に仕事の依頼に対して諾否の自由を認めること、業務内容やその遂行方法について逐一指示をしたり、作業時間や場所等の制限をしたりしないことを明記すること、業務上成果を生み出したかにかかわらず作業時間に応じて報酬を支払う契約内容とすることを避けることなどが考えられる。そして、実際の運用面でも、契約条項に定めたとおり個人に諾否の自由を認めること、業務内容や遂行方法について具体的な指示等をしないことなどが確保されるように注意する必要がある。

5　フリーランス・事業者間取引適正化等法

　個人との間で業務委託契約を締結する場合に注意しなければならない規制としては、フリーランス・事業者間取引適正化等法（以下「フリーランス新法」という）も存在する。同法は令和5（2023）年5月12日に公布され、令和6（2024）年11月1日に施行された。

　フリーランス新法は、特定受託事業者に対して業務委託（フリーランス新法2条3項。事業者がその事業のために他の事業者に物品の製造、情報成果物の作成または役務の提供を委託すること）をする場合に適用される。特定受託事業者とは、業務委託の相手方である事業者であって、従業員を使用しない者（一人で仕事を受けて業務を行っている者）とされており、いわゆるフリーランスをいう（フリーランス新法2条1項）。

　フリーランス新法は、①フリーランスとの間の取引の適正化を図ることと、②フリーランスの就業環境の整備を図ることの2つを目的としており、それぞれの目的のための各規制が設けられている。

　まず、①のフリーランスとの間の取引の適正化のための規制として、発注者

に対して以下の義務が課せられている。

ⓐ 取引条件を明示する義務（法3条）
　フリーランスに業務委託をした場合に、直ちに、業務の内容、報酬の額、支払期日、その他の事項（受託者、委託者の名称、業務委託をした日、給付の期日などを含む）を書面またはメールなどの電磁的方法によって明示する義務。

ⓑ 期日までに報酬を支払う義務（法4条）
　フリーランスに対して発注した物品を受領した日、または役務の提供を受けた日から起算して60日以内のできる限り短い期間内で報酬の支払期日を定めるとともに、その期日までに報酬を支払う義務（ただし、発注事業者が他の事業者や元委託事業者から委託された業務をフリーランスに再委託する場合には、再委託であることを明示するなどの一定の条件を満たせば、元委託事業者から発注事業者に対する報酬の支払期日から30日以内にフリーランスに対して報酬を支払えば足りる）。

ⓒ 7つの禁止行為を行わない義務（法5条）
　1か月以上の業務委託をする場合、フリーランスに責任がないにもかかわらず以下の行為を行ってはならない。

・発注した物品等の受領を拒否すること（発注事業者の一方的な都合によるキャンセルを含む）
・発注時に決定した報酬を発注後に減額すること
・発注した物品等を受領後に返品すること
・通常支払われる報酬に比べて著しく低い報酬の額を不当に定めること（報酬に関して十分な協議が行われたかどうか、同種または類似の商品、役務などとの価格の比較、必要な原材料等の価格動向などを総合的に考慮して判断される）
・不当な購入・利用強制（フリーランスに発注する物品・役務の品質を維持するためなどの正当な理由がないにもかかわらず、業務に関連のない発注事業者が指定する製品、サービス等の購入・利用を強制すること）
・自己のためにフリーランスに金銭やサービスその他の経済上の利益を不当に提供させること（協賛金の提供、配送業務に付加して倉庫の整理作業を無償で追加して行わせるなどすること）
・不当な給付内容の変更、やり直し（発注内容の変更を行った場合にフリーランスが作業に要した費用を負担することなくやり直しを行わせること）

また、②のフリーランスの就業環境の整備のための規制として、上記のⓐからⓒに加えて、発注者に対して以下の義務が課せられている。

　ⓓ　募集情報を的確に表示する義務（法12条）
　　　広告等により、フリーランスに対する業務委託の募集情報を提供するときは、虚偽の表示や誤解を生じさせる表示をせず、正確かつ最新の内容に保つ義務。
　ⓔ　育児介護等と業務の両立をするための配慮義務（法13条）
　　　6か月以上の業務委託について、妊娠、出産、育児、介護等と業務を両立できるよう、継続的業務委託の契約を締結しているフリーランスからの申出があった場合に必要な配慮する義務。
　ⓕ　ハラスメント対策に係る体制整備の義務（法14条）
　　　ハラスメント行為に関する相談対応のための体制整備その他の必要な措置を講じるとともに、フリーランスがハラスメントに関する相談を行ったこと等を理由として不利益な取扱いをしない義務。
　ⓖ　中途解除をする場合や契約を更新しない場合の事前予告義務（法16条）
　　　6か月以上の業務委託を中途解除したり、更新しないこととしたりする場合、少なくとも30日前までに中途解除することや契約を更新しないことを予告しなければならず、その事前予告の日から契約満了までの間にフリーランスが理由の開示を求めた場合にはその理由を開示する義務。

　以上のⓐないしⓖの義務のうちどの義務を負うかは、発注者の属性により異なり、発注者が従業員を使用していない場合（発注者もフリーランスである場合を含む）には、当該発注者はⓐのみの義務を負い、発注者が従業員を使用している組織である場合にはⓐ、ⓑ、ⓓおよびⓕの義務を負い、発注者が従業員を使用し、かつフリーランスへの業務委託の期間が政令で定める一定の期間を超える場合には、ⓐないしⓖのすべての義務を負うこととなる。
　発注者に義務違反があった場合、フリーランスは公正取引委員会、中小企業庁、厚生労働省に設置される窓口に被害を申告でき、申告を受けた行政機関が発注者に対して報告徴収・立入検査等の調査を行ったうえ、発注者に対して指導、助言、勧告を行い、勧告に従わない場合には命令・公表がなされることとされている。

発注者は、今後、フリーランス新法による規制にも十分注意を払う必要がある。

6　業務委託契約の契約交渉に関する基本的姿勢

　業務委託契約において、委託業務の内容が不明瞭であると、委託者と受託者の認識の相違から紛争に発展しうる。そのため、業務委託契約の契約交渉においては、委託者は自己が期待する委託業務の内容を、業務委託契約書に明記して具体的に説明し、後日、受託者から「認識していなかった」と主張されるおそれを排除するため、説明内容を記録に残しておくべきである。受託者としては、委託業務の内容を正確に把握してその履行可能性を慎重に検討するとともに、当該委託の対価の額に対して業務内容が適切な範囲であるか、当該範囲を超える業務は追加報酬の対象となることが明確であるか、といった観点から契約条項を検証すべきである。

　また、受託者が受託業務の終了時に何らかの提供物を委託者に提供する場合であっても、その法的性質は、請負契約ではなく準委任契約と評価されることもありうる。上述したとおり、業務委託契約は、その法的性質が請負契約なのか準委任契約なのかによって適用される民法の規律が異なることから、予定している業務委託の法的性質がいずれであるのかを意識しながら、契約条件を交渉していく必要がある。

　さらに、上述したとおり、業務委託については、その当事者や内容に応じて、下請法の適用を受けうるから、下請法に基づく規制に違反しないように契約条項を定めることにも留意しなければならない。個人に対する業務委託をしようとする際には、雇用契約に該当しないよう、契約条項を適切に定める必要があるうえ、フリーランス新法に基づく規制にも配慮が必要である。

Ⅱ 具体的な契約条項の検討

1 目的条項

（1） 条項例

［条項例1-4-1］　目的条項

> 第○条（目的）
> 　委託者及び受託者は、委託者が受託者に対し、委託者の○○の事業に関し、○○のために○○することに関するアドバイザリーサービス業務を委託し、受託者がこれを受諾することを次のとおり合意し、業務委託契約（以下「本契約」という。）を締結する。

（2） 解　説

目的条項は、取引の目的および内容を概括的に明示する機能を有するとともに、当該契約の各条項の解釈の指針とされる場合がある。

［条項例1-4-1］は、アドバイザリーサービスの提供に係る業務委託契約の目的条項の例であり、簡略に契約の概要のみを規定しているが、必要に応じて契約の前提となっている事項を明記したり、関連する契約が存在する場合には、その契約と当該契約の関係性などについても整理し明記したりすることも、契約の趣旨・目的や位置づけを明確にするために有用である。

2 委託業務の内容

（1） 条項例

［条項例1-4-2］　適用範囲

> 第○条（委託業務の内容）
> 1　委託者が受託者に対して委託する業務（以下「本業務」という。）は、以下のとおりとする。
> ⑴　委受託者が○○として実施する以下の事項に関してアドバイザリーサービスを提供すること。
> 　　①　□□□□
> 　　②　△△△△

(2)　前号の業務遂行に関する説明資料、報告書等（以下「成果物」という。）の作成
　(3)　その他前各号に定める業務に関連しまたは付帯する業務
2　本業務の内容及び範囲、受託者が提出すべき成果物の詳細、委託の期間、作業場所等の必要な事項については、委託者及び受託者が別途協議の上覚書に定める。
3　本契約に定める内容と前項の覚書に定める内容に相違がある場合は、前項の覚書に定める内容が優先される。
4　本契約及び第2項の覚書に定める本業務の内容等の変更は、委託者及び受託者が別途協議の上、変更後の本業務について第2項に定める事項を覚書に定めることによってのみすることができる。
5　委託者及び受託者は、前項の規定に基づく本業務の内容等の変更によって本業務の報酬に変更が生ずべき場合、前項の覚書において変更後の報酬を定める。

(2)　委託業務の内容等の特定

　委託する業務の内容等が明確でなければ、いざ業務の履行を受けた際にその業務が債務の本旨に従って履行されたのか、代金の支払義務は発生しているのかなどが不明確となり、紛争が生じる原因となるため、可能な限り具体的かつ明確に規定を設ける必要がある。［条項例1-4-2］では、具体的な業務の内容等については別途覚書で規定することとしている。

　仮に大まかな枠組みだけを定めて委託業務に係る作業を開始してしまった場合には、なすべき作業や成果物の仕様が不明確であることにより種々の作業のやり直し等が必要になる可能性があり、それによって納期が遅延したりコストが増大したりしてトラブルに発展するおそれがある。

(3)　委託業務の内容等の変更

　契約締結後に委託業務の内容等を変更する必要性が生じることもありうるため、その変更手続についても規定しておくことが望ましい。変更後の委託業務についてあらためて契約を締結し、その内容、納期、報酬等について明確に定めなかった場合、これらに関して当事者間で紛争に発展する可能性がある。［条項例1-4-2］においては、委託業務の内容等の変更方法についても規定を設

け、委託業務の内容等の変更には覚書を締結することを要し、単に口頭でやり取りをしたのみでは変更ができないことを規定しているほか（第4項）、委託業務の内容等の変更に伴い報酬の金額に影響が生じる場合には報酬の変更についても覚書に定めることを規定している（第5項）。

さらに、受託者の立場からは、委託業務の内容の変更により、それまでにかけた作業工数や原材料費が無駄になるなどの損害が生じるような場合には、当該損害について委託者に賠償責任を負わせるように規定することも考えられる。

〈委託業務の変更による損害賠償責任〉

> 本業務の範囲の変更によって受託者に損害が発生した場合、委託者は当該損害を賠償する責任を負うものとする。

3　報酬及び費用

（1）条項例

［条項例1-4-3］　報酬及び費用

> 第○条（報酬及び費用）
> 1　本業務に対する報酬は、○○円（消費税等別途）とする。
> 2　委託者は、○年○月○日限り、前項の報酬を受託者の指定する受託者名義の銀行口座へ振り込んで支払うものとし、振込手数料は委託者の負担とする。
> 3　委託者は、受託者による本業務の遂行に要する一切の経費を負担する。ただし、当該経費のうち、出張に際しての旅費および滞在費については、受託者の旅費規程に従うものとする。

（2）解　説

報酬および費用に関する規定であり、［条項例1-4-3］は定額の報酬を1回払いすることを規定しているが、報酬の定め方には、このほかにも、委託業務の遂行に要した作業時間や工数を基に算出する方法や、委託業務の遂行により得られた成果を基準として算出する方法など、さまざまなバリエーションがあり得る。

受託者は、委託業務の業務量からみて適正な金額の報酬を定める必要があ

る。特に、委託業務に対して定額の報酬を定める場合、受託者は、委託者から報酬の見積りに必要な事項を開示してもらい、あらかじめ正確に業務料等を見積もったうえ、それに見合った報酬を規定する必要がある。また、見積りの際に委託者から提示されていなかった事項に基づき追加作業が必要になった場合には、委託者が当該追加作業に対する追加の報酬を支払うように規定することもあり得る。

〈見積りに含まれない追加作業に係る報酬の追加〉

> 本業務に対する報酬等を定めるにあたって受託者が委託者から提示されていなかった事項に基づき追加作業が必要になった場合には、委託者は、別途受託者と協議の上定めた報酬を追加して支払う。

さらに、報酬を定めた時点で未確定であるものの報酬に影響を及ぼし得る事項や、報酬を定めるにあたって前提とした事項があれば、その点について明記しておき、その後未確定事項が確定したり、前提条件に変更があったりした時点で報酬を再度決定する旨を規定しておくことも考えられる。

このような規定をおくことが困難な場合であっても、報酬の算出根拠を明記しておくことにより、報酬の算出時に想定していなかった事態が生じた場合に、もともとの報酬の算出根拠を報酬の増額の根拠としたり、追加の報酬の算出根拠とすることができる可能性がある。

委託業務の遂行に係る費用については、当該契約の法的性質が請負契約であれば原則として受託者が負担し、委任契約であれば委託者が負担すること（民法649条および650条）が原則であるが、費用負担をめぐって当事者間で紛争に発展することを防止するため、契約に明確に定める必要がある。

4　受託者の義務

（1）　条項例

[条項例1-4-4]　受託者の義務

> 第○条（受託者の義務）
> 1　本契約は民法に定める準委任契約であり、受託者は本契約に定められた各条項を誠実に遵守し、善良な管理者の注意をもって本業務を履行する。

2　受託者は、本業務に適用される法令等（監督官庁の告示・通達・指導及び業界の自主ルールを含む。）を遵守し適正と認められる方法により本業務を遂行する。
3　受託者は、本業務の遂行に際し、受託者に所属し、本業務の遂行のために必要な知見を十分に有する責任者を選任し、委託業務の遂行について指揮監督させるとともに、本業務を適切に遂行するために必要な人員を確保する。
4　受託者は、適時に、又は委託者が求めた際はいつでも本業務の進捗状況を報告するほか、問題点の協議及び解決、又は円滑なアドバイザリーサービスの提供のための協議等を目的として、委託者に対し緊密に連絡調整を行う。
5　受託者は、理由の如何を問わず、本業務につき遅延をきたすおそれのある事由が生じた場合には、委託者に直ちに報告する。
6　前各項に定める他、受託者は、本業務の履行に伴い委託者の指示を受けるべき事態が発生したときは、直ちに委託者に通知し、その指示を受ける。

（2）　受託者の義務

　受託者の義務について定める条項である。［条項例1-4-4］では、業務委託契約の法的性質を準委任契約とすることを明記したうえ、受託者が善管注意義務を負うことを定めているほか、委託業務について適用される法令を遵守する義務、業務遂行に必要な能力を有する責任者を配置することなどを含め適切な業務遂行体制を整備する義務、委託業務に係る報告義務など、受託者の義務とすることが一般的に考えられる事項を規定している。

　業務委託契約の名称で締結される契約には、法的性質が請負契約に該当するものや準委任契約に該当するものなどが含まれており、それぞれの民法のルールには違いが存在するため、契約書において当該契約の法的性質を明記しておくことが望ましい（ただし、当該契約の法的性質は契約条項の形式的な記載のみからではなく、契約内容全体からみた実態も考慮して判断されることになる）。

　業務委託契約の法的性質が準委任契約であれば、受託者には、委託者の請求を受けたときおよび委託業務の終了後に報告義務が認められるが（民法645条）、必要に応じて、報告の時期・方法等について受託者の義務の内容を明確化しておくことが望ましい。また、請負契約である場合には、特に契約上で規定しなければ受託者に報告義務が認められないことになるため、業務の遂行状況につ

いて報告を受ける必要性がある場合には受託者の義務として契約上規定を設けておく必要がある。

（3） 競業避止義務

　委託者の立場からすれば、受託者が委託業務に類似する業務を自ら営んだり他社から委託を受けて遂行したりすれば、委託者が受託者に開示したアイデア・ノウハウや、委託者が報酬を支払って遂行させた業務の結果生み出されたノウハウ等が受託者や他社に利用され、委託者の市場におけるシェアや顧客が奪われたり、委託者が自社のみで成果を利用することを想定していたにもかかわらず委託業務の成果が受託者や他社でも利用されることによって受託者に対して支払った報酬が成果の価値に見合わなくなったりして、委託者の利益が損なわれる可能性がある。そのため、特にそのようなおそれがある業務を委託する場合には、受託者に競業避止義務を課すことも考えられる。

　もっとも、競業避止義務は、受託者の営業の自由に対する重大な制限となり得るため、かかる制限を課す必要性や制限の程度の相当性が客観的に認められなければ、裁判等で紛争になった場合に競業避止義務の内容が限定的に解釈されたり、競業避止義務を規定する条項が公序良俗（民法90条）に反し無効と判断されたりするおそれもある。

　また、受託者が競業避止義務に違反した場合には、委託者は損害賠償請求をすることが可能であると解されるが、競業避止義務違反により委託者に生じた損害額を把握し立証することが困難な場合も多いと考えられる。

　そのため、委託者としては、競業避止義務を課そうとする場合、その内容等が過度に制限的でありその効力が限定的に解釈されたり無効とされたりするおそれがないかを検討したうえ、実効性を担保するために必要に応じて競業避止義務違反について違約金等を設定しておくことについても検討しておくことが必要になる。

〈競業避止義務〉

> 受託者は、本契約期間中及び本契約期間終了後○年間は、自ら又は第三者のために本業務と同一又は類似する業務を行ってはならず、これに違反した場合、発注者に対して違約金として○○円を支払うものとする。

委託者の立場からは、受託者に競業避止義務を課すことが難しい場合には、委託業務の成果に関する権利を委託者に帰属させたり、受託者が他社に提供する業務のために利用されたくない情報に秘密保持義務を課したりすることが考えられる。

他方で、受託者の立場からすれば、競業避止義務は受託者の今後の営業に対する制約となるため、基本的に競業避止義務を受け入れるべきではない。

仮に受託者が競業避止義務を受け入れる場合であっても、合理的に必要性が認められ、受託者の営業に対する制約が許容可能な限度にとどまっている必要があり、また、競業として禁止される範囲が明確に定められている必要がある。競業を禁止する範囲を特に重要な業務のみに限定したり、委託者の競合企業の名称を限定的に列挙したうえ、それらに対して委託業務と同一の業務を提供することのみを禁止する旨を規定することも考えられる。また、類似の業務についても競業避止義務の対象とする場合には、その範囲について慎重に検討することが必要となる。

その他、受託者としては、委託業務の遂行で得たノウハウ等を自社の営業に活用していくことが制限されることの関係上、報酬をより高額に設定することなども検討の余地があると考えられる。

5 委託者の義務

(1) 条項例

[条項例1-4-5] 委託者の義務

> 第○条（委託者の義務）
> 1 委託者は、本業務を監督するため適格な責任者を指定する。委託者は、その責任において本業務に関連する一切の経営上の判断及び本業務の成果の利用に関する判断を行うものとし、受託者は委託者が当該判断を行うのに必要な情報の提供その他適切な支援を行う。
> 2 委託者は、受託者による本業務の実施上合理的に必要とされる情報、人的・物理的援助及び助力（情報又は記録へのアクセス、システムの利用の許諾、作業スペース及び委託者側の担当者へのアクセスの提供を含む。）を適時に受託者に提供し、又は第三者に提供させるものとする。

(2) 解　説

　委託者の義務について定める条項である。委託業務の内容や性質に照らして委託者が一定の義務を果たす必要がある場合に限らず、委託業務に関する委託者と受託者の役割分担や責任の所在を明確にするためにこのような条項をおくことが検討されるべきである。

　[条項例1-4-5]では、委託業務がアドバイザリー業務であることを前提として、当該業務に関連する一切の経営上の判断や、業務の成果の利用に関する判断を委託者の責任において行うことを規定し、受託者の役割は委託者がそれらの経営上の判断を行うのに必要な情報の提供等の支援を行うことであることを明確にしている。そして、そのような受託者の業務の遂行の前提として、委託者側に資料の提供や設備の提供等の協力義務があることを規定している。

　かかる規定がおかれている場合、委託者は受託者から必要な情報の提供を求められたり、経営上の判断等に関する照会がなされたりした場合、適時にこれらを提供しなければ、協力義務違反に問われる可能性がある。

　さらに、受託者の立場からは、必要に応じて、委託者に対し、委託者が受託者に対して提供する情報が真実であることなどを保証させることも考えられる。

〈委託者の保証義務〉

> 　委託者は、委託者が自ら又は第三者をして受託者に提供する一切の情報は、委託者が知り得る限り、全ての重要な点に関して真実、正確かつ完全であり、また、当該情報の受託者への提供は、いかなる著作権その他第三者の権利を侵害するものでもないことを表明し保証する。

　なお、委託者は、資料や設備を受託者に提供する場合、その管理や返還等について以下のような規定を設けることが考えられる。

[条項例1-4-6]　貸与物品等の取扱い

> 第○条（貸与物品等の取扱い）
> 1　受託者は、本契約に基づき委託者から貸与又は提供を受けた委託者の情報又は記録、システム、作業スペースその他の備品、部品等（以下、総称して「貸与物件等」という。）を善良なる管理者の注意義務をもって使用し保管す

るものとする。
2 受託者の故意又は過失により貸与物件等に滅失毀損その他の損害が生じた場合、受託者は当該損害を賠償する。
3 受託者は、委託者が要求した場合、本業務に不要となった場合又は本契約が終了した場合は、委託者の指示に従い、貸与物件等を速やかに委託者に返却し、又は完全に破棄もしくは消去する。

6 免責、非保証

(1) 条項例

［条項例1-4-7］ 免責・非保証

> 第○条（免責・非保証）
> 1 委託者は、本業務の成果を委託者の意思と責任において評価の上利用するものとし、受託者は、本契約において明示に定められている場合を除き、委託者その他第三者による本業務の内容の利用の結果について責任を負わないものとする。
> 2 委託者が第○条[29]に反し、それにより受託者による本業務の遂行に支障が生じた場合、受託者はこれによる履行遅滞、不完全履行等について責任を負わないものとする。
> 3 本業務に関して委託者に適用される法令の解釈及びその遵守については委託者が責任を負うものとし、受託者は、当該法令の解釈及びその遵守について責任を負わないものとする。

(2) 解 説

受託者が責任を負わない事項について規定する条項である。［条項例1-4-7］においては、委託業務の遂行の成果を利用するかどうかは委託者の経営判断に委ねることとし、その利用の結果について責任を負わないこと、委託者が委託業務の遂行に必要な協力等をしなかったことにより本業務が遂行できなくなった場合などに受託者が責任を負わないこと、委託業務に関して委託者に適用される法令等の遵守については委託者が責任を負うことを規定している。

委託者としては、受託者に責任を負ってもらう必要がある事項についてまで

---

[29]［条項例1-4-5］。

免責ないし非保証とすることが規定されていないか特に注意して確認をする必要がある。必要に応じて、報告内容の正確性や第三者の権利の非侵害等を担保するため、以下のような条項を規定しておくことも考えられる。

〈受託者の保証義務〉

> 受託者は、本契約に基づき受託者（受託者の再委託先を含む。）が実施した一切の報告、提案、推奨、助言、その他の伝達情報が全ての重要な点に関して真実、正確かつ完全であり、また、著作権その他の第三者の権利を侵害するものでもないことを、表明し保証する。

受託者としては、受託者が完全に把握していないような事項についても保証することを求められた場合、「受託者が本業務遂行時点で知る限り」などと限定を付すことが考えられる。なお、「知る限り」とした場合、受託者が知らなかった事項については免責されることとなるが、「知り得る限り」とした場合には、受託者が合理的に調査をして知ることができた事項については免責されないこととなる。

7　知的財産

（1）条項例

[条項例1-4-8]　成果物の権利帰属①（原則委託者帰属とする場合）

> 第○条（成果物の権利帰属）
> 1　本業務の実施に伴い受託者が提出した成果物に含まれる受託者の著作権（著作権法27条及び28条に規定する権利を含む。）その他の知的財産権は、受託者が本業務の遂行前から保有しており、又は受託者の業務に汎用的に用いるものを除き、代金の支払時に委託者に譲渡され委託者に帰属する。
> 2　受託者は、委託者に対し、前項に基づき受託者に留保される知的財産権について、委託者が成果物を利用するために必要な全ての権利を許諾し、その対価は本業務の報酬に含まれるものとする。また、受託者は、委託者に対し成果物に係る著作者人格権を行使しないものとする。
> 3　受託者は、成果物に受託者以外の第三者の知的財産権が含まれる場合、当該権利者から権利の譲渡又は許諾を受けるなど、委託者が成果物を使用できるよう必要な措置及び権利処理を講じるものとする。なお、当該必要な措置及び権利処理に係る権利譲渡又は許諾の対価は本業務の報酬に含まれるもの

とする。
 4 成果物の使用に関して、委託者が、第三者から権利侵害等の理由に基づく苦情又は請求を受けた場合、受託者は、委託者に対して、当該第三者との紛争の解決のために、必要かつ可能な限りの協力及び援助を行わなければならない。
 5 前項の場合において、委託者が第三者に対して損害賠償を支払ったときは、受託者は、委託者に対して、委託者の第三者に対する損害賠償費用、弁護士費用、訴訟費用その他の当該第三者との紛争解決のために要した一切の費用を支払うものとする。
 6 受託者は、成果物に使用される知的財産権について、第三者との間に紛争が生じた場合には、速やかに委託者に通知し、委託者の指示の下、自らの責任と費用をもって以下の各号の措置をとり、委託者に一切迷惑をかけないものとし、委託者が当該成果物を利用できなくなることにより損害を被ったときは、これを賠償する責任を負う。
 (1) 成果物を第三者の権利侵害のないものに変更すること。
 (2) 委託者が当該成果物を自ら利用することが可能となるよう、当該第三者からの利用許諾又は権利の譲渡等を得ること。

[条項例1-4-9] 成果物の権利帰属②（受託者帰属とする場合）

第○条（成果物の権利帰属）
 1 受託者が委託者に提供した成果物に含まれる受託者の著作権（著作権法27条及び28条に規定する権利を含む。）その他の知的財産権は、受託者に留保される。
 2 受託者は、本業務の報酬の支払を条件として、委託者が成果物を利用するために必要な全ての権利を許諾し、その対価は報酬に含まれるものとする。また、受託者は、委託者に対し成果物にかかる著作者人格権を行使しないものとする。
 3～6 [条項例1-4-8] と同じ。

（2） 解　説

　委託業務の成果物に関する知的財産権の帰属を規定する条項である。[条項例1-4-8]は成果物に関する受託者の知的財産権を委託者に譲渡させることとしつつ、受託者が本業務を遂行する前から保有していた知的財産権等は受託者

に留保されることを規定するものであり、[条項例1-4-9]は成果物に関する知的財産権をすべて受託者に留保することを内容とするものである。また、[条項例1-4-8]の第4項～第6項は、成果物に係る知的財産に関して第三者との間で紛争が生じる場合に備えた条項である。

受託者としては、成果物に関する知的財産権を委託者に譲渡する場合でも、自身の営業に必要な知的財産権が正当な報酬の支払いなく委託者に吸い上げられてしまうことのないよう、従前から保有していた知的財産権を留保するほか、必要に応じて、類似の業務を遂行するために汎用的に用いる知的財産権についても権利を留保すべきである。

また、委託者としても、取引上優越した地位にある委託者が一方的に成果物に関する受託者の知的財産権を自己に譲渡させたり使用を許諾させたりする場合などには、不当に不利益を受託者に与えることとなりやすく、優越的地位の濫用の問題が生じる可能性があるとされている[30]。そのため、業務委託の目的に照らして譲渡を受ける必要のない範囲の知的財産権についてまで譲渡させたり使用許諾させたりすることのないように留意すべきであるし、知的財産権の譲渡や使用許諾を受ける場合でも、それに見合うだけの正当な報酬を支払うように配慮する必要がある。

さらに、受託者の立場からは、提供する業務の内容が受託者にとって重要な営業上のノウハウ等を構成する場合もあることから、本業務の遂行により得られた成果物等についての権利を留保するだけでなく、その利用について、以下のように委託者の社内での利用に限定することや、それに加えて第三者に開示し利用させた場合の処理について規定することもあり得る。

〈成果物等の利用の制限〉

> 委託者は、本業務の成果物及び本業務の遂行過程で受託者が提供した情報、助言等の内容を委託者の社内においてのみ自由に利用することができる。
> 委託者は、委託者が成果物を第三者に開示し、当該第三者が成果物を利用し又は依拠したことに関連して行うあらゆる請求又は申立てについて受託者を免

---

[30] 公正取引委員会「役務の委託取引における優越的地位の濫用に関する独占禁止法上の指針」（最終改正：平成29年6月16日）〈https://www.jftc.go.jp/dk/guideline/unyoukijun/itakutorihiki.html〉。

責するものとし、当該請求又は申立てに関連して受託者が被り、または負担する一切の損害及び費用（合理的な弁護士費用、訴訟費用を含む。）を補償するものとする。ただし、受託者が書面をもって明示的に第三者に対して成果物を開示すること及びこれを利用等することを許諾した場合に、当該許諾の範囲内での開示及び利用等がなされたときは、この限りでない。

8　損害賠償

（1）条項例

[条項例1-4-10]　損害賠償

第○条（損害賠償）
1　委託者及び受託者は、本契約に違反し、相手方に損害を与えた場合は、相手方に対し当該損害を賠償する責任を負う。
2　受託者は、本業務の履行に関して受託者又は再委託先の責めに帰すべき事由により第三者に損害を与えた場合、自己の責任及び費用で対処するものとし、委託者に対して一切の損害を与えないものとする。

（2）解説

　当事者の損害賠償義務について規定した条項であり、[条項例1-4-10]は、第1項で双方当事者の損害賠償義務を定めるとともに、第2項で受託者または再委託先が第三者に損害を与えた場合には受託者が自らの責任および費用で対処することを定めている。

　受託者の立場からは、特に、業務の性質上損害賠償義務が発生するリスクが相応にあり、その際の損害額が巨額になることが見込まれるような場合や、報酬が格安であることから業務に関して負う責任についても合理的に限定されなければメリットがないような場合などに、受託者の損害賠償責任について、その金額や範囲を限定することが考えられる。

　しかし、委託者の立場からすれば、そもそも民法の原則上、損害賠償義務が認められるのは相当因果関係が認められる範囲の損害に限られており、受託者の責任は無限定ということではない。また、受託者の帰責事由により生じ、民法の原則によれば受託者が責任を負うべき損害を委託者が負担することは公平の観点からして相当ではないと考えられる。そのため、受託者と契約する必要

性が高い場合や、報酬節減のために必要である場合などのやむを得ない事情がある場合を除き、損害賠償義務の限定は受け入れるべきではない。

　受託者としては、このように委託者から損害賠償責任の限定を拒絶される場合に備えて、具体的な契約条項の交渉の段階で初めて損害賠償責任の限定をもち出すよりも、当初の報酬の見積り等の交渉の段階で、損害賠償責任の限定が認められない場合には報酬を低額に設定することはできないことや、リスク管理のために追加的に要する工数に対する報酬が必要になることなどをあらかじめ示しておくことなどが望ましい。

　なお、契約において損害賠償責任を限定することを定めたとしても、債務不履行について受託者に重過失が認められる場合には、受託者は民法の原則どおりの損害賠償義務を免れることはできないと解される（東京地判平成26年1月23日判時2221号71頁）。

9　契約期間、中途解約

(1)　条項例

[条項例1-4-11]　契約期間、中途解約

> 第○条（契約期間、中途解約）
> 1　本契約の有効期間は、令和○年○月○日から令和○年○月○日までとする。ただし、委託者及び受託者の書面による合意の上、本契約の有効期間を延長することができる。
> 2　前項の定めにかかわらず、委託者及び受託者は、相手方に対して、○か月前までに書面で通知することにより、本契約の一部又は全部を解約することができる。この場合、委託者が本契約に基づき受託者に対して支払う報酬及び費用は、本契約の解約日までに実際に遂行された本業務により委託者が受けた利益に対応するように合理的に算定されるものとする。

(2)　解説

　[条項例1-4-11]は、第1項において契約期間を定め、第2項において、契約期間中であっても予告期間をおくことによって業務委託契約を中途解約できることを規定するとともに、中途解約の場合の報酬や費用の支払いについても規定している。

まず、中途解約の可否については、契約で規定しなければ民法の規律に従うこととなるが、民法上、中途解約が認められるか否かは業務委託契約の法的性質によって異なる。すなわち、業務委託契約の法的性質が準委任契約の場合には、いずれの当事者からであっても、いつでも中途解約が可能である（民法651条）。他方で、請負契約の場合は、注文者からの中途解約は請負人が仕事を完成しない間はいつでも可能とされているが（同法641条）、請負人にはそのような特別の解除権は認められていない。そのため、業務委託契約の法的性質が不明確である場合などには、中途解約の可否をめぐって当事者間でトラブルに発展する可能性があることから、中途解約の可否や手続について契約で明確に定めることが望ましい。

また、業務委託契約の法的性質が準委任契約である場合には、中途解約権は準委任契約の本質的な権利とされているため、そのような権利を自ら制限し、あるいはこれを放棄したと認められるような特段の事情（契約が継続しなければ委任契約の目的が果たせない場合であるなど、委任者において約定の期間が満了するまで契約を継続させる意思を有していたと認めるべき客観的、合理的理由が認められる事情をいう）がない限り、中途解約権は制限されないと解されていることから（神戸地判平成2年7月17日判タ745号166頁）、中途解約権を放棄させる必要がある場合にはその旨を明記しておくべきである。

さらに、中途解約をした場合の報酬や費用の支払いについても、報酬の支払いの要否をめぐる当事者間でのトラブルを防止するため、契約に明確に定めておくことが望ましい。なお、民法の規定上は、業務委託契約の法的性質が事務処理に対して報酬を支払うタイプの準委任契約であれば、準委任が履行の中途で終了した場合には、すでになした履行の割合に応じて報酬請求が可能とされている（民法634条）。他方で、請負契約および成果に対して報酬を支払うタイプの準委任契約であれば、契約が成果の完成前に解除された場合には、受託者がすでになした履行の結果のうち可分な部分の給付により委託者が利益を受けるときに限り、その利益の割合に応じて報酬請求が可能とされている（同法634条、648条の2）。

そして、中途解約がなされた際に委託者が支払う報酬について定める場合には、支払うべき報酬や費用の金額の算出方法等についても契約書においてあら

かじめ具体的に規定しておくことが望ましい。

　なお、民法の中途解約の場合の受任者や請負人の報酬請求権は、受任者や請負人が仕事をなして委任者や注文者が利益を得た以上は、仮に受任者や請負人の帰責事由により業務が遂行できなくなった場合であっても報酬が支払われるべきという考えの下で、受任者や請負人に帰責事由があるか否かにかかわらず認められることとされているが、これらは任意規定にすぎないため、委託者の立場からは、受託者の帰責事由によって業務が遂行できなくなった場合は報酬の支払請求権を認めないとすることも考えられる。

10　個人情報保護

(1)　条項例

[条項例1-4-12]　個人情報保護

第○条（個人情報保護）
1　受託者は、個人情報を、個人情報の保護に関する法律（平成15年法律第57号）を含む、適用ある法令、ガイドライン及び職業的専門家としての規制等（以下、併せて「個人情報保護規制」という。）に従って処理する。受託者は、個人情報を本契約の履行の目的にのみ使用し、その他の目的には一切使用せず、正当な理由なく、委託者の事前の書面による承諾なしに第三者に開示しない。
2　受託者は、前項の義務を履行するために、自己の組織内に個人情報の安全管理に関する責任者を定め、十分な安全管理措置を講じる。
3　委託者は、いつでも受託者に対して、前項の安全管理措置及び個人情報の管理状況について報告を求めることができ、当該要求があった場合、受託者は遅滞なく適切な方法で報告を行う。
4　受託者は、本条に基づく安全管理措置の内容及び本契約に基づく秘密保持義務について、委託者との取引に関連する自己の全ての従業者が在職中、及び退職後を通じて遵守するよう必要な合理的措置を講じる。
5　受託者は、不要となった個人情報は、法令等又は内規等の定めにより記録を保存することが求められているものを除き、委託者の指示に従い、速やかに返却又は破棄する。
6　本条の義務は、受託者が個人情報を保有している間、本契約の終了後であっても有効に存続する。
7　委託者は、個人情報を受託者に提供する場合、委託者が当該個人情報を提

> 供する適法な権限を有していること及び当該個人情報が個人情報の保護に関する義務等に従って処理されたものであることを保証する。また、本業務に関連して第三者から受領した個人情報を受託者に提供する場合、委託者の知り得る限りにおいて、当該第三者は当該個人情報を提供する適法な権限を有すること及び当該個人情報が個人情報の保護に関する義務等に従って処理されたものであることを保証する。

(2) 解 説

　個人データの取扱いに関する業務を委託する場合における、委託者から受託者に対する監督について定めた条項である。

　個人情報取扱事業者が利用目的の達成に必要な範囲内において個人データの取扱いの全部または一部を委託することに伴って当該個人データが提供される場合は、委託先は「第三者」に該当しないものとして、当該提供に本人の同意は不要とされている（個人情報の保護に関する法律（以下「個人情報保護法」という）23条5項1号）。その場合であっても、委託者としては業務委託を利用目的の範囲内でなしていることを十分に確認するとともに、受託者においても利用目的外での利用がなされないように情報の管理および利用について制限を設けておく必要がある。

　個人情報保護法上、個人情報取扱事業者は、個人データの取扱いの全部または一部を委託する場合は、その取扱いを委託された個人データの安全管理が図られるよう、委託を受けた者に対する必要かつ適切な監督を行わなければならないとされており（同法25条）、委託者は、受託者において、同法23条に基づき委託者が講ずべき個人データの漏えい、滅失または毀損の防止その他の個人データの安全管理のために必要かつ適切な措置（具体的には個人情報保護法ガイドライン（通則編）の別添に例示されているような措置）と同等の措置が講じられるように監督する必要がある。

　ここで、委託者が受託者に対して及ぼすべき監督のレベルは、個人データが漏えい等をした場合に生じる権利利益の侵害の大きさや、委託する事業の規模および性質、個人データの取扱状況等により変わるが、一般的に、適切な受託者を選定し、適切な委託契約を締結するとともに、受託者における個人データ

取扱状況の把握のために必要かつ適切な措置を講じること、委託する業務内容に照らし必要のない個人データを提供しないことなどが必要となる。

なお、二段階以上の委託が行われる場合、委託元の個人情報取扱事業者は、再委託先以降についても直接監督することまでは義務づけられていないが、委託先に対する監督責任を負うことにより、再委託先にも間接的な監督責任を負うとされている。したがって、委託者は、受託者を通じて再委託の実態を把握し、適切な再委託先が選定されているか否か、受託者が再委託先に対して十分な監督を行っているか等について監督を及ぼす必要がある。

共同開発契約

Ⅰ 共同開発契約の締結にあたって考慮すべき事項

1 最初に確認すべき事項

（1） 共同開発の目的

　共同開発契約は、複数の当事者が、相互に役割を担い、製品やサービス等を共同で開発することに関する契約である。業務委託契約の形式であっても、委託者が資材や技術等を提供し、受託者がそれらを用いて目的物を開発するような場合には、実質的には共同開発である。共同開発においては、その遂行およびトラブル防止のため、当事者が同じ目的に向かって尽力することが必要不可欠であるから、まず、共同開発の目的ないし対象について当事者の認識を共通にすべきである。

（2） 役割分担

　また、共同開発では、当事者が、資金、施設・設備、労力、開発環境、情報、技術等を提供し合い、各々が業務を分担して行うこととなる。その役割分担の認識にずれがあると、共同開発の頓挫やトラブルにつながるから、共同開発契約の締結にあたって、各当事者は、自社が担う役割の範囲をできる限り明確にし、また、他の当事者に期待する役割の範囲も明確に伝えたうえで、お互いの認識を合わせることが肝要である。

（3） 他の当事者の適性

　共同開発の遂行は、他方当事者が、上述の役割分担を担うに足る知見、実績、資力等を備えていることが前提となる。共同開発契約という名の下で、一方的に技術や情報の開示をさせられたが、結果として不成功に終わり自社にとって得るものがなかったという事態に至ることがないよう、共同開発契約の締結前に、他方当事者の適性を十分に見極める必要がある。必要があれば、契約

締結前に、秘密保持契約の下で、他方当事者が保有しているという技術や情報の内容について開示を受け、実現可能性、再現可能性、採算性等を確認すべきである。

（4） 期間・終了

共同開発は、遂行してみないと、目的とする製品やサービスの共同開発を完了できるかどうかがわからない場合も多い。共同開発の中途で、その目的を達するには当初の想定よりも長期にわたり共同開発を継続したり想定外の多額の資金を投じたりする必要が生じることがあるが、自社が共同開発の継続を希望しても、他方当事者も希望するとは限らず、トラブルに発展するおそれがある。共同開発の期間や終了の条件についても、さまざまな場合を想定し、できる限り明確にしておく必要がある。

（5） 成果の帰属・利用条件

さらに、共同開発では、有体物か、知的財産やデータのような無体物かを問わず、何らかの成果が生じることが想定される。生じた成果の権利の帰属や利用条件、さらにはそれから派生した派生物の権利の帰属や利用条件を明確に合意していないと、他方当事者の下にある成果の提供を受けられず、他方当事者に独占されることになりうる。また、逆に、成果や派生物を利用した製品やサービスについて、将来、他方当事者から、他方当事者の知的財産権の侵害や営業秘密の不正利用等の不正競争行為を理由に、販売行為等の差止請求を受けるおそれや、自社に単独で帰属すると信じてなした特許出願について、後日、冒認出願であるとして他方当事者から無効審判等の請求を受けるおそれもある。成果等の利用は共同開発の目的にかかわる事項であり、自社の納得のいく条件を確保できるか否かは、共同開発を実施するか否かを決するといっても過言ではない。

2　共同開発契約の契約交渉に関する基本的な姿勢

共同開発契約は、当事者間の信頼関係の下に成り立つ契約類型であるから、自社の技術力や実績、役割の遂行能力等について、他方当事者に過大な期待を与えることがないよう、真摯に交渉すべきである。他方、自社が共同開発に投じるさまざまな負担や成功可能性の程度、共同開発の成果を利用した事業の実現可能性、採算性等を踏まえたうえで、共同開発契約を締結するか否かについ

ての経営判断を行う必要があるから、契約交渉においては、経営判断を行うことに資する正確な情報の入手に努めるとともに、実施するという経営判断に至るに足りる契約条件を獲得することが必要となる。また、そのような契約条件の交渉の結果、共同開発契約は締結しないという結論に至ることもありうる[31]から、交渉段階で、自社の機微な情報をどこまで相手方に開示するかについては、慎重に検討する必要がある。情報の開示を受ける側でも、開示を受けた末に契約締結に至らなかった場合に、後日、開示された情報を不正に利用しているとの疑いをもたれることがないよう、不用意に広範囲の情報提供を受けないように留意すべきである。

Ⅱ 具体的な契約条項の検討

1 目的条項

（1） 条項例

[条項例1-5-1]　目的条項①

> 第○条（目的）
> 　本契約は、甲及び乙が共同で○○○分野における新技術「○○○」の開発に取り組むことを目的とする。甲乙は本契約に定める役割分担に従い、技術開発を推進する。

[条項例1-5-2]　目的条項②

> 第○条（目的）
> 　甲及び乙は、甲乙が共同で事業化を目指す新製品／サービス「○○○」の開発を共同で行うことを目的として本契約を締結する。甲及び乙は、その成功のために必要な技術、情報、ノウハウ等を交換・共有し、事業ニーズに応える「○

---

[31] 大阪地判令和1年7月4日裁判所ウェブサイト（平成29年（ワ）第3973号）では、契約の交渉過程が詳細に認定され、共同研究契約の締結に至らなかったことはやむを得なかった旨判示されている。契約の締結に至らなかった場合にも、後日、相手方から共同研究契約ないし共同開発契約の成立を主張されたり、契約交渉時の信義則違反を主張されたりする可能性があることから、交渉過程でのやり取りを立証できるよう、記録に残しておくことが望ましい。

○○」の最適な仕様を策定する。

[条項例1-5-3]　目的条項③

第○条（目的）
　本契約は、○○○に関する甲の基礎技術「○○○」と乙の応用技術「○○○」を組み合わせることで、新技術「○○○」を生み出す研究開発プロジェクトを共同で遂行することを目的とする。

[条項例1-5-4]　目的条項④

第○条（目的）
　本契約は、甲が製造する○○（部品）を乙に販売し、乙が○○（部品）を組み込んだ○○（最終製品）を製造販売するため、共同で○○（最終製品）の共同開発に取り組むことを目的とする。

(2) 解　説

目的条項は、共同開発契約の核心的な条項であり、次のような意義を有する。

① 明確な方向性・ゴールの設定

　共同開発契約の全体的な方向性や共同開発のゴールを明確にする。これにより、何のために共同開発を行い、その終点がどこにあるのかについて当事者が共通認識をもつことができる。目的条項に定めた事項以外については特別な契約条項を定めない限り、各当事者が自由に単独で開発できることも明確になる。

② 期待値の一致

　当事者間の期待や認識のずれを事前に解消する。契約上、明確な目的を設定することで、双方が求める成果やその過程における役割分担等における認識の一致を図ることができる。

③ 紛争の予防

　目的条項が明確に定められていることにより、双方の義務違反や期待値の不一致に起因するトラブルが発生しにくくなるとともに、トラブルが生じた

際の解決指針となる。

　［条項例1-5-1］は、開発対象となる技術を明確にしたもので、比較的シンプルな文例である。たとえば、甲がすでに特定の事業分野Xでその技術を実用化している場合に、他の事業分野Yでの応用をめざして乙と共同開発を行うという場合には、［条項例1-5-1］のように、事業分野も特定しておくことが考えられる。

　［条項例1-5-2］は、新製品／サービスについて、甲乙が共同で事業化をめざすことまで書き込んだ例である。具体的な事業化を見据え、事業ニーズに応えるものが開発目的であることを記載することで、開発対象の完成度のレベルについて共通認識をもつことができるようにしている。

　［条項例1-5-3］は、各当事者が提供する技術内容を明確に定めた例である。

　［条項例1-5-4］は、共同開発の成果に係る事業における商流も定めることで、共同開発の目的を明確にした文例である。

　共同開発契約の締結時には、具体的な事案やニーズに応じて文言の調整が必要になるが、いずれにせよ、上記の目的条項の意義を意識して、具体的に定めることが必要である。

2　役割分担

(1)　条項例

[条項例1-5-5]　役割分担①

> (1)　甲は、本共同開発に必要となる資材、設備及び研究員を提供する。具体的には、甲の○○に所在する研究所において、甲の技術者○名を、本共同開発に専従させ、甲の保有する資材○○を用いて、○○○の開発を行わせる。
> (2)　乙は、市場分析、ターゲット顧客の特定及び販売戦略の策定を担当する。具体的には、対象市場○○○の動向調査及び戦略の最適化を行う。

[条項例1-5-6]　役割分担②

> (1)　甲は、本共同開発において、基本技術である「○○○」を○○○に適用するための研究、開発及び最適化を行う。
> (2)　乙は、甲が提供する基本技術を基に、応用技術である「○○○」の設計、

製造及び評価を行う。

[条項例1-5-7]　役割分担③

(1)　甲は、本共同開発において、ソフトウェア「○○○」の設計、開発及び品質評価を担当する。
(2)　乙は、ハードウェア「○○○」の設計、生産及び組立て並びに最終製品の検査及び品質評価を担当する。

（2）　解　説

　共同開発における各当事者の役割を明確にすることで、認識や期待のずれを低減し、紛争を防止することができる。また、各当事者の責任範囲が明確になることで、開発を効率的に進め、無駄な作業の重複や漏れを防止することにつながるほか、何らかの問題や遅延が生じた際の原因や責任を特定しやすくなり、迅速な問題解決や是正措置の実施を行うことができる。自社が提供する役割の範囲が明確になるようにし、自社の技術等を過剰に提供することにならないように留意すべきである。
　[条項例1-5-5]～[条項例1-5-7]は、例示であり、事案に即してより具体的に定めることが望ましい。各当事者が単独で行う事項のほか、両者が共同で行う事項についても、具体的に定めることが考えられる。相手方の施設に立ち入る場合の遵守事項を定める場合や、情報のコンタミネーション（混在）を避けるために、共同開発に従事する研究者を氏名で特定する場合もある。

3　費用負担

（1）　条項例

[条項例1-5-8]　費用負担①

(1)　本共同開発に関連する全ての費用は、甲と乙で均等に負担するものとする。
(2)　具体的な費用の内訳、発生時期、精算方法については、甲乙が別途協議し、書面により合意するものとする。

[条項例1-5-9] 費用負担②

(1) 甲及び乙は、本共同開発における自らの業務分担に要する費用をそれぞれ負担する。
(2) 甲及び乙が共同で行う業務に関する費用については、甲乙が協議の上で負担割合を決定し、その結果を書面で確認するものとする。
(3) 本共同開発の遂行の過程で、契約締結時の想定を超える特別の費用が発生するおそれが生じた場合、甲及び乙は、直ちに相手方に通知し、本共同開発の継続の有無及び費用負担について協議するものとする。

（2） 解 説

　費用負担の条項は、業務の役割分担に関する条項と並んで、共同開発における当事者の義務を明確にするために不可欠な条項である。［条項例1-5-8］は当事者で精算し均等に負担するもの、［条項例1-5-9］は各当事者の業務はそれぞれ自己負担とするものであるが、精算は煩雑となりうることから、企業間では［条項例1-5-9］のパターンが比較的多いように思われる。ベンチャー企業と大企業が当事者となる場合には、大企業が投資の形式でベンチャー企業に出資し、当該出資金を原資としてベンチャー企業が開発を行う例もある。この場合、株式の発行・割当て、出資金の使途、前提条件、表明保証、誓約事項等を定めた投資契約や、ベンチャー企業の既存株主と大企業との間での株主間契約の締結が、別途必要になる。また、大学等の研究機関と企業間での共同研究の場合等には、一定の額を企業が負担して開発を行い、当該額を超える開発が必要となるときは、開発の継続の有無について協議のうえ決定するということもある。

4　共同開発の期間・終了

（1） 条項例

［条項例1-5-10］ 共同開発の期間・終了①

(1) 本共同開発の期間は、本契約締結日から〇年間とする。
(2) 前述の期間終了日の1か月前までに書面により合意した場合、本共同開発の期間はさらに〇年間延長されるものとする。

[条項例1-5-11]　共同開発の期間・終了②

> (1) 甲及び乙が本共同開発の目的として定めた成果物「○○○」の完成（甲及び乙が別途合意した評価基準を満たした場合をいう。以下同じ。）をもって、本共同開発は終了する。
> (2) 甲又は乙が、成果物「○○○」の完成に至る見込が低いと合理的に判断した場合、相手方に具体的理由を明示した通知を行うものとし、甲及び乙は、当該通知の日から○日間（以下「継続検討期間」という。）、本共同開発の継続の有無について、真摯に協議を行うものとする。継続検討期間内に、甲及び乙が本共同開発の継続について合意した場合を除き、継続検討期間の末日をもって、本共同開発は終了する。

（2）解　説

共同開発期間を明確にすることによって、計画的に分担業務を遂行することができ、共同開発の進行を適切に管理することができる。[条項例1-5-10]のように特定の期間を区切ることが簡便であるが、共同開発を始めてみないと成果物の完成にどれだけの期間を要するかわからず、かつ、成果物が完成に至る蓋然性が高い場合には、[条項例1-5-11]のように、成果物の完成を、共同開発の終了時とするよう定めることもある。ただし、[条項例1-5-11]では、予期しない結果が生じた場合に、共同開発の継続について当事者間の利害が対立してトラブルとなる可能性があることから、一定の期間、継続の有無を協議し、合意に至ったときのみ継続する文案としている。これにより、予期しない結果が生じた場合、両当事者が納得したときのみ共同開発を継続することとなり、追加費用やリソースの浪費を回避することができる。

5　成果の帰属

（1）条項例

[条項例1-5-12]　成果の定義に関する条項例①

> (1) 本共同開発契約における「成果」とは、本共同開発によって新たに生じた全ての有体物（製品、半製品、中間生成物、プロトタイプ、文書、図面等）、ソフトウェア、データ及び情報並びにこれらに関する発明、考案、創作及びノウハウをいう。

[条項例1-5-13] 成果の定義に関する条項例②

(1) 本契約における「成果」とは、本共同開発により新たに生じた発明、考案、創作並びに技術上又は営業上のノウハウをいう。

[条項例1-5-14] 成果の定義に関する条項例③

(1) 本契約における「成果」とは、共同開発の目的である「○○○」(最終製品)及びこれに付随する技術文書、ソフトウェアコード、ユーザーマニュアル、設計図並びにこれらに関する発明、考案、創作及び技術上又は営業上のノウハウをいう。

[条項例1-5-15] 成果の帰属に関する条項例①

(1) 本共同開発によって新たに生じた全ての成果は、甲と乙で共有するものとする。
(2) 成果に関する知的財産権(以下「本知的財産権」という。)の甲と乙の持分は均等とする。本知的財産権の出願の有無及び手続は、甲乙協議の上で決定するものとし、その費用は甲と乙で均等に負担する。

[条項例1-5-16] 成果の帰属に関する条項例②

(1) 甲が、乙から提供を受けた資材、情報等を用いることなく単独で開発した成果及びそれに関する知的財産権は、全て甲に単独で帰属する。
(2) 乙が、甲から提供を受けた資材、情報等を用いることなく単独で開発した成果及びそれに関する知的財産権は、全て乙に単独で帰属する。
(3) 甲と乙が共同で開発した成果及び相手方から提供を受けた資材、情報等を用いて開発した成果並びにそれらに関する知的財産権は、甲乙の共有とし、その持分は均等とする。甲乙の共有となる成果に係る出願の有無及び手続は、甲乙協議の上で決定するものとし、その費用は甲と乙で均等に負担する。

[条項例1-5-17] 成果の帰属に関する条項例③

(1) 本共同開発により生じるソフトウェアに関する成果及びそれに関する知的財産権は、甲に単独で帰属する。

(2) 本共同開発により生じるハードウェアに関する成果及びそれに関する知的財産権は、乙に単独で帰属する。
(3) 本共同開発により生じるソフトウェア及びハードウェアの両方に関する成果及びそれに関する知的財産権並びに上記二号以外の成果及びそれに関する知的財産権は、甲乙の共有とし、その持分は均等とする。甲乙の共有となる成果に係る出願の有無及び手続は、甲乙協議の上で決定するものとし、その費用は甲と乙で均等に負担する。

（2） 解　説

　まず、当事者間での帰属を定めておくべき共同開発の成果が何かを明確にする必要がある。一般に、成果に該当しうるものとしては、①有体物、②ソフトウェア、データ、情報等の無体物、③特許、考案、創作等であって知的財産権の対象となるものがある。広く成果として規定しておくべき事案もあれば、各当事者の分担業務の過程で生じうる中間生成物やそれに対する権利まで成果とする必要はなく、共同開発の目的に照らして必要な範囲に限定することで十分である事案もある。なお、「成果」の定義の中に、知的財産権を含めて記載する場合もあるが、特許権等の一部の知的財産権は出願、登録等の手続を経て取得されるものであることから、［条項例1-5-12］～［条項例1-5-17］では、知的財産権の対象になりうるものを「成果」の定義に含め、それに関する知的財産権を帰属の条項において記載することとしている。

　成果の帰属の条項は、共同開発契約を締結する当事者にとって、共同開発の目的に直結する重要な条項であり、成果を利用しようとしている自社のビジネスモデルを踏まえ、適切な条項を策定する必要がある。

　［条項例1-5-15］はすべて共有とする例であるが、共有にすることで制約が生じうることに留意し、必要以上に共有の範囲を広げないようにすべきである。すなわち、たとえば特許、実用新案および意匠については、他の共有者と共同で出願を行わなければ、共同出願違反として拒絶理由や無効理由となる（特許法38条、49条2号、123条1項2号、実用新案法11条1項、37条1項2号、意匠法15条1項、17条1号）。また、共有に係る特許権、実用新案権および意匠権は、自己実施はできるが、第三者に実施許諾するには他の共有者の同意が必要

となる。共有となる成果を用いたビジネスモデル上、第三者への実施許諾が必要となる場合には、想定される第三者への実施許諾について、他方当事者が許諾する旨を定めておく必要がある。他方、他方当事者が第三者に実施許諾したことにより得られた実施料について、その一部の分配を得られるように定めることも考えられる。共有となる場合には、持分割合に関する定めのほか、職務発明等の社内処理、出願費用の負担割合、審査手続への両当事者の関与の方法、維持費用に関する定めも必要である。共有に係る著作物については、著作権法上は、この利用について他の共有者全員の承諾が必要となるから（著作権法11条、65条2項）、共有著作物の利用条件についても定める必要がある。

　さらに、「成果」の定義の中に、データ、情報、ノウハウ等が含まれ、これらが共有となる場合、これらの提供に関する明示の定めがなくても、「成果」に含まれるデータ、情報、ノウハウ等については、相手方に提供すべきものと解釈される可能性が高い。

　［条項例1-5-16］は、開発者に応じて成果の帰属を決する例であるが、他の当事者から提供を受けた資材、情報等を利用して開発した場合には共有となるものとしている。もっとも、他の当事者の側において、自社の情報等を利用して開発されたものかを「成果」自体から把握し立証することは困難な場合も多い。一部の「成果」が一方当事者に単独で帰属する場合、少なくとも単独で出願等をしようとする場合には、事前に相手方当事者に通知して単独帰属について確認することを定めることも考えられる。

　［条項例1-5-17］は、成果の内容に応じて帰属を決する例であるが、各当事者に単独で帰属することを定める条項間で重複や漏れが生じたり、解釈上の疑義が生じたりしないように留意する必要がある。たとえば、［条項例1-5-17］では、〈図表1-5-1〉の概念図のとおり、1号の「ソフトウェアに関する成果」と2号の「ハードウェアに関する成果」の両方に該当する成果がどちらに帰属するかが明確になるように定める必要がある。「部品に関する成果」と「最終製品に関する成果」とで帰属を書き分けるような場合にも同じことがあてはまる。

　［条項例1-5-16］や［条項例1-5-17］のように、成果の一部が一方当事者に単独で帰属する場合は、当該成果を相手方が利用する場合の条件を定めること

〈図表1-5-1〉 概念図

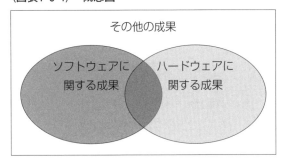

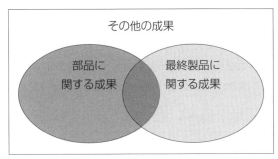

もある。

　成果の帰属や成果の実施について、当事者の市場における地位等によっては、共同研究開発に関する独占禁止法上の指針を参照するなどして、独占禁止法上の問題が生じないよう留意して定める必要がある。

6　成果の公表

（1）　条項例

［条項例1-5-18］　成果の公表①

> (1)　本共同開発に関連する成果を公表する場合、当該公表を行おうとする当事者は、事前に他方当事者に対して書面で通知し、その同意を得るものとする。
> (2)　前項の通知を受けた他方当事者は、公表内容に機密情報が含まれていないか、また、公表が当該当事者の権利又は利益を侵害しないかを確認した上で、合理的な期間内に同意又は拒否の意思を表示するものとする。

[条項例1-5-19] 成果の公表②

(1) 本共同開発による成果の公表は、原則として両当事者が協力して行うものとする。
(2) 公表の形式、内容、タイミング等は、両当事者の協議により決定するものとする。
(3) いずれかの当事者が単独での公表を希望する場合、その形式、内容、タイミング等について、他方当事者の書面による同意を得るものとする。

[条項例1-5-20] 成果の公表③

(1) 本共同開発による成果に関連する知的財産権に係る出願が完了するまでの間、いずれの当事者も成果に関する情報を第三者に公表しないものとする。
(2) 前項にかかわらず、公表が法的義務により不可避である場合、当該公表を行おうとする当事者は、事前に他方当事者に通知するものとする。

（2） 解　説

　成果の公表については、秘密保持、競争上のアドバンテージの確保、知的財産権の出願前の公表とならないタイミングの調整等の観点を踏まえて定めることが必要である。大阪地判令和6年4月15日裁判所ウェブサイト（令和4年（ワ）第8785号）は、共同研究の結果を一方当事者が公表したことが、他方当事者による特許権の取得を妨げる行為であり、共同研究契約の債務不履行にあたるとして争われた事例であり、紛争防止の観点から、公表の有無、時期、内容等について事前に定めておくことの重要性を示唆するものである。また、東京地判令和4年11月28日裁判所ウェブサイト（令和2年（ワ）第29570号）は、共同研究契約と個別請負契約が締結されていた事案において、出典等を記載せずに、成果物である報告書中の写真を無断で掲載した行為は著作権侵害に該当すると判断され、明示ないし黙示の承諾があったとする掲載者側の主張が排斥されている。複数の契約が締結されている場合には、成果物がいずれの契約に基づくものであり、いずれの契約の条項が適用されるかを整理しておくことが重要である。

7 改良発明・派生生成物の取扱い

(1) 条項例

[条項例1-5-21] 改良発明・派生生成物の取扱い①

> 本共同開発終了後、甲又は乙が、本共同開発の成果の改良発明や派生生成物（以下「改良発明等」という。）を開発した場合、当該当事者は、改良発明等について、相手方当事者に通知するものとし、甲及び乙は、その帰属、利用権の範囲、条件、報酬等について、別途協議により定めるものとする。

[条項例1-5-22] 改良発明・派生生成物の取扱い②

> 本共同開発終了後、甲又は乙が単独で行った本共同開発の成果の改良発明や派生生成物（以下「改良発明等」という。）に関する知的財産権は、その改良発明等に係る開発を行った当事者に帰属するものとする。ただし、当該当事者は、改良発明等について、相手方当事者に通知するものとし、他方当事者が利用を希望する場合には、有償で許諾するものとする。

[条項例1-5-23] 改良発明・派生生成物の取扱い③

> (1) 本共同開発終了後、甲又は乙が単独で行った本共同開発の成果の改良発明や派生生成物（以下「改良発明等」という。）に関する知的財産権は、その改良発明等に係る開発を行った当事者に帰属するものとする。ただし、改良発明等に関して、当該当事者が第三者に許諾を行おうとする場合、他方当事者に対して事前に書面で通知するものとする。他方当事者は、当該通知を受け取った日から30日以内に、改良発明等について自らが利用許諾を受ける意思の有無を明示するものとする。
> (2) 前項の意思が明示された場合、甲及び乙は、第三者への許諾と実質的に同等の条件で、他方当事者に対し、非独占的通常実施権を許諾するものとする。

(2) 解説

共同開発の成果を基に、後に一方当事者が単独で改良発明や派生生成物を生じさせた場合、その権利帰属が不明確だと、トラブルが生じることとなりうる。「改良発明」といっても、付加ないし変更された構成の程度に応じて、さまざまなものがあり得ることから、[条項例1-5-21] は、両当事者で協議し、

181

その内容に応じて帰属等を決するものとしている。［条項例1-5-22］および［条項例1-5-23］は、改良発明等は各当事者に帰属するものとしつつ、他方当事者に利用許諾を受ける機会を付与するものとしている。「共同研究開発に関する独占禁止法上の指針[32]」においても、改良発明等を他方当事者に独占的に実施許諾する義務を課すことは不公正な取引方法に該当するおそれが強いとしながら、改良発明等を他の当事者に開示する義務を課すことや、改良発明等を他方当事者に非独占的に実施許諾する義務を課すことは原則として不公正な取引方法に該当しないとされている。

8 競業避止義務

（1） 条項例

[条項例1-5-24] 競業避止義務①

(1) 本契約の有効期間中、甲及び乙は、本共同開発の対象となる製品と競合する製品の開発を単独で行わないこと、及び本契約の対象となる技術分野において、第三者と同一又は極めて密接に関連する共同開発を行わないことを確約する。
(2) いずれかの当事者が前項の義務に違反した場合、他方当事者は本契約を解除することができるものとする。

[条項例1-5-25] 競業避止義務②

本契約の有効期間中、甲又は乙が、単独で、又は第三者との間で、本共同開発と同一又は極めて密接に関連する製品の開発を検討する場合、当該当事者は事前に他方当事者に対して書面で通知するものとし、紛争の防止及び本共同開発の円滑な実施に必要となる措置について協議の上定めるものとする。

（2） 解 説

共同開発と同一の共同開発を、同時期に、自ら単独で、あるいは第三者と共同して行う場合、情報漏えいや成果の帰属をめぐりトラブルが生じる可能性がある。

---

[32] 公正取引委員会「共同研究開発に関する独占禁止法上の指針」（平成5年4月20日）〈https://www.jftc.go.jp/dk/guideline/unyoukijun/kyodokenkyu.html〉。

そこで、第三者との一定の共同開発を禁止・制限したり、事前通知義務を定めたりすることが考えられる。
　なお、「共同研究開発に関する独占禁止法の指針[33]」において、共同研究開発のテーマ以外のテーマの研究開発を制限することや、共同研究開発のテーマと同一のテーマの研究開発を共同研究開発終了後について制限することは、不公正な取引方法に該当するおそれが強い事項とされていることに留意が必要である。共同開発と同一の製品のほか、関連する製品についても、一方当事者による単独開発または第三者との共同開発を制限したい場合には、その範囲や期間について、慎重に検討する必要がある。

---

[33] 公正取引委員会・前掲資料（注32）。

合弁契約

Ⅰ 合弁契約とは

　合弁契約は、複数の当事者がそれぞれ出資し、事業体を共同で運営することに関する株主間契約である。株主間契約を締結する「複数の当事者」としてはさまざまなものが考えられる。たとえば、将来において株式譲渡による利益を得ることを目的に、ベンチャー企業にベンチャーキャピタルが投資し、役員やオブザーバーを派遣するような態様においても株主間契約が締結される。また事業会社が、自社の製品・サービスと関連のある製品・サービスを販売する事業者との関係強化のために、相手方の事業会社に対し、ごく小さい割合の投資を行う際に締結される株主間契約もある。本章では、複数の事業会社が、新たな製品・サービスの事業化を目的として事業体の共同運営を行うために締結する合弁契約を想定して、将来のトラブル防止に向けてとるべき対応を説明することとする。

Ⅱ 契約交渉の開始にあたって考慮すべき事項

1　最初に確認すべき事項

（1）　合弁の必要性・合理性

　事業体を共同で運営するという形態をとらなくても、業務提携契約、共同開発契約、ライセンス契約等により、一定の範囲で、他の企業と連携して事業を行い、利益を分け合うことは可能である。また、複数の株主による事業体の共同運営においては、一方当事者の一存で決定できない事項を取り決めることが通常であり、事業運営や撤退の自由度において、単独で行う場合に比して大きな制約を受けることとなる。また、合弁事業を通じて、相手方の事業会社に自

社のノウハウや情報が一定程度共有されることになるため、そのようなリスクの許容性についても考慮する必要がある。

他方で、事業体を共同で運営することにより、双方の当事者が有する資力、技術、ノウハウ、情報、営業力、信用等を有効に活用して、単なる業務提携契約等よりも事業を成功に導く可能性を高め、それによる利益を適切に配分できるという利点もある。

合弁契約の締結は、一般に、「重要な業務執行」（会社法362条4項）に該当すると考えられ、合弁契約の締結が極めて危険な冒険的経営行為であり忠実義務に違反するような場合には、取締役は会社の被った損害につき賠償責任を負いうる（東京地判平成18年4月26日判例集未登載（平成14年（ワ）第12728号）。後日紛争が生じた際に、合弁形態を選択したことについて役員の忠実義務や善管注意義務が問題とならないようにするためにも、十分な情報収集の下で、このような制約と利点を考慮して、合弁事業を行う必要性や合理性を検証することが必要である。

（2） 合弁の可否

市場における有力な事業者間での合弁契約の締結は、独占禁止法の適用を受け、一定の場合には公正取引委員会の事前審査を受ける必要があり、合弁スキーム自体が認められない場合もある。法定の手続により、スケジュールが想定より大幅に遅延することもある。合弁契約の締結が、このような強行法規との関係で問題を生じないかについては、初期の段階で検証し、適用される可能性がある場合にはそれに応じたスケジュールを検討しておくことが必要である。また、価格情報等の機微な情報については限定したプロジェクトメンバーのみが開示を受けることが、後日のトラブル防止のために必要となることもある。

（3） 合弁の目的

また、合弁契約においては、合弁事業の遂行およびトラブル防止のため、まず、合弁契約を締結する目的、すなわち合弁契約に基づき共同で行う事業の内容・範囲や、共同事業で想定される商流における各当事者の関与の態様について当事者の認識が共通のものになっているかを確認する必要がある。また、当該事業に係る事業計画の実現可能性の程度や、事業計画達成のために必要な前提条件についても可能な限り具体化し、認識を共通化しておく必要がある。

(4) 当事者に期待される役割

合弁契約の下で行われる合弁事業は、それぞれの当事者が、事業の成功に向けて、出資のみならず、役員や従業員の派遣、技術、ノウハウ、情報等の提供、取引先への営業活動などを実施して行うこととなる。その役割分担の認識にずれがあると、合弁事業の頓挫やトラブルにつながるから、合弁契約の締結にあたって、各当事者は、自社が担う役割の範囲をできる限り明確にし、また、他の当事者に期待する役割の範囲も明確に伝えたうえで、お互いの認識を合わせることが肝要である。

(5) 他の当事者の適性

合弁事業の遂行は、他の当事者が、上述の役割分担を担うに足る知見、実績、資力、信用等を備えていることが前提となるから、合弁契約の締結前に、他の当事者の財務状況、技術力、信用、ブランド力等の適性を十分に見極める必要がある。合弁事業に不可欠な重要事項については、合弁契約において相手方に表明保証をさせることも検討すべきである。

(6) 合弁事業の運営方法

合弁事業の運営は、各当事者が出資割合に応じた人数の人員を出して行うことが一般的である。出資割合が少数となる当事者においては、合弁事業に係る事業体の事業の状況を適時に把握し、他の事業者による恣意的な運営がなされない手段が確保されることを確認する必要がある。他方、出資割合が多い当事者においては、他の当事者の意向を反映すべき場合を極力限定し、自社の意向が経営に十分反映される条件を獲得するよう交渉を行うこととなる。

また、追加出資義務、競業避止義務その他の共同事業の運営に関して負う各当事者の義務の範囲が、自社が合弁事業において許容するリスクの範囲といえるかどうかについても、検証が必要である。

(7) 利益の配分方法

合弁の目的にも関係するが、合弁事業により得られた利益がどのように分配されるかは、各当事者の主要な関心事であり、契約交渉の初期の段階で認識を合わせておく必要がある。利益の配分の方法は、剰余金の配当だけではない。合弁事業で想定される商流への各当事者の関与の態様によっては、たとえば、共同事業体への部品の販売や、共同事業体から購入する製品・サービスの転売

による利益、あるいは、共同事業体への特許や商標のライセンス料として、各当事者に配分することも想定される。また、合弁事業において生じた知的財産の帰属や、当該知的財産の別事業での活用などによっても、実質的な利益の配分が図られる場合がある。このような形で利益の回収が得られる場合には、出資割合による制限なく、柔軟な利益の配分が可能となるが、合弁契約外での取引条件が重要な要素となる。合弁契約の交渉と並行して、ライセンス契約、業務委託契約、販売代理店契約等の交渉を行うことも多い。

(8) 合弁の終了事由

合弁契約においては、特定の事由が生じた場合には終了させることを前提に、終了条件を明確にしておく必要がある。終了事由としては、所定の存続期間の満了、合弁の目的の達成・不達成、相手方当事者の債務不履行、相手方の属性の変化（支配関係の変更、財務状況の悪化、関連事業からの撤退等）、デッドロック、信頼関係の破壊等、共同売却など、さまざまな状況を想定しなければならない。また、たとえば合弁の目的の達成・不達成については所定の事業年度における特定の数値の達成を基準にするなど、各終了事由はできる限りその判断基準を明確にし、相互に認識の相違が生じないようにしておくべきである。

終了事由が生じた後の対処方法についても、株式の譲渡、清算、残余財産の帰属、取引の承継、従業員の転籍等、想定される事項をあらかじめ明確にしておくことが望まれる。

2 合弁契約の契約交渉に関する基本的な姿勢

合弁契約の交渉においても、他の契約類型と同様に、相互に信頼関係を構築できることが不可欠である。中長期的に当事者間の良好な関係を維持し、共同事業を成功に導くため、自社の強みや提供可能な資源の範囲を正確に伝え、相手方に過剰な期待を抱かせないように心がける必要がある。他方、合弁契約の締結は、その規模にもよるが、各当事者にとって、相応のリスクを伴う重要な経営判断となることも多いから、そのリスクの種類・程度を見極めるとともに、取締役の善管注意義務違反を回避するため、上述したような確認事項について十分に協議し、合弁契約を締結する目的に合った具体的な条件を確保することが必要である。大阪地判平成28年2月19日判時2318号130頁は、取引先に

対する商品・サービスの充実や営業基盤の強化の推進を図る旨の当事者の事業協力を一般的に謳うものにとどまるものであった株主間協定について、合弁当事者に具体的な法的義務を負わせたものと解することはできないとして、合弁会社の発行済株式の過半数を有していた多数派株主による取締役の解任や新株予約権の無償割当て等について、株主間契約違反はないと判断しており、具体的な条件として契約に規定することの重要性を示唆している。

また、合弁関係は、単に契約を解約するだけで解消できるものではないから、終了時の条件を意識して交渉することがとりわけ重要である。特に、合弁契約の終了の場面は、合弁事業の失敗や信頼関係の破壊など、後ろ向きな理由による場合も想定され、当事者間に感情的な対立が生じていることもあることから、そのような事態においても、客観的な基準として十分に機能するような契約条項を定めることを意識すべきである。

Ⅲ 基本合意書を締結するにあたって考慮すべき事項

1 タームシート

協議の結果、合弁事業の実現可能性が相応に認められた場合、契約書の形式での交渉の前に、タームシートによる基本条件の交渉を先行して行うことが多い。タームシートは、特に形式が定まっているものではなく、表形式のものや箇条書き形式のものなどさまざまであるが、いずれにしても、自社が重要と考える条件について漏れのないように記載して交渉の対象とすべきである。

2 基本合意書

最終的な合弁契約の締結の前に、基本合意書を締結することがよくある。基本合意書の締結タイミングや内容は案件によりさまざまであり、タームシートによる基本条件が確認された後であることも、まだ十分に条件の協議が進む前に締結されることもある。合弁契約の交渉において、基本合意書を締結する意義は、おおむね、主に以下の点にある。

（1） 基本的なスキームや条件の確認

基本合意書締結時点において双方の共通認識となった基本的なスキームや条件を明確化することで、双方の期待や認識に相違が生じていないことを確認

し、将来の正式契約に向けたガイドラインとすることができる。

[条項例1-6-1] 基本条件

> 第○条（合弁事業の基本条件）
> 　両当事者は、両当事者が出資して株式会社を設立し、当該株式会社により○○サービスに係る事業を共同で営むことに関し、別紙○（タームシート）の事項を基本条件とすることを合意する。

　ただし、基本合意書は、あくまで中間的な確認にすぎないことから、ここで確認された内容については法的拘束力をもたないとされることが一般的である。基本的なスキームや条件を基にした誠実交渉義務を定め、かかる誠実交渉義務の範囲で法的拘束力をもたせることもある。

[条項例1-6-2] 誠実交渉義務

> 第○条（誠実交渉義務）
> 1　両当事者は、本基本合意書に記載された条件に基づき、合弁事業に関する最終契約（以下「本合弁契約」という。）の締結に向けて誠実に交渉を進めるものとする。
> 2　両当事者は、交渉の過程において、互いに協力し、良好な信頼関係を維持しつつ、可能な限り速やかに本合弁契約の締結に至るよう努力する。

[条項例1-6-3] 法的拘束力の不存在

> 第○条（法的拘束力）
> 　本基本合意書は、第○条～第○条を除き、いずれの当事者に対しても、本契約の内容に関する法的拘束力を課すものではなく、本合弁契約の締結義務を生じさせるものではない。

(2) スケジュール目標の合意

　最終契約の締結に向けた、契約書ドラフトの提示、契約書対案の提示、社内会議体の承認取得等のステップやスケジュールを設定することで、双方の認識を合わせて効率的に交渉を進めることができる。

[条項例1-6-4] スケジュール目標の合意

> 第○条（スケジュール）
> 1 両当事者は、本基本合意書に基づく交渉及び本合弁契約の締結に向けた目標スケジュールを、別紙1のとおりとすることに合意する。
> 2 両当事者は、前項のスケジュールを遵守するよう、合理的な範囲で努力するものとする。
> 3 第1項及び第2項の定めにかかわらず、両当事者は、第1項のスケジュールは参考のためのものであり、いずれの当事者に対しても法的拘束力を課すものではないことを確認する。

（3） 独占交渉義務

想定されている製品・サービスの合弁事業について、所定の期間の独占交渉義務を、法的拘束力ある合意として定めた場合は、第三者の介在を排除し、集中的に交渉を進めることができる。

[条項例1-6-5] 独占交渉義務

> 第○条（独占交渉権）
> 1 両当事者は、本基本合意書の締結日から6か月間（以下「独占交渉期間」という。）、合弁事業に関して、互いに独占的に交渉を進めるものとする。この期間中、両当事者はいかなる第三者とも、当該製品／サービスに関する合弁事業について交渉、協議、情報交換又は契約締結を行わないことに合意する。
> 2 独占交渉期間は、両当事者の書面による合意がある場合を除き、延長又は短縮されないものとする。

（4） 情報開示義務

合弁事業の実現可能性や採算性の判断のため、特定の技術上ないし営業上の情報の開示が必要となる場合に、情報を特定して開示義務を定めることもある。基本合意書の締結時点では、すでに秘密保持契約が締結されていることが多いが、特に機微な情報について、開示対象者の範囲の限定や違約金を定めるなど、責任を加重した秘密保持義務を定めることもある。

[条項例1-6-6] 情報開示義務

第○条（情報開示）
1 　両当事者は、合弁事業計画の実現可能性及び採算性を公正に評価するため、別紙に特定する情報（以下「特定機密情報」という。）を、相互に開示するものとする。
2 　両当事者は、特定機密情報が、両当事者が締結した○年○月○日付秘密保持契約書に定める秘密情報に該当することを確認する。
3 　両当事者は、特定機密情報を、前項の目的のため特定機密情報を知る必要のある役員及び従業員にのみ共有し、共有した役員及び従業員の氏名を相手方に通知するものとし、その他の役員及び従業員がアクセスしえない環境において特定機密情報を管理するものとする。

（5） 共同事業に向けた内外への意向表明

　基本合意書を締結したタイミングで公表を行う場合には、合弁事業の実現に向けた意向が明確化され、当事者の強固な関係を社内外にアピールすることができる。必要に応じて、公表の時期、内容、方法等に関する条項を、基本合意書に定めることも考えられる。

3　誠実交渉義務・独占交渉義務の違反

　基本合意書において、誠実交渉義務や独占交渉義務を、法的拘束力ある合意として定めた場合には、その違反があれば債務不履行責任が認められうるものの、誠実交渉義務や独占交渉義務の違反と相当因果関係にある損害は、信頼利益にとどまり、合弁契約が締結されていた場合に当事者が得られた履行利益は対象とならないものと解される（東京地判平成18年2月13日判時1928号3頁）。誠実交渉義務や独占交渉義務の違反に対して補償を受けることを確保すべく、違約金を定めることも考えられるが、具体的な金額をどのように規定するかは当事者間に見解の対立があることも多く、実際に違約金の額が合意される例は多いとはいえない。

4　契約交渉の頓挫

　複数の事業者が共同で事業を行う場合には、関係者間の権利義務関係を規定する合弁契約を書面で締結することが通常であることから、事業の大まかな内

容が確認され、合弁契約の草案が作成されたものの、合弁契約書の署名押印には至っていないという場合には、契約の成立は否定される可能性が高い。東京地判平成30年2月5日判例集未登載（平成27年（ワ）第14039号）では、合弁契約においては、関係当事者としては当事者間の利害調整を経て、調印をもって合意の成立とする意識を有しているのが一般であると考えられるとして、最終的に調印に至らなかった事例において、法律上の権利義務を発生させる合意が成立したと認めることはできないと判示し、誠実交渉義務違反も否定されている。

合弁契約の契約交渉においては、口頭で書面の内容について合意がなされただけでは足りず、最終書面への署名押印に至って初めて契約が成立するという意識をもっておくことが必要である。

他方で、株主間契約書の案文が作成され、履行期日までに署名されるのを待つだけの状態となった場合には、相手方当事者の期待を侵害しないように誠実に契約の成立に努めるべき信義則上の義務があり、当事者がその責めに帰すべき事由によって相手方との契約の締結を拒絶した場合には、特段の事情がない限り違法行為が成立するとした東京地判昭和60年7月30日判時1170号95頁にも留意すべきであり、交渉段階によっては、相手方の期待を侵害しないよう配慮する必要がある。

Ⅳ 合弁事業を行う事業体の組織形態

1 概　要

合弁事業を行う際に、いずれかの当事者の既存の子会社等を用いるか、それとも新たに設立する事業体を用いるかという選択肢がある。既存の子会社等を用いる場合には、設立の手間がかからず、相手方当事者を引受人として第三者割当増資を行えば足り、手続としては簡潔であるが、休眠会社であっても、既存の子会社等に潜在債務等が存在するリスクがあり、当該子会社等についてのデューディリジェンスが必要になるから、必ずしも、既存の子会社等を利用することが便宜であるともいいがたい。既存の子会社等を利用する場合には、潜在債務の存在が発覚した場合の負担や処理方法について、あらかじめ合意して

おくことが望ましい。

また、共同事業体として、株式会社、合同会社、有限責任事業組合契約に関する法律（以下、「LLP法」という）に基づく有限責任事業組合（以下、「LLP」という）、民法上の任意組合といった組織形態のいずれを利用するかについて、主として以下の観点からの検討が必要となる。その概要は、〈図表1-6-1〉のとおりである。

① 法人格の有無
② 出資者の責任
③ 業務執行者の責任
④ 支配形態の変更容易性
⑤ 税務メリットの有無

〈図表1-6-1〉 組織形態による異同

	株式会社	合同会社	LLP	民法上の組合
①法人格の有無	有	有	なし	なし
②出資者の責任	間接有限責任	間接有限責任	直接有限責任	直接無限責任
③業務執行者の責任	−	会社法596条に基づく責任	善管注意義務	善管注意義務
④支配形態の変更容易性	組織変更可	組織変更可	設立等の手続を要する	設立等の手続を要する
⑤税務メリットの有無	なし	なし	有	有

2　法人格の有無

　株式会社、合同会社は法人格があるが、LLPや任意組合は、法人格を有さない。反面、株式会社や合同会社は、会社法等の定めに従って運営する必要があるが、LLPや任意組合は、出資者（組合員）による内部自治が原則であり、組織運営の自由度が高い。

3　出資者の責任

　株式会社と合同会社において、出資者は、出資の履行をする限度で責任を負

い、会社の債権者から直接責任追及を受けることはない（間接有限責任）。LLPでは、出資者は、出資の価額を限度として、組合の債務を弁済する責任を負う（直接有限責任。LLP法15条）。東京高判令和5年12月25日判タ1521号63頁は、同条の規定は、LLPの組合員がその固有財産をもって組合の債務を弁済することを定めたものではなく、組合員となるべき者は、自己の出資の全部を履行すれば、財源規制違反の財産分配がなされた場合を除き、その後はLLPの債務を自己の固有財産をもって弁済する責任を負わず、組合財産のみを引当てとしてその責任を負うことを定めたものである旨判示している。任意組合の形態を利用する場合、最判平成10年4月14日民集52巻3号813頁によれば、各構成員は、組合がその事業のために第三者に対して負担した債務につき、商法511条1項により連帯債務を負うから、任意組合では、出資者は組合の債権者に対して直接無限責任を負うこととなる。

4　業務執行者の行為に対する責任

株式会社の場合、業務執行者は自然人である取締役となるから、出資者が直接責任を負うことはないが、出資者の従業員を取締役とする場合には、取締役の不法行為について使用者責任（民法715条）を負う可能性はある。

合同会社の場合、社員のみが業務執行社員となり、業務執行社員が法人の場合には自然人をその職務執行者として選任することになる（会社法590条、591条、598条）。業務執行社員の職務執行者による任務懈怠については、業務執行社員である出資者も合同会社に対して損害賠償責任を負うが、公序良俗に反しない限り、定款で会社に対する責任を排除することは可能であると解される[34]。合同会社の業務執行社員の第三者に対する責任は、職務執行につき悪意または重過失があった場合に限られる（会社法597条）。なお、出資者の従業員を職務執行者とする場合には、その不法行為について出資者が使用者責任を負う可能性があることは株式会社の場合と同様である。

LLPや任意組合の場合、組合契約の当事者である組合員が業務執行者となる。LLPにおいては、組合員全員が業務執行の権利義務を有することとしなければならず（LLP法13条）、一部の組合員のみが業務執行を行うという設計

---

[34] 金丸和弘ほか『ジョイント・ベンチャー契約の実務と理論〔新訂版〕』（金融財政事情研究会、2017年）22頁。

はできない。東京地判令和元年10月16日裁判所ウェブサイト（平成29年（ワ）第6524号）は、LLPについて、出資金の拠出により義務を履行しているとの原告の主張を排斥し、組合員の全員が何らかの業務執行を行うことはLLP法上の要請であるとして、何らの業務執行も行っていない原告は組合契約に違反し、除名事由が認められると判示している。また、東京地判令和3年12月13日裁判所ウェブサイト（平成28年（ワ）第36888号）は、任意組合について、組合契約は、各当事者が出資をして共同の事業を営むことを約することによって効力を生じるところ（民法667条1項）、事業の共同とは、すべての組合員が共同で業務執行に関与することをいうと解され、共同で業務執行に関与したといえるためには、事業に関与しない当事者が少なくとも業務の執行を監督する権限を有する必要がある旨判示している。

LLPおよび任意組合では、組合員はLLP／任意組合に対して善管注意義務を負う（LLP法56条、民法671条、644条）。LLPでは、合同会社と同様に、職務を行うについて悪意または重過失があった場合は第三者に対して責任を負う（LLP法18条）。任意組合では、上記3のとおり、第三者に対して直接無限責任を負う。

5　支配形態の変更容易性

LLPや任意組合の場合には、構成員が1人になることが解散事由となる。

株式会社と合同会社は、会社法に基づく手続を経ることにより、他の会社組織への変更ができるが（会社法775条以下、781条）、LLPや任意組合について、このような制度は設けられておらず、法人格を備えたい場合には、別途、株式会社や合同会社を設立したうえで、事業譲渡するなどの手続が必要となる。

6　税務メリットの有無

株式会社と合同会社については、事業体に課税がなされる。これに対し、LLPや任意組合は、法人格がないことから、合弁事業に関する損益が各構成員に直接帰属する。LLPや任意組合の場合には税務上のメリットがある一方で、法人格を有しないことから合弁事業に関する財産が各組合員（出資企業）に合有的に帰属し、権利関係がややこしくなるという面もある。

7　小括

以上のとおり、出資者や業務執行者の責任の観点からは、任意組合を選択す

ることの合理性について慎重な検討が必要である。

　また、合同会社と株式会社では、前者のほうが資本金の額を自由に定めることができる、運営方法について縛りがなく自由度が高い、などのメリットがあるが、株式会社のほうが、会社法上、機関設計が明確であり第三者からの信用度が高く、運用面でもなじみがある場合が多い。一般的には、共同事業体としては株式会社が選択されることが多いように思われる。他方で、組織運営の自由度や税務上のメリットを考慮して、LLP を選択することに合理性がある場合もある。

　以下では、共同事業体が LLP の場合に当事者間で締結する有限責任事業組合契約と、共同事業体が株式会社の場合に株主間で締結する合弁契約について、契約条項の検討にあたり留意すべき事項について説明する。

Ⅴ　有限責任事業組合契約の契約条項の検討

1　必要的記載事項

　LLP 法4条3項は、有限責任事業組合契約書の作成を義務づけており、必要的記載事項を次のとおり定めている。

① LLP の事業
② LLP の名称
③ LLP の事務所の所在地
④ 組合員の氏名または名称および住所
⑤ 有限責任事業組合契約の効力が発生する年月日
⑥ LLP の存続期間
⑦ 組合員の出資の目的およびその価額
⑧ LLP の事業年度

　また、LLP 法57条は、有限責任事業組合契約が効力を生じたとき、すなわち有限責任事業組合契約が締結され、出資の払込みがなされたときは、2週間以内に次の事項を登記しなければならないと定めている。

ⓐ　LLP 法4条3項1号、2号および4号から6号までに掲げる事項（上記①②④⑤⑥）

ⓑ　LLP の事務所の所在場所
ⓒ　組合員が法人であるときは、当該組合員の職務を行うべき者の氏名および住所
ⓓ　組合契約書において LLP 法37条１号から５号までに掲げる事由以外の解散の事由を定めたときは、その事由

したがって、これらに該当する事項は、最低限、有限責任事業組合契約において定めておく必要がある。

[条項例1-6-7]　有限責任事業組合契約の必要的記載事項

第１条（事業）
　本組合は、以下の事業を営むことを目的とする。
　(1)　〇〇〇〇
　(2)　〇〇〇〇

第２条（名称）
　本組合の名称は「〇〇有限責任事業組合」とする。

第３条（事務所）
　本組合の主たる事務所の所在地は、〇〇県〇〇市〇〇町1-2-3とする。

第４条（組合員及び職務執行者）
１　本組合の組合員は、次のとおりとする。
　(1)　組合員甲
　　　株式会社〇〇
　　　住所
　　　職務執行者
　　　住所
　(2)　組合員乙
　　　〇〇株式会社
　　　住所
　　　職務執行者
　　　住所
２　各組合員は、名称もしくは住所を変更する場合又は職務執行者の氏名もしくは住所に変更が生じる場合、事前に他の組合員に書面で通知する。

第５条（効力発生日）
　本組合契約の効力は、20XX 年 XX 月 XX 日に発生するものとする。

第6条（存続期間）

本組合の存続期間は、本組合契約の効力発生日から20XX年XX月XX日までとする。ただし、全組合員の合意により存続期間を延長することができるものとする。

第7条（出資の目的及び価額）

1 各組合員の出資の目的及びその価額は、以下の通りとする。
 (1) 組合員甲は、本組合の事業運営に必要な資金を提供する目的で、現金1,000万円を出資する。組合員甲は、当該出資の価額の全額を、効力発生日の前日までに、本組合が別途指定する銀行口座宛てに振り込む方法により払い込むものとする。
 (2) 組合員乙は、本組合の事業のために、出願番号特願20XX-XXXXXX（以下「本件出願」という。）に係る特許を受ける権利（以下「本特許を受ける権利」という。）を出資の目的とし、その評価額を1,000万円とする。組合員乙は、効力発生日の前日までに、本件出願について、承継人を本組合員、持分を各2分の1とし、各持分は本契約に基づく持分であることを明記した出願人名義変更届を特許庁に提出する。
2 各組合員が前項の義務を履行しない場合、当該組合員は、本組合に対して、効力発生日の翌日から義務履行日まで、各出資の価額に対する年○％の割合による遅延損害金を支払う。
3 各組合員は、本組合に対し、各組合員の出資の価額を超える出資を行う義務を負わない。
4 前項にかかわらず、全組合員の同意がある場合、各組合員は、本組合に対する追加出資を行うことができる。この場合の追加出資の対象、価額及び出資方法については、全組合員の同意により決定する。

【その他の記載例】
・組合員○○は、本組合の事業運営に必要な別紙1の不動産を出資の目的とし、その不動産の評価額を○○○万円とする。
・組合員○○は、自らが開発したソフトウェアを本組合に独占的に使用許諾させることを出資の目的とし、その使用許諾の価値を○○○万円とする。

第8条（事業年度）

本組合の事業年度は、毎年○月1日に始まり翌年○月31日までとする。ただし、初年度は、効力発生日から20XX年○月31日までとする。

以上のほか、有限責任事業組合契約においては、共同事業の運営において必要なさまざまな事項を取り決めておくことが通常である。

2 組合の運営に関する事項

(1) 業務執行の決定

　LLP法上、LLPの業務執行の決定には、原則として総組合員の同意を要するとされているから（LLP法12条1項）、総組合員の同意を要しないこととする場合には、LLP法12条1項ただし書および2項の範囲内で、組合契約書に定めておくことが必要である。また、組合員は、それぞれ、決定された組合の業務を執行する権利義務を有するが、組合の常務については、各組合員が単独で行うことができる（同法13条、14条）ところ、何が「常務」に該当するかが不明瞭となり、後日、組合員間や善意の第三者（同法13条3項により、組合員の業務執行権の制限は善意の第三者に対抗できない）との間で紛争に発展するおそれがあるため、総組合員の同意を要する事項と、各組合員が単独で実施できることを契約上明確にしておくことが肝要である。

　組合員が多い場合には、業務執行のための運営委員会を設置し、運営委員会の運営細則を別途定めることもある。

(2) 組合員による業務執行

　LLPに係る事業の成功および紛争防止のため、組合員やその職務執行者の善管注意義務、競業避止義務、利益相反取引の禁止義務等を定めることがよく行われている。もっとも、第三者への投資や第三者との業務提携行為をおしなべて制限することは現実的ではない。何が「競業」、「利益相反」に該当するのかをめぐって紛争が生じる可能性がある場合には、制限の対象となる事業分野や該当行為を具体的に規定しておくことが望ましい。

　LLPの業務に関して第三者に損害が生じた場合には、組合員は組合財産を限度とする有限責任となるが、組合員またはその職務執行者に自己の職務を行うについて悪意または重過失があったときは、当該組合員等は第三者に対して無限責任を負い、これに該当する組合員が複数存在する場合には連帯責任を負うこととなる（LLP法18条）。そのため、複数の組合員のうち、どの範囲の組合員が無限責任を負うかが争点となることがある。組合の運営においては、他の組合員による業務執行の状況も注視し、故意重過失が認められ得るような問

題のある業務執行に対しては異議を述べ記録にとどめるなどの対応も必要である。

3　組合の財産に関する事項

　LLPの財産は、各組合員固有の財産等と分別して管理しなければならない（LLP法20条）。LLPを設立する場合には、組合の事業のためにのみ利用する金融機関の口座（「○○○有限責任事業組合　組合員○○株式会社　職務執行者○○○○」という名義になる）を開設することもあり、その場合には現預金については比較的分別管理が容易であるが、そうでない場合やその他の財産がある場合には、組合財産の管理方法を有限責任事業組合契約書等で確認しておくことが必要である。

4　組合の損益分配に関する事項

　LLP法上、組合員は組合の会計帳簿や財務諸表を作成することとされている（LLP法29条、31条）。LLPの損益分配は、会計帳簿に記載された各組合員が履行した出資の価額に応じた割合によることが原則であるが、組合契約書において、①組合員の出資の割合、②組合員の損益分配の割合およびその理由、並びに③損益分配の割合の適用開始の年月日（有限責任事業組合契約の効力発生日と異なる場合）を定めた場合には、総組合員の同意があるものとして、出資割合とは異なる割合で配分することができる。

　組合の損益分配の時期や頻度については、有限責任事業組合契約において自由に定めることができるが、分配可能額や剰余金相当額の範囲内でなければならない（LLP法34条）。業務執行の対価として業務委託契約に基づき組合員に支払われる委託料や、知的財産に対するライセンス料は、その支払額について、総組合員の同意を得ておくとともに、「組合財産の分配」とは異なるものであることを有限責任事業組合契約上明確にしておくことが必要である。

5　組合員の変動に関する事項

（1）　組合員の加入

　新たな組合員の加入に際しては、組合契約の変更契約書の締結と登記が必要である。特に、新たに加入する組合員の業務執行の内容については、定めをおかなければLLP法の原則どおりすべての業務を執行する権利義務を有することになることから、必要な調整を行うことになる。

（２）　組合員の脱退・除名

　組合員は、やむを得ない場合を除いて組合を脱退することができないが、有限責任事業組合契約書において別段の定めをおくことが可能である（LLP法25条）。自社が組合の事業に参加する理由に照らし、所定の事由の発生をもって脱退したいという場合には、あらかじめ有限責任事業組合契約書に定めておくことが必要である。

　組合員の除名は、組合員がその職務を怠ったときその他正当な事由があるときに限り、他の組合員の一致によってすることができるが、有限責任事業組合契約書において、他の組合員の一致を要しない旨の定めをおくことが可能である（LLP法27条）。組合契約上の義務の不履行や重大な背信行為があった場合等には、他の組合員の一致がなくても除名できるようにしておくことが考えられる。「他の組合員の一致」を条件とする場合、複数の組合員が結託すると除名ができず、組合内が二分されたデッドロック状態となってしまうおそれがあるからである。

　組合員が脱退した場合や除名となった場合には、出資の種類を問わず、組合持分の払戻しを受けることになるが（LLP法56条、民法681条2項）、その組合員が現物出資をしていた場合には、金銭で払戻しを行うこともできる。その場合、組合の状況によっては、合理的な範囲内で、分割払いや所定の収入があった後に払戻しを行うことが必要となることも考えられるから、組合契約において、そのような方法を選択できる手段を規定しておくことも有用である。

6　解散・清算に関する事項

　LLPは、目的たる事業の成功・成功の不能、存続期間の満了、総組合員の同意等の場合に解散するとされているが、これら以外の解散事由を有限責任事業組合契約書に定めることができる（LLP法30条）。目的たる事業の成功・不能の該当性について紛争になるおそれがあることから、少なくとも「目的たる事業」の定義や、「成功・成功の不能」の意味について、組合契約書締結の段階で認識を共通にしておくことが望ましい。

　LLPが解散した場合には組合員が清算人となって清算事務を行い（LLP法39条）、清算に係る計算をして組合員の承認を受けることとなる（同法51条）。

Ⅵ 合弁契約の契約条項の検討

1 合弁会社の基本設計に関する事項
（1） 合弁契約を締結する目的、組成方法
（A） 条項例

[条項例1-6-8] 目的、組成方法①

> 第○条（本契約の目的）
> 　本契約は、甲及び乙がそれぞれ出資することにより、甲の半導体製造工程における乙の先進的AI技術の活用と、甲乙共同での技術開発を行う対象会社を、株式会社の形態で、かつ発起設立の方法で、甲及び乙が別途合意する日をもって設立し、共同で運営することを目的とする。

[条項例1-6-9] 目的、組成方法②

> 第○条（本契約の目的）
> 　本契約は、アジア地域の化粧品市場に向けた新製品の開発、製造、マーケティング戦略の策定・遂行及び販売を行う対象会社を設立し、甲及び乙が共同で運営することを目的とする。
> 第○条（設立方法）
> 　甲は、本契約の定めに従い、甲乙が別途合意する日に対象会社を設立し、甲乙が別途合意する日に、対象会社の株式○株を、○円で乙に譲渡する。

[条項例1-6-10] 設立費用の負担

> 　対象会社の設立に要する司法書士費用及び定款認証手数料、定款の収入印紙、登録免許税その他の法定の費用は、対象会社の負担とし、その他の費用は、各自の負担とする。

（B） 解　説
　合弁契約においては、合弁会社の事業を円滑に推進し、合弁会社の運営や終了の場面における当事者間の紛争を防止するため、対象会社の事業内容を明確

かつ具体的に定めておくことが必要である。

　組成の方法については、［条項例1-6-8］のように、全当事者が設立時の発起人となって出資割合に応じて設立時の株式を引き受ける方法、［条項例1-6-9］のように、一方当事者のみが設立時の発起人となって対象会社を設立した後に、他の当事者が出資割合に応じた株式を譲り受けたり、合弁会社が他の当事者に第三者割当増資を行うことによって、意図した出資割合での株式の保有を実現する方法等がある。［条項例1-6-9］の方法が比較的簡便であり、よく用いられている。

　株式会社の設立には、司法書士に登記手続を依頼する場合の司法書士費用のほか、公証役場で定款の認証を受ける際の手数料（資本金額に応じて3万円〜5万円）、定款に貼付する収入印紙（4万円。電子定款の場合には不要である）、登録免許税（資本金額に応じて15万円〜）等の費用を要する（法定費用については、会社法28条4号かっこ書、会社法施行規則5条参照）。いずれの設立方法による場合でも、たとえば［条項例1-6-10］のように、当事者間の紛争防止のため、設立費用の負担について合意しておくことが望ましい。

（2）　出資比率

（A）　条項例

[条項例1-6-11]　出資比率①

第○条（出資比率）
1　対象会社の設立時における各当事者の払込金額は次のとおりとする。
　甲：○円
　乙：○円
2　各当事者の引受株式の種類、数及び出資比率は次のとおりとする。
　甲：普通株式　670株（67％）
　乙：普通株式　330株（33％）
3　設立時の対象会社の定款は別紙のとおりとする。

[条項例1-6-12]　出資比率②

第○条（出資比率）
1　第○条に基づく株式譲渡後に各当事者が保有する株式の種類、数及び出資

203

比率は、次のとおりとする。
甲：普通株式　510株（51％）
乙：普通株式　490株（49％）
2　設立時の対象会社の定款は別紙のとおりとする。

[条項例1-6-13]　出資比率の変動に伴う役員指名権の変更

　甲及び乙は、本契約第〇条に定める各当事者が指名する取締役の人数並びに代表取締役及び監査役の指名権は、第〇項に定める出資比率を前提とすることを確認する。甲及び乙は、各当事者が指名する取締役の人数の割合を出資比率と同程度とすること、並びに代表取締役及び監査役の指名権は過半数を保有する当事者が保有することに同意するものとし、本契約期間中に第〇項の出資比率が変更される場合、当該変更に係る効力発生日又は当事者が別途合意する日に、取締役の構成等も変更するものとする。

　（B）　解　説

　議決権の制限のない普通株式のみを発行する場合、会社法上、株主総会における議決権、剰余金の配当を受ける権利、残余財産の分配を受ける権利等は、各当事者の株式保有割合によることになり、株式保有割合に応じて合弁会社の会計上の位置づけも異なることになるから（〈図表1-6-2〉参照）、出資比率は合弁契約上、重要な要素である。

　[条項例1-6-11]は合弁当事者が合弁会社を設立する場合の文例、[条項例1-6-12]は既存の子会社の株式の一部を譲渡して合弁事業を行う場合の文例である。

　株主総会の特別決議事項や普通決議事項の概要は、〈図表1-6-3〉〈図表1-6-4〉のとおりである。

〈図表1-6-2〉　株式保有割合ごとの特徴

株式保有割合	特徴
20％以上50％以下	持分法適用会社※1
3分の1超	株主総会特別決議事項について拒否権

50%	株主総会普通決議事項について拒否権 (株主2名の場合には、いずれの株主も決定権をもたないため、すべての決議事項について全株主の同意要)
50%超	・株主総会普通決議事項について決定権 ・連結子会社※2
3分の2以上	株主総会特別決議事項について決定権
4分の3以上	株主総会特別特殊決議事項について決定権

※1 議決権比率が20%に満たない場合であっても、議決権比率が15%以上で、合弁当事者が合弁会社の財務および営業または事業の方針の決定に対して重要な影響を与えている場合は、関連会社とされ、持分法適用の対象となる。

※2 議決権比率が50%以下であっても、議決権比率が40%以上の場合、役員派遣等で実質的に合弁会社を支配しているときは、子会社とされ、連結対象となる。

　このような会社法上の可決要件に従う場合には、50%超、あるいは3分の2超を保有する多数派の株主が、合弁会社の運営に関して単独で決定権を有することとなり、少数派の株主の意向が反映されないこととなる。しかし、実際の合弁契約においては、出資比率に基づき多数派の株主に合弁会社の運営の主導権を確保しつつ、少数派の株主にも、合弁会社の事業運営に一定の範囲で意向を反映できる手段を確保することが一般的である。かかる手段は、取締役の派遣、合弁会社の事業運営における重要事項の決定への拒否権、合弁事業からのエグジット策等として規定される。多数派株主としては、これらの規定により、より多くの出資をしてリスクをとって合弁スキームに参加している自社の権利利益が制限されすぎていないか、少数派株主としては、合弁スキームにおいて自社の意向を反映する手段が許容可能な程度に確保されているか、といった観点で検討することとなる。

　合弁契約におけるこれらの規定は、合弁契約締結時における各当事者の出資比率を前提に合意される。そのため、一方当事者のみによる追加出資等により出資比率に変動が生じた場合の調整について、あらかじめ定めておくことがある。［条項例1-6-13］は、このような調整の記載例である。

〈図表1-6-3〉 株主総会特別・特殊決議事項（条数は、会社法）

特別決議（定足数：過半数、可決要件：出席株主の議決権の3分の2以上）	
株式譲渡承認請求に対する買取の決定	140条2項・5項
合意による自己株式の取得	156条1項、160条1項
全部取得条項付種類株式の全部の取得	171条1項
相続人等に対する売渡請求	175条1項
株式併合	180条2項
・募集株式の発行等における募集事項の決定 ・募集事項の決定の取締役（会）への委任 ・株主への株式の割当の決定 ・取締役会非設置会社における譲渡制限株式の割当て ・総数引受契約の承認	199条2項 200条1項 202条3項4号 204条2項 205条2項
・新株予約権発行に係る募集事項の決定 ・募集事項の決定の取締役（会）への委任 ・株主への新株予約権の割当の決定 ・取締役会非設置会社における譲渡制限株式を目的とする募集新株予約権／譲渡制限新株予約権の割当て ・総数引受契約の承認	238条2項 239条1項 241条3項4号 243条2項 244条3項
累積投票制度により選任された取締役、監査等委員である取締役、監査役の解任	339条1項
役員等の損害賠償責任の一部免除	425条1項
資本金の額の減少	447条1項
金銭分配請求権を与えない現物配当	454条4項
定款変更、事業譲渡等、解散	309条2項11号
合併、会社分割、株式交換、株式移転、株式交付	309条2項12号
特殊決議（可決要件：議決権行使可能株主の半数以上、議決権行使可能株主の議決権の3分の2以上）	

株式の全部に譲渡制限を設ける旨の定款変更	309条3項1号
譲渡制限株式等を対価とする吸収合併契約、株式交換契約の承認	783条1項
譲渡制限株式等を対価とする新設合併契約、株式移転計画の承認	804条1項
特別特殊決議（可決要件：総株主の半数以上、総株主の議決権の4分の3以上）	
株主ごとに異なる取扱いを行う旨の定款変更	309条4項

〈図表1-6-4〉　株主総会普通決議事項（条数は、会社法）

普通決議（定足数：過半数、可決要件：出席株主の議決権の過半数）	
・取締役・会計参与・監査役の選任 ・取締役（累積投票制度により選任された者を除く）・会計参与の解任	329条 339条1項、342条6項
会計監査人の選任、解任、不再任	329条1項、339条1項、338条2項
役員報酬等	361条1項、379条1項、387条1項
剰余金の配当	454条1項
合意による自己株式の取得	156条1項
定時株主総会において欠損の額を超えないで決定する資本金の額の減少	447条1項、309条2項9号
準備金の額の減少	448条1項
剰余金の額の減少による資本金・資本準備金の増加、剰余金についてのその他の処分	450条2項、451条2項、452条
取締役会非設置会社における取締役の競業取引等の承認	356条1項、365条1項
取締役会非設置会社における取締役の補償契約、D&O保険の内容の決定	430条の2、430条の3

（3） 機関設計

（A） 条項例

[条項例1-6-14] 機関設計①

> 第○条（機関）
> 1 対象会社の取締役は○名とし、甲が○名を、乙が○名を、それぞれ指名する。
> 2 対象会社には、取締役会及び監査役を設置する。
> 3 対象会社の代表取締役は1名とし、甲が指名する。
> 4 対象会社の監査役は2名とし、甲と乙がそれぞれ1名を指名する。
> 5 対象会社の取締役、監査役又は代表取締役（以下「役員」という。）が任期満了前に辞任、解任、死亡等により欠員となった場合、当該役員を選任した当事者が、別の役員を指名する。

[条項例1-6-15] 機関設計②

> 第○条（機関）
> 1 対象会社の取締役は○名とし、甲が○名を、乙が○名を、それぞれ指名する。
> 2 対象会社の業務については、取締役の過半数をもって決定する。
> 3 対象会社の取締役が任期満了前に辞任、解任、死亡等により欠員となった場合、当該取締役を選任した当事者が、別の取締役を指名する。

（B） 解説

［条項例1-6-14］は取締役会および監査役を設置する場合の文例、［条項例1-6-15］は監査役非設置会社の場合の文例である。会社法上は、さまざまな機関設計を選択することが可能であるが、複数の事業会社が共同で事業を始めようとする場合に、必ず検討すべきことは、①取締役会を設置するか否か、②監査役を設置するか否かである。

〈図表1-6-5〉 取締役会非設置会社と取締役会設置会社の異同

	取締役会非設置会社	取締役会設置会社
取締役の人数	1名以上	3名以上

株主総会の役割	一切の事項の決定機関	株主総会決議事項の決定機関
業務執行決定機関	取締役	取締役会
業務執行	代表取締役を選任しない限り、各取締役が会社を代表して執行	代表取締役等の業務執行取締役が執行
代表取締役の選任	任意	必須
監査役の選任	任意	原則として必須
業務執行の監督	取締役・株主	取締役会

（a） **取締役会の設置の有無**

　取締役会非設置会社においては、定款に特段の定めをおかなくても、株主総会が、会社に関する一切の事項を決定することができる機関となり（会社法295条1項）、株主総会において目的事項以外の事項も決議することができる（同法309条5項）。取締役も、単独または過半数で、業務に関する事項を決定することができるが（同法348条2項）、株主総会において決定された事項があれば、株主総会決議に従って業務執行することになる。取締役会非設置会社において、取締役は1名以上で足り（同法326条1項）、複数名取締役を選任した場合も、取締役の中から代表取締役を選任した場合を除き、各取締役が会社を代表する（同法349条1項・2項）。監査役の設置は任意であり、各取締役の業務執行の監督は、他の取締役が業務執行の一環として行うか、株主が直接行う。

　他方、取締役会設置会社においては、株主総会で法定決議事項以外の事項を決議するにはあらかじめ定款に定める必要があり（会社法295条2項）、株主総会の目的事項と若干の例外事項以外は決議することができない（同法309条5項）。取締役は、3名以上選任しなければならず（同法335条5項）、代表取締役の選任も必須である（同法362条3項）。指名委員会等設置会社等の例外を除き、1名以上の監査役（非公開会社の場合は会計参与でもよい）の選任も必要である（同法327条3項）。取締役会設置会社では、法令・定款による株主総会決議事項を除く業務執行すべてに関する意思決定は原則として取締役会において行うこ

ととなり（もっとも、合弁契約の株主である全当事者の同意がある場合には取締役会決議を欠く行為も有効とされうる）、取締役会により、取締役の業務執行の監督が行われる。

取締役会非設置会社と取締役会設置会社の異同をまとめると、〈図表1-6-5〉のとおりである。

合弁会社の取締役が、合弁契約の当事者である株主の取締役・従業員のみであり、また、合弁契約の当事者が株主として迅速に意思決定を行うことが可能な場合には、取締役会非設置会社として、簡易な機関設計で機動的な経営を行うことが考えられる。他方、合弁会社において、役員・従業員以外の外部人材も取締役として選任して、業務執行を任せる場合や、合弁契約の枠内ということにはなるが、合弁会社の経営を取締役にある程度任せることが想定されている場合などは、取締役会設置会社とすることが考えられよう。

　　（ｂ）　監査役の設置の有無

上述したとおり、取締役会非設置会社において、監査役の設置は任意である。

また、取締役会設置会社の場合には、原則として監査役をおくことが必要となるが、全株式譲渡制限会社であれば、監査役の権限を会計監査に限定すること（会社法389条1項）や、会計参与（公認会計士等であって取締役と共同して計算書類の作成等を行う機関。同法374条1項）をおくことにより監査役をおかないこともできる。

事業会社間の合弁契約においては、少なくとも合弁会社の事業規模がさほど大きくないうちは、株主が、自己が指名した取締役を通じて、または合弁契約の定めに従い、直接合弁会社の業務執行を監督できる場合が多く、監査役をおかない例もある。もっとも、少数派株主において、業務執行は多数派株主に任せるが監査役を指名してモニタリングしたい意向がある場合や、設立当初から相応の事業規模となることが想定され、監査役をおくことによって第三者から会社の監査機能への信頼が期待される場合などは、監査役の設置を検討すべきである。

(4) 取締役等の選任・解任
(A) 条項例
[条項例1-6-16] 取締役等の選任・解任

> 第○条(取締役の選任・解任)
> 1 甲及び乙は、第○条に基づき指名された候補者が対象会社の取締役又は監査役に選任されるよう、株主総会で賛成の議決権を行使するものとする。
> 2 甲及び乙は、自らが指名した取締役をして、第○条に基づき指名された候補者が対象会社の代表取締役に選任されるよう、取締役会において必要な措置を講じさせるものとする。
> 3 甲及び乙は、自らが指名した役員についてのみ、解任・解職に関する決定を行うことができる。ただし、相手方が指名した役員に法令もしくは合弁会社の定款への違反又は意欲・能力の著しい欠如等、解任・解職をすべき合理的理由がある場合、甲又は乙は、相手方に具体的理由を通知の上、当該役員の解任・解職について誠実に協議するものとする。
> 4 解任・解職の決定があった場合、甲及び乙は、自ら又は自らが指名した取締役をして、解任・解職に必要な措置を講じるものとする。

(B) 解説

会社法上は、過半数を保有する多数派株主がすべての取締役を選任することができるが、合弁契約においては、少数派株主の合弁事業への投資のインセンティブを確保するため、出資割合に応じた人数の取締役の指名権が規定されることが多い。代表取締役や監査役を選任する場合は、多数派株主が指名権をもつことを合弁契約に定めることが多いが、少数派株主の意向次第では、双方が1人ずつ指名権をもつように規定することも考えられる。

役員の解任権も、指名した当事者が保有することが多いが、相手方が指名した役員に法令・定款への違反や意欲・能力の著しい欠如等があっても解任できないとすれば、合弁会社に損害を及ぼすおそれがある。対応策として、[条項例1-6-16]のように、相手方の指名した役員に解任・解職すべき合理的理由がある場合には解任・解職について株主間で誠実に協議することを定めておくことが考えられる。

（5） 取締役の責任等

（A） 条項例

[条項例1-6-17] 取締役の責任等①

> 第○条（利害関係）
> 1　第○条の重要事項の決定のほか、合弁会社と甲又は甲グループに属する会社との取引に関する契約（以下「甲取引契約」という。）の締結、条件変更又は解除については、乙の事前の承諾を要するものとする。
> 2　甲取引契約に係る取締役会決議には、甲が指名した取締役は参加しないものとする。
> 3　甲及び乙は、対象会社と甲又は乙の利害関係が対立する業務執行における取締役の行為に関しては、当該取締役の対象会社への責任を免除することを予め同意する。

[条項例1-6-18] 取締役の責任等②

> 第○条（対象会社の情報の取扱い）
> 1　甲及び乙は、対象会社をして、以下の各号の書類の写しを、以下に定める時期までに、甲及び乙に対して提供させる。
> 　(1)　各年度の監査済み連結財務諸表：各会計年度の末日から60日以内
> 　(2)　月次報告書：各月末日から1か月以内
> 2　甲及び乙は、以下の各号のいずれかに定める情報を除き、対象会社が保有する対象事業に関する情報を、自らが指名した役員による開示その他の方法により、取得することができるものとする。
> 　(1)　対象会社が第三者に対して秘密保持義務を負う情報
> 　(2)　甲又は乙が指名した取締役が、合理的理由を示して、相手方への開示を制限することを事前に要請した甲又は乙に関する情報
> 3　甲及び乙は、前項に基づく情報開示について、開示をした役員の対象会社への責任を免除することを予め同意する。

（B） 合弁会社と株主の利害対立と取締役の責任

　取締役は、合弁会社に対して、善管注意義務を負う。他方、合弁契約に基づき各株主が指名する取締役は、一般に、指名株主の役員・従業員であって合弁会社の取締役を兼務している場合が多く、指名株主の意向を合弁会社の経営に

反映すべく業務執行を行う。会社法上、取締役会の決議事項について、「特別の利害関係」を有している取締役は、当該決議事項について、議決に加わることができないところ（会社法369条2項）、指名取締役が指名株主の代表権を有しない役員・従業員にすぎない場合、通説的見解によれば、「特別の利害関係」には該当せず、利害対立のある取引の決議に参加できると解されている。また、指名株主の役員・従業員ではなくても、指名を受けて合弁会社の取締役となった者は、指名株主の意向を踏まえた業務執行を行うことが想定される。

そうすると、合弁会社と特定の株主の利害が対立する場面において、合弁会社の取締役が特定の株主の利益を図る行為をした場合、当該取締役の行為は、合弁会社に対する善管注意義務違反を構成し、紛争となりうるが、少数派株主の立場では、取締役の過半数を指名している多数派株主が指名した取締役の善管注意義務違反を問おうとしても意思決定をすることができない状況も想定される。

もっとも、かかる紛争は、その実態からすれば、取締役個人の責任問題というより、株主間での利害調整の問題である。利害調整の具体的な方法としては、合弁契約において、対象会社の事業内容を明確にしつつ、後述する株主の競業避止義務を定めるなどして、合弁会社と株主の利害が対立する場面が可能な限り生じないようにすることや、合弁事業への参加の前提として合弁会社と自社との取引を条件とする場合には明確に規定しておくことに加えて、合弁会社と少数派株主の利害が対立しうる特定の業務執行については少数派株主の事前同意を要することや、利害対立のある特定の業務執行に係る決定には当該株主が指名した取締役が議案の決議に参加しないことを定めておくことが考えられる[35]（[条項例1-6-17]）。また、取締役に就任する者の心理的・経済的負担を解消するため、合弁会社と少数派株主の利害対立に関しては、取締役の責任を免除しておくことも考えられる（[条項例1-6-17]）。

（C）　情報管理

各株主は、合弁事業に関するさまざまな情報を、指名取締役を通じて取得することを想定していることが多い。もっとも、合弁会社が第三者との間で秘密

---

[35] 松下憲＝柿元將希＝足立悠馬「合弁事業に関する実務上の諸論点（上）」商事法務2343号（2013年）44頁以下。

保持義務を負う情報については、指名取締役による指名株主への開示は、第三者に対する秘密保持義務違反を構成する。また、第三者に対して秘密保持義務を負わない情報であっても、指名取締役が合弁会社の秘密情報を指名株主に開示することは、合弁会社と株主の利害が対立する場合には、指名取締役の善管注意義務違反を構成することとなり、紛争の火種となりうる。

そこで、合弁会社における情報の取扱いルールについて、あらかじめ合弁契約において定めておくことが望ましい（［条項例1-6-18］）。

2　合弁会社の運営に関する事項
（1）　重要事項の決定
（A）　条項例

[条項例1-6-19]　重要事項の決定①

第○条（重要事項の決定）
1　対象会社において以下の各号に定める事項の決定を行おうとする場合、甲及び乙双方の事前の書面による承諾を要する。
　⑴　定款の変更
　⑵　株式の発行、新株予約権（新株予約権付社債を含む）の発行、自己株式の買受・取得・処分又は株式併合
　⑶　資本金の額の減少又は準備金の額の減少
　⑷　合併、会社分割、株式交換、株式移転、事業譲渡又は事業譲受
　⑸　第三者との業務提携
　⑹　子会社の設立
　⑺　倒産手続開始の申立て又は解散
　⑻　事業の全部又は一部の休止又は廃止
　⑼　○円以上の資産の取得又は処分
　⑽　○円以上の貸付又は借入れ
　⑾　第三者への債務保証もしくは担保提供又は第三者の債務の引受
　⑿　年間予算の承認
　⒀　事業計画の決定又は修正
2　甲及び乙は、前項の承認がない場合、当該事項に係る議案が否決されるよう自ら議決権を行使するとともに、自らが指名した取締役をして、議決権を行使させる。

[条項例1-6-20] 重要事項の決定②

第○条(重要事項の決定)
1 対象会社において以下の各号に定める事項の決定を行おうとする場合、甲及び乙双方の指名した取締役全員の事前の書面による承諾を要する。
(以下略)

[条項例1-6-21] 重要事項の決定③

第○条(重要事項の決定)
1 対象会社において以下の各号に定める事項の決定は、株主総会決議によるものとし、当該決議は、議決権を行使することができる株主の議決権の3分の2を有する株主が出席し、出席した株主の議決権の4分の3を超える多数をもって行う。
(以下略)

(B) 少数株主の意向の反映方法

　合弁契約においては、少数派株主の合弁事業へのインセンティブを確保するため、一定の事項の決定について少数派株主の意向を反映させることが多い。意向の反映方法としては、主として①全株主の事前承諾を要することとする方法([条項例1-6-19])、②少数派株主が指名した取締役の賛成を要することとする方法([条項例1-6-20])、③定款に定めることにより決議要件を加重する方法([条項例1-6-21])とがある。②の場合、指名した株主と指名を受けた取締役との間で意見の対立が生じた場合には、少数派株主の意向が重要事項の決定に反映されないこととなる可能性がある。また、①の場合、株主の事前承諾を取得する前に多数派株主が合弁契約に反して取締役会または株主総会において重要事項を決定してしまった場合には、決議の要件を満たしている限り決議は有効と解釈される可能性が否定できない(東京地判平成27年9月7日判時2286号122頁は、残余財産の分配方法について、株主全員の同意は会社法109条2項の株主ごとに異なる取扱いを行う定款の定めと同視できる旨判示しており、当該判断は、控訴審である東京高判平成28年2月10日金判1492号55頁および上告審である最判平成28年10月4日判例集未登載でも維持されているが、事前承諾を要するとする事由にかか

わらず同様の救済を受けられることが最高裁判決により確認されているとはいいがたい）。決議が有効とされる場合、当事者間で合弁契約の債務不履行責任を追及したり、違反を理由としてコール・オプションやプット・オプションの行使により合弁を解消したりするほかない。これに対し、③のように定款で決議要件を加重しておけば、定足数や賛否認定について定款違反がある株主総会決議は、決議取消事由があり、決議取消しの訴えの対象となり、定款違反がある取締役会決議は無効と解されている。また、定款違反のおそれがあり、当該行為によって合弁会社に著しい損害が生ずるおそれがあるときは、株主は、取締役に対して差止めを請求することができる（会社法360条）。定款による決議要件の加重としては、頭数要件を加えたり、株主全員の同意を決議成立要件としたりすることも有効と解されているが、定時株主総会において必ず決議すべき計算書類の確定等については、株主全員の同意が要求されると決議が成立しないおそれが生じることから、このような定款の定めが無効と解されていることには留意が必要である。

　（C）　少数株主の事前同意事項の対象

　少数株主の事前同意事項の内容は、案件によりさまざまであるが、大別すれば、

- 合弁会社の基本的な機関や資本関係に影響を与える事項（定款変更、株式・新株予約権等の発行、自己株式の処分、資本金の減少、子会社の設立等）
- 合弁会社の事業内容に影響を与える事項（組織再編行為、第三者との業務提携、第三者との重要な契約の締結、訴訟提起等）
- 合弁会社の存続に関する事項（倒産手続の開始、解散、事業の休廃止等）
- 合弁会社の財務状況に影響を与える事項（剰余金の配当その他の処分、重要な資産の取得・処分、多額の貸付け・借入れ、第三者への債務保証等、予算の承認、事業計画の決定・修正等）

があげられ、株主総会特別・特殊決議事項が包含されることが多い。

　そのほかに、合弁会社の組織に関する事項（重要な内部規程の新設・改訂、人事政策等）を規定することもある。また、他の項で解説しているとおり、合弁会社の利益の処分（下記3）や特定の株主との利益相反に関する事項（前記1(5)(B)）については、少数株主の事前同意事項の対象としてではなく、別途の

定めを設けることがある。
(2) 資金調達
(A) 条項例

[条項例1-6-22] 資金調達①(原則として資金提供義務を負わない場合)

> 第○条(資金調達)
> 1 対象会社における資金調達は、対象会社自ら行うものとし、甲及び乙は、対象会社に対し、出資、貸付その他の方法を問わず、資金提供義務を負わない。
> 2 対象会社が資金調達を行おうとする場合、甲及び乙は、新株発行について誠実に協議を行うものとする。協議の結果、対象会社が新株発行を行う場合、原則として当該発行の時点における出資比率に応じた引受権を有するものとする。甲及び乙が、出資比率とは異なる割合で新株を引き受ける場合、新株の発行日に、変更後の出資比率に応じて、第○条に定める取締役等の構成を変更するものとする。
> 3 対象会社が金融機関から借入を行おうとする場合であって、金融機関から当該借入について株主による保証を求められたときは、○○○万円を限度として、甲が保証債務を負うものとする。甲が保証債務を履行した場合、甲が保証債務を履行した額に応じて、第○条に定める取締役等の構成を変更するものとする。

[条項例1-6-23] 資金調達②(資金提供義務を負う場合)

> 対象会社において資金調達が必要となった場合、甲及び乙に対し、出資比率に応じた新株発行を行うものとし、甲及び乙は、これを引き受けるものとする。甲及び乙は、新株発行による出資額の合計額が○億円を超過するまでは、対象会社による新株発行に反対する旨の議決権の行使を行わないものとする。

(B) 解説

合弁当事者間の紛争防止のためには、合弁会社において資金調達が必要な事情が生じた場合に、合弁当事者が資金提供義務を負うか否か、合弁当事者が資金提供義務を負う場合の資金提供方法、資金提供による支配権の調整の有無について、合弁契約において定めておく必要がある。

合弁スキームで進めるか否かを経営判断する際には、将来における追加の資金提供の有無・そのような状況に至る可能性の程度・資金提供の額等についても検討すべきところ、リスクを一定の範囲に限定すべく、資金提供義務を定めることについては慎重にならざるを得ない。他方で、合弁会社の設立段階では出資額を抑え、事業の進捗に応じて随時必要な資金提供を行うこととするスキームも考えられ、そのようなスキームにおいては、合弁会社の円滑な事業運営のため、合弁当事者による資金提供義務を定めることが必要となる（[条項例1-6-23]）。

他方、出資割合に応じた資金提供を、合弁当事者の義務ではなく権利として定めることも一般に行われている。権利として定める場合には、資金提供に向けたインセンティブを確保するため、資金提供をした当事者の合弁会社事業運営への影響力がその分増加するようなしくみを定めることも多い（[条項例1-6-22]）。

資金提供の方法としては、大別して投資か貸付けかという選択肢がある。投資の場合には、議決権に変動を与える普通株式とするほか、議決権割合を変動させたくない場合に無議決権優先株式とすることもある。貸付けについては、リスクを限定するために上限額を定めておくことも考えられる。その他、合弁会社が自ら金融機関から資金調達をする場合に合弁当事者が保証することについて定めることもある（[条項例1-6-22]）。

3　剰余金の配当に関する事項

(1)　条項例

[条項例1-6-24]　剰余金の配当①（剰余金を出資比率に応じて行う場合）

第○条（剰余金の配当）
1　甲及び乙は、対象会社の剰余金について、対象会社の各事業年度（ただし、設立後4年目以降の事業年度に限る。）の終了後3か月以内に、各事業年度の終了時点における出資比率に応じて、金銭で配当を受ける。
2　前項の配当額は、各事業年度について甲及び乙が別段の合意をしない限り、各事業年度について、原則として税引後利益の50％に相当する額とする。ただし、対象会社の分配可能額がこれに不足する場合には分配可能額を上限とし、不足額は翌事業年度以降に繰り越さないものとする。

[条項例1-6-25] 剰余金の配当②（定款で株主ごとに異なる取扱いを定める場合）

> 第○条（剰余金の配当）
> 1 甲及び乙は、対象会社の剰余金について、対象会社の各事業年度（ただし、設立後4年目以降の事業年度に限る。）の終了後3か月以内に、甲及び乙の出資比率にかかわらず、甲及び乙に対し、同額の配当を行うことを相互に確認する。
> 2 甲及び乙は、本条に従う剰余金の配当について、反対する旨の議決権の行使を行わないものとする。
> 3 前二項の定めにかかわらず、甲及び乙のいずれかが、相手方が保有する対象会社の株式数の3倍を超える数の株式を保有するに至った場合、甲及び乙は、第1項の剰余金の配当額の見直しを行うものとし、その割合については、出資比率を踏まえ、甲及び乙の協議により決定するものとする。

（2）解 説

　剰余金の配当は、各当事者にとって、合弁事業への投資による利益を確保する手段の一つである。合弁会社において、合弁当事者に対する利益の還元は、剰余金の配当だけでなく、合弁会社との取引（業務委託、売買、ライセンス等）による対価の収受による方法もあり、剰余金の配当をどれほど重視するかについて、当事者間で利害の対立が生じる可能性がある。また、剰余金を配当せずに合弁会社における設備投資等に利用することも考えられ、合弁会社の事業運営上の方針の相違によっても、配当の有無および額が影響を受けうる。したがって、合弁会社において剰余金の配当をどのような方針で行うかについては、合弁契約締結時点で、あらかじめ合意しておく必要がある。

　剰余金の配当は、出資比率に応じて行うことが会社法上の原則であるが、定款で、株主ごとに異なる剰余金配当を行う旨を定めたり（会社法109条2項）、種類株式を利用したりする（同法108条1項1号・2号）ことで、出資比率にとらわれない配当を実現することが可能である。なお、株主に剰余金配当請求権および残余財産分配請求権の全部を与えない旨を定めることはできないが（同法105条2項）、残余財産分配請求権が与えられていれば、剰余金配当請求権のみを与えないこととすることは可能である。もっとも、特定の株主に対する差別的取扱いが手段の必要性や相当性を欠くような定款変更を無効とする裁判例

がある点には留意が必要である（東京地判平成25年9月25日金判1518号54頁）。

4 競業避止義務に関する事項

（1） 条項例

［条項例1-6-26］　競業避止義務

> 甲及び乙は、本契約の有効期間中及び本契約の終了後2年間を経過するまで、半導体製造工程においてAI技術を活用することに関する事業を、日本国内において、直接に又は子会社もしくは関係会社を通じて間接に、行ってはならない。

［条項例1-6-27］　引き抜き禁止

> 1　甲及び乙は、本契約の有効期間中及び本契約の終了後2年間を経過するまで、相手方から対象会社に出向している従業員及び相手方が指名した対象会社の役員について、相手方の事前の書面による承諾を得ることなく、自ら又は自らの子会社もしくは関係会社その他の関係者をして、雇用又は役員への就任を勧誘し、斡旋し、その他これらに類する行為をしてはならない。ただし、雇用又は就任が、当該従業員又は役員の自発的意思によることを相手方が立証した場合に、当該従業員を雇用し、又は役員に就任させることはこの限りではない。
> 2　甲及び乙は、前項の違反に対する違約金を3000万円とすることに合意する。

（2） 解説

　各株主は、合弁事業や相手方当事者に関するさまざまな情報を、合弁事業の運営を通じて取得する。各当事者の利害が対立し紛争に発展することを未然に回避するため、各当事者が合弁事業と競合する事業を行わないことを合意し、両者が一丸となって合弁事業に注力する体制を確保することがよく行われている。競業避止条項は、各当事者の事業活動に対する影響が大きいことから、競業避止の内容、地域、期間等が、自社ないし自社グループの事業運営に照らして許容できる範囲のものであるかを十分に検討しなければならない。競業避止の内容は、外縁が不明瞭にならないよう、できる限り明確に規定することが望ましい（［条項例1-6-26］）。

　さらに、合弁事業に従事している相手方の従業員や相手方が指名した役員に

ついての引き抜き禁止を定めることもある。合弁事業を通じて知った相手方の有能な従業員や役員を引き抜くことは、社会的相当性を逸脱する場合には不法行為が成立するところ（東京地判平成3年2月25日判時1399号69頁）、そのような不法行為の防止を合弁契約においてあらかじめ定めておくことは有用である。また、引き抜き行為による損害賠償額の立証には困難が伴いうることから、違反に対する違約金を定めておくことが望ましい。他方で、従業員等の職業選択の自由に対しても一定の配慮が必要である。［条項例1-6-27］は、従業員等が自発的意思により相手方への転職を希望し転職した場合を除外し、相手方が勧誘行為等を行って引き抜く行為のみを違反とした条項例である。

5　株主等との取引条件に関する事項

（1）条項例

［条項例1-6-28］　**株主等との取引条件①**

> 1　甲及び乙は、対象会社の設立後速やかに、甲、乙及び対象会社間で、甲の半導体製造工程における乙の先進的AI技術の活用に関し、大要別紙1に定める内容の共同開発契約（以下「本共同開発契約」という。）を締結する。
> 2　本共同開発契約に基づき、対象会社及び乙に帰属した成果について、甲が希望する場合、甲、乙及び対象会社は、大要別紙2に定めるライセンス契約（以下「本ライセンス契約」という。）を締結するものとする。
> 3　本契約が終了した場合であっても、本ライセンス契約は、甲が継続を希望する限り、従前と同条件で継続するものとする。
> 4　本共同開発契約及び本ライセンス契約に関し、本契約に定めのない事項については、別途甲及び乙の協議により決定する。

［条項例1-6-29］　**株主等との取引条件②**

> 1　甲は、対象会社の設立後速やかに、対象会社との間で、アジア地域の化粧品市場に向けた新製品の開発に関し、大要別紙1に定める内容の共同開発契約（以下「本共同開発契約」という。）を締結する。
> 2　乙は、対象会社の設立後速やかに、対象会社との間で、アジア地域の化粧品市場に向けたマーケティング戦略の策定を対象会社が乙に委託することに関し、大要別紙2に定める業務委託契約（以下「本業務委託契約」という。）を締結する。

3　甲は、本共同開発契約に基づく共同開発の結果、アジア地域の化粧品市場に向けた新製品の開発が完了した場合、対象会社との間で、甲が対象会社に対し原材料を販売することについて、大要別紙3に定める取引基本契約（以下「本取引基本契約」という。）を締結するものとする。
4　本契約が終了した場合、甲及び乙は、当該終了時点で有効に存続している本共同開発契約、本業務委託契約及び本取引基本契約の存続、変更、終了について、誠意をもって協議するものとする。

（2）解　説

　合弁事業に参画する各当事者は、合弁会社から得られる配当金のほか、合弁会社との取引から得られる利益、技術・ノウハウ等に期待している場合も多い。そのため、合弁契約のほかに、各当事者と合弁会社間において何らかの取引契約が締結されることが合弁スキームの一環として想定され、当該取引に係る取引条件が各当事者にとって重要な意味をもつことがある。その取引条件が、株主である当事者Aに一方的に有利であり、合弁会社にとって不利なものであれば、他の株主Bとの間で利害が対立することになりうる。

　そのため、個々の取引契約自体は合弁会社と株主Aの二者間で締結するとしても、株主Aと株主Bとが当事者となっている合弁契約において、想定される取引契約の締結や、その取引条件について合意しておくことがある。

　また、株主にとって、取引契約が終了するならば、それ以上合弁スキームを継続する理由がないという状況も想定され、その場合には、取引契約の終了と合弁契約の終了とをリンクさせておくことが一案である。他方で、取引契約の一方当事者である株主Aのみが保有する技術の提供が合弁事業の継続に不可欠である場合や、代替となる原材料の取引先をみつけるまでに時間を要する場合など、取引契約の終了をめぐり、当事者の利害が対立する場合も想定される。

　そのため、事後の紛争を回避するには、取引契約の継続・終了後の取扱い等についても、可能な限り規定しておくことが望ましい。何を規定すべきかはケースバイケースであるが、［条項例1-6-28］は、甲、乙および合弁会社間での共同開発および当該技術の合弁会社から甲へのライセンスについての各契約について定めたものである。［条項例1-6-29］は、甲と合弁会社間での共同開発、

合弁会社の乙に対する業務委託、合弁会社の甲からの原材料の購入についての各契約について定めたものである。

6 株式の譲渡に関する事項

(1) 株式の譲渡制限

(A) 条項例

[条項例1-6-30] 株式の譲渡制限①

第○条（株式の譲渡制限）
1 甲及び乙は、相手方の書面による承諾を得た場合又は本契約の定めによる場合を除き、その保有する対象会社株式を第三者に譲渡し、又は担保提供その他の方法により処分（合併、会社分割、事業譲渡その他これらに類する取引による承継、株式交換による承継を含むが、これらに限られない。）してはならない。
2 前項の定めにかかわらず、甲及び乙は、相手方に事前に通知することにより、自己の子会社に対して、自己が保有する対象会社株式の全部を譲渡（疑義を避けるために付言すると、一部の譲渡は認められない。）することができる。その場合、甲及び乙は、本契約の契約上の地位を当該子会社に移転するものとし、相手方は当該移転に同意する。

[条項例1-6-31] 株式の譲渡制限②

第○条（株式の譲渡制限）
1 甲及び乙は、対象会社の設立日から5年を経過するまで、相手方の書面による承諾を得た場合又は本契約の定めによる場合を除き、その保有する対象会社株式を第三者に譲渡し、又は担保提供その他の方法により処分（合併、会社分割、事業譲渡その他これらに類する取引による承継、株式交換による承継を含むが、これらに限られない。）してはならない。

(B) 解 説

本章が想定している事業会社間の合弁契約は、合弁当事者の個性を重視して、その特定の相手方と、少なくとも一定期間、両者とも投資をして合弁事業を行おうとするものであるから、相手方が自由に合弁関係から離脱し、別の第三者が株主として合弁事業に関与することは想定されていないことが通常であ

る。そのため、定款で株式の譲渡制限を定めるとともに、合弁契約において、株式の譲渡制限条項を設けることが多い。［条項例1-6-30］の第1項は、相手方の承諾または合弁契約の定めによらない限り、譲渡を認めないことを定めたものである。グループ内企業の再編等により、グループ内での株式の譲渡ができるようにしておく必要がある場合には、［条項例1-6-30］第2項のように、子会社への譲渡については相手方の承諾を不要としておくことが考えられる。その場合には、合弁契約上の地位も当該子会社に移転することが考えられる。

また、合弁契約による譲渡制限を一定の期間に限定する場合には、［条項例1-6-31］のように、期間制限を設けることが考えられる。

名古屋地決平成19年11月12日金判1319号50頁〔スズケン対小林製薬事件〕において、裁判所は、発行済み株式の74％を有する株主と20％を有する株主との間で締結した合弁契約において、相手方の事前の承認を得た場合を除き株式を他に譲渡してはならない旨の規定が定められている場合に、当該規定の「株式の譲渡」には株式交換は含まれないとして、第三者が発行済み株式の全部を取得することとなる株式交換の承認議案について、多数派株主が賛成の議決権行使をすることは妨げられないと判断している点には留意が必要である。

（2） 株式の第三者への譲渡

　　（A）　条項例

［条項例1-6-32］　優先買取権

第○条（優先買取権）
1　甲及び乙は、相手方の書面による事前の同意を得ることなく、対象会社の株式の全部又は一部を第三者に譲渡し、又は担保の用に供してはならない。
2　甲又は乙のいずれか一方当事者（以下「譲渡当事者」という。）が相手方の同意を得て合弁会社の株式の全部又は一部を第三者に譲渡しようとする場合、譲渡予定株式数、譲渡予定者その他当該株式譲渡に係る重要な条件を事前に相手方に対して書面で通知するものとし、この場合、相手方は優先買取権を有するものとする。相手方が優先買取権を行使する場合の株式1株あたりの価格は、原則として時価評価した合弁会社の純資産額に基づき計算されるものとし、純資産額は、甲乙協議の上で選任した公認会計士により決定される。
3　前項により、譲渡当事者から株式譲渡条件に係る書面の通知を受けた相手方が、当該通知を受領した日から30日以内に優先買取権を行使しなかったと

きは、これを放棄したものとみなし、譲渡当事者による第三者への譲渡につ
いて同意したものとみなす。
4　甲又は乙は、対象会社の株式の全部を譲渡することにより株主としての地
位を失った場合、本契約の当事者としての地位を失うものとし、当該株式の
一部を譲渡することにより出資比率が変更された場合には、甲及び乙は、協
議の上、本契約を変更するものとする。

[条項例1-6-33]　先買権を優先する条項例

第○条（先買権、共同売却請求権、強制売却権）
1　甲又は乙が、自己の保有する対象会社株式の全部について第三者への譲渡
を希望する場合（以下、譲渡を希望する当事者を「譲渡希望当事者」、相手方
当事者を「相手方」、当該第三者を「譲受候補者」という。）、相手方に対し、
譲受候補者への譲渡の主要条件（別紙○に定める事項を含む。）を記載した書
面による事前通知（以下「譲渡条件通知」といい、当該書面を「譲渡条件通
知書」という。）を行うものとする。
2　相手方は、譲渡条件通知書の受領日から30日以内に、譲渡希望当事者が保
有する対象会社株式の全部について先買権を行使するか否かを、書面により
通知（以下「先買権通知」という。）をする。
3　甲（多数派株主）が譲渡希望当事者である場合において、乙（少数派株主）
が前項の先買権を行使しない場合、先買権通知の受領日から30日以内に乙に
書面で通知を行うことにより、乙に対し、乙の保有する対象会社株式を、譲
受候補者に対して譲渡するよう請求することができるものとする（以下「強
制売却請求権」という。）。
4　(ⅰ)甲が譲渡希望当事者であり、相手方である乙が第2項の先買権を行使
しない場合において、甲が前項の強制売却請求権を行使しないとき、及び
(ⅱ)乙が譲渡希望当事者であり、相手方である甲が第2項の先買権を行使し
ない場合、相手方は、(ⅰ)の場合は強制売却請求権の行使期限から30日以内、
(ⅱ)の場合は先買権の行使期限から30日以内に、それぞれ書面で通知を行う
ことにより、相手方が保有する対象会社株式の全部について、譲渡希望当事
者と共同で譲渡するように請求できるものとする（以下「共同売却請求権」
という。）。
5　先買権、強制売却請求権又は共同売却請求権が行使された場合の譲渡の条
件は、譲渡条件通知書記載の主要条件その他別途譲受候補者と合意された条

件によるものとするが、対象会社株式の売却価額の合計額は、直近四半期末日時点における対象会社の簿価純資産額以上の価額でなければならないものとする。ただし、経済状況の重大な変化等の外的な要因により、対象会社の財政状態、収益計画又はその見通しに重大な悪影響が生じている場合はこの限りでない。
6　本条に定める第三者への対象会社株式の譲渡並びに先買権、強制売却請求権及び共同売却請求権の行使は、自己又は相手方の保有する対象会社株式の全部について行うものとし、その一部について行うことはできない。

　　（B）　株式譲渡のパターン
　上記(1)のとおり株式の譲渡制限条項を設ける場合がある一方、両当事者または一方当事者が、株式の譲渡により、合弁関係の解消を望むことも想定される。一方当事者のみが解消を希望する場合には、解消したい当事者と、従前どおり合弁契約を継続したい当事者との思惑が一致せず、紛争に発展する可能性が高い。そのため、あらかじめ合弁契約を解消する条件と方法を定めておく必要がある。事業の内容や当事者の意向次第であるが、解消の方法としては、大別して以下の①～③のパターンが想定される。
　①　離脱を希望する当事者が残存当事者に対して株式を譲渡する方法
　②　離脱を希望する当事者が第三者に対して株式を譲渡する方法
　③　合弁当事者が共同で第三者に株式を譲渡する方法

　　（C）　既存株主の先買権・優先買取権
　上記（B）①②については、少数派株主が離脱を希望した場合には必ず多数派株主に譲渡することとし、多数派株主に買取義務を定めることもあるが、多数派株主としては、買取りを義務として定めることには抵抗がある場合も多い。そのため、一方当事者が離脱を希望した場合には、他方当事者が当該株式の譲受けについて、優先買取権ないし先買権（第三者への譲渡条件と同一条件で既存株主が譲渡希望当事者の株式を買い取ることができる権利）を有するものとして規定することが比較的多いように思われる（[条項例1-6-32]）。優先買取権ないし先買権にはさまざまな定め方がありうるが、以下のような観点から条件を検討していくこととなる。
　・既存株主に第三者との交渉に先立つ優先買取権を付与するか否か

・既存株主に条件提示義務を課すか否か
・譲渡希望当事者に第三者への譲渡条件を既存株主に開示する義務を課すか否か
・既存株主の条件提示が第三者への譲渡条件より有利である場合に譲渡希望当事者に既存株主への譲渡義務を課すか否か
・保有株式の一部の譲渡を認めるか否か

(D) 共同売却請求権、強制売却請求権

上記（B）③（合弁当事者が共同で第三者に株式を譲渡する方法）として、合弁当事者が共同で譲渡先を探して譲渡する場合のほか、一方当事者が譲渡しようとする際に他方当事者が自己の保有する株式も共同で譲渡するよう請求する権利（共同売却請求権。Tag-along right ともよばれる）や、一方当事者が探してきた譲渡候補先への合弁会社株式の譲渡を相手方株主に強制する権利（強制売却請求権。Drag-along right ともよばれる）について定めをおくことが考えられる。一般に、少数派株主が、多数派株主の協力なく、譲渡先候補を探し出すことは困難が伴うことから、第三者への株式譲渡を少数派株主が主導して行うことは想定されないことも多い。そのため、共同売却請求権は、多数派株主が譲渡候補先への譲渡を少数派株主に通知した際の少数派株主の権利として定められることが多いように思われる。また、多数派株主としては、少数派株主が合弁関係から離脱したいタイミングにおいて、自らも売却を強制されてしまうことは受け入れがたいことが通常である。そのため、強制売却請求権は、定めをおく場合であっても、少数派株主に対して譲渡を強制する多数派株主の権利として定められることが多い。

(E) 先買権・優先交渉権、共同売却請求権、強制売却請求権の関係

先買権・優先交渉権、共同売却請求権、強制売却請求権が併存して定められる場合に、その具体的な手続の流れについて詳細に定めておくこともある。多数派株主としては、自身が探してきた譲渡候補先に対する譲渡を早期に実現することを優先したい場合には、少数派株主の先買権よりも強制売却請求権が優先されるように定めることが考えられる。また、少数派株主としては、先買権を行使する可能性がある事案においては、逆に、強制売却請求権よりも先買権が優先されるように定めることが考えられる（[条項例1-6-33] は共同売却請求

権や強制売却請求権よりも、先買権を優先する場合の文例である）が、先買権を行使してまで合弁事業の当事者としてとどまる可能性が極めて低いという場合には、共同売却請求権さえ確保されていれば他の条件にはこだわらないこともあると思われる。

(3) 合弁当事者間での株式の譲渡（コール・オプション、プット・オプション）

(A) 条項例

[条項例1-6-34] コール・オプション

> 第○条（コール・オプション）
> 1 甲又は乙（以下「請求者」という。）は、相手方に以下の各号に該当する事由が生じた場合、相手方に書面で通知（以下「売渡希望通知」という。）することにより、相手方が保有する対象会社株式の全部を、請求者又は請求者が指定する譲受人に対して譲渡するよう請求することができる（以下「本コール・オプション」という。）。本コール・オプションにおける1株当たりの売渡価格は、売渡希望通知日の直前の四半期末における対象会社の純資産額を当該売渡希望通知日における対象会社の発行済株式総数で除することにより算定される額に0.8を乗じた額とする。
> ⑴ 本契約上の重大な義務に違反し、請求者が30日の猶予を定めて違反の是正を書面により求めたにもかかわらず、猶予期間内に違反が是正されない場合
> ⑵ 支払停止もしくは支払不能の状態に陥った場合又は銀行取引停止処分を受けた場合
> ⑶ 解散した場合
> ⑷ 相手方について、破産手続開始、民事再生手続開始、会社更生手続開始、特別清算開始その他の倒産手続開始の申立てがなされた場合
> ⑸ 相手方の経営主体に実質的な変更があると合理的に判断される場合（株主構成の大幅な変更、取締役の変更による実質的な経営主体の変更等を含むがこれらに限られない。）
> 2 相手方が前項の規定に従った売渡希望通知を受領した時に、甲乙間に当該株式に係る売買契約が成立するものとし、相手方は、売渡希望通知の受領日の14日後の日をもって、相手方が保有する対象会社株式の全部を請求者又は請求者が指定する譲受人に売り渡さなければならない。

3 本コール・オプションの行使は、相手方の保有する対象会社株式の全部について行うものとし、その一部について行使することはできない。
4 本条の定めにかかわらず、請求者は、売渡希望通知より前に第○条の譲渡条件通知が行われた場合には、当該譲渡条件通知に基づく手続が完了するまでの間、本コール・オプションを行使することはできない。
5 本条に基づく請求は、第○条に基づく損害賠償の請求を妨げない。

[条項例1-6-35] プット・オプション

第○条(プット・オプション)
1 請求者は、相手方に前条各号に該当する事由が生じた場合、相手方に書面で通知(以下「買取希望通知」という。)することにより、自己が保有する対象会社株式の全部を、相手方が買い取るよう請求することができる(以下「本プット・オプション」という。)。本プット・オプションにおける1株当たりの買取価格は、買取希望通知日の直前の四半期末における対象会社の純資産額を当該買取希望通知日における対象会社の発行済株式総数で除することにより算定される額に1.2を乗じた額とする。
2 相手方が前項の規定に従った買取希望通知を受領した時に、甲乙間に当該株式に係る売買契約が成立するものとし、相手方は、買取希望通知の受領日の14日後までに、請求者が保有する対象会社株式の買取価格の全額を、請求者に支払うものとする。
3 本プット・オプションの行使は、請求者の保有する対象会社株式の全部について行うものとし、その一部について行使することはできない。
4 本条の定めにかかわらず、請求者は、買取希望通知より前に第○条の譲渡条件通知が行われた場合には、当該譲渡条件通知に基づく手続が完了するまでの間、本プット・オプションを行使することはできない。
5 本条に基づく請求は、第○条に基づく損害賠償の請求を妨げない。

(B) 解 説

合弁契約においては、相手方との合弁事業の継続が困難となる状況に至った場合に備えて、相手方が保有する株式を自己に売り渡すよう請求する権利(コール・オプション)や、相手方に対して自己が保有する株式を買い取るよう請求する権利(プット・オプション)が定められることが多い。

相手方との合弁事業の継続が困難となる状況としては、相手方による契約上の重要な義務の違反、倒産や差押え等の信用不安、相手方の支配権の変動等が考えられる。もっとも、倒産手続開始の申立てを理由とするオプションの行使については、有効性が否定される可能性がある。

オプションの行使における買取価格については、速やかな合弁事業の解消を実現するため、明確な算定基準を定めておく必要がある。一般には、契約違反等の抑止のため、コール・オプションの場合には安値に、プット・オプションの場合には高値に設定することが多い。

東京地判令和3年10月20日判例集未登載（令和2年（ワ）第13175号）は、株式買取請求に関する「違反当事者は、書面の発送日の翌日より1ヶ月以内に、株式譲渡契約（なお、株式の譲渡日および譲渡代金の支払期日は、株式譲渡契約締結日から1ヶ月以内に設定するものとする。）の締結……が行われるよう必要な措置をとらなければならない」との規定について、「被違反当事者において株式買取等請求をした時点では、株式の売買契約又はそれと類似の契約関係は生じておらず、譲渡日も定まっておらず、株式買取等請求を受けて締結される株式売買契約によって初めて上記契約関係が生じ、譲渡日も定まることを前提とした規定と解さざるを得ない」、「単に譲渡日及び譲渡代金の支払日を定めたものと解することは、その文言上困難であ」ると判示している。これによれば、株式買取請求や売渡請求をもって、直ちに株式の売買契約を成立させたい場合には、譲渡日や対価の額の支払日を明確に定めておくとともに、別途の売買契約の締結がなくても売買契約が成立する趣旨であることが文言上明確になるよう定めることが望ましい。

なお、先買権等に基づく手続の進行中においてもオプション権の行使を可能とすると、手続が複雑化することから、［条項例1-6-34］［条項例1-6-35］のように、先買権等に基づく手続中はオプション権の行使はできないこととする場合もある。

(4) デッドロック

(A) 条項例

[条項例1-6-36] デッドロック①（多数派株主が買い取る例）

第○条（デッドロック）
1　第○条に定める事前承認事項につき甲又は乙の承認が得られないために対象会社の株主総会又は取締役会の決議が成立しない場合（以下「デッドロック」という。）であって、甲又は乙が相手方に対して書面により協議の申入れをしたときは、甲及び乙は、デッドロックを解消するため誠実に協議を行うものとし、当該協議の開始日から90日（以下「協議不成立日」という。）以内にデッドロックの解消のための措置が合意できない場合、甲は、乙が保有する対象会社株式の全部を、協議不成立日の直前の四半期末における対象会社の純資産額を、協議不成立日における対象会社の発行済み株式総数で除すことにより算出される額をもって買い取るものとする。
2　前項の場合、甲は、協議不成立日から30日以内に、乙が保有する対象会社株式の買取価格の全額を、乙に支払うものとする。

[条項例1-6-37] デッドロック②（協議不成立の場合には解散する例）

第○条（デッドロック）
1　第○条に定める事前承認事項について、合意が成立しない場合、甲及び乙は、かかる意見の不一致を解消するため、両者間にて協議を行うものとする。
2　前項に基づき甲及び乙が協議を開始した日から60日以内に合意が得られない場合、甲及び乙は、それぞれ2名ずつの計4名の委員によって構成される株主運営委員会を開催する。甲及び乙は、株主運営委員会で懸念事項の解決を図るため、対象会社設立の趣旨に鑑み、相互互恵の精神をもって、問題解決に最大限努力する。
3　株主運営委員会による協議を開始した日から60日以内に合意が成立しなかった場合、デッドロックが発生したものとみなす。
4　前項のデッドロックが発生した場合、デッドロックの発生から30日以内に甲又は乙の保有する対象会社株式の全てを相手方が買い受ける合意が成立しない限り、対象会社を解散することとし、第○条（解散）の規定を準用する。なお、甲又は乙の有する対象会社の株式を全て相手方が買い受ける合意が成立した場合の対象会社株式1株当たりの価格は、デッドロックが発生した日

> の直前の四半期末における対象会社の純資産額を、デッドロックが発生した日における対象会社の発行済み株式総数で除することにより算定される額とする。

(B) 解 説

　合弁会社の運営においては、合弁当事者間で運営方針が合わず、デッドロックに陥ることも想定し、解消方法について定めておかなければならない。具体的には、［条項例1-6-36］［条項例1-6-37］のように、期間を定めた協議の場を設けることが考えられるほか、両者が指定した第三者を仲裁者として参加させることも考えられる。

　協議の結果、デッドロックが解消すれば喜ばしいことであるが、解消されない場合には、［条項例1-6-36］のように一方株主が他方株主の株式を一定の額で買い取ることとするか、あるいは［条項例1-6-37］のように対象会社を解散・清算することのいずれかとすることが多い。

7　解散、解除に関する事項

(1) 条項例

［条項例1-6-38］　契約の解除

> 第○条（解除）
> 1　甲及び乙は、相手方が第○条（コール・オプション）第1項各号のいずれかに該当する場合又は第○条第1項（解散）に該当する場合、相手方に対して通知することにより、直ちに本契約を解除することができる。
> 2　前項により本契約が解除された場合、解除した当事者は、解除通知の日から30日間に限り、第○条（コール・オプション）又は第○条（プット・オプション）に定める権利を行使することができる。
> 3　前項の期間内に、解除した当事者がコール・オプションもしくはプット・オプションを行使しない場合又は解除した当事者がこれらのオプション権の行使を放棄した場合、甲及び乙は、直ちに対象会社を解散するものとする。

［条項例1-6-39］　合弁会社の解散

> 第○条（解散）
> 1　対象会社は、本契約に別途定める場合のほか、以下の各号の事由が生じた

場合、解散する。
　(1)　対象会社の決算年度末日における純損失が〇億円以上となることが判明し、対象会社の純損失の解消について甲と乙との協議が整わなかった場合
　(2)　本契約を締結した目的を達成しえないことが客観的に明確となった場合
　(3)　会社法471条各号に該当する場合
2　対象会社の残余財産は、本契約に別段の定めのない限り、出資割合に従い、甲及び乙に帰属するものとする。
3　第1項の場合、前項の定めにかかわらず、対象会社に帰属する知的財産権は、対象会社から乙に譲渡されるものとし、乙は、甲及び乙が別途合意する対価を対象会社に支払うものとする。当該知的財産権について、甲が実施許諾を希望する場合、甲が別途合意する対価を支払うことを条件として、乙は甲に対し、実施許諾を行うものとする。
4　第1項の場合、対象会社が雇用した従業員については、対象会社をして、乙に転籍させるものとする。ただし、当該従業員の同意を得られない場合はこの限りではない。
5　第1項の場合、対象会社と、甲、乙又は第三者との契約の承継又は終了については、対象会社、甲、乙又は第三者の協議により決定するものとする。
6　対象会社の総資産をもって債務を弁済するのに不足する場合、甲及び乙は、その持分割合に応じて対象会社の損失を負担し、対象会社をして、残債務を弁済させる。

(2)　解　除

　合弁契約を解消する手段として、解除条項を規定しておくことが考えられる。解除事由としては、一般に、相手方の債務不履行、信用不安、支配権の変動等が考えられる。存続期間を定めておき、存続期間の満了を合弁契約の終了事由とする例もある。

　もっとも、合弁契約を解除してしまえば、合弁会社をめぐる規律は、会社法や民法等の定めによることになるのであり、特に少数派株主にとっては、かえって不都合が生じることになりかねない。そこで、[条項例1-6-38]においては、解除当事者に、所定の期間内のコール・オプションまたはプット・オプション行使の機会を与えることとし、当該期間内にオプション権が行使されなかった場合には、合弁会社を解散することとしている。

（3） 解　散

　合弁会社が解散に至る状況としては、デッドロックのほか、業績が思わしくない場合や契約目的の不達成の場合などが考えられる。また、会社法471条各号が定める解散事由が生じた場合にも解散することになる。これらの場合にも、一方当事者が他方当事者の株式のすべてを買い取ることにより合弁関係を解消することも考えられるが、解散せざるを得ない場合の処理についても合意しておく必要がある。

　解散時の処理としては、残余財産の分配方法、従業員の処理、契約の承継・終了、債務超過の場合の対処等が問題となりうる。

　従業員については、出向者の場合には出向契約を終了すれば足りるが、対象会社が雇用した従業員については、レピュテーションリスク等を考慮して、株主として雇用する可能性も検討の余地がある（[条項例1-6-39]）。

　また、契約については、対象会社が合弁事業のために締結したさまざまな契約について、すべて終了させることでよいのか、合弁当事者が承継する必要があるのかについては、合弁契約締結の時点では方針が定まらないことが多いとは思われるが、処理方針を事前に定められる場合には規定しておくことが考えられる。

　対象会社が債務超過の場合の損失負担の方針についても、当該損失を合弁当事者で補填するのか否か、補填する場合の補填割合について、当事者間で意見の対立が生じる可能性があることから、あらかじめ合意しておくことが望ましい。

AI 開発・利用契約

Ⅰ はじめに

　新規分野に関する契約として、AI 開発・利用契約をとり上げる。
　AI 開発・利用契約は、契約実務の運用や関連法規の解釈が定まっているとはいいがたい。また、対象とする業務やサービスの態様次第で適切な文例が異なり、契約内容にもさまざまなバリエーションがありうる。さらに、後述するとおり、行政機関等からモデル契約書等が公表されるなどしており、これらを参照した契約条項の検討が可能と思われる。そのため、本章では、他の章とは異なり、具体的な条項例を提示することは控え、これらの契約をめぐる紛争を防止するための基本的な考え方を解説することとする。

Ⅱ AI 開発・利用契約の締結にあたって考慮すべき事項

1 AI 開発のプロセス

　AI 開発契約については、経済産業省が、2018（平成30）年6月に、「AI・データの利用に関する契約ガイドライン」[36]（以下、「経産省 AI 契約ガイドライン」という）を公表した。経産省 AI 契約ガイドラインにおいては、①アセスメント段階、② PoC 段階、③開発段階、④追加学習段階という開発プロセスを前提に、ユーザがベンダに対して、AI 技術を利用したソフトウェアの開発を委託し、ベンダがユーザに当該ソフトウェアを成果物として提供し、または利用させる取引を対象として、①〜③の段階において締結するモデル契約が提示されている。経産省 AI 契約ガイドラインにおいては、モデル契約についても詳

---
[36] 経済産業省ウェブサイト〈https://www.meti.go.jp/policy/mono_info_service/connected_industries/sharing_and_utilization/20180615001-2.pdf〉。

235

細な解説がなされており、その公表以降 6 年以上の年月が経過する中で、実務家の間で広く参照されるに至っていると思われる。

　その後、2023（令和 5）年 5 月、特許庁は、「オープンイノベーション促進のためのモデル契約書 ver2.0 解説パンフレット」「AI 編」（以下、「特許庁モデル契約書パンフレット AI 編」という）[37]を公表した。特許庁モデル契約書パンフレット AI 編では、スタートアップである AI ベンダと、AI の開発を希望する事業者とを想定し、AI を開発し利用するに至るまでのプロセスにおける交渉シーン、交渉ノウハウの解説がなされるとともに、特許庁ウェブサイトでは、各契約種別のモデル契約書（以下、「特許庁モデル契約書」という）が逐条解説とともに公表されている。特許庁モデル契約書では、経産省 AI 契約ガイドラインとは異なり、ユーザがベンダに対して AI の開発を委託するという取引ではなく、ユーザとベンダが共同で AI を開発するという取引が想定されている。また、特許庁モデル契約書は、あくまで特定の想定シーンを前提としたものであるところ、実際には前提の異なるさまざまなケースがあり、前提が異なればモデル契約書が必ずしも最適な契約内容とならない可能性があることは、上記パンフレットにおいても指摘されているとおりであるが、特に事業会社にとっては、特許庁モデル契約書を前提とした契約交渉の解説は、AI 開発の契約プロセスの一例として参考になるであろう。具体的には、特許庁モデル契約書では、以下の 4 段階のプロセスが想定されている。

（1）　秘密保持契約

　秘密保持契約締結段階は、事業会社が AI ベンダにサンプルデータを提供し、AI ベンダが保有する学習済みモデルに入力して得られた出力結果を評価して、AI ベンダが保有する AI 技術を事業会社の事業に導入する可能性を検討するものである。この段階は、無償であることが一般的である。

（2）　技術検証（PoC）契約

　技術検証契約段階は、①のアセスメントの結果を踏まえ、事業会社が AI ベンダに対し、導入可能性の検討に必要な作業を有償で委託し、検証結果の報告を受けるものである。

---

[37] 特許庁ウェブサイト〈https://www.jpo.go.jp/support/general/open-innovation-portal/document/index/startup-pamphlet-ai-a4.pdf〉。

Ⅱ　AI 開発・利用契約の締結にあたって考慮すべき事項

〈図表1-7-1〉　AI 開発の契約プロセス

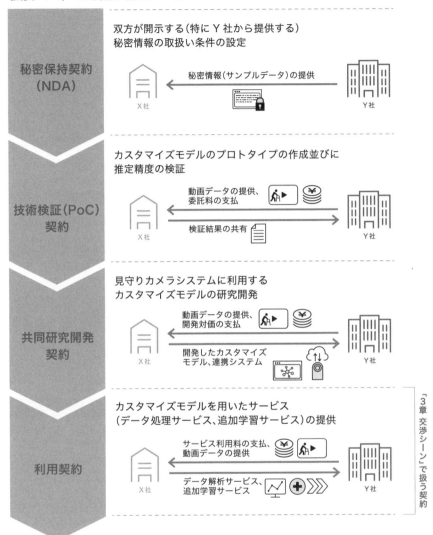

（「特許庁モデル契約書パンフレット AI 編」9頁）

237

（3） 共同研究開発契約（AI 開発契約）

　AI ベンダが保有する学習済みモデルのカスタマイズモデルの開発や、事業会社が保有するシステムにカスタマイズモデルを連携したシステムの開発を行うものである。特許庁モデル契約書では、スタートアップである AI ベンダが一方的に開発を受託するのではなく、AI ベンダと事業会社とのオープンイノベーションの一例として、事業会社も事業領域に関する知識・ノウハウ・データを提供しており、共同で研究開発を進める場面を想定しているため「共同研究開発契約」としたと説明されているが、事業会社が AI ベンダに開発費を支払うという側面を踏まえ、一般には、ソフトウェア開発契約（委託契約）として締結されることも多い。いずれにしても、契約書のタイトルにはあまり意味はなく、その内容が重要である。

（4） 利用契約

　AI ベンダが事業会社に対し、カスタマイズモデルを用いたデータ解析や追加学習等のサービスを提供することに関するものである。

　なお、ChatGPT 等の生成 AI を対象とする取引の場合、ユーザがベンダにモデルの開発を委託したり、ユーザ・ベンダ間で AI を共同開発する例はまれであり、ファインチューニングや RAG 等の委託や、使用方法に関するコンサルティングの提供等が取引の内容となる例が多いように思われることから、上記の AI 開発プロセスや契約形態にはなじまない場合が多いと思われる。

2　AI 開発・利用契約の特殊性

　経産省 AI 契約ガイドラインにおいても指摘されていたとおり、AI 開発には次の特徴がある。これらの特徴は、AI 開発に日常的に携わる者でなくても、共通認識となりつつあるように思われる。

　① 　学習済みモデルの内容・性能等が契約締結時に不明瞭な場合が多いこと
　② 　学習済みモデルの内容・性能等が学習用データセットによって左右されること
　③ 　ノウハウの重要性が特に高いこと
　④ 　生成物にさらなる再利用の需要が存在すること

　上記①②の特徴を踏まえ、AI 開発契約においては、従来のソフトウェア開発契約とは異なり、請負型ではなく準委任型の契約とされることが多い。

また、AIベンダにおいては、既存の学習済みモデルは、AIベンダの他の取引にも共通に用いるものであることから、事業会社への権利移転が困難であることが多い。
　さらに、上記③のとおり、事業会社がAIベンダに提供した生データは、事業会社の事業運営上のノウハウを反映したものである場合があり、また、AIベンダが生データを学習用データセットに加工する段階でAIベンダのノウハウが反映されたものとなる場合があることから、これらのデータの取扱いは交渉上重要な要素となりうる。
　加えて、AI開発は、単発の開発で終了するのではなく、生成した学習済みモデル（カスタマイズモデル）を用いたデータ解析等に関する利用契約が併せて締結されることも多く（AIベンダにおいては開発契約と利用契約の対価の両方で利益を得るビジネスモデルとしている例も多い）、両者の間で継続的な信頼関係を構築することがとりわけ重要である。そして、事業会社とAIベンダのいずれにおいても、生成した学習済みモデル（カスタマイズモデル）に追加学習をさせてより性能の良いモデルを生成して事業展開を行うことを志向する場合があるから、カスタマイズモデルの権利の帰属や利用条件に関する事項、競業避止義務に関する事項が交渉上重要な要素となる場合が多い。
　以下では、AI開発契約と利用契約における検討のポイントについて解説する。

3　AI開発契約の検討ポイント

（1）　当事者の役割分担

　AI開発において、事業会社の事業に資する性能の良い学習済みモデルを開発するには、どのような機能・精度を備えたAIを開発したいかという事業会社側の意向を前提に、両者が協力して、事業会社が保有する事業上のノウハウと、AIベンダが保有するAI開発に関する技術・ノウハウとを組み合わせることが不可欠である。そこで、AI開発契約においては、両当事者が、このようなAI開発における相互の協力の必要性を理解したうえで、役割分担を具体的に定めることが必要である。

（2）　成果物とその提供方法

　AI開発において、何を成果物とするかについても、明確に定めておく必要

がある。具体的には、〈図表1-7-2〉のうち、学習済みパラメータと推論プログラムから成る学習済みモデル（カスタマイズモデル）を成果物とすることが一案であるが、AIベンダにおいて、学習済みモデル（カスタマイズモデル）と事業会社の既存のシステムと連携するための連携システムも併せて開発し、事業会社の既存のシステムが学習済みモデルの出力結果を踏まえた処理・表示を行うことができるようにする場合には、これらについても成果物を構成することになりうる。

　また、学習済みモデル（カスタマイズモデル）や連携システムをどのような方法で事業会社に提供するかも重要である。事業会社は、自ら費用を支出して開発した学習済みモデルや連携システムのソースコードの提供を受けたいと考えがちであるが、AIベンダにとっては、連携システムについては当該事業会社固有のものであり他に流用する必要がないことから、ソースコードの提供が可能であるとしても、学習済みモデルの提供については、自社が保有するAI技術の流出防止の観点から慎重に考える必要がある。他方、事業会社にとって、学習済みモデルのソースコードを入手したとしても、AI技術やノウハウを保有していなければ自ら使いこなすことはできないのであり、結局、その学習済みモデルを用いたさらなる学習については、当該AIベンダの協力を得る

〈図表1-7-2〉　成果物に含まれる学習済みモデル

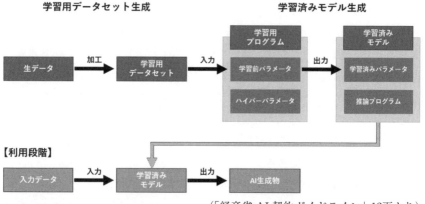

（「経産省AI契約ガイドライン」12頁より）

ことが必要となることが多い。

　このような背景もあり、特許庁モデル契約書では、学習済みモデルについては、納品物の確認期間中、AIベンダのサーバ上でAPI提供可能な状態におく方法で納品することとし、連携システムについては、連携システムのソースコードを提供する方法で納品することとされている。

（3）　成果物の品質保証

　上述したAI開発の特殊性から、学習済みモデルの性能保証は困難であるため、AI開発契約において、成果物の完成義務や契約不適合責任の条項を設けたとしても、何をもって成果物が完成したといえるかや、何をもって契約不適合というのかが明瞭ではなく、条項の適用をめぐって紛争となることが想定される。AIベンダとしては、学習済みモデルの完成義務に関する条項、性能保証条項、契約不適合責任条項については拒絶すべきところである。他方、事業会社としては、AI開発の特殊性は理解したとしても、AIベンダが善管注意義務を負うとの抽象的な規定のみでは心許ないと感じることもありうるであろう。そのような場合、たとえば、成果物である学習済みモデルそのものの品質保証は求めないとしても、AIベンダが、役割分担として定めた所定の業務の履行状況に関する報告書を所定の時期に提出することを義務づけることで、AIベンダの履行状況を監督することが一案として考えられる。あるいは、成果物の納品時に、両者が合意した所定のテストデータを利用したテストにおいて、PoC段階での検証結果と同等の結果が得られることを検収条件とすることも考えられる。もっとも、AIベンダとしては、テストデータを利用したテストについても、結果の保証はできない場合も想定され、契約交渉においては、学習済みモデルをどのように評価するかや成果物の品質をどこまで保証するかについて、十分に認識を合わせ、具体的な条項として定めることが必要である。テストデータを利用したテストで所定の結果が得られたとしても実運用における品質を保証するものではないことについては、契約書上、両者の共通認識として明確に規定しておくことも考えられる。

　他方、学習済みモデルとは異なり、連携システムについては、一般的なシステム開発契約と同様に、仕事完成義務を負い、契約不適合責任の対象となる請負契約として契約することも考えられる。成果物の種類に応じて、適切な条件

を定めることが必要である。

（4）　データの利用条件

AI開発契約の履行過程において当事者間で受け渡されるデータについては、その利用条件を定めておく必要がある。

事業会社が、学習済みモデルの開発のためにAIベンダに提供する生データについては、事業会社内のデータである場合もあれば、事業会社が提供するサービス等において得られた第三者のデータである場合もあり、その性質に応じて、AIベンダにおける当該生データの利用目的の範囲、第三者への提供可能性、開発終了後の取扱い等について、一般的な秘密情報とは区別して合意しておく必要がある。

また、AIベンダが、事業会社から提供された生データを基に作成する学習用データセットについては、AIベンダのノウハウが反映されていることがあり、AIベンダにおいて、事業会社への提供自体を不要として、ノウハウの流出を防ぐことが考えられる。他方、事業会社としては、学習用データセットは、生データから派生したデータであり、機密性の高いものである場合もあることから、生データの取扱いと同様に、利用目的の範囲、第三者への提供可能性、開発終了後の取扱い等について合意しておく必要がある。もっとも、利用契約の締結に至った場合には、学習用データセットを利用契約に基づく追加学習で利用する可能性を踏まえた取扱いが必要となることも考えられる。

（5）　知的財産権の帰属、成果物の利用条件、競業避止義務

成果物である学習済みモデルの知的財産権の帰属については、AI開発契約の交渉における重要論点の一つであるが、たとえ知的財産権が事業会社にすべて帰属するとしても、当該学習済みモデルの利用条件が大幅に制約されているとすれば権利を保有することにはあまり意味はないことになる。逆に、学習済みモデルの知的財産権はAIベンダにすべて帰属するとしても、事業会社がその独占的利用権を確保したり、AIベンダが特定の事業領域について競業避止義務を負うこととすれば、第三者との関係では、実質的には事業会社に単独で知的財産権が帰属する場合と同等の効果を得ることができる。他方で、AIベンダにとっては、知的財産権の単独帰属の条件を確保したとしても、広範な競業避止義務や長期の独占権の付与を認めさせられるとすれば、将来の事業が大

幅に制約されることになりうるから、慎重な検討が必要となる。このように、知的財産権の帰属、利用条件、競業避止義務は、セットで交渉の対象とする必要がある。また、AIベンダに、広範かつ長期にわたる競業避止義務を課すことは独占禁止法上問題となりうることから、慎重な検討を要する。

また、学習済みモデルについて創作と同時に直ちに権利が発生する著作権と、それ以外の知的財産権とに分けて定めることが多い。なお、学習済みモデルが、AIベンダの既存モデルの二次的著作物に該当する場合もあり、その場合には事業会社による学習済みモデル（カスタマイズモデル）の利用が著作権法上の制約を受けることになるが（著作権法28条）、二次的著作物に該当するか否かは、必ずしも明瞭ではないことから、事業会社としては、二次的著作物に該当しうる可能性も踏まえて、必要な利用条件を確保することを検討する必要がある。

学習済みモデルの著作権の帰属、利用条件・付帯条件、競業避止義務については、たとえば、〈図表1-7-3〉のようなパターンの組み合わせがありうる。

学習済みモデルの著作権の帰属をどのように定めるかは、学習済みモデルの利用条件次第であるという面があるから、AI開発契約の締結に際して、後述する利用契約の検討ポイントも参照のうえ、総合的な視点で取引条件を検討することが望まれる。

学習用データセットや連携システム等、学習済みモデル以外の成果物が想定されている場合には、これらの権利帰属についても、各別に条件を検討することが必要となる。

また、成果物に関する著作権以外の知的財産権として、主として想定されるのは特許権であるが、これについてもさまざまな定め方がありうる。実際に知的財産権が生じた場合に協議の対象とすることのみを定めて先送りしている例もあるが、後日の紛争防止の観点からは、特許法等の定めに従うのか（特許法等の定めに従う場合の帰結については、第2編第7章Ⅱ2（4）参照）、すべて共有にするのかや、第三者への実施許諾の可否などの基本的な条件については、AI開発契約締結段階で合意しておくことが望ましい。

〈図表1-7-3〉 学習済みモデルの著作権の帰属、利用条件・付帯条件、競業避止義務

	学習済みモデルの著作権の帰属	利用条件・付帯条件	AIベンダの競業避止義務
1	事業会社単独帰属	事業会社：自由に自己利用・第三者へのサービス提供目的で利用可（当然無償）。 AIベンダ：利用不可。	無
2		事業会社：自由に自己利用・第三者へのサービス提供目的で利用可。ただし、有償の保守運用契約や追加開発契約をAIベンダと締結。 AIベンダ：上記契約遂行目的では利用可。	無
3		事業会社：自由に利用・第三者へのサービス提供目的で利用可。ただし、AIベンダと既存モデルの利用許諾契約（有償）を締結。 AIベンダ：利用不可。	無
4	事業会社とAIベンダの共有	事業会社：自由に自己利用・第三者へのサービス提供目的で利用可（無償）。 AIベンダ：自由に自己利用可（無償）。第三者のAIの開発目的に利用する場合や第三者への利用許諾は事業会社の承諾必要。	無
5		事業会社：自由に自己利用・第三者へのサービス提供目的で利用可。ただし、有償の保守運用契約や追加開発契約をAIベンダと締結。 AIベンダ：自己利用と上記契約遂行目的に限り利用可（無償）。	無
6		事業会社：自由に自己利用・第三者へ	無

Ⅲ　AI 開発・利用契約の締結にあたって考慮すべき事項

		のサービス提供目的で利用可。ただし、AI ベンダと既存モデルの利用許諾契約（有償）を締結。 AI ベンダ：自由に自己利用可（無償）。第三者の AI の開発目的に利用する場合や第三者への利用許諾は事業会社の承諾必要。	
7	AI ベンダ単独帰属	事業会社：学習済みモデル・既存モデルについて無償の独占的利用許諾。 AI ベンダ：原則自由利用可。第三者の AI の開発目的に利用する場合や第三者への利用許諾は事業会社の承諾必要。	無
8		事業会社：自己利用・第三者へのサービス提供目的で自由に利用可。ただし、有償の保守運用契約や追加開発契約を AI ベンダと締結。 AI ベンダ：競業避止義務に反しない限り原則自由利用可。	有（特定の事業分野での競業避止）

4　AI 利用契約の検討ポイント

(1)　AI 利用契約の条件提示のタイミング

　AI ベンダにおいては、AI 開発契約に加えて利用契約を締結するビジネススキームを想定する場合には、できる限り、AI 開発契約の条件提示と同時に、AI 利用契約の条件も併せて提示すべきである。AI 開発契約を締結した後に利用契約の条件を提示した場合、仮に AI ベンダが AI 開発契約の対価は低額に抑え、AI 利用契約の対価で利益を得ることを想定していたとしても、AI 開発契約の費用相場に精通していない事業会社において、AI ベンダが学習済みモデルの開発が完了した段階で高額な利用価格をふっかけているとの誤解が生じる可能性があるからである。

245

（2） 独占・非独占の別、利用対価

　事業会社としては、自身のデータを提供して費用を負担して開発した学習済みモデルについて、AIベンダに権利を帰属することを認めたとしても、その利用は、当該事業会社にのみ独占的に許諾し、第三者には許諾しないことを望むことが多い。

　この点、特許庁モデル契約書パンフレットAI編においては、学習済みモデルを独占的に許諾した場合、AIベンダは、各社用のカスタマイズモデルをそれぞれメンテナンスする必要があることから、利用料が高額となり開発期間も長期化するのに対し、学習済みモデルを非独占的に許諾した場合には、そのような不利益は生じず、かつ複数の事業会社のデータを用いた追加学習により、より精度の高いカスタマイズモデルを提供できることから、ごく例外的な場合を除いて、カスタマイズモデルの利用条件を非独占的な内容とするのが合理的であると解説されている。

　そして、特許庁モデル契約書パンフレットAI編においては、非独占的な利用許諾としたうえで、カスタマイズモデルの開発への事業会社の貢献に対する見返りとして、事業会社に対し、利用料の最恵待遇条項（一定期間の利用料をその他の提供先と比較して最安値に設定する条項）と、利用料のディスカウント条項を設定することとされている。

　特許庁モデル契約書パンフレットAI編において提案されている方向での利用条件の設定も、カスタマイズモデルの機能が複数の事業会社で利用されうるものであり、当該機能を用いること自体では事業会社の事業における他社との差別化になりにくい場合には、合理的であると思われる。

　他方で、カスタマイズモデルの機能が、特定の事業会社に特有のものであり、複数の事業会社に並行して提供される可能性が見出しがたい場合には、AIベンダとしては、独占か非独占かにかかわらず、相応の管理コストをかけて提供せざるを得ないから、独占・非独占の別は、契約上の重要な要素とはなり得ないものと思われる。また、事業会社の側において、当該カスタマイズモデルを用いたサービス自体で、競合他社との差別化を図りたい意向が強い場合には、管理コストや他社への同時提供によりカスタマイズモデルの精度が向上する可能性を踏まえても、独占を必須条件として主張することもありうるであ

〈図表1-7-4〉 各社にカスタマイズモデルを独占的に提供するパターン

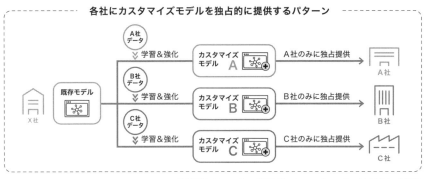

(「特許庁モデル契約書パンフレット AI 編」25頁)

〈図表1-7-5〉 各社にカスタマイズモデルを非独占的に提供するパターン

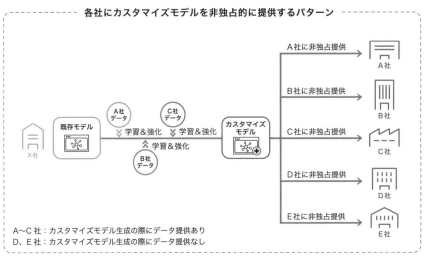

(「特許庁モデル契約書パンフレット AI 編」27頁)

ろう。

　独占とする場合であっても、AIベンダの将来の事業活動を過度に制約することがないよう、独占とする事業領域や期間を限定的なものとしたり、特に契約書に明示した企業への提供は行わないといった条件にすることなどが考えら

〈図表1-7-6〉 カスタマイズモデルの共同開発に対する相手会社の貢献度を契約条件に反映する方法

カスタマイズモデルの共同開発に対するY社の貢献度を契約条件に反映する方法

① 最恵待遇（MFN）条項の採用
一定期間のサービス利用料を、その他のサービス提供者との利用料と比較した際に最安値に設定する方法

①-1 最恵待遇条項のみを採用
（例：「●年間、サービス利用料を、介護分野における最安値とする。」）

①-2 最恵待遇条項＋ディスカウント※条項の設定
（例：「●年間、サービス利用料を、介護分野におけるサービス利用料の最安値の10％引きとする。」）

② プロフィットシェア方式の設定
カスタマイズモデルからX社が得た売上の一部をプロフィットプールとし、同プロフィットプールを一定のルールに従って分配する方法

※ディスカウント率を設定する際、
①当該事業領域における利益率、
②事業会社による見込利用量、
③スタートアップにおけるコスト構造
（特にAIスタートアップの場合は研究開発に要するコストが大きい。）
を考慮して決定する必要がある。

（「特許庁モデル契約書パンフレット AI編」31頁）

（3） 分析結果の不保証

カスタマイズモデルを用いたデータの解析を利用契約において定める場合においても、解析結果の品質保証が困難であることは、AI開発契約の成果物の品質保証と同様である。この点についても、当事者の共通認識として定めておくことが考えられる。

（4） 追加学習

AIベンダが追加学習サービスを提供する場合の追加学習用のデータの利用条件は、上述した学習済みモデル（カスタマイズモデル）の独占・非独占の別に関する条件と連動することになる。すなわち、非独占とした場合には、事業会社の提供したデータも、他社が提供したデータも、同じカスタマイズモデルの追加学習のために利用されることとなることが想定される。そのため、事業会社としては、自社の提供したデータそのものが、他の利用者等の第三者に提

供されたり漏えいされたりすることのないよう、AIベンダに安全管理措置を講じさせることを検討する必要がある。他方、独占とした場合には、AI開発契約と同様に、データの利用条件を定めることとなる。

　また、追加学習により得られたカスタマイズモデルの知的財産権の帰属も争点となりうるが、非独占の場合にはAIベンダに帰属させることが合理的な場合が多いと思われる。独占の場合の権利帰属については、AI開発契約において上述したことと同様である。

5　AI開発・利用契約の契約交渉に関する基本的な姿勢

　AI開発・利用契約は、上述したとおり、AI開発・利用契約の特殊性を理解し、従来のシステム開発契約とは異なることを前提としたうえで、合理的な条件を模索していく必要がある。AIの開発は一度学習済みモデルを生成して取引が終了するというものではなく、追加学習を継続し、より精度の良いカスタマイズモデルを生成して事業活動に利用していくことが想定されるから、AIベンダと事業会社との継続的な信頼関係の構築が不可欠である。そのため、AI開発・利用契約の契約交渉においては、一方的に自社に有利な条件を相手方に応諾させようという姿勢ではなく、相互の立場を尊重し、互いにWin-Winとなる条件を探るという姿勢で臨むことが重要である。

第2編 契約トラブルの出口戦略

総　論

Ⅰ　代表的なトラブル類型

契約に関する当事者間の代表的なトラブルとしては、次のような事項について契約当事者双方の言い分が食い違っていることがあげられる。
① 契約上の義務を履行したか
② 契約に明示的に定めていない事項について当事者間に一定の権利義務が生じたといえるか
③ 契約違反に基づく損害賠償義務の有無や額
④ 解除等に基づく契約終了の成否

Ⅱ　トラブル対応

1　各トラブルに共通する対応策

上記Ⅰの代表的なトラブル類型について共通する対応策を時系列に沿って示すと、次のとおりである。

（1）事実関係の調査

いずれのトラブル類型についても、契約の締結に至った経緯や目的を示す関連資料、契約書や付随する覚書等、トラブル発生に至るまでの当事者間のやり取りに関する資料、トラブルに関する資料、当事者双方の主張の内容等を、時系列に沿って整理するとともに、関係者からのヒアリングを実施し、それを裏付ける資料を収集するなどして、事実関係の全容を調査・把握する[1]。

1　なお、情報漏えい事案など、トラブルの拡大が想定される事案においては、上記の対応方針の決定とは別に、手遅れとならないよう、対策本部の設置や応急措置をとることなどが必要となる。

(2) 関連する法令や裁判例の調査（法的調査）・外部専門家の意見聴取

必要に応じて、事案に関連する法令や裁判例を調査する。事実関係が明らかになれば解決する事案においてはそのような調査は不要であるが、契約に規定していない事項について当事者の主張が食い違っている場合や、契約条項の解釈が争点となる場合には、関連する法令や類似事案における裁判所の判断を参考にしながら、当該事案において、仮に裁判に至った場合に裁判所がどのような判断をするのかのめどをつけておくことが望ましい。

もっとも、紛争の原因や争点はケースバイケースであり、当該事案に対する法的判断を予測することは困難であることもある。そのような場合は、外部弁護士に相談し、客観的な立場からの見解を得ることも有用である。

(3) 調査結果の評価

以上を経て、自社がとりたい立場の法的根拠の強弱、立証可能性を評価する。また、相手方であればどのような主張をするかという相手方の立場に立った検討も行い、双方の主張の強弱について客観的な評価を行うよう努めることが肝要である。

(4) 対応方針の決定と実施

法的根拠や立証可能性の強弱、事業上の必要性等を踏まえつつ、対応方針を決定する。

検討においては、〈図表2-1-1〉のように、複数の選択肢についてそれぞれのメリットとデメリットをあげたうえで、会社として何にプライオリティをおいて紛争解決をめざすべきかという観点から、最終的にいずれの選択肢をとるかを判断していくことが考えられる。契約上のトラブルに会社として適切な対応をとったことを事後的に示すことができるようにしておくためにも、適切な調査、検討に基づく判断をしていくこと、またその判断の過程を記録に残しておくことに意義がある。

(5) 再発防止策の検討と実施

トラブルが一応の解決をみた後、同種のトラブルが再発するのを防ぐためにはどうすればよいのかを検討し、実施すべきである。事案によっては、関係者の処分や社内規程の見直しなどの対応も必要となる。また、同種のトラブルが再度発生したときにはどのように出口戦略を講じるべきなのかを整理しておく

第2編・第1章 総　論

とよいであろう。

〈図表2-1-1〉　当社の成果物に契約不適合があるかどうかでもめており、対価を支払ってもらっていない事案における対応手段の選択（例）

	選択肢A	選択肢B	選択肢C
各選択肢の内容	交渉して和解する	相手方の預金を仮差押えしたうえで訴訟提起する	まずは民事調停を申し立てる 調停不調であれば訴訟提起する
勝訴の見込み等	相手方は当社の成果物に看過できない契約不適合があると主張し続けているが、裁判となった場合、勝訴できる見込みが高い		
メリット	・早期解決 ・相手方との関係性維持 ・回収コストが安く済む	・確実に回収できる ・仮差押えが奏功すれば早期解決もありうる	・相手方との関係性維持 ・相手方が調停委員の意見を受け入れる余地あり
デメリット	・当方の納得する回収が得られない可能性あり	・相手方との関係性悪化 ・仮差押えが奏功しないリスク ・訴訟で敗訴するリスク ・回収コストがかさむ	・調停が不調となった場合、解決までの時間が長くなる ・当方に有利な調停案が示されない可能性もある
総合判断： 優先順位の例 1. 回収 2. 早期解決	△ （ただし、当方が納得できる交渉が困難であることがわかれば早急に提訴することにすれば、○）	◎ （相手方との関係性を重視するとすれば、仮差押えは行わずに訴訟提起することもありうる）	×

254

2 対応方針に従ったトラブル対応手段の実施

次に、トラブルの対応手段、具体的には、相手方との交渉、法的手続による解決について解説する。法的手続による紛争解決手段としては、裁判手続と裁判外の手続がある。

〈図表2-1-2〉 各トラブルに共通する対応策のフロー

① 事実関係の調査【関連資料の収集・整理、関係者からのヒアリング】
　↓
② 関連する法令や裁判例の調査（法的調査）・外部専門家の意見聴取
　↓
③ 調査結果の評価
　↓
④ 対応方針の決定
　↓
⑤ 対応方針に従った手段の実施
　↓
⑥ 再発防止策の検討と実施

（1） 相手方との交渉

交渉は、自身の請求の正当性を相手方に説明し、紛争の拡大を防ぎ、早期かつ円満に紛争を解決し得るメリットがある。そのため、相手方との信頼関係の悪化が著しい場合や交渉の余地がないことがすでに判明している場合を除き、通常は、紛争解決のための最初のステップとして相手方との交渉に誠実に取り組むことが適切である。

トラブルの重大性や緊急性、相手方へ請求する内容の法的根拠の強弱、今後の相手方との取引の継続の可能性、相手方との力関係などを考慮して、交渉において請求する内容や交渉の方法を検討する。また、交渉においてどこまでの情報を相手方に開示するのかなどについては、交渉成立が見込まれる蓋然性や、その後の法的手続における有利・不利等も加味して慎重に検討する必要がある。

〈図表2-1-3〉 主な紛争解決手段

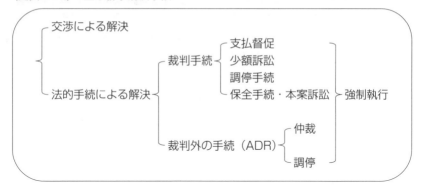

（2） 民事保全手続

（A） 民事保全手続の意義

交渉がうまく進まず、訴訟提起も視野に入れざるを得ないような状況下においては、民事保全手続をとるかどうかを検討すべきである。

勝訴判決を得て強制執行の申立てを行うまでの間に相手方に財産を処分されてしまっては、勝訴判決が絵に描いた餅になりかねない。そこで、民事保全法は、将来被告として提訴しようとしている相手方（債務者）の財産を一時的に処分できないようにする手続（民事保全手続）を規定している。

（B） 民事保全手続の種類

民事保全手続は、仮差押え（民事保全法20条）と仮処分の2つがあり、後者には、係争物に関する仮処分（同法23条1項）と仮の地位に関する仮処分（同条2項）の2つがある。

仮差押えは、金銭債権について将来の強制執行を保全するために債務者の財産を処分できないようにする（凍結する）ことを目的とする手続である。たとえば、債務者の預金債権や売掛債権を仮差押えしたり、不動産や動産を仮差押えすることができる。そして、裁判で勝訴した後、債権者は、預金を仮差押えした場合には、その銀行から直接預金の支払いを受けることができ、また、不動産を仮差押えした場合には、勝訴後に不動産を強制競売にかけ、その売却代金から優先的に債権を回収することができる。また、仮差押えが奏功することで、相手方（債務者）の態度が軟化し、訴訟提起前に和解に至ることもある。

〈図表2-1-4〉 民事保全手続の種類

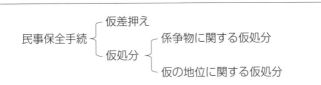

　係争物に関する仮処分は、特定物の引渡請求権等について将来の強制執行を保全するために特定の財産を処分できないようにすることを目的とする手続である。たとえば、将来の不動産所有権移転登記請求権を保全するために登記名義を現状のままに固定しておくこと（処分禁止の仮処分）や、将来の建物の明渡請求権を保全するために居住者を現状のままに固定しておくこと（占有移転禁止の仮処分）を求めることができる。

　仮の地位を定める仮処分とは、争いがある権利関係について、現在債権者に生じる著しい損害または急迫な危険を避けるために暫定的な措置をすることを求める仮処分である。仮処分命令の内容は、申立ての内容によってさまざまであり、たとえば、契約の目的物の使用禁止の仮処分命令や、情報の開示の禁止を命じる仮処分命令などがある。

　（C）　民事保全事件の手続の流れ
　　（a）　無審尋事件
　金銭債権または不動産の仮差押え事件等は、裁判所において審尋とよばれる手続を経る必要がなく、保全命令の発令までの流れは、おおむね〈図表2-1-5〉のとおりである。なお、仮差押えの手続を進めていることを債務者に知られると、債務者が仮差押えの決定が発令される前に財産を移してしまうおそれが生じる。したがって、仮差押えの手続は債務者側に知られないように秘密裏に行う必要がある。

　　（b）　審尋事件
　仮の地位を定める仮処分の場合、審尋期日が開かれることになる。
　訴訟で勝訴したときに債権を全額回収するためには、訴訟の前に仮差押えの手続をとっておくことが極めて有効な手段になるとともに、事案によっては、仮差押えをされることによって、債務者側が観念して債権者側に有利な和解が

〈図表2-1-5〉 無審尋事件の流れ

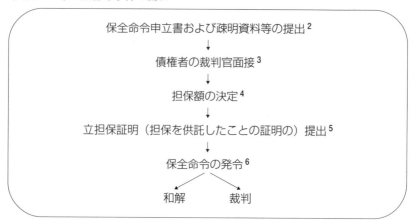

〈図表2-1-6〉 審尋事件の流れ

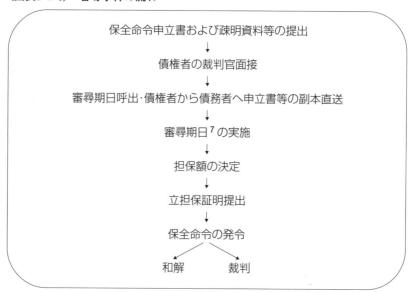

---

2 申立て先は本案（訴訟）の管轄裁判所、または係争物の所在地を管轄する地方裁判所となる。通常は債権者側の所在地を管轄する裁判所で申立てが可能だが、回収する債権に関する契約書で債務者側の所在地を管轄する裁判所を専属的合意管轄裁判所として規定している場合は、債務者側の所在地を管轄する裁判所で申立てをしなければならないこともある。

成立することもある。

　審理の対象となるのは、被保全債権の有無と保全の必要性の有無であり、後者については、履行期限がすでに過ぎており、支払いが遅れていること、催告にもかかわらず状況が変わらないこと、債務者の資金繰りが悪化しているなど、保全命令の発令を受けておかなければ、訴訟で勝訴しても支払われないおそれがあることなどを代表者の陳述書等で疎明することになる。

　仮処分手続をとった後は、相手方と和解しない限り、訴訟を起こす必要がある。そのため、訴訟までを踏まえて、必要な期間や弁護士費用をあらかじめ検討しておく必要がある。

（3）　民事調停

　民事調停は、裁判官と民間の調停委員とが申立人と相手方の間に入り、話合いによる円満な紛争解決をめざす手続である。

　話合いによる解決をめざすため、相手方が手続に参加しようとしない場合には、不調となり手続が終了することになる。

　話合いがまとまると、裁判所書記官がその内容を調書に記載して、調停が成

3　裁判官が申立人に対して、申立て内容についての確認等を行う。
4　申立人が本案で敗訴した場合に保全命令発令によって債務者に生じた損害を担保するために、裁判所は、仮処分命令を発するにあたり、申立人に担保を立てさせる（民事保全法14条参照）。担保の額は、事案に応じて判断される。債権者は決定された担保の額を法務局に供託する。裁判所は法務局の供託証明書で債権者が担保を供託したことを確認する。裁判所から担保の額が伝えられてから、通常は7日以内に供託しなければならないので、債権者は事前に資金を確保しておく必要がある。担保の金額は具体的な事案や被保全債権の内容、目的物の種類を踏まえて裁判所が決定するが、仮差押えをしようとして請求する債権の額の約10％～30％程度が目安といわれている。担保は、原則として仮差押えをした後に、債権者側が債務者に対して訴訟を起こし、訴訟で勝訴したならば、法務局から返金されることになる。
5　裁判所から立担保命令が発せられた場合、申立人は期限までに担保を供託したうえで、裁判所に立担保証明を提出する。
6　債務者の預金債権を仮差押えした場合は、裁判所から銀行に仮差押決定書が送達される。これにより銀行は債務者に対して預金の払戻しを行わなくなる。不動産の仮差押えの場合は、債務者の不動産に仮差押えをしたことを示す登記をする。これにより、債務者はその不動産の名義を移転することができなくなる。
　　なお、「仮差押の執行」が終わってから、裁判所が仮差押決定書を債務者に送達する。通常、これによりはじめて債務者は自分の財産について仮差押えがされたことを知ることになる。
7　審尋期日では、裁判所が債務者に対して、事件に関する質問等を行う。申立人は、審尋期日に立ち会うことができる。

立する[8]。この調書には、確定判決と同じ効力があり、一方当事者がその約束した行為をしない場合には、他方当事者は、強制執行を申し立てることができる。

調停が成立しなかった場合に、調停打切りの通知を受けてから2週間以内に同じ紛争について訴訟を提起すると[9]、調停申立ての際に納めた手数料の額は、訴訟の手数料の額から差し引くことができる。

調停手続は非公開で行われるため、相手方が公表しない限り、秘密が守られ

〈図表2-1-7〉 調停手続の流れ

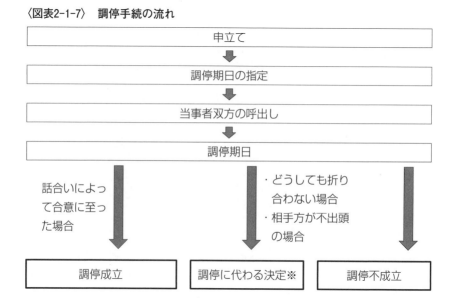

※調停に代わる決定
調停の経過や紛争の態様によっては、裁判所が、調停委員の意見を聴き、当事者の言い分を衡平に考慮し、事件の解決のために必要な決定が下される。2週間以内に、異議の申立てがなければ、調停が成立したのと同じ効果が生じる。

（参考：裁判所ウェブサイト）

---

8 話合いの見込みがない場合、裁判所は、適切と思われる解決案を示すことがあり（「調停に代わる決定」）、双方が納得すれば調停が成立したのと同じ効果がある。どちらか一方が2週間以内に異議を申し立てると、効力を失い、調停は成立しなかったことになる。
9 紛争の対象となっている金額が140万円以下の場合には簡易裁判所に、140万円を超える場合には地方裁判所に提起する。

るというメリットがある。また、一般に調停が成立するまでに要する時間は通常の民事訴訟よりも短く、また、裁判所に納める手数料は通常の民事訴訟の半額と低廉である。

医事関係、建築関係、知財関係、賃料の増減、騒音・悪臭等の近隣公害などの解決のために専門的な知識経験を要する事件についても、医師、建築士、弁理士、不動産鑑定士等の専門家の調停委員が関与することにより、適切かつ円滑な解決を図ることができる可能性もある[10]。

もっとも、せっかく調停手続を利用しても、調停成立に至らない場合には、その後に民事訴訟を提起せざるを得ないこととなり、結果的に初めから民事訴訟を提起する場合よりも多くの時間を要することになるリスクもある。

(4) 支払督促

支払督促とは、金銭、有価証券、その他の代替物の給付に係る請求について、債権者の申立て[11]に基づき、債務者に金銭の支払い等をするよう督促する旨の裁判所書記官の処分をいう。書類審査だけなので裁判所に出頭する必要はない。

相手方が支払督促を受け取ってから異議を申し立てずに2週間を経過した場合には、申立人は、それから30日以内に仮執行宣言の申立てをすることができる。仮執行宣言の申立てをすると、裁判所書記官がその内容を審査し、支払督促に仮執行宣言を付す。仮執行宣言が付されると、申立人は、直ちに強制執行手続をとることができる。申立人が30日以内に仮執行宣言の申立てをしなかった場合には、支払督促は効力を失う。

仮執行宣言の付された支払督促に対し、相手方が異議を申し立てた場合には、事件は請求額に応じ、地方裁判所または簡易裁判所での通常の訴訟手続で審理されることになる。支払督促に対する異議の申立期間は、支払督促に仮執行宣言が付されるまでであり、仮執行宣言の付された支払督促に対し異議を申し立てることのできる期間は、仮執行宣言付支払督促を受け取ってから2週間以内である（異議の申立てをしないと、仮執行宣言付支払督促の内容について争う

---

10 知的財産事件については、令和元年10月1日から東京地方裁判所と大阪地方裁判所で知財調停手続が開始されている。
11 相手方の住所地を管轄する簡易裁判所の裁判所書記官に申し立てる。

ことができるが、支払督促に異議を申し立てても、執行停止の手続をとらなければ、強制執行を停止することはできない)。手数料は、訴訟の場合の半額と低廉である。

　以上のとおり、支払督促は、申立人の申立て内容だけを審査して、相手方に金銭の支払いを命ずるものであり、支払督促に仮執行宣言が付されると、直ちに強制執行手続をとることもできる。他方、相手方が異議を申し立てれば通常の訴訟手続に移行することになる。そこで、相手方が支払義務を争ってこないであろう事案において支払督促を利用するメリットがある。

（5）　少額訴訟手続

　少額訴訟手続とは、60万円以下の金銭の支払いを求める訴えについて、原則として1回の審理で紛争を解決する手続である。

　相手方である被告に異議がない場合に審理が進められる。少額訴訟手続の審理では、最初の期日までに、すべての主張と証拠を裁判所に提出する。

　少額訴訟の判決では、原告の請求を認めるかどうかを判断するだけでなく、一定の条件の下に分割払い、支払猶予、訴え提起後の遅延損害金の支払免除などを命ずることができる。少額訴訟手続の判決に対しては、同じ簡易裁判所に異議の申立てをすることができるが、地方裁判所に控訴することはできない。

　企業間の紛争において少額訴訟を利用することは少ないであろう。

（6）　民事裁判（通常訴訟）

　民事訴訟（通常訴訟）は、主として財産権に関する紛争の解決を求める裁判であり、民事訴訟法に従って審理が行われる。

　民事裁判を起こす（訴えの提起）にあたって、原告は、裁判所に「訴状」を提出する。訴状には、求めたい判決の内容（請求の趣旨）と、それを裏付ける事実（請求の原因）を記載する。

　原告は、契約に管轄条項の定めがあればそれに従い、管轄の定めがなければ裁判所法および民事訴訟法等の定めに従い、提訴する裁判所（地方裁判所か簡易裁判所か（事物管轄）[12]、どこにある裁判所か（土地管轄））を決める。

　原告は、原則として、被告の住所地を管轄する裁判所に裁判を起こすことが

---

[12] 裁判所法により、140万円以下の請求に係る民事事件については簡易裁判所が、それ以外の一般的な民事事件については地方裁判所が、それぞれ第一審裁判所となる。

できる（民事訴訟法4条）。もっとも、さまざまな例外があり、たとえば、金銭の支払いを求める裁判では、原告の住所地を管轄する裁判所に裁判を起こすことができる（同法5条1号）。

　事件を担当することになった裁判官（複数の裁判官（合議体）で審理される事件については裁判長）は訴状をチェックし、形式的に不備がなければ、公開の法廷で裁判手続を行う日時（口頭弁論期日）を指定し、その日時に裁判所に出頭するよう原告と被告を呼び出す。

　口頭弁論は、公開の法廷において、簡易裁判所では1人の裁判官により、地方裁判所では1人の裁判官または3人の裁判官の合議体により、高等裁判所では原則として3人の裁判官の合議体により、開かれる。

　口頭弁論期日においては、裁判長の指揮の下に、公開の法廷で裁判手続が行われる。原告本人、被告本人またはそれらの代理人弁護士（訴訟代理人）が出頭したうえ、事前に裁判所に提出した準備書面（自分の主張や相手の主張に対する返答を書いた書面）を基に主張を述べ、その主張を裏付けるために証拠を提出することが要求される。被告が欠席した場合には、被告が答弁書（訴状に書いてある原告の請求、主張等に被告が返答する書面）等において原告の請求を争う意図を明らかにしていない限り、被告に不利な内容の判決が言い渡される可能性があるので注意を要する（欠席判決）。

　裁判長は、当事者の主張や証拠に矛盾や不明確な点があれば、質問をしたり、次回期日にその点を明らかにするよう準備することを命ずることができる（釈明権の行使）。

　判断に必要な事実関係について当事者間に争いがあり、争点および証拠の整理を行う必要がある事件については、裁判所は、証人尋問を実施するなどの証拠調べを争点に絞って効率的かつ集中的に行えるように準備するため、争点および証拠の整理手続を行うことができる。

　この手続としては、準備的口頭弁論[13]、弁論準備手続[14]、書面による準備手続[15]の3種類があり、実務的には、弁論準備手続（期日）が実施されることが多い。

---

[13] 公開の法廷において行われ、争点等の整理に必要なあらゆる行為をすることができる。

263

口頭弁論や争点および証拠の整理手続において、原告と被告の間の争点が明らかになれば、その争点について判断するために、必要に応じて裁判所は証人や当事者への尋問等の証拠調べの手続を行う。

　裁判所が、証拠調べを行った後、審理が尽きたと考えたときは、口頭弁論を終結し、判決を言い渡す。

　言い渡された判決は、「仮に執行することができる」という宣言（仮執行宣言）が付けられた場合を除き、判決が確定するまで、強制執行の手続をとることはできない。

　裁判手続は、訴えの取下げや裁判上の和解によっても終了する。事案ごとの裁判官の判断によるが、証人尋問が実施される事件では、尋問期日の前後に裁判所から和解の可能性について打診があり、いずれかのタイミングで和解が成立する事案も多い。裁判上の和解は確定した判決と同一の効力を有するうえ、紛争の早期解決や和解の対象が請求の趣旨に限定されない等のメリットがある。

　第一審裁判所の判決に不服のある当事者は、判決送達日から2週間以内に上級の裁判所に対して控訴をすることができ、判決は確定しない。控訴した（控訴状を提出した）日の翌日から50日以内に、控訴の理由（原判決の誤り）を記載した控訴理由書を提出する。

　第二審（控訴審）裁判所の判決に不服のある当事者は、民事訴訟法に規定された一定の要件を満たす場合、上告ないし上告受理申立てをすることができる。上告審において控訴審の判断が覆る可能性は一般的には極めて低い。

　法律で定められている訴訟費用（弁護士費用は含まれない）には、訴状やその他の申立書に収入印紙を貼付して支払われる手数料（貼用印紙額）と書類を送

---

14 法廷以外の準備室等において行われる必ずしも公開を必要としない手続であり、証人尋問ができないなどの制約がある一方で、電話会議システムによって手続を進めることもできる。民事訴訟法改正により、Web会議システムを利用して弁論準備手続を実施することが可能となり、実際に、多くの事件においてWeb会議システムを利用した手続が実施されている。

15 書面による準備手続は、当事者が遠く離れた土地に住んでいるときなどに、両方の当事者が裁判所に出頭することなしに準備書面の提出等により争点等を整理する手続であり、民事訴訟法改正前においてもWeb会議システムや電話会議システムにより争点等について協議することができた。

Ⅲ　トラブル対応

〈図表2-1-8〉　民事訴訟の手続の流れの例

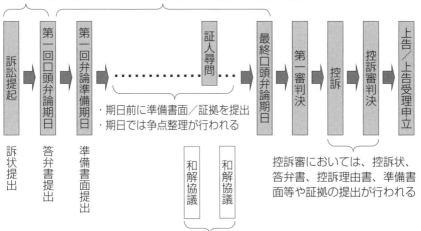

〈図表2-1-9〉　貼用印紙額の計算

訴訟の目的の価額	手数料額
100万円までの部分	10万円ごとに1000円
100万超500万円までの部分	20万円ごとに1000円
500万円超1000万円までの部分	50万円ごとに2000円
1000万円超10億円までの部分	100万円ごとに3000円
10億円超50億円までの部分	500万円ごとに1万円
50億円超	1000万円ごとに1万円

るための郵便料および証人の旅費日当等がある。

　〈図表2-1-9〉は第一審の貼用印紙額の計算表である。たとえば、1億円の損害賠償を請求する場合、訴訟の目的の価額は同様に1億円であるから、32万円（＝1000円×（100万円÷10万円）＋1000円×（400万円÷20万円）＋2000円×（500万

〈図表2-1-10〉 裁判と仲裁の比較

	裁判	仲裁
当事者の合意の有無	不要	仲裁合意が必要
手続主催者	裁判官（当事者に選択権なし）	仲裁人（当事者が選任に関与可）
手続のルール	訴訟法・厳格	仲裁規則・比較的柔軟
手続・判断の公開	原則公開	原則非公開
言語	各国の訴訟法により指定された言語	当事者が合意した言語または手続に即して決められた言語
上訴の有無	あり	なし
外国での執行力	相互保証等が必要（日本における外国の判決の承認・執行につき民事訴訟法118条参照）	ニューヨーク条約に基づき外国仲裁判断の承認執行が可能

÷50万円）＋3000円×（9000万円÷100万円））となる。

（7） 仲 裁

　仲裁とは、当事者の合意に基づき、第三者（仲裁人）の判断（仲裁判断）による紛争解決を行う手続をいう。仲裁制度を利用することで、裁判手続よりも比較的簡易な手続で、早期に解決できることがある。また、裁判の公開原則があてはまらないため、紛争解決の手続や結果を双方とも秘密に処理したい場合に有用である。仲裁人の判断（仲裁判断）は確定判決と同じ効力があり、当事者は拒否することができない。また、裁判と違って控訴や上告等の不服申立ての制度はなく、仲裁がなされたケースについて裁判を起こすことは原則としてできない。

　仲裁の種類には機関仲裁とアドホック仲裁とがある。機関仲裁とは、常設の専門仲裁機関[16]に仲裁を依頼して行われるものである。機関仲裁においては、手続ルールは事件が係属した仲裁機関の規定に基づくことになる。アドホック

仲裁とは、案件ごとに手続ルールを当事者間での合意に基づいて策定して仲裁を行うものである。この場合、手続ルールとしては UNCITRAL 仲裁規則が採用されることが多いといわれている。

契約書の紛争解決の条項において仲裁手続を定めている場合、当事者間で話し合いがつかないときには、原則として（裁判ではなく）仲裁手続を利用して紛争解決を図ることとなる。

(8) 強制執行

相手方が確定判決や和解調書、あるいは仲裁判断の内容に従った履行をしない場合、民事執行法に基づいて、強制執行の申立てを行い、相手方の財産（預貯金、給与、不動産、動産など）を差し押さえて売却し、その代金を債権回収に充てることができる。

---

16 たとえば、一般社団法人日本商事仲裁協会（JCAA）〈http://www.jcaa.or.jp/〉や国際仲裁裁判所（ICC International Court of Arbitration）〈http://www.iccjapan.org/〉等がある。

秘密保持契約

Ⅰ 代表的なトラブル類型

秘密保持契約に関する開示者と受領者との間のトラブルとしては、たとえば以下のものが考えられる。
① 受領者による漏えい
・受領者が開示者の競合他社と取引をするため、開示者の秘密情報を当該競合他社に漏えいした。
・受領者の従業員が開示者の競合他社に開示者の秘密情報を漏えいした。
・受領者を退職した従業員が開示者の競合他社に転職し、退職時に持ち出した開示者の秘密情報を当該競合他社に漏えいした。
・第三者が受領者から開示者の秘密情報が保存された記録媒体を盗み出した。
・受領者の従業員が開示者の秘密情報の入った記録媒体を紛失した。
・受領者の従業員が開示者の秘密情報を含むメールを第三者に誤送信した。
・不正プログラム（ウイルス等）や第三者による不正アクセスによって受領者のサーバ内に保存されていた開示者の秘密情報が外部に送信された。
② 受領者による目的外使用
受領者が開示者の秘密情報を利用し、開示者の製品と競合する製品の製造販売を始めた。

Ⅲ 秘密保持契約に関するトラブル類型に共通する対応策

　開示者は、秘密情報が漏えい等によって他社の業務に使用されることとなれば、市場における自社の優位性が失われ、当該秘密情報のためにこれまでにかけてきた費用が無駄となったり、顧客を奪われたり、企業価値が毀損されたりすることなどによる損害が発生し、それらの損害が時間の経過とともに拡大していくおそれがあるため、早急に対応する必要がある。また、受領者においても、自社で秘密情報の漏えい等が生じた場合、委託者からの責任追及を受けることを想定して対策をとるとともに、事後対応において委託者との信頼関係がさらに破壊されることを防止するため、早急な対応が必要となる。

　開示者と受領者のいずれも、秘密保持契約に関するトラブルが発生する兆候を確認し、またはトラブルがすでに発生したことを確認した場合、初動対応としてなすべきことは、対策本部の設置および応急措置の実施、事実関係の調査、証拠の保全、被害の大きさや影響が及ぶ範囲の検証、対応手段の選択であり、これらを適宜並行しながら迅速に進める必要がある。これらの対応は、民事的措置や刑事告訴も見据えて進める必要がある。

　また、事後的には関係者の処分や社内規程の見直しなどの対応も必要となる。

1　対策本部の設置・応急措置の実施

　トラブルの兆候を確認し、またはトラブルが発生したことを確認した場合、速やかに対応責任者を定めて対策本部を設置する必要がある。

　秘密情報の漏えい等が生じた場合、速やかに事実関係の調査や応急措置等に乗り出す必要があるため、あらかじめ社内規程等において対応責任者や対策本部の構成を定めておくことが望ましい。

　対策本部では、速やかにトラブルに係る事実確認を調査するとともに、トラブルによる被害がさらに拡大していくおそれがある場合には、被害の拡大を防ぐためにとるべき応急措置を決定し、直ちに実行する必要がある。

2　事実関係の調査

　事実関係の調査方法としては、関係資料をあたったり、関係者へのヒアリン

グを実施したり、さらにヒアリングから得られた供述の裏付証拠の収集を行ったりするなど、生じたトラブルの類型に応じてさまざまなものがあり得る。

　発生したトラブルに関与したことが疑われる者へのコンタクトをとることができる場合には、その者へのヒアリングを実施することが考えられるが、証拠を伴って質問をしなければ秘密情報の漏えい等への関与を認めることはないと考えられるうえ、証拠隠滅のおそれもあることから、いきなりコンタクトをとるのではなく、事前にその者の供述以外の証拠の収集を進めておくことが適切であると考えられる。

3　証拠の保全

　調査によって秘密情報の漏えいに関する事実関係を調査するのと並行して、証拠を保全しておく必要がある。また、事実関係の調査結果についても、その後の対応に用いることができるように証拠化し、保全しておく必要がある。

　たとえば、秘密情報が保管場所から不正に持ち出されていた場合には、パソコンの使用履歴や監視カメラ映像、入退室管理記録などの証拠を消失を防ぐために別途データ化するなどして保管すること、ヒアリング結果は録音をしたうえ、その内容を書面に残し、供述者の署名押印を得ること、調査の結果を担当者が報告書として取りまとめることなどが考えられる。

4　被害の大きさや影響が及ぶ範囲の検証

　事実関係の調査によって事実が明らかになった段階で、当該情報に基づき、自社、取引先、消費者等に対して、どのような種類の損害が、どの程度の規模で生じることが想定されるのか検証を行い、すでに講じた応急措置ではカバーしきれない損害が発生している場合は、さらに対応方法を検討し、それに従った対応を進めていく必要がある。

5　対応手段の選択

　調査によって把握した事実関係について法的評価を行い、どのような対応手段をとるべきか検討することとなる。

　その決定にあたっては、最終的にどのような結果を得ることを目的にするのか、そのためにとりうる対応手段としてどのようなものがあり、どの程度の費用や労力が必要になるのか、目的を達成できる可能性はどの程度あるのか、対応手段をとることによってどのような影響があり得るかなどを考慮する必要が

ある。

秘密情報の漏えい等を行った者に対してとり得る対応としては、大きく分けて民事的措置と刑事的措置とが存在する。

(1) **民事的措置**

民事的措置としては、秘密保持契約違反、不正競争防止法違反または不法行為を根拠として、任意交渉のほか、民事訴訟、仲裁、民事調停等の法的手続により、秘密情報の使用や漏えい等の差止めや損害賠償などを請求することが考えられる。任意交渉、民事訴訟、仲裁、民事調停等のうちからいずれの方法を選択すべきかは、相手方との関係性、生じた事案の態様、被害状況等を総合的に考慮して判断する必要がある。

(A) 根 拠

(a) **秘密保持契約違反を根拠とする措置**

秘密保持契約違反を根拠とする措置としては、秘密保持契約の相手方（受領者）に対して、秘密情報の第三者への漏えいや目的外使用等について差止請求を行うことおよび損害賠償請求をすることが可能である。

秘密保持契約違反を根拠とする措置は、秘密保持契約の当事者ではない第三者に対しては講じることができないため、漏えい先などの第三者に対しては不正競争防止法違反に基づく措置や、不法行為に基づく損害賠償請求を検討する必要がある。

また、秘密保持契約違反を根拠として損害賠償請求を行う場合には、秘密情報の漏えい等により生じた損害額（特に逸失利益）の立証は困難であることから、十分な損害賠償を受けることができない可能性もある（不正競争防止法5条のような損害額の推定規定の適用はない）。

(b) **不正競争防止法違反を根拠とする措置**

不正競争防止法違反を根拠とする措置としては、不正競争行為（営業秘密の場合は同法2条1項4号から10号に定める行為をいい、限定提供データの場合は同法2条1項11号から16号に定める行為をいう）を行った者に対して、差止請求をすること（同法3条）、損害賠償請求をすること（同法4条）、信用回復措置請求をすること（同法14条）が可能である。

不正競争防止法違反を根拠とする措置は、秘密保持契約の相手方に限らず、

第三者にも講じることが可能である点、損害賠償請求をする場合には特別な損害額の算定方法や推定に係る規定（同法5条）が適用されるため、損害額の立証の困難性によって十分な損害賠償が認められない事態を回避し得る点などから、秘密保持契約の債務不履行に基づく措置よりも強力であるといえる。

しかしながら、不正競争防止法違反を根拠とする措置は、漏えい等した秘密情報が営業秘密または限定提供データに該当する場合でなければ講じることができない。すなわち、漏えい等した秘密情報が、営業秘密（秘密管理性、有用性、非公知性を満たすもの（同法2条6項））または限定提供データ（技術上または営業上の情報であり、限定提供性、電磁的管理性、相当蓄積性を満たし、かつ営業秘密に該当しないもの（同法2条7項））に該当しない限り、不正競争防止法に基づく保護は受けられず、秘密保持契約違反に基づく措置や不法行為に基づく損害賠償請求をすることが可能であるにとどまることとなる。

（c）　不法行為に基づく損害賠償請求

秘密情報の漏えい等を行った者に対しては、不法行為に基づく損害賠償請求（民法709条）をすることも考えられる。不法行為に基づく損害賠償請求は、秘密保持契約の当事者以外の第三者にも請求可能であり、漏えい等が発生した秘密情報が営業秘密や限定提供データに該当していない場合でも請求可能であるため、秘密保持契約違反に基づく措置や不正競争防止法違反を根拠とする措置を講じることができない場合にも行うことが可能である。しかしながら、秘密情報の漏えい等について民事訴訟や仮処分により不法行為に基づく差止請求をすることはできないうえ、不正競争防止法5条のような特別な損害額の算定方法や推定に係る規定の適用がないため、損害額の立証の困難性により十分な損害賠償を受けることができない可能性がある。

（B）　とり得る紛争解決手段

秘密保持契約違反に基づく措置、不正競争防止法に基づく措置、不法行為に基づく措置のいずれを講じる場合であっても、まずは任意交渉からスタートし、任意交渉による解決が困難な場合に民事訴訟等の手続に進むことが考えられる。しかしながら、被害状況が切迫しているなど時間的猶予がない場合や、漏えいの態様や相手方との関係性等から交渉による解決が困難であると予測される場合などには任意交渉はせず早急に民事訴訟等の手続に進むことも考えら

れる。

　任意交渉は、会社の担当者間で行う場合や、弁護士を代理人として行う場合が考えられ、それらの中にも、書面での交渉や、対面や電話での交渉などさまざまなバリエーションがあり得る。求められるスピード感や相手方との関係性、交渉の難易度等を考慮し適切な方法を選択する必要がある。

　（a）　民事訴訟・仮処分

　民事訴訟手続を利用することには、公正かつ慎重な手続の下で解決を図ることができるというメリットがある。加えて、民事訴訟より差止請求を行う場合には、併せて差止めの仮処分の申立て（仮の地位を定める仮処分の申立て（民事保全法23条2項））を行うことにより、差止判決を得るまでの間に損害が増大していくことを抑止しうる点もメリットとしてあげられる。

　他方で、民事訴訟は判決までに長時間を要することや、訴訟追行の負担が大きいことがデメリットになり得る。ただし、訴訟手続の中で和解勧試がなされた場合には、裁判官の法的な判断の見通しが示されることにより、当事者間の意見対立が大きい場合でもスムーズに和解が成立し、早期に紛争を解決できる可能性もある。

　また、民事訴訟は公開の手続であり、誰でも訴訟記録を閲覧することが可能である（民事訴訟法91条1項）ことから、当事者間の紛争の存在およびその内容が広く知られることになり得る点にも留意が必要である。ただし、民事訴訟の手続の中で営業秘密を保護するため、訴訟記録の閲覧等制限の申立て（同法92条1項2号）をなしうるほか、尋問で証言拒絶権を行使したり、文書提出命令の申立てがなされた際に文書提出義務の免除を求めたりすること（同法197条1項3号、220条4号ハ）も可能である。さらに、不正競争による営業上の利益の侵害に係る訴訟であれば、営業秘密について目的外使用や第三者への開示を禁止する秘密保持命令の申立てを行うこと（不正競争防止法10条）や、当事者尋問等の公開停止（同法13条）を求めることも可能である。

　民事訴訟および仮処分手続を利用するかについては、上記の点を考慮し、慎重に検討する必要がある。

❖❖コラム　差止めの仮処分

　差止めの仮処分の申立てが認められるには、①保全すべき権利または権利関係（被保全権利）および②保全の必要性が存在することを疎明（裁判官に一応確からしいと推測させる程度の証拠を提出すること）する必要がある。

　①の被保全権利については、秘密保持契約上の義務違反に基づき秘密情報の漏えいや目的外使用の差止めの仮処分を求める場合には、秘密保持契約上の義務が存在することおよび同義務違反があったことを疎明することが必要となる。

　②の保全の必要性については、争いがある権利関係について債権者に生ずる著しい損害または急迫の危険を避けるため被保全権利の保全を必要とすることを疎明する必要がある（民事保全法23条2項）。②は、仮処分が訴訟の終結を待っていたのでは自己の権利を保全することができず、訴訟の終結前に被保全権利を暫定的に保全する必要があるといえるような緊急性がある場合に認められるものであることから疎明が必要とされている。

　仮処分決定がなされる場合には、民事保全手続があくまでも訴訟前の暫定的な手続であり、訴訟において債権者の請求が認められない可能性もあることから、債務者に生じうる損害の賠償に充てるため、債権者には裁判所が定める担保金の供託が命じられる場合が多い。

（b）　仲　裁

　民事訴訟以外の紛争解決方法として、仲裁手続を利用することも考えられる。

　仲裁手続を利用することのメリットとしては、申立て手続が民事訴訟に比べて簡便であること、手続が柔軟で当事者の意向に沿って進めることができること、紛争解決に要する時間が短く、費用も低額に抑えられる可能性があること、専門知識をもった第三者に関与させることもでき、専門的な判断も可能であること、解決までの過程が非公開で行われ、結論も原則として公開されないため、営業秘密の保護が図りやすいことなどがあげられる。

　ただし、仲裁手続を利用するには、当事者が紛争を仲裁によって解決することについて書面による合意をしていることが必要である（仲裁法13条）。

（c）　その他の法的手続

　その他、民事調停、知財調停（不正競争行為に関する場合）、ADR機関による

助言、あっせん等の手続も利用可能である。いずれも当事者の合意による自発的解決を補助するための手続であり、当事者の信頼関係がすでに崩壊している場合、意見対立が大きい場合、事案や争点が複雑である場合などには不向きである可能性もある。しかしながら、これらは柔軟かつ非公開の手続であり利用のハードルが低いと考えられるうえ、裁判所等の第三者が介入することによって任意交渉よりもスムーズに進展する可能性もある。また、これらの手続を経て相手方の見解を把握したうえで民事訴訟の提起や仮処分の申立てに進むことも考えられる。

（2）　刑事的措置

秘密情報の漏えい等が営業秘密侵害罪（不正競争防止法21条1項1号～9号）に該当する場合や、窃盗、業務上横領、不正アクセス等の刑事罰の対象となる行為に該当する場合は、刑事的措置として、警察へ届け出ることが考えられる。

警察に届け出る場合、まずは管轄の警察署の担当課に相談に行くことが考えられる。その際には、事案を正確に説明できるよう、事情を把握している社内の調査担当者等が同行することが望ましい。

また、被害に関する証拠や情報を適切かつ十分に捜査機関に共有し、迅速な捜査を実現できるよう、事前に準備をしたうえ、告訴状や被害届などの書面および関連資料を提出することが望ましい。このような準備を迅速に行うには、弁護士に告訴状等の作成を依頼することも考えられる。

警察へ届出を行った後は、警察・検察の捜査により起訴・不起訴が決定されることとなる。

警察の捜査においては強制捜査が行われ、それまでに行った調査では入手できなかった証拠がみつかる可能性もあることから、刑事訴訟において使用された証拠を民事訴訟等で証拠として使用することも考えられる。また、任意交渉に応じなかったり、自らの行為を否認するなどしていた者も、刑事告訴を受けた場合には事実を認め、情報の返却に応じるなど態度を変容させる可能性もある。

◇◇コラム　刑事訴訟における営業秘密の保護

　刑事訴訟に進んだ場合、刑事訴訟に係る訴訟記録は原則として公開されるため、刑事訴訟手続において何らの措置も講じない場合、営業秘密が公になってしまうおそれがある。かかる事態を防止するため、不正競争防止法において、刑事訴訟手続の中で営業秘密の内容を秘匿するための措置として、営業秘密の内容を特定させることとなる事項を公開の法廷で明らかにしない旨の決定をする秘匿決定（同法23条1項～3項）や、呼称等の決定（同条4項）、尋問等の制限（同法25条）、公判期日外の証人尋問（同法26条）等の措置が導入されている。

　これらの営業秘密の秘匿の申出は検察官を通じて行うこととなる。裁判官や検察官に営業秘密の保護の必要性や保護すべき範囲について正確に理解してもらうためには、十分かつ適切に情報提供を行うことが不可欠である。

6　従業員の懲戒処分、退職者への対応

　受領者の従業員が秘密情報を漏えいしたり、秘密情報を目的外使用するなどの秘密保持義務違反をした場合や、受領者の退職者が秘密情報を漏えいした場合、受領者は、当該従業員ないし退職者への対応についても検討することとなる。

　従業員が秘密情報を漏えいさせたり、秘密情報の目的外使用をした場合、労働契約上の秘密保持義務に違反したものとして、懲戒処分を課すことや、退職金の減額・不支給をすることが考えられる。ただし、いずれの対応についても就業規則や秘密保持誓約書等の根拠が必要である。

　特に、退職金の減額または不支給については、契約上の根拠が存在したとしても直ちに有効性が認められるわけではなく、その中でも、退職金を全額不支給とするには、労働者の永年の勤続の功を抹消してしまうほどの重大な不信行為があることが必要とされている。退職金の減額または不支給の措置をとる際には、当該措置の有効性が厳しく判断されることに鑑み、退職者の退職に至る経緯、退職の目的、持ち出された情報の性質や量、退職者の秘密保持義務違反行為によって会社が被った損害などの諸般の事情を踏まえて退職者の背信性の有無・程度を判断し、比例原則の観点から合理性が認められる範囲内で実施する必要がある。

退職者が秘密情報を漏えいさせた場合、退職者に対してはもはや懲戒処分等を課すことはできないため、受領者と退職者との間で締結した秘密保持契約等への違反、または不正競争防止法上の不正競争行為がなされたことを根拠として、退職者への対応を行うこととなる。たとえば、退職金の不支給ないし減額事由に該当するとして退職金の返還を求めることや、退職者に対して警告書等を送付したうえ、適切な対応がとられない場合には、民事訴訟等を提起して秘密情報の漏えいや使用等の差止請求や損害賠償請求をすることや、秘密情報の漏えいについて刑事告訴等を行うことが考えられる。

Ⅲ 秘密保持契約に関するトラブル類型別の対応策

1 受領者による漏えい

(1) 受領者の対応

(A) 初動対応

受領者は、情報漏えいが発生し、またはその兆候を発見した時点で、直ちに対応のための対策本部を設置し、対策本部の一元的な管理の下、事実関係の調査や応急措置を実行する必要がある。対策本部は、まず、漏えいした情報の内容、漏えいした情報の状態（パスワードによる保護や暗号化の有無など）、漏えいした範囲、漏えいした日時、漏えいの原因、漏えいに関与した者の属性や所在など、漏えいに対する応急措置を講じるのに最低限必要な事実関係を速やかに調査する必要がある。

そして、これらの情報を基に、被害の拡大を防止するため、漏えいの原因に応じた応急措置を講じる必要がある（〈図表2-2-1〉参照）。

また、受領者は、開示者から開示を受けた情報が漏えいしていたことを把握した時点で、開示者との間に生じうる法的紛争のリスクを検討するために必要な事実を調査し検討する必要がある。すなわち、不正競争防止法違反に基づく差止請求や損害賠償請求を受ける可能性があるかを検討するため、漏えいした情報が営業秘密または限定提供データに該当するかに関する事実を調査し検討する必要がある。また、秘密保持契約違反に基づく差止請求や損害賠償請求を受ける可能性があるかを検討するため、漏えいした情報に適用される秘密保持

契約の有無および有効期限、漏えいした情報が秘密保持契約上の秘密保持義務の対象となるか、受領者の秘密保持義務はどのような内容であるか、漏えい発生時に受領者にどのような対応が義務づけられているか等を確認する必要がある。また、漏えいした情報の中に個人情報が含まれる場合には、個人情報保護法に従った対応（個人情報保護委員会への報告、本人への通知等）が必要となり得るため、その点の確認・検討も必要になる。

〈図表2-2-1〉 漏えいの原因に応じてとるべき応急措置の例

漏えいの現況	とるべき応急措置
紛失、盗難による場合	・紛失物の捜索、改修 ・警察への届出 ・流出したアカウントの停止、パスワードの変更、遠隔でのデータ消去
メール等の誤送信、Webでの誤公開等のミスによる場合	・受信者等への連絡と情報の破棄の依頼 ・誤って公開した情報の削除 ・Webサイトの停止 ・Web検索サイトからのキャッシュ削除（削除または非公開とした後もキャッシュが残って検索サイトの検索に引っかかることを回避するため） ・SNS等に秘密情報が投稿された場合は、当該投稿の削除
従業員または退職者による漏えいの場合	・当該従業員の秘密情報を保管するイントラネットサーバ、共有ファイルサーバ等のID停止、アクセス制限 ・漏えいをした従業員の使用したパソコン等の装置の利用停止、確保 ・漏えいされた情報の返還請求 ・当該従業員の自宅待機、当該退職者の移動制限（ないし連絡先の確保）

Ⅲ　秘密保持契約に関するトラブル類型別の対応策

不正プログラム（ウイルス等）による場合	・ウイルス感染したパソコンを特定し、インターネットから切り離したうえで現状のまま確保 ・問題のあるソフトウェア等の利用の停止 ・ウイルスの駆除 ・脆弱性の除去
不正アクセスによる場合	・不正アクセスを受けた機器・サイトのネットワークからの切り離し ・ID、パスワードの停止 ・不正アクセスを受けた機器・サイトの停止 ・代替サイトの立ち上げ ・漏えいした情報の回収 ・Webサーバの設定の見直し ・サーバ、Webアプリケーションの脆弱性の除去

※　クレジットカード情報、銀行口座番号、IDパスワード等を含む情報が漏えいした可能性がある場合には、直ちにそれらを停止する必要があり、それらが第三者の情報である場合には、本人に通知したうえ、カード停止、口座停止、ID停止を促す必要がある。

（B）　開示者への報告等

受領者は、開示者の秘密情報が漏えいした場合には、そのことを開示者に対して速やかに報告したうえ、開示者の意向や指示に従った事実関係の調査等の対応を進める必要がある。

開示者への報告は、対策本部に窓口を一本化し、正確な情報を文書で報告できるようにすべきであり、各部署が対策本部に無断で不正確な情報を開示者や外部に伝えたりすることのないようにする必要がある。

仮に、受領者が秘密情報の漏えいの事実を隠蔽したり、報告時期を遅らせたりすれば、開示者が秘密情報の漏えいに早期に対応できず損害が拡大してしまうおそれがあり、そうなれば、開示者に多額の損害賠償請求をされるおそれがあるほか、相互の信頼関係が損なわれ、秘密情報の漏えいに係る受領者の責任

について交渉によって解決することが困難になり、民事訴訟を提起されるなどして漏えいに係る事実が世間一般に公表され、受領者のレピュテーションに大きな影響が生じるおそれもあるため、迅速かつ誠実な対応が必要となる。

（2） 開示者の対応
　（A）　初動対応
　開示者は、受領者の報告等により秘密情報の漏えいについて把握したら、直ちに対応のための対策本部を設置し、事実関係の調査や応急措置を実行する必要がある。漏えいに関する情報の多くは受領者の下に存在しており、応急措置も受領者に行わせる必要があると考えられるため、開示者は受領者に対して事実関係の調査の結果や行った応急措置について報告や資料の提供を求め、それらに不十分な点があればさらなる調査や応急措置の実施を求めることが考えられる。

　加えて、開示者は、漏えいに関しては、不正競争行為を行った者（受領者または第三者）に対して不正競争防止法違反に基づく差止請求や損害賠償請求を行うことや、受領者に対して秘密保持契約違反に基づく差止請求や損害賠償請求を行うことが可能であるかを検討するため、それらの請求を行うにあたって必要な要件に関連する事実についても調査する必要がある。

　（B）　対応方針の決定
　開示者は、調査によって把握した事実関係に基づき、どのような被害がどの程度発生したのか、今後どのような被害の拡大その他の影響があり得るのか等を検証したうえで、最終的にどのような解決をめざすか、そのために受領者や第三者に対してどのような法的根拠に基づき（秘密保持契約違反、不正競争防止法違反等）、どのような請求（差止請求、損害賠償請求等）をするか、どのような手段で請求をするか（任意交渉、民事訴訟等）などの対応方針を決定する必要がある。

　どのような手段で請求をするかについては、請求の相手方（受領者や第三者）の漏えいの態様の悪質性の程度や、相互の信頼関係の有無および程度のほか、請求の相手方との間で事実関係や法的評価についてどの程度争いがあるか、どの程度複雑な論点を含んでいるのか、開示者が秘密情報の漏えいについてどのようなスタンスで臨む方針であるか、どの程度の時間やコストをかけることが

可能であるかなどのさまざまな事情を考慮したうえで決定する必要がある。

その他、開示者は、関係者（個人情報が流出した場合の当該個人など）への通知、監督官庁や警察への報告、ホームページ、マスコミ等による公表の実施の要否や方法などについても検討する必要がある。

加えて、再発防止のため、秘密保持契約の書式に不備があった場合にはこれを是正したり、秘密保持契約の受領者に課す秘密保持義務をより重くしたり、開示者から受領者に対する秘密情報の開示の方法を改善（秘密である旨の明記を徹底するなど）したり、取引先の選定基準をあらためて検討したりすることなども考えられる。

2 受領者による目的外使用

(1) 開示者の対応

開示者は、受領者が秘密情報を目的外使用しているのではないかという疑念を抱いた場合、速やかに事実関係の調査を開始する必要がある。

目的外使用の兆候としては、受領者から突然取引を打ち切られたり、受領者に関して開示者の秘密情報を利用した営業活動がなされていることに関する情報が出回るようになったり、受領者から開示者の秘密情報に関して取引目的からして不必要であると考えられる照会等がなされたりすることなどが考えられる。

受領者が開示者の秘密情報を目的外使用していることが疑われる場合、開示者は、まず、受領者が目的外使用をしていると疑われる秘密情報を特定したうえ、それを開示者が受領者に対して、いつ、どのように開示したのか、当該秘密情報が営業秘密または限定提供データに該当するか、秘密保持契約上の目的外使用の禁止義務の対象となっているか等を確認する必要がある。

そして、受領者が開示者の秘密情報をどのような目的に使用しているかについて可能な限り特定し、客観的証拠を収集する必要がある。秘密保持契約書等において監査等の規定が盛り込まれている場合は、当該規定に基づき監査を行うことも考えられる。

受領者が秘密情報を目的外使用をしていることが客観的証拠によって裏付けられ、そのことが営業秘密の図利加害目的による不正使用であり不正競争行為に該当すると評価しうる場合や、秘密保持契約違反に該当すると評価しうる場

合、開示者としては、不正競争防止法違反または秘密保持契約違反に基づき受領者に目的外使用の差止請求を行うことや、秘密情報を使用して製造された製品等があればそれを廃棄させるとともに開示者が逸失した利益について損害賠償請求を行うこと、秘密情報の利用について受領者からライセンス料を支払ってもらうことなどが考えられる。これらの請求を行うにあたっては、まずは当事者間での任意の交渉による解決の可能性を検討し、それが困難である場合には訴訟等の手続に進むことが考えられる。ただし、損害の拡大を防止するために目的外使用を一刻も早く停止させる必要がある場合には、交渉に時間を割くよりも早々に仮処分の申立てを行ったうえで訴訟手続に進むなどの対応をすることも考えられる。

（2） 受領者の対応
　（A）　目的外使用を防止するための管理措置

受領者は、目的外使用が生じないように、またはその疑いをかけられた場合に目的外使用をしていないことを示すことができるように、開示者の秘密情報と自社の情報を分離して適切に管理する措置を講じるべきであり、具体的には、以下のような措置を講じることが考えられる。

まず、受領者は、取引先から秘密情報を受領する前に、自社が保有する関連情報を特定し、それらが存在していた日付を確定し、記録しておくべきである。日時を確定する方法としては、特に重要度の高い情報については特許出願、タイムスタンプ（電子文書の存在した日時を証明するサービス）、公証制度等を活用することが考えられ、その他の情報についても日報、月報その他の社内記録を適正に作成管理することが有効であると考えられる。

そして、秘密情報を受領する際には、自社の秘密情報と完全に分離して保管・管理できる方法を定め、それに従って保管・管理するとともに、秘密情報を保管・管理している期間中、当該秘密情報にアクセスした者に関する記録（誰が、いつ、どの情報にアクセスをしたのか）をとるべきである。

契約の終了等により秘密情報の使用を終えた場合、契約の定めに基づき秘密情報を廃棄することが受領者に義務づけられているときは、受領者は、秘密情報を廃棄するにあたって、秘密情報は受領者が定めた保管場所以外に、従業員のメールフォルダ、従業員のパソコンのローカルデータ、バックアップシステ

ム等にも秘密情報が保存されている場合があることに留意し、それらの秘密情報も含めて完全に廃棄し、目的外利用等がなされることのないように管理を怠らないことが必要となる。

（B）　クレームを受けた後の対応

受領者としては、開示者から秘密情報の目的外使用についてクレームを受けた場合、まずは開示者の主張内容を徹底的に確認する必要があり、どの契約に基づきいつ開示された情報についての目的外使用を主張しているのか、目的外使用であると主張する具体的な行為は何か、開示者の主張の根拠は何かなどを明らかにさせることが必要であり、それらが明らかにされていない場合には、それらについての説明や証拠の提示を求めることが適切である。そのうえで、開示者が把握している事実関係や、それについて収集している証拠について整理し、仮に訴訟になった場合に開示者の主張が認められる可能性はどの程度あるのかなどについて検討する必要がある。

また、並行して、受領者の社内で目的外使用の事実の有無を調査し、それに関する証拠を収集し、受領者が目的外使用をしていないことをどのような証拠をもって示すことが可能であるのかなどについても検討する必要がある。

受領者は、検討の結果、目的外使用を行っていないこと、クレームを受けた秘密情報について受領者が目的外使用の禁止義務を負っていないことなどの反論が可能であれば、開示者にその旨を速やかに根拠を示して反論すべきである。

仮に、開示者のクレームを無視したり、開示者が十分な根拠を示しているにもかかわらず何ら根拠を示さずに目的外使用を否認するなどの不誠実な対応をとれば、開示者が不信感を抱き、早期に目的外使用の差止めを求めて民事訴訟を提起するとともに仮処分を申し立て、受領者が事業を停止せざるを得なくなるなどの混乱が生じてしまう可能性がある。また、訴訟になれば、必然的に受領者の情報を開示することも必要となる。そのうち、営業秘密に該当する情報については、閲覧等制限の申立て（民事訴訟法92条1項）を行うことにより第三者による閲覧等を制限することが可能であるが、それに該当しない情報はそのまま公開せざるを得ないこととなる。さらに、目的外使用を理由に民事訴訟を提起されること自体によって受領者の社会的信用が損なわれる可能性もあ

る。そのため、受領者としては迅速かつ誠実な対応を行い、可能な限り任意交渉によって開示者との間のトラブルを速やかに終結させ、受領者に生じる負担や影響を最小限にとどめることが望ましい。

◇◇コラム　目的外使用に関する民事訴訟

　目的外使用に関する民事訴訟では、開示者が、受領者の営業秘密に関する文書の開示を求めて、民事訴訟法に基づく文書提出命令や不正競争防止法7条1項に基づく書類提出命令の申立てを行う可能性がある。それに対し、受領者は、当該文書の証拠調べの必要性がないことを主張したり、「技術又は職業の秘密」（民事訴訟法197条1項3号、220条4号ハ）への該当性や「正当な理由」（不正競争防止法7条1項ただし書）の存在を示したりすることによって提出義務の免除を求めることが考えられる。このとき、「技術又は職業の秘密」への該当性や「正当な理由」の存否について判断するため、裁判所に対してのみ当該文書を提出する手続（インカメラ審理）がとられる場合もある。

OEM契約
(製造物供給契約)

I 代表的なトラブル類型

　OEM契約に関する当事者間のトラブルとしては、次のようなものが考えられる。
① 受注者から満足のいかない品質の製品が納入された
② 納期を過ぎても受注者から製品が納入されない
③ 製品の欠陥について顧客からクレームがあった
④ 発注者が代金を支払ってくれない
⑤ 取引を解消したい

II OEM契約に関するトラブル類型に共通する対応策

1 事実関係および契約条項の確認

　①〜⑤のトラブルが発生した場合、まずは当該トラブルに係る事実関係および関係する契約条項がどのように規定されているかを速やかに把握する必要がある。どのような事実関係を確認する必要があるかはトラブルの類型や契約条項の具体的規定による部分が大きいが、想定される相手方の主張や反論等も含めて検討を行うため、関連する情報の収集は幅広く行うことが望ましい。また、契約条項の解釈が問題となりうる場合、当該条項が通常の文言解釈ではどのように解釈されるか、実際に当該契約条項に基づき当事者間でどのような運用をしてきたか、締結時の状況等に照らして自社の立場に有利なように解釈する余地があるか、相手方に有利な解釈としてはどのようなものがあり得るか、自己または相手方の解釈を裏付けるような資料はあるかなどを確認する必要がある。

285

2　生じうる影響の検証および対応策の検討

　把握した事実関係および契約条項を基に、今後どのような事項に対してどのような事象ないし影響が生じうるのかを検証したうえ、損害の発生または拡大を避ける観点から適切な対応を検討する必要がある。対応方法の決定にあたっては、とり得る対応策を複数あげたうえ、それぞれのメリット・デメリットを比較することが望ましく、その際にはそれぞれの対応策に係るコストやスケジュール感も検討しておくことが望ましい。

3　相手方との任意交渉

　任意交渉は、自身の請求の正当性を相手方に説明し、これ以上の紛争の拡大を防ぎ、早期かつ円満に紛争を解決し得る方法であるため、まずは任意交渉によりトラブルの解決を図ることが考えられる。ただし、相手方の財政状況が悪化している場合などには、別途適切な対応方法の検討が必要になる可能性がある。また、相手方との信頼関係が破壊されていたり、意見対立が大きかったり、争点が複雑であったりして任意交渉による解決が困難なことが見込まれる場合には、トラブルに対応する緊急性等も考慮したうえで、任意交渉は行わず、訴訟を提起するなどの対応を進めることがより適切であることも考えられる。

　任意交渉を行う場合、どのような方法で交渉を進めるかは、生じたトラブルの重大性や緊急性、相手方へ請求する事項について法的根拠がどの程度あるか、今後の相手方との取引の継続の可能性、相手方との力関係などを加味して個別具体的に検討する必要がある。

　OEM契約においては、典型的な下請契約などとは異なり、受注者の規模が大きかったり、受注者が発注者との取引に依存している度合いが低かったり、受注者が製品の市場において大きなシェアを有していたり、独自の技術を有したりしている反面、発注者自身に製品に関するノウハウや製造能力がなかったり、発注者が製品の仕様の作成や原材料の調達等を全面的に受注先に委ねていたり、すぐには代替となる受注先を確保できなかったりする場合も多い。このように、受注者が発注者からみて交渉力が弱い立場にあるとはいえないケースが多くみられるため、必ずしも発注者の要望どおりに交渉が進みやすいとはいいがたい。

さらに、発注者が受注者に対して納期や価格等に関して無理な要求をしたり、仕様等の重要な点について丸投げをしたりするなどしてこれまでの取引関係において信頼関係が醸成されておらず、いざトラブルになった際に柔軟な協議が可能な関係性にあるとはいいがたい状況になっていることもあり得る。

　そのため、トラブルが生じる以前から、相手方とのコミュニケーションを密にとって信頼関係を形成し、トラブルが発生した場合にはそれを速やかに把握し、相手方と柔軟な協議をすることが可能な関係性を維持しておくことが望ましい。

　任意交渉による解決が困難である場合には、民事訴訟、仲裁、民事調停等の手続からトラブルの解決に適切と考えられるものを選択することになる。

Ⅲ　OEM 契約に関するトラブル類型別の対応策

1　受注者から満足のいかない品質の製品が納入された

(1)　発注者がとり得る対応の検討

　発注者にとって満足のいかない品質の製品が納入された場合、契約上特に発注者側がとり得る対応が制限されていない限り、発注者は、当該 OEM 契約の契約条項と、民法および商法の規定に従い、以下のような対応を検討する必要がある。

　まず、製品が受入検査に合格する前であれば、発注者は、当該製品を受入検査不合格とし、修補のうえで再度修補品を納入させたり、代替品を納入させるなどの方法で履行の追完を請求すること（民法562条1項、559条）、契約不適合に相当する金額だけ受注者に支払うべき対価を減額すること（同法563条1項および2項、559条）、損害賠償請求をすること（同法415条）、受注者との契約を解除すること（同法541条、542条）ができるかを検討することになると考えられる（損害賠償請求と解除については下記2において詳述する）。

　他方で、すでに製品が受入検査に合格していたり、検査期間の徒過によって受入検査に合格したとみなされていた場合には、当該製品が受入検査には合格していることを前提として（すなわち、受入検査によって直ちに発見できる契約不適合については契約不適合責任の追及ができないことを前提として（商法526条2

項前段))、受注者に履行の追完を請求すること、または対価を減額すること、損害賠償請求をすること、受注者との契約を解除することができるかを検討することになると考えられる。

ただし、発注者は、発注者の帰責事由により契約不適合が発生している場合(発注者が受注者に製品の品質等に影響を及ぼす要望をしたことが原因で契約不適合が生じた場合など)には契約不適合責任の追及や損害賠償請求や契約の解除ができないため(民法562条2項、563条3項、415条ただし書、543条)、受注者からそのような事情が存在すると主張されるような事情がないかも検討しておく必要がある。

(2) 事実関係・契約条項の確認のポイント

満足のいかない品質の製品が納入された場合に発注者が確認しておくべき事実関係や契約条項としては、〈図表2-3-1〉に記載のものなどがあげられる。

〈図表2-3-1〉 満足のいかない品質の製品が納入された場合に発注者が確認しておくべき事実関係や契約条項

事実関係の確認ポイント	☑どの範囲の製品にどのような問題点があるのか。
	☑当該製品は受入検査に合格済みであるか、それとも合格前の段階か。合格と判断していない場合でも受入検査期間を徒過しており製品が受入検査に合格したとみなされていないか。
	☑過去の製品にも同様の問題がある場合は、当該製品に係る受入検査の合格状況や対価の支払い状況はどうなっているか。消費者等からの当該問題点に関するクレームはこれまでにあったか。
	☑製品に問題点が生じた原因は何なのか。
	☑当該問題点によって当該製品の販売等にどのような影響が生じるか。
	☑当該問題点に関して発注者は受注者に対してどのような指示を行い、受注者はどのように対応していたか、そのことを裏付けるメールや議事録等の

	記録はあるか。
	☑当該問題点に関して受注者から事前に通告や相談等があったのか。
	☑当該問題点の対応策としてはどのようなものが存在し、どの程度のコストや時間がかかるか。
	☑発注者および受注者に当該問題を解決する時間的、費用的な余裕がどの程度存在するか。
契約条項の確認ポイント	☑製品が備えるべき仕様はどのように定められているか。
	☑受注者は製品についてどのようなことを保証すると定められているか。
	☑受入検査の基準はどのように定められているか。
	☑検査不合格の場合の対応はどのように定められているか。
	☑契約不適合責任としてどのような責任を追及可能か。責任追及のための要件や責任の制限は定められているか。

（3） 契約不適合責任の追及の可否の検討

　契約書に特段の規定が存在しない場合、発注者が受注者に対して製品の修補等を請求しうるのは、製品に契約不適合がある場合に限られる。契約不適合があると認められない場合には、たとえ発注者が満足していない製品が納入された場合であっても受注者はこれを修補等する義務を負わないこととなる。

　契約不適合とは、「種類、品質又は数量に関して契約の内容に適合しない」ことをいい、契約不適合があるかどうかは、契約書の記載のみならず、契約の性質、目的、締結に至る経緯その他の契約に係る一切の事情を基に、取引通念に基づいて契約において当事者が合意した製品が備えるべき品質・性能を具体的に確定したうえ、当該品質・性能を有しているかによって判断される。

　製品が発注者の求める品質を備えることが契約書や仕様書等に規定されてい

ない場合には、当該品質を製品が備えることが当事者の契約の内容になっていたと認められるハードルは高い。実際に、契約書等に記載のない品質を製品が備えていないことが契約不適合であるか否かが争点となった以下の近年の裁判例においても、製品に契約不適合があるとの発注者の主張は、それを裏付ける確たる証拠等が存在しないことを理由に認められなかった。

○東京地判令和4年4月20日判例集未登載（平成29年（ワ）第9029号）
（概要）
　発注者は、受注者との間で染毛剤の容器の肉厚を正常範囲の0.40～0.48mmとすることを合意したにもかかわらず、受注者が納入した容器は当該正常範囲を逸脱した偏肉が生じており、それにより容器の割れが発生しているとして契約不適合がある旨を主張したが、当該主張を裏付ける証拠が、発注者が受注者に提供した調査報告書（過去に他の製造業者が発注者のために製造した容器について発見された凹みについて「凹みの箇所を切断して肉厚を測定したところ0.43mmでした。凹みのある円周上で凹んでいない箇所の肉厚をランダムに測定した結果、最小0.40mm～最大0.48mmの範囲で特に凹みの箇所が薄い状態ではありませんでした（正常品も同じく0.40mm～0.48mmの範囲）」との記載があるのみであった。）以外には存在しなかったことから、裁判所は発注者と受注者との間で発注者が主張する合意がされたことを示す的確な証拠はないとし、同合意の成立を認めず、受注者の契約不適合責任を否定した。

○東京地判令和2年9月14日判例集未登載（平成31年（ワ）第2216号）
（概要）
　発注者は、受注者との間で電気用品安全法が規定する電気用品が満たすべき同法所定の基準に適合する電源ユニットを納品するとの合意をしていたにもかかわらず、かかる基準に適合しない電源ユニットが納入されたことは受注者の債務不履行であると主張したが、裁判所は、当該電源ユニットは単体で使用することが予定されていたものではなく、パチスロ機に組み込むために特別に設計・製作されたものであり、当該電源ユニットが組み込まれたパチスロ機は電気用品安全法所定の基準に適合することが求められるものの、当該電源ユニット単体では同法により同法所定の基準に適合することは求められておらず、また、受注者が電気用品安全法所定の基準に適合する電源ユニットを納品するこ

とを合意していたことを直接示す契約書等の証拠が存在していないことなどからすれば、契約上、受注者が納品する電源ユニットまたは電源ユニットが組み込まれるパチスロ機が直ちに同法所定の基準に適合することは予定されておらず、そのパチスロ機が同法所定の基準に適合するように電源ユニットの納品後に設計変更等を行い調整することが予定されていたと解されるとして、受注者が電気用品安全法所定の基準に適合する電源ユニットを納品するとの合意の成立を認めず、受注者の契約不適合責任を否定した。

○東京地判令和2年7月17日判例集未登載（平成27年（ワ）第28568号）（概要）

　発注者は受注者が納入した輪転機の契約不適合を主張する前提として、受注者との間で当該輪転機の性能について①印刷不良による損紙を200枚以内とすること、②ジョブとジョブの間の切替時間5分以内とすること、③1シフト20万枚の印刷を可能とする印刷機を製造することの3点を合意したと主張したが、裁判所は、発注者と受注者との間の取引に係る経緯によれば、受注者は発注者からの仕様変更の要求を受けてから約1か月で製品の確定仕様書を作成し、そこから約3か月で製品を納品しており、その間に、原告と被告が上記の3点の合意事項を達成できるかどうかを具体的に検討したことをうかがわせる事情はみあたらないこと、受注者が発注者との打合せに基づき作成した確定仕様書には上記の3点の合意事項を達成することを保証する旨は記載されていないこと、売買契約書上、上記の3点の合意事項を満たすものであることを契約の内容としたり、表明保証したりする条項もないことなどの事情を指摘したうえ、上記の3点の合意の成立を認めず、受注者の契約不適合責任を否定した。

　さらに、当事者が製品が一定の品質・性能等を満たすことを契約書や仕様書で規定していたとしても、その品質・性能等を発揮する条件が定められていないなど、曖昧な規定にとどまる場合は、製品がある条件下では要求された品質・性能を満たすものの、それとは異なる条件下では要求された品質・性能を満たさないときに、製品に契約不適合があるとは評価されないおそれもある。

　また、発注者が従前の受入検査において同様の製品を合格と判断して受け入れ続けてきた事情があるような場合、契約書や仕様書等において規定する品質等の解釈にそのような発注者の従前の対応が影響を及ぼす可能性がある点に注

意すべきである。

　発注者としては、上記の点を踏まえ、納入された製品について問題点を発見した場合には、契約書、仕様書、議事録等の関係資料やこれまでの発注者の対応などに基づき、当該問題点が生じない製品を製造するとの合意が受注者との間で成立していたとは認められないリスクがどの程度あるかを踏まえて対応する必要がある。

（4）　契約不適合責任の追及方法の選択

　製品がある仕様を備えるべきことについて合意が成立しており、当該仕様を満たしていないことについて契約不適合責任を追及しうると考えられる場合で、受注者の製造能力や債務の履行意思に特に問題がないときなどには、修補または代替品の納入のうち、発注者にとって適切な方法をとるよう請求することが考えられる（民法562条1項、559条）。

　また、修補等による履行の追完を催告したにもかかわらず相当の期間内に履行の追完がなされない場合や、履行の追完が不可能な場合などで、製品の契約不適合が軽微で他の受注先等による修補等が可能であるときなどには、契約不適合のある製品を受け入れたうえで、代金減額請求をすることを検討することが考えられる（民法563条1項および2項、559条）。

　さらに、履行の追完や代金減額請求に加え、他の受注先に修補を依頼して発生した修理費用、当該製品の販売が遅れたことにより発注者に損害が生じた場合には当該損害の賠償を請求することが考えられる（民法415条。ただし、契約書に特段の定めがない限り、損害賠償請求をするには受注者に帰責事由が存在することが必要となる）。

　契約不適合のある製品を受け入れる余地がない場合は、相当期間内に履行の追完をするように催告をしたうえで契約を解除し（民法541条）、発生した損害について賠償を請求する（同法415条2項3号）ことが考えられる。この場合に、そもそも製品の修補や代替品の納入等が不可能であったり、受注者が履行の追完を拒絶する意思を明確に表示したりすることにより、契約目的を達することができないことが判明しているのであれば、直ちに契約の一部または全部を無催告解除することも考えられる（同法542条）。

　他方で、製品がある仕様を備えるべきことについて合意が成立していたとは

認められない可能性が高い場合や、今後の受注者との関係性を有効に維持していく必要性が高い場合などは、今回の問題点により生じる影響の大きさ等も加味したうえで、今回の製品は通常の対価で引き取ることとしつつ、次回の発注分以降については仕様書を変更するなどの対応をすることも考えられる。

その他、受注者にどのような対応を求めるかにかかわらず、販売計画が変更になることを周知する必要がある場合や、製品に問題点があったことにより製品の販売を中止したり、過去に販売した製品を回収したりする必要がある場合には、その影響の重大性に応じ、消費者、小売業者等に向けて、記者会見、プレスリリース、ウェブサイトでの通知の掲載、メール・文書の送付、店頭での告知、SNS等で情報を発信する必要がある場合もある。

(5) 受注者の対応

受注者としても、発注者が確認すべき事実関係と同様の事実関係を把握し、発注者が指摘する製品の問題点について、それが契約不適合に該当しうるのか、発注者の帰責事由によってかかる問題が発生していないかなどを検討し、発注者の請求内容を踏まえて対応を決定する必要がある。

2　納期を過ぎても受注者から製品が納入されない

(1) 発注者がとり得る対応の検討

受注者が製品の納期を遅延した場合、発注者は、受注者の納期の遅延の原因や、納期にどれくらい遅れる見込みであるのか、他に製品を調達しうる手段が存在するか等の納期の遅延に関する事情を考慮し、受注者に対してなお債務を履行するよう求めるか、あるいは受注者からの製品の納入を不要として契約を解除するかを検討する必要がある。

加えて、受注者に対して損害賠償請求をするかどうか、個別契約のみならず基本契約まで解除するかどうか、今回の件は注意にとどめて今後も取引関係を継続するかどうかなどについても検討し判断する必要がある。

(2) 事実関係・契約条項の確認のポイント

受注者が製品の納期を遅延した場合に発注者が確認する必要がある事実関係や契約条項としては、たとえば〈図表2-3-2〉に記載したものが考えられる。

〈図表2-3-2〉 受注者が製品の納期を遅延した場合に発注者が確認する必要がある事実関係

事実関係の確認ポイント	☑遅延の原因は何なのか、受注者の帰責事由によるものか。
	☑受注者は製品の納入がなお可能なのか、いつであれば納入できるのか。
	☑発注者に納入を待つ時間的猶予がどの程度あるか。
	☑発注者に製品の調達に係る代替手段が存在するか、それにかかる費用の負担等はどの程度か。
	☑受注者と発注者との間で事前に納期の遅延について協議がなされていたか。
	☑これまでの取引における受注者の納期遅延状況およびそれに対する発注者の対応状況はどのようなものであったか。
	☑納期の遅延によって発注者にどのような損害が発生するか。
契約条項の確認ポイント	☑製品の納期はどのように定められているか。
	☑納期の遅延に関して事前に通知したり協議したりする義務が規定されているか。
	☑納期を遅延した場合の損害賠償義務や違約金の支払義務はどのように規定されているか。
	☑契約の解除はどのような場合に可能と規定されているか。

(3) 具体的な対応方法

(A) 損害賠償請求

発注者が受注者による納期の遅延に対して損害賠償請求をする場合、契約書に特段の規定が存在しないときは、発注者はその要件である①債務の存在、②

債務不履行の事実の存在、③損害の発生、④不履行と損害との因果関係の存在が満たされているかを確認する必要がある。また、⑤債務不履行が「契約その他の債務の発生原因及び取引上の社会通念に照らして債務者の責めに帰することができない事由」による場合には損害賠償請求をすることができないため（民法415条1項ただし書）、発注者はそのような事由が存在しないかも検討しておく必要がある。

納期の遅延の場合には、上記の要件のうち、③および⑤の要件を満たすかが特に問題となり得ることから、以下では③および⑤の点についての考え方を概説する。

(a) 損害の発生（③）

納期の遅延があった場合、発注者は、受注者に本来の債務の履行を請求しつつ、履行が遅れたことによる損害の賠償（遅延賠償）を請求することが可能であるほか、民法415条2項に規定する事由が存在する場合（履行が不能であるときなど）には、本来の債務の履行に代わる損害の賠償（填補賠償）を請求することが可能である。

そして、受注者は、発注者に生じた損害のうち、債務不履行によって通常生ずべき損害（通常損害）について賠償義務を負う（民法416条1項）。加えて、特別の事情によって生じた損害（特別損害）についても「当事者がその事情を予見すべきであったとき」には賠償義務を負うことになる（同条2項）。ここで、「当事者」とは債務者をいい、「その事情を予見すべきであった」時期は、債務不履行時をいう（大判大正7年8月27日民録24輯1658頁）。

これらを踏まえ、発注者としては、受注者による納期の遅延により発注者にどのような損害が発生したのか、それが特別損害に該当する場合には、受注者が債務不履行時にその事情を予見すべきであったのかを検討する必要がある。

発注者は、受注者が納期を遅延し、そのことについて受注者の帰責事由が認められる場合、理論上は受注者に対して債務不履行責任を問うことが可能であるが、納期の遅延によって発注者に事実上迷惑がかかったにとどまり、発注者に損害が発生したとはいいがたい場合や、発注者に生じた損害を具体的に算定しがたい場合も考えられる。

そのような場合に備えつつ、受注者による納期遅延を防止するため、納期遅

延に対して違約金を課すことを契約条項において規定しておくことが考えられ（第1編第3章Ⅱ9（4）（B）参照）、そのような規定が設けられている場合には、かかる規定に基づき違約金の支払いのみを請求して最低限の賠償を受けることで問題を収束させることも考えられる。

　（b）　受注者の帰責事由（⑤）
　納期の遅延の理由が受注者の責めに帰すべき事由（帰責事由）によらない場合には、受注者は損害賠償義務を免れることになる（民法415条1項ただし書）。
　ここで、帰責事由とは、従来からの有力な見解によれば「債務者の故意・過失、または信義則上これと同視される事由」をいい、「故意とは、債務不履行を生ずるであろうことを知っていながら、あえて不履行となる事態を招来することであり、過失とは、債務者の階層・地位・職業などにある者として信義則上要求される程度の注意を欠いたために、債務不履行を生じるであろうことを認識しないことをいう」とされている[17]。受注者の債務不履行について受注者に過失がないとされる場合は、債務不履行が不可抗力事由による場合や、債権者の帰責事由による場合などに限定されている。
　発注者としては、債務不履行が不可抗力により発生したと主張されるような事実関係が存在するか、当該主張がなされた場合、それがどの程度の根拠を伴ったものであるのかを検討する必要がある。仮に債務不履行が不可抗力事由による場合には、受注者に対して損害賠償請求をすることはできず、契約を解除することなどを検討することとなる。このとき、不可抗力条項において不可抗力事由が生じた場合の対応について具体的に規定をしていた場合には（第1編第3章Ⅱ17参照）、かかる条項に従った対応をすることとなる。
　また、発注者の帰責事由によって債務不履行が生じたと受注者に主張されるような事実関係が存在しないかについても確認しておく必要があり、発注者が納期に影響を及ぼしうる仕様変更を求めたなどの事情があれば、当該仕様変更が契約書に定めた手順に従ってなされたのか、受注者が当該仕様変更の要求を承諾していたのかなどの事実関係についても確認が必要である。発注者に帰責事由がある場合には、その程度が受注者の債務不履行責任が否定されるほどの

---

[17] 我妻榮ほか『我妻・有泉コンメンタール民法〔第8版〕総則・物権・債権』（日本評論社、2022年）814頁。

ものではなかったとしても、過失相殺により損害賠償額が減額される可能性がある。

(B) 解 除

発注者は、受注者が納期を遅延した場合、基本契約および個別契約の全部または一部を解除することも可能である。

契約の解除の効力は当事者の法的地位を契約を締結する前の状態に戻すというものであり（民法545条1項）、発注者は、受注者の納期の遅延により、もはや受注者に製品を納入してもらうことは求めず、すでに支払った代金があればこれを返還させ、これから支払うこととなっている代金については支払いを免れたいと考える場合に契約の解除を選択することになる。

納期遅延のあった個別契約についてのみ解除することも考えられるが、発注者が今後の受注者とのOEM取引を不要であると考える場合には基本契約についても解除すべきである。特に、基本契約中に発注者の発注義務等が規定されている場合などには当該義務も免れる必要があるため基本契約の解除も必要となる。

特に契約において解除の方法について特別な定めをしておらず、民法の原則に従って解除をする場合には、催告による解除（民法541条）または無催告解除（同法542条）をすることになる。

(a) 催告による解除

催告による解除は、①受注者が債務を履行しないこと、②発注者が相当の期間を定めて履行の催告をしたこと、③相当の期間内に受注者が履行をしなかったこと、の要件を満たす場合に、発注者の一方的意思表示によって契約を解除するものである（民法541条）。ただし、債務不履行の程度が契約および社会通念に照らして軽微である場合には契約を解除することはできないこととされている（同条ただし書）。また、解除には受注者の帰責事由は不要であるが、発注者の帰責事由による場合には解除は認められない（同法543条）。

①の要件については、発注者が単に製品の納期を過ぎているだけでなく、法的に履行遅滞に陥っている必要がある。すなわち、発注者が受注者から債務の本旨に従った製品の提供（弁済の提供）を受けたにもかかわらず受領遅滞している事情があるような場合には、受注者が履行遅滞に陥っているとはいえず、

発注者はまずは自己の受領遅滞を解消しなければ催告による解除をすることはできない（最判昭和35年10月17日民集14巻12号2733頁）。また、仮に受注者の製品の納入と代金の支払いが同時に履行すべき債務となっており、受注者に同時履行の抗弁権がある場合に、双方が債務を履行しないまま履行期が過ぎたときにも受注者は履行遅滞に陥っていないため、発注者が催告による解除をするためには、履行の催告だけでなく受注者への弁済の提供も行う必要がある（弁済の提供と同時に民法541条の催告をすることができるとされている）ため、もしそのような契約条件になっていた場合には留意が必要である。

　②の要件の「相当の期間」については、すでに履行の準備は済んでいることを前提として、給付を完了するのに必要な期間を催告の際に設定すべきであり（大判大正13年7月15日民集3巻362頁）、具体的な期間の長さについては事案ごとに検討する必要がある。もっとも、発注者が催告時に設定した相当の期間が短すぎた場合や、相当の期間を定めずに催告した場合であっても、催告の時から相当の期間が経過してもなお債務が履行されなかった場合には契約を解除することができるとされている（最判昭和44年4月15日判時560号49頁、大判昭和2年2月2日民集6巻133頁）。

　また、②の要件の「催告」の対象も、厳密に履行遅滞になっている部分を特定する必要はなく、受領者が催告されている債務が何かを理解できればよいとされている（最判昭和34年9月22日民集13巻11号1451頁）。

　発注者としては、受注者が履行遅滞にあり、発注者が相当の期間を定めて履行の催告をしたうえで解除の意思表示をした事実関係を明確に証拠に残すため、相当の期間を定めた催告も解除の意思表示も書面により行い、記録を残しておくべきである。

　　（b）　無催告解除
　契約において無催告解除の特約をしていない場合に、無催告解除が認められるのは、①債務の全部の履行が不能である場合、②受注者が債務の全部の履行を拒絶した場合、③債務の一部の履行が不能であるか、受注者が債務の一部の履行を拒絶しており、残部では契約目的を達成できない場合、④定期行為であり、履行がなされないまま時期を経過した場合、⑤受注者が債務を履行せず、催告しても契約目的を達するに足りる履行がなされないことが明らかである場

合に限定されている（民法542条1項）。なお、①および②の事情が債務の一部について認められる場合は、契約の一部についての無催告解除が認められる（同条2項）。

④の定期行為とは、特定の日時または一定の期間内に履行をしなければ契約をした目的を達することができないものであり、契約の性質によるもの（絶対的定期行為）と当事者の意思表示によるもの（相対的定期行為）が含まれる（民法542条1項4号）。

そして、OEM契約の当時者は双方とも商人であると想定されるが、そのような商人間での定期行為に該当する定期売買については、当事者の一方が債務を履行せずに一定の期間を経過したときには、「相手方は、直ちにその履行の請求をした場合を除き、契約の解除をしたもの」とみなされることとされている（商法525条）。当該規定は、催告や解除の意思表示すら要さず、当然に契約が失効することを規定したものである。

もっとも、定期行為に該当するのかどうかは必ずしも明確ではないと考えられるため、仮に発注者が納期の遅延があった場合に直ちに契約を解除したいと考えているのであれば、契約において無催告解除特約を設けておき、当該特約に基づき解除の意思表示を行うべきであると考えられる。

（c）　下請法が適用される場合の留意点

下請法が適用される取引の場合には、発注者が、受注者の責めに帰すべき事由がないにもかかわらず、すでに下請事業者に発注した部分を取り消して受注者が納入した製品の受領を不当に拒んだり、製品に問題がないにもかかわらず返品したりすることは、たとえ受注者の同意を得たとしても受領拒否や返品として下請法に違反する（下請法4条1項1号・4号）。

したがって、債務不履行のあった個別契約以外の個別契約についても合意解除し、それによってすでに発注した部分を取り消したり、問題のない製品を返品したりすることは下請法違反となることに留意する必要がある。

（d）　受注者の対応

受注者としては、納期の遅延によって発注者から契約を解除されれば、代金も支払ってもらえず、これまでに製造した製品も買い取ってもらえないこととなり、大きなダメージを被る可能性がある。そのダメージは、契約上発注者か

ら発注を受けた製品の転売禁止義務や競業避止義務などが課せられていた場合にはさらに深刻なものとなり得る。

　そのため、契約が解除される事態を回避するべく、受注者は納期に遅れそうなことが判明した時点で発注者に事情を説明したうえ、納期の猶予を受けられるよう試みることが考えられる。

　そのうえで、納期遅延が発生してしまったとしても、なお履行が可能なのであれば、その遅れを最小限にするよう努めるとともに、発注者と納期の延期について協議するなどして契約を解除されないように努めるという対応をすることが考えられる。

　それでも納期の遅延により発注者が契約解除の意思表示をしてきた場合は、受注者の対応としては、①民法634条に基づき製品のうちすでに完成している部分に係る対価の請求をすること、または②解除の効力を争うことが考えられる。

　まず、①について、民法634条は、注文者の責めに帰することができない事由によって請負人が仕事を完成することができなくなった場合、または請負が仕事の完成前に解除された場合に、請負人がすでにした仕事の結果のうち可分な部分の給付によって注文者が利益を受けるときは、その部分を仕事の完成とみなし、請負人は注文者が受ける利益の割合に応じて報酬を請求することができることを規定している。契約において当該規定の適用が排除されていなければ、当該規定に従い、受注者は、発注者に契約を解除された場合に出来高での報酬の請求をできる可能性がある。ただし、完成していない製品について可分な部分があるか、それによって発注者がどのくらいの金額相当の利益を受けるのかについては発注者との間で争いが生じる可能性がある。

　また、解除の効力を争う方法としては、納期の遅延が債権者の帰責事由によるものであること、無催告解除が主張された場合には無催告解除が認められる事由がないことなどを主張することが考えられる。なお、解除に受注者の帰責事由は不要であることから、契約に別段の定めがある場合を除き、納期の遅延が不可抗力によるものであることなどを主張しても解除の効力を争うことはできない。

3　製品の欠陥について顧客からクレームがあった

(1)　クレーム対応

　クレーム対応は契約当事者間の問題にとどまらない問題であり、契約当事者間で契約条項に従い役割分担等をするだけでなく、当該第三者に対して発注者および受注者が負う責任を考慮した対応が必要であり、適用法令の遵守も求められる。さらに、特に消費者からのクレームに関しては社会情勢、社会常識、他社の対応とのバランス感覚なども必要とされる。また、クレーム対応を行った当事者から他方当事者への費用の求償がなされる場合には、当該求償に係る対応も必要となる。

(2)　クレームへの対応体制

　発注者および受注者のうち、クレームを受けた当事者は、まず契約上、クレーム対応をいずれの当事者が担当するかについて定められているか、クレームへの対応方法はどのように決定することとなっているか、第三者に対する損害賠償責任（製造物責任、不法行為責任等に基づく損害賠償責任）をいずれの当事者が負うとされているかなどを確認したうえ、当該規定に従ってクレーム対応を担当する当事者の窓口にクレームを引き継ぐなどの対応をする必要がある。

　クレームへの対応方法が契約上特に規定されていない場合、当事者間の協議により決定したところに従って対応することも考えられるが、クレームは製品の販売者である発注者に寄せられる場合が多いと考えられ、そのような場合に受注者との協議がまとまるのを待って対応をしていたのでは対応が遅きに失してしまうおそれがあるため、発注者において速やかに対応し、事後的にクレーム対応に要した費用を受注者に求償することも考えられる。

(3)　クレームへの具体的な対応方法

　製品の欠陥に関するクレーム対応は事案により適切な方法を検討したうえで行うべきであるが、発注者による対応の一例としては以下のようなものが考えられる。

　　(A)　クレームに係る事実関係の確認

　まずは、クレームを申し立てた者への聞き取り等により以下の事実関係などを確認することが考えられる。

> 〈クレームがあった場合に確認すべき事実関係〉
> ○ クレームはどの製品の欠陥に関するものか（製品名、モデル名）
> ○ どのような事故が発生し、どのような損害（人的被害の有無、財産的被害の有無、それらの程度等）が発生し、または発生するおそれがあるか
> ○ 当該クレームに係る問題が生じた原因はどのようなものか、消費者の製品の利用方法はどのようなものであったか
> ○ クレームに係る製品はどのような流通経路をたどったか

　（B）　担当チームの組成等

　クレームに対応するにあたっては、担当チームを組成し、その中での役割分担や意思決定フロー等を決定しておくとともに、対応に係るスケジュールの見通し等を立てておくことが望ましい。

　（C）　調査、原因究明

　クレームが対応を要するものであると判断される場合には、製品に係る欠陥が実際にあるのか、原因は何なのかを調査によって確かめる必要がある。

　調査にあたっては、欠陥を指摘された製品と同一のものを調達して実際に確かめることが望ましく、同一の構造等を有する他の製品があれば当該製品も実際に確かめることが望ましい。特に外観上わからない欠陥などについては、必要に応じて専門家である第三者に調査を委託することで調査結果の客観性や正確性を担保することが望ましい。

　加えて、当該製品に係る仕様書、設計書、各種試験結果、取扱説明書、製造時の資料、受入検査時の資料等の関連資料を確認するなどし、当該欠陥がいつ発生したものか、設計に由来するものか、原材料に由来するものなのか、製造工程での手順ミス等に由来するものか、製品が本来有する危険性が発現したものであるがその点について十分な注意喚起がなされていなかったのかなどの原因を特定する必要がある。

　（D）　消費生活用製品安全法の対応の要否の検討

　仮に欠陥のあった製品が「消費生活用製品」（主として一般消費者の生活の用に供される製品（消費生活用製品安全法2条1項））に該当し、その使用に伴って、

「製品事故」、「重大製品事故」が発生した場合には、消費生活用製品安全法に従った対応が必要となる。そのため、発注者および受注者はクレームを受けて製品について事故があったことを知った場合、自社の消費生活用製品安全法に基づく義務の有無、内容について速やかに確認し、同法に従って対応する必要がある[18]。

　(E)　その他の責任

　発注者は、OEM 製品について、製造業者（製造物責任法2条3項1号）や表示製造業者（同項2号または3号）に該当しない場合には製造物責任の主体にならないが、発注者が OEM 製品の販売業者等として製品に関する事故や不具合の情報を得たときには、自社が製造した製品による事故等が発生した場合と同様の対応をとる必要がある場合があることに留意する必要がある。

　たとえば、販売業者（製造業者にも輸入業者にも該当しない）が販売した外国製のストーブを使用したことにより化学物質過敏症の症状が発生した事案において、裁判所は、当該ストーブの使用者からストーブの異臭について多数の苦情を受けており、化学物質が発生することを予見可能であり、または予見すべき義務があり、同型のストーブを大量に販売するものとして、顧客の安全性を確保する見地から、直ちに化学物質の発生や人体への有害性について検査確認すべき義務があったとして販売業者に不法行為責任を認めた（東京高判平成18年8月31日判時1959号3頁）。

　さらに、メーカーが販売した製品（湯沸し器）そのものの欠陥ではなく、修理会社が不正に改造した製品の使用により生じた一酸化炭素中毒による事故が発生した事案においても、当該メーカーは民事訴訟において製造物責任は負わないと判断されたが、刑事訴訟では、メーカーが死亡事故や不正改造の事実を認識しながらも、事故の危険性の注意喚起、点検、回収等の安全対策を怠ったことによって再度生じた死傷事故については、メーカーの経営者に業務上過失致死傷罪が成立すると判断された（東京地判平成22年5月11日判タ1328号241頁）。

　このような事案も踏まえ、発注者としては、製品の安全対策を受注者に任せ

---

[18] 経済産業省「消費生活用製品安全法における OEM 生産品・PB 品の取扱いに関するガイドライン」（平成20年7月）〈https://www.meti.go.jp/product_safety/producer/shouan/07_shouan_guideline_3.pdf〉参照。

きりにするなどして対応を怠るようなことがないよう、製品の安全性に関する重大な問題が発生し、または発生することを予見した場合には、自社においても必要な対応をとることが望ましい。

（F）　対応方針の決定

クレームのあった製品に欠陥があることが判明した場合、当該欠陥の性質、欠陥の程度、製品の使用者に発生しうる損害の重大性、企業経営への影響の重大性、当該クレームが今後訴訟等に発展する蓋然性の程度等に照らして、以下の事項などについて対応方針を決定する必要がある。

〈クレームへの対応方針の内容〉
- 対応に係る具体的スケジュール、予算
- クレームのあった製品について回収、修理、代替品の提供等の対応を実施するかおよびそれらの具体的方法
- クレームのあった製品に個別的に発生した欠陥ではなく、同種の製品に同様の欠陥がある場合には、それらの製品に係るリコールを実施するかおよびリコールの具体的方法
- 再発防止策、製品の生産停止、設計変更等の対応をどのような内容で実施するか
- 製品の欠陥や製品の回収等の実施に関してプレスリリース等の情報発信を行うか、どのような内容の情報発信をどの程度の規模、手段で行うか
- 製品の使用者に生じた損害の賠償をどのように実施するか（いつどのような方法で賠償するか、訴訟外の交渉で賠償に応じるか、損害の範囲や金額に基準や上限を設けるか、損害の発生や製品の欠陥との因果関係についてどの程度の証拠を提示するように求めるか、製品の使用者側の使用上の問題点をどの程度賠償額に加味するかなど）
- 発注者から受注者に対しどのような対応を求めるか（契約不適合責任を追及し修補等を求めるか、事後的に製品の使用者への賠償額やクレーム対応に要した費用を求償するかなど）

（G）発注者から受注者に対する求償

　発注者が製品の欠陥に係るクレーム対応を行い、そのために負担した費用を受注者に求償する場合、発注者から受注者に対する費用の求償に係る法律構成としては、契約の規定に基づく求償権の行使が可能であればそれによることになるが、そのような規定がない場合には、契約不適合責任、製造物責任、不法行為責任などに基づき損害賠償請求をすることが考えられる。

　クレーム対応のために発生する費用の例としては、以下のものが考えられ、製品の欠陥の重大性によっては交渉や訴訟への対応費用、損害賠償費用、リコールにかかる費用等がかなり高額となる可能性がある。

〈製品の欠陥に係るクレーム対応に必要な費用〉
○　原因究明のための調査費用
○　原因究明や対応方針の決定に専門的知識が必要な場合の専門家（弁護士等）への相談費用
○　製品の顧客、流通過程および販売場所からの回収にかかる送料、専用サイトの設置やコールセンターの増設にかかる費用、廃棄費用
○　製品の修理費用、代替品調達費用、修理品または代替品の送料
○　製品の欠陥に起因して顧客に損害が発生していた場合の損害賠償費用
○　顧客に発生した損害の賠償等についての交渉、訴訟対応等にかかる弁護士費用
○　製品の危険性の周知や類似の製品事故等を未然に防止するための注意喚起等のための情報提供にかかる広報費用
○　再発防止策の策定、仕様、原材料、製造工程等の見直し等にかかる費用
など

（a）契約不適合責任に基づく損害賠償請求

　発注者が受注者に対しクレームへの対応費用について契約不適合責任に基づく損害賠償請求を行うには、製品の欠陥が契約不適合（種類、品質または数量に関して契約の内容に適合しないこと）に該当する必要がある。

契約不適合の例としては、製品が仕様と異なっていた場合や、受注者においてなした製品の設計が契約上求められる品質を満たすものでなかった場合、受注者が作成した製品説明書において製品の危険性に関して契約上求められる注意喚起が適切になされていなかった場合などが考えられる。もっとも、上記Ⅲ１（３）において述べたように、契約書や仕様書において明確に合意していなかった事項については、それが契約の内容になっていたとして契約不適合責任に基づく損害賠償請求をすることは一般に困難である。

　さらに、クレームによって商品の問題点が明らかになるのは、受注者から製品の納入を受けて相当の期間が経過した後になる場合も多いため、契約不適合責任を追及しうる期間の制限にも注意が必要となる。契約で契約不適合責任を追及しうる期間について特段の定めを設けていない場合には、受入検査によって直ちに発見できる契約不適合については直ちに通知しなければ契約不適合責任を追及できず、直ちに発見できない契約不適合であっても納品後６か月以内に発見し直ちに通知しなければ契約不適合責任を追及できない（商法526条２項）ため、これらの制限によって損害賠償請求ができないことも考えられる（ただし、受注者が引渡し時に製品の欠陥を知っていたときは、契約不適合責任を追及する権利は失われない（同条３項））。

　その他、製品の欠陥が受注者の帰責事由によらず発生したものである場合には損害賠償請求ができず（民法415条１項ただし書）、製品の欠陥について発注者にも帰責性がある場合にはその程度に応じて過失相殺（同法418条）により損害賠償額が減額される可能性もある。

　（ｂ）　**製造物責任に基づく損害賠償請求**

　製造物責任は、不法行為責任の特則であり、不法行為責任が過失を責任原因とするのに対し、製造物責任は製造物の欠陥を責任原因とするものであり、製造業者等の過失の有無を問わない。

　製造物責任の要件は、製造物責任法２条３項の定義に該当する製造業者等が引き渡した製造物に欠陥があり、それにより生命または財産が侵害されたこと、および欠陥と損害との間に因果関係があることである。そして、製造物の欠陥とは、「当該製造物の特性」、「通常予見される使用形態」、「当該製造物を引き渡した時期」などの事情を考慮して「製造物が通常有すべき安全性を欠い

ていること」をいう（同法2条2項）。なお、欠陥には、①設計上の欠陥（設計時点から存在する欠陥）、②製造上の欠陥（設計どおりに製造されなかったことによる欠陥）、③指示・警告上の欠陥（予見される危険な用法による事故を防止するために必要な指示・警告が不十分である欠陥）の3類型があるとされており、発注者は製品にこれらのいずれかの欠陥があったことを主張立証することになる。

そして、製造物責任の賠償義務の範囲は、一般不法行為法と同様に、相当因果関係の範囲とされている。仮に、発注者も製造物責任の主体として被害を受けた第三者に対して責任を負う場合（製造物責任法2条3項2号または3号に該当する場合）で、発注者の行為と受注者の行為が客観的に共同して一つの損害を発生させたときには、発注者も加害行為と相当因果関係のある全損害について賠償義務を負い、発注者と受注者は当該第三者に対して不真正連帯債務を負う関係に立つ。そのとき、発注者が当該第三者に対して賠償した金銭について受注者に求償請求をしうるのは、製品の欠陥に関する両当事者の帰責性の程度等を考慮して定められる負担割合を超える部分に限定される。

なお、製造物責任に基づく損害賠償請求権の消滅時効は、原則として、損害および賠償義務者を知った時から3年間または製品の引渡し時から10年間のいずれか早いほうの時効期間が経過することによって完成することとされている（製造物責任法5条1項）。

4 発注者が代金を支払ってくれない

（1） 受注者が確認すべき事実関係およびとり得る対応の検討

受注者は、発注者が代金の支払期限を過ぎても代金を支払わない場合、たとえば、以下の事項を関係資料や発注者からの聞き取りにより確認する必要がある。

〈発注者が代金の支払期限を過ぎても代金を支払わない場合に確認すべき事項の例〉
○ 本来の支払期日はいつか、受注者が支払いを請求するための条件（受入検査への検査合格等）を満たしているか
○ 発注者の未払額、未払いに係る製品の範囲

> - 発注者の支払いが遅延した原因（財産状況が悪化している、製品の問題を主張し支払いを拒否している、相殺を主張しているなど）
> - 発注者に財産状況の悪化の兆候が現れているか（業績不振、支払時期や方法の変更、代金減額や支払の猶予の要請があったかなど）
> - ほかの契約も含めた今後の発注者との取引予定や取引条件はどうなっているか
> - 受注先が発注者に対して有している他の債権の有無、その金額および弁済期
> - 発注者との取引において担保や保証金の差し入れ等はあるか
> - 発注者のめぼしい財産はどのようなものがあるか

　発注者による代金未払いの理由が、受注者が納入した製品に契約不適合があり、損害賠償請求権と代金債権を相殺するなどの理由による場合は、かかる主張に正当性があるのかを、上記Ⅲ1（3）において述べた観点から検討する必要があり、交渉により解決できなければ、訴訟等による解決が必要となる。

　他方で、発注者による代金未払いの理由が発注者の財産状況の悪化による場合には、早期にその支払いの確保に向けた対策をとる必要がある。

　仮に、発注者の財産状況が悪化している場合で、発注者との契約に関して物的担保や人的保証の徴求をしていたときには、当該担保権を実行したり保証人に保証債務の履行を求めることが考えられる。また、商事留置権（商法521条）の成立要件を満たす場合には、留置物の返還を拒否することによって発注者に対して債務の任意弁済を促すことや、留置物を競売することにより債権の満足を図ることが考えられる。さらに、反対債権の発生の原因となる取引を実施しうるのであれば、当該取引を実施し、未払い代金と相殺しうるようにすることも考えられる。また、平時から債権について公正証書を作成しておくとともに、債権者のめぼしい財産を把握しておくことにより、代金の未払いが生じた際に速やかに当該財産を差し押さえて代金の回収を図ることも考えられる。それらの手段を講じることができない場合には、速やかに支払督促をなす、仮差押えをするなどの対応をすることが考えられる。もっとも、発注者について倒産手続が開始してしまった場合には当該手続外での権利行使が制限されるた

め、発注者が倒産目前であるような場合には必ずしも功を奏しない可能性もある。

(2) 基本契約および個別契約の解除

発注者が支払期限を徒過しても代金を支払わない場合で、発注者の財産状況の回復の見込みがなく、今後の取引を継続できない場合には、代金債務の不履行を理由として基本契約およびその後に締結された未履行の個別契約があれば当該契約を解除し、その後の損害の拡大を防止することが考えられる。

(3) OEM契約のほかにも発注者との契約がある場合の対応

また、発注者との間でOEM契約のほかに双務契約が成立しており、受注者が先履行義務を負っている場合、OEM契約の不履行を理由として当該双務契約を解除することはできないが、発注者の財産状況に鑑みて反対給付を受けられない可能性があるとして、発注者が反対給付ないしは担保供与をするまで先履行債務を履行しないこと（不安の抗弁権）を主張し、回収不能な債権の発生の拡大を防止することも考えられる（なお、不安の抗弁権による契約の解除を認めた裁判例は過去に存在しておらず、信用不安を理由とする当該双務契約の解除は認められない可能性が高い）。不安の抗弁権の効果として、受注者は先履行債務の履行を拒絶でき、それについて債務不履行責任を負わないと考えられている。

不安の抗弁権が認められるための要件等は判例等により明確にされているわけではないが、過去に不安の抗弁権について判示した裁判例によれば、発注者の財産状況の悪化は、事実上不安があるというだけでは足りず、支払期日における代金の支払いを期待しがたい客観的合理的な蓋然性が認められるほどに悪化していることが必要であり、単に事実上の不安を生じさせるにすぎない資料（興信所の調査報告等）を取得し判断するだけでは不十分で、信用不安を客観的合理的に根拠づける資料を取得すべきであり、少なくとも相手方に対して信用状況、債務の履行可能性について報告を求めて確認をすることなどが必要であると考えられる（東京高判昭和56年2月26日判時1000号87頁）。また、受注者の側でも、そもそも取引開始前に相手方の信用リスクを調査し、当該リスクも加味したうえで取引条件を定めるべきであり、取引開始前から調査すれば判明したような信用不安が後から発覚したことを理由に不安の抗弁権を主張することに

は合理性がないと判断されるおそれがあるし、信用不安が生じた際には、債務を同時履行にすることを提案したり担保提供を求めたりするなど、まずは契約内容の改定を求めるなどの折衝をすべきであると考えられ、そのような折衝を行わずにいきなり不安の抗弁権を行使することは認められない可能性がある（東京地判昭和56年1月30日判時1007号67頁）。

さらに、不安の抗弁権を主張することによって先履行債務の履行拒絶について債務不履行責任を負わないとしても、相手方が代金を支払った場合にはそれ以降の履行拒絶は認められず、直ちに債務を履行しなければならないため、自己の先履行債務の履行の準備を果たし、履行の提供ができる状況にしておく必要があると考えられることから、不安の抗弁権を主張する場合でも先履行債務の内容によっては受注者に生じる負担が軽減されない可能性もある。

（4） 法的倒産手続との関係

発注者について法的倒産手続（破産手続、民事再生手続、会社更生手続、特別清算手続）が開始した場合、倒産手続開始前に生じた債権は、一部のものを除いて破産債権、再生債権または更生債権となり、受注者は倒産手続外で権利行使（支払督促、訴訟提起等）したり、弁済を受けたりすることが禁じられ、通常は倒産手続に従いいくばくかの配当を受けられる可能性があるにとどまる。そのため、受注者が発注者に対して製品を納入した後に発注者について倒産手続が開始した場合には、代金債権は破産債権、再生債権または更生債権となり、弁済を受けることなどができなくなる。

しかしながら、倒産債権または再生債権について担保権を有している場合には破産手続または民事再生手続外で担保権を実行することが可能である（別除権。破産法65条1項、民事再生法53条）。商事留置権（商法521条）が生じる場合には、当該商事留置権も別除権として破産手続、再生手続において行使可能である（破産法66条1項、民事再生法53条1項）。

また、発注者の倒産手続の開始決定がなされた後においても、発注者に対する代金債権と、発注者が受注者に対して有する債権との相殺は実施することが可能である（破産法67条、民事再生法92条1項、会社更生法48条1項）。ただし、発注者の信用不安が顕在化した段階で発注者に対する債務を取得した場合には相殺が禁じられる可能性がある（破産法71条、民事再生法93条、会社更生法49条）。

また、民事再生手続および会社更生手続の場合には債権届出期間中に相殺の意思表示をする必要がある（民事再生法92条1項、会社更生法48条1項）。

仮に発注者について倒産手続の開始決定がなされたのが受注者による製品の納入前であった場合には、製品の納入義務と代金の支払義務がいずれも未履行の状況にあり、双方未履行双務契約として、発注者側（破産管財人等）は契約を解除するか、解除せずに義務を履行するかを選択することができる。契約の解除が選択されれば、受注者は債務から解放され、履行を選択された場合には代金の支払いを受けることができる（発注者の財産が不足している場合には値引き等を求められることが考えられる）。

このように、発注者について倒産手続が開始すると代金債権の回収は極めて困難となるが、相殺可能な債務や別除権などを有していればそれによる回収を見込むことができるため、取引開始前や取引開始後であっても状況に応じ相手方に適切な担保を供させるなどの事前の対策が重要となる。ただし、発注者が危機時期に陥った後、そのことを知りながら債権回収したり担保権を設定させたりする行為は否認権行使の対象となり得るものであり（偏頗行為）、その効力が否定され、回収した財産を返還させられる可能性があるため注意が必要である。

5　取引を解消したい

(1)　OEM契約の解消

OEM契約はある程度継続して取引をすることを前提とする継続的供給契約として締結する場合が多いと考えられるが、契約締結後の各当事者の状況の変化や、製品を取り巻く技術革新、市場での需給バランス、法令の制定や改正などの社会状況の変化によって、一方当事者にとってOEM契約を今後も継続していくことが困難になる場合がある。

特に相手方に債務不履行があるわけではない場合においても、取引に係る事業を廃止する、相手方との取引の採算がとれない、相手方の代わりに他の事業者と取引したいなどの経営上の都合からOEM契約を解消したいと考える場合があり得る。そのような場合に契約関係を終了させるには、まずは当事者間の協議により契約を合意解除することが考えられるが、相手方の事業経営に対して大きな影響を及ぼしうるため、相手方がこれに応じないことが考えられる。

そこで、一方当事者が一方的に契約を終了させる方法としては、契約期間が定められていれば契約期間が満了したタイミングで契約を更新せず終了させたり、一定の予告期間をおくことで一方的に契約解除ができる旨の約定解除権に係る条項を根拠に契約を解除したり、これまで継続してきた受発注を停止し、新たな個別契約の締結に応じなかったりすることなどが考えられるが、これに対して相手方が異議を述べたり、取引の解消によって被った損害の賠償を請求したりして紛争になる場合がある。

以下では、特に経営上の都合によるOEM契約の解消が可能であるか、解消を通告された相手方としてはどのように対応することが考えられるかを検討する。

（2）継続的契約の解消

契約自由の原則からすれば、契約当事者が定めた契約条項に従い契約を解除したり、更新拒絶したり、受発注を停止し個別契約を締結しないことは可能であり、信義則や権利濫用の禁止の観点から特に制限が必要な場合に限りそれらが制限されることが原則であると考えられる。しかしながら、一定期間にわたって契約関係が存続することを前提として締結された継続的契約については、契約が長期間継続することに係る当事者の期待を保護する観点から、この解消のためには「やむを得ない事由」や「正当な事由」等を要することとして制限をかけるかどうかについて、裁判例の蓄積や学説上の議論が存在している。

継続的契約の解消に関する最高裁判例としては、化粧品の販売に関する特約店契約の解消に係るもの（最判平成10年12月18日民集52巻90号1886頁（資生堂事件）、最判平成10年12月18日判タ992号98頁（花王事件））と、フランチャイズ契約の解消に関するもの（最決平成26年3月31日判例集未登載（平成25年（オ）第306号・平成25年（受）第379号・平成25年（オ）第307号）（ほっともっと事件））が存在している。

最高裁は、資生堂事件では、約定解除権の行使による特約店契約の解除について、「約定解除権の行使が全く自由であるとは解しがたく、右解除権の行使には、取引関係を継続しがたいような不信行為の存在等やむを得ない事由が必要であると解するのが相当である」と判示した原審の判断（東京高判平成6年9月14日判時1507号43頁）を是認した。

他方で、花王事件では、特約店契約の約定解除権の行使による特約店契約の解除について、解約権の留保は、「契約自由の原則から許容され、法的に効力を有する」としたうえ、「信義則に違反し、又は、権利の濫用に当たり、あるいは、強行法規違反等の理由で公序良俗に反するといったいわゆる一般条項による制約があることは格別、そうでない限り、契約期間の満了前であっても、右条項の解約権に基づき、解約事由を挙げることなく、本件特約店契約を解除することができると解される」と判示し、解約権行使はやむを得ない事由を必要とするものではないと判示した原審の判断（東京高判平成9年7月31日判時961号103頁）を是認した。

そして、ほっともっと事件では、フランチャイジー（プレナス）には契約更新を期待する合理的理由があり当該期待は法的に保護されるべきであるからフランチャイズ契約の解除にはやむを得ない事由が必要であるとする第一審判決（東京地判平成22年5月11日判時2182号75頁）の判断基準を前提としつつ、プレナスの背信的行為により「両社の共同事業はもはや困難で契約更新の拒否には正当な理由があった」としてフランチャイザー（ほっかほっか亭）による解除を有効と判断した原審の判断（東京高判平成24年10月17日判時2182号60頁）を最高裁が是認している。

これらの判例は、特約店契約やフランチャイズ契約の解消に関して事案ごとの判断をしたにとどまっており、判例上継続的契約の解消についての判断枠組みが確定しているわけではないと解される。

そして、近年の継続的契約の解消の可否について判示した地裁・高裁裁判例においても、継続的契約の解消について「やむを得ない事由」等が必要であるとするもの（東京地判平成20年9月18日判時2042号20頁、東京地判平成24年2月14日判例集未登載（平成22年（ワ）第28850号）等）と、「やむを得ない事由」等を要件とはしないが、信義則や権利濫用の禁止によるある程度制限に服するとするもの（東京地判平成23年3月15日判タ1360号155頁、東京地判平成22年9月15日判タ1346号175頁等）の両方が存在している。

このように、継続的契約の解消の可否に係る判断基準は確立していないものと解されるが、判断枠組みにかかわらず、裁判例において継続的契約の解消を制限する理由としてあげられている事項にはある程度の共通性がみられ、たと

えば以下のような事情が考慮されている。そのため、以下のような事情が存在する事案では継続的契約の解消が制限される可能性がある。

〈裁判例で考慮されている継続的契約の解消を制限する理由の例〉
○ 被解消者が投下した人的物的資本が大きいこと
○ 被解消者の経営に対する打撃が大きいこと
○ 被解消者にとって解消者の代替となる取引先の確保が困難であること
○ もともと想定されていた契約期間が長いこと
○ 契約更新が繰り返されてきたことおよびその態様が契約更新を前提としたものであったこと
○ 被解消者による解消者への貢献が大きいこと
○ 被解消者が取引の継続を期待していること
○ 被解消者の保護の必要性が高いこと
○ 解消により被解消者との取引によって生み出した成果が解消者へ移転すること
○ 解約予告期間の長さが被解消者に生じる影響を回避するには足りないこと
○ 解消の目的が約定解除権が設けられた趣旨に適合しないこと
○ 解消者の解消の目的が不当であること

---

(3) 解消しようとする当事者がとり得る対応

OEM契約を解消しようとする当事者としては、上記において述べた裁判例の状況や考慮される事情等を考慮し、OEM契約の解消が制限されるとともに、契約解除が争われていた期間中に相手方が得べかりし利益の賠償もしなければならなくなるリスクを念頭におきつつ対応する必要がある。

OEM契約の解消が制限されるリスクを低減させるには、契約関係の解消にあたって、まずは相手方と誠実に協議し、必要に応じて十分な解約予告期間をおいたり、一定の補償を申し出たりするなど、相手方の利益も考慮して契約の解消を進めることが望ましいと考えられる。

また、そもそも契約の解消が困難となる事態を防止するためには、契約期間

を自動更新とすることは避け、当事者の合意により契約期間を延長したり新たに契約を締結したりすることが望ましく、取引において確保すべき点がある場合には（たとえば採算をとるために一定以上の発注数を維持する必要があるなど）、その点を確保できるように契約条項を定めたうえ、それが確保されない場合には契約を解除できることを定める中途解約条項を設けることが望ましい。

(4) 解消されようとしている当事者がとり得る対応

　他方で契約を解消されようとしている当事者は、相手方が契約を解消しようとする根拠（契約期間満了時の更新拒絶や約定解除権の行使など）を確認したうえで、当該根拠に基づく解除が制限される余地はないかを検討する必要がある。特に、当該契約の重要性が高い場合や、当事者間で合理的に想定していた契約期間に満たないにもかかわらず契約が解消されようとしている場合、自社がこれまで投下してきた資本が回収できない場合、代替となる取引先を確保することができない場合など、OEM契約の解消を受け入れることによる影響が大きい場合には、軽々に契約解消を受け入れるべきではないと考えられる。上述したように、継続的契約の解消の効力が認められない場合もあることから、契約の解消の効力を争うこと、解約までの期間的猶予をより長期に伸ばしてもらうこと、自社が投下したものの無意味になってしまった資本や逸失利益等について補償を求めるなど、自社の利益確保のために粘り強く交渉等をすることを検討すべきである。

業務委託契約

I 代表的なトラブル類型

業務委託契約に関する当事者間のトラブルとしては、次のようなものが考えられる。
① 受託者が納期までに成果物を完成させなかった
② 委託業務の成果が得られていない
③ 当初予定より業務範囲が増大し、追加作業分の費用が発生した
④ 契約を解除したい
⑤ 委託者が報酬を支払ってくれない

II 業務委託契約に関するトラブル類型に共通する対応策

1 対応方針の検討

　上記Iのトラブルが発生した場合、当該トラブルに係る事実関係や関係する契約条項の規定内容を確認するとともに、トラブルによって生じる影響等を検証したうえ、証拠を収集して保全し、自己がとり得る対応をあげて、それぞれのメリット・デメリット、コスト等を考慮して対応方針を検討する必要がある。
　業務委託契約は、その内容が多様であるし、その法的性質も請負契約や委任契約などのバリエーションがあり、それに応じて適用されるルールも異なることから、契約条項の規定内容および当該契約の法的性質を検討することがトラブルへの対応を検討するうえで重要な前提となる。
　当該紛争の処理について適用される規定が業務委託契約の条項の中に設けられている場合は、当該規定に従って処理をすることになるが、そのような規定

が存在しないか、規定内容が明確ではない場合には、当該業務委託契約の法的性質に応じて適用されるルールに従い処理をすることになる。そして、業務委託契約の法的性質は、契約締結に至った背景、目的、従前の当事者間の交渉の状況、実際の取引の状況等の実態に照らして判断されることから、これらに関する事情も幅広く確認しておく必要がある。

2 相手方との任意交渉

業務委託契約に関してトラブルが発生した場合も、他の契約に関してトラブルが発生した場合と同様に、特に任意交渉を行うことが困難な事情がなければ、まずは任意交渉を行い、トラブルを最小限の負担で迅速かつ柔軟に解決することをめざすことが考えられる。

業務委託契約に関する紛争においても、他の契約類型での紛争と同様に、生じたトラブルの重大性や緊急性、相手方へ請求する事項について法的根拠がどの程度あるか、今後の相手方との取引の継続の可能性、相手方との力関係などを加味して、交渉において請求する内容や交渉方法を個別具体的に検討する必要がある。

任意交渉による解決が困難である場合には、民事訴訟や民事調停などの手続のうち、紛争解決のために適切なものを選択し、当該手続での解決を図ることになる。

Ⅲ 業務委託契約に関するトラブル類型別の対応策

1 受託者が納期までに成果物を完成させなかった

(1) 考え得る対応

委託者は、成果物を作成するために業務委託契約を締結していた場合において、受託者が納期までに成果物を完成させなかった場合、報酬の支払いを拒みつつなお成果物を完成するように請求すること、または契約を解除すること、そしてそれらと併せて損害賠償請求をすることが考えられる。他方で、受託者は成果物を完成する義務を負わないことを主張し、さらなる委託業務の遂行を拒絶すること、委託業務に対する報酬を請求することが考えられる。それらの対応をとり得るかは、第一次的には具体的な契約条項に基づき判断することに

317

なるが、契約書においてそれらが明確に規定されていない場合には、当該業務委託契約の法的性質から検討する必要がある。

　　（A）　請負契約の場合

　業務委託契約の法的性質が請負契約である場合には、受託者は仕事完成義務として、納期までに成果物を完成する義務を負っていることになり、委託者は、成果物の完成が不能になっていない限り、受託者に対して成果物を完成するよう求めることが可能である。また、報酬は仕事の目的物の引渡しと同時に支払うこととされているため（民法633条）、委託者は成果物の引渡しがあるまで報酬の支払いを拒むことができる。

　また、委託者は、受託者が納期までに成果物を完成させなかったことは債務不履行に該当することから、債務不履行に基づき契約を解除することも可能である。もっとも、請負契約の解除には遡及効があるとされているものの、解除の時点で受託者がすでになした仕事の結果のうち可分な部分の給付によって委託者が利益を受けるときは、その可分な部分については解除ができないと解されており（最判昭和56年2月17日判時996号61頁等）、可分な部分については仕事が完成したとみなされ、受託者は委託者が受ける利益の割合に応じて報酬を請求しうるとされている（民法634条）。

　その他、委託者は、受託者の債務不履行によって被った損害がある場合は、当該損害の賠償を求めることが可能である。ただし、成果物が完成に至らないまま請負契約が終了し、委託者がその残りの成果物を完成させた場合に、受託者が請負代金のうち完成済みの部分に相当する報酬のみを請求することができるときには、その契約関係の終了が受託者の帰責事由による場合であったとしても、委託者は残りの成果物の完成に要した費用のうち、残りの部分の報酬相当額（委託者が受託者に対して支払いを免れた金額）を超過する部分に限り賠償を請求しうるとされている点に留意が必要である（最判昭和60年5月17日判時1168号58頁）。

　　（B）　準委任契約の場合

　業務委託契約の法的性質が準委任契約であると解釈される場合には、受託者は委託業務を遂行する義務を負うにとどまり、成果物を完成させる義務を負わないため、委託者は成果物を完成させるように請求することはできないことに

なる（成果報酬型の準委任契約においても、成果に対して報酬を支払うことを合意しているのみであれば、受託者が成果物を完成させる義務を負っているとは解されない）。

準委任契約において、受託者が成果物を完成させなかった場合に委託者が報酬支払義務を負うかどうかは、報酬の支払方法をどのように合意していたかにより異なる。まず、通常の準委任契約として委託業務の遂行に対して報酬を支払うことを合意していたのであれば、報酬は委託業務の遂行後に後払いすることとされており（民法648条2項）、成果物が完成していなくとも委託業務を遂行し終えていれば報酬の支払義務を負うことになる。また、委託の期間によって報酬を支払うことを合意していた場合には、当該期間に応じた報酬を支払う必要がある（同項ただし書、624条2項）。他方で、受託者の委任事務の履行により得られた成果に対して報酬を支払う場合（成果報酬型の準委任契約）には、報酬は成果物の引渡しと同時に支払うこととされており（同法648条の2第1項）、成果物の引渡しがなされない限りは報酬を支払う義務を負わない。

このように、準委任契約において、委託者は、成果物が完成しなかったことについて受託者の債務不履行責任を追及することができず、成果報酬型の準委任契約でない限り、報酬の支払義務を負うことになる。もっとも、受託者は、委託業務を善管注意義務をもって遂行する義務を負っていることから、委託業務の遂行過程に善管注意義務違反があれば、委託者はそれにより生じた損害の賠償を請求することが可能である。

以上のように、業務委託契約の法的性質に応じて当事者がとりうる対応が異なることになるが、業務委託契約の法的性質は純粋な請負契約または準委任契約と認定されるとは限らず、それらの両方の性質をもつ複合的な契約であると解釈される場合もあり、その場合の処理は事案ごとに個別具体的に判断されることとなる。

(2) 法的性質の判断基準

上述のとおり、業務委託契約の法的性質が請負契約なのか、あるいは準委任契約なのかにより当事者のとりうる対応が異なるところ、業務委託契約の法的性質がいずれに該当するのかの判断基準として画一的なものは存在していないため、個別具体的な事情から判断をすることが必要になる。

業務委託契約の法的性質が争点となった裁判例としては、下記のものが存在しており、それらにおいては、それぞれの事案におけるさまざまな事情が考慮されている。たとえば、契約の目的（成果物の完成を目的としているかなど）、委託業務の内容（仕事の完成を観念しうる業務であるかなど）、委託業務の遂行に関する事項（作業人数や作業時間等）がどの程度詳細に定められているか、報酬の定め方および支払方法（作業量にかかわらず一定額を支払うのかなど）、契約に関する当事者間のやり取りの内容（契約条項の修正内容など）等の事情が考慮されている。

そのため、実際にトラブルが生じ、業務委託契約の法的性質が判定しがたい場合には、上記の事情も含む幅広い事情を考慮して法的性質を検討する必要がある。

○東京地判平成24年3月14日判例集未登載（平成23年（ワ）第690号）
（概要）

ベンダXは、ユーザであるYとの間で、YがXに対してシステム設計および開発業務に係る業務委託契約（基本契約）を締結し、同契約に基づく個別契約として、①システム移行開発契約、②システム移行調査契約（システム移行計画の立案業務の委託）、③保守管理契約を締結した。その後、Xが②③に基づく業務報酬の支払いを求めたところ、Yは、②③は請負契約であり、仕事が未完成であるとして業務報酬の支払いを拒んだ事案において、②③の契約の法的性質が争点となった。

裁判所は、②の法的性質については、（ⅰ）Y旧本店にXから調査要員1名を派遣し、Y旧システム・Y業務の分析、移行計画の立案、要件定義書の作成などシステム移行開発契約に必要な調査業務を行うために締結したものであり、それ自体新システム開発のための手段と認められること、（ⅱ）②の契約書上、就業人数、就業時間、作業場所、委託期限の延長等が規定され、報酬が月額で定められていること、などに照らせば、②は、仕事の完成・引渡自体を目的とする請負契約ではなく、システム開発契約のために必要な作業を行い、これに対してシステム移行開発契約（①）とは別に報酬を支払う準委任契約であると判示した。

そして、③については、契約書の文言上も、契約期間中のサーバの死活監視、電源ON/OFF対応、障害発生時のIPアドレス切替対応、ホームページ保守と

いう日常的な保守管理業務に対して毎月報酬を支払うものであり、仕事の完成・引渡を観念しがたいことに照らしても、準委任契約であると判示した。

裁判所は、②③の法的性質がいずれも準委任契約であることから、Xによる業務報酬の支払い請求を認容した。

○東京地判令和2年9月24日判例集未登載（平成28年（ワ）第28934号、同平成30年（ワ）第33604号）（概要）

ベンダXがユーザYとの間でシステム開発を目的とする業務委託契約を締結し、Xが発注を受けた事務を履行したとして、本件契約に基づき報酬等の支払いを求めたのに対し、Yが、主位的には本件契約が請負契約に該当するとして仕事完成義務の債務不履行に基づき、予備的には本件契約が準委任契約に該当するとして善管注意義務違反等の債務不履行に基づき、追加開発費や逸失利益等の支払を求めた事案で、業務委託契約の法的性質等が争点となった。

裁判所は、契約書には、当該業務委託契約が民法上の準委任契約として締結されるものであり、Xは原則として成果物の完成についての義務を負うものではない旨の定めがあったほか、当該業務委託契約を締結するにあたって、Xが開発に着手する時点でシステムの仕様が明確でなかったことから、XがYに対して請負契約ではなく準委任契約の形式で契約を締結することを再三要求し、その結果、契約書に準委任契約とする旨が明記されたという経緯が存在したことを考慮すれば、当該業務委託契約は準委任契約としての性質を有し、Xはシステムの完成義務を負わないと判示し、Xが契約上定められた人員を確保し、システムの開発業務を実施した以上、契約上の債務を履行したものとして、Xによる業務委託料の請求は認められると判示した。

他方で、Xは当該業務委託に基づき、システムの開発に向けて必要となる作業項目および作業期間を明らかにした工程表を策定すべき立場にあり、また、詳細設計においても、相当程度関与することが予定されていたものと認められることから、XはYから指示を受けた業務を実施する義務にとどまらず、善管注意義務に基づきシステムの開発に必要となる作業の内容並びにその作業に必要となる期間および人員を把握し、適切な工程を示す義務を負っており、Yから示された仕様の内容が十分でなく、適切な工程を示すことが困難である場合には、仕様を確定する期限を定めるなどの具体的方策を講ずる義務を負っていたと判示し、Xは、本件システムの開発において必要となる作業の内容並びにその作業に必要となる期間および人員を把握し、適切な工程を示したとは認め

られないとして、Xの善管注意義務違反を認めたうえ、本件契約上の再委託禁止義務違反も認めるなどして、Yの反訴請求のうち、予備的請求を一部認容した。

○東京地判平成3年2月22日判タ770号218頁（概要）
　ベンダXは、ユーザYとの間で、YがXに対してプログラムの開発を委託することに係る契約を締結したが、Xはこれを完成できなかったという事実関係の下、XがYに対して契約に基づき開発費用を請求したところ、YがXに対して前渡金の返還を求めた事案で、コンピュータソフトウェア作成契約が請負契約であるか否か、すなわちXが本件システムのプログラムの完成義務を負っていたか否かが争点となった。
　裁判所は、Xが作成した開発工程表において、Xがプログラムを完成させることを前提とした完成までのスケジュールが記載されていること、プログラムの規模・内容もXが完成可能なものであることなどの間接事実に基づき、XY間の契約の法的性質は請負契約であり、Xはプログラムを完成させる義務を負っていたと判示し、Xによる開発費用の請求は認めなかった一方、Yによる前渡金の返還請求は認めた。

○東京地判平成22年9月21日判タ1349号136頁（概要）
　ベンダXは、ユーザYとの間で学習塾の勘定系基幹システム、生徒および講師の管理を行う教室管理システム、生徒の成績管理を行う教務システム（併せて「新システム」という）の開発のためのコンサルティング契約を締結し、教務システムについてはシステム開発契約を締結した。Xはコンサルティング契約に基づく業務を履行し、またはシステム開発契約に基づいて教務システムを完成させたと主張し、各契約の未払代金および遅延損害金の支払いを請求したのに対して、Yがコンサルティング契約およびシステム開発契約の解除に基づく既払金の返還およびコンサルティング契約の不履行によりシステムの改修費用相当額の損害を被ったとして債務不履行に基づく損害賠償を請求した事案である。
　当該事案では、Xがコンサルティング契約に基づく債務を履行したか否か、およびYによるコンサルティング契約の解除は認められるか（争点1）、Xに債務不履行がある場合、それによりYに生じた損害額はいくらか（争点2）、Xの

Yに対するシステム開発契約に基づく未払代金の請求は認められるか、および Yのシステム開発契約の解除に基づく既払金返還請求権は認められるか（争点3）が争点となり、それと関連してXY間の契約の法的性質が問題となった。

　裁判所は、争点1については、コンサルティング契約において、XおよびYがYの旧システムの機能を基本的に踏襲した新システムを構築することを合意していたにもかかわらず、教室管理システムは旧システムの機能を踏襲していないことから、Xは債務の本旨に従った履行をしたものとは認められないとして、Xによる未払い代金の請求は理由がない一方、Yによる同契約の解除が認められるとして既払金の返還を命じた。

　また、争点2については、コンサルティング契約の法的性質は、契約書の規定や業務の性質からして、準委任契約であるとしても、請負の性質を有するシステム構築等の業務も含まれていることから、請負契約の要素が含まれているとし、Yは契約解除によって民法545条1項（解除に伴う原状回復義務）に基づき既払金の返還を請求することができる一方、Xも仕事の完成義務を免れ、Yが所有または占有するXの仕事の成果物の返還を請求することができると判断した。そのうえで、Xの債務不履行と相当因果関係を有する損害には、教室管理システムの改修費用についてXの仕事の完成義務を前提とする改修費用は含まれない（仮に改修費用の損害賠償請求を認めれば、Yが契約を解除したことにより報酬の支払義務を負うことなくXの費用負担においてコンサルティング契約の目的を達することとなり不合理であるため）と判示した。

　そして、争点3については、システム開発契約においては旧システムの機能を基本的に踏襲した教務システムを開発することがXの仕事の内容となっていたにもかかわらず、そのような教務システムを開発していないから、Xは仕事を完成していないとして、XのYに対するシステム開発契約に基づく未払代金請求は理由がなく、一方、XはYに対して債務不履行解除による原状回復義務として既払金の支払義務を負うと判示した。

（3）　トラブルを防止するための方策

　委託業務が完成しなかった場合に起因するトラブルを防止するには、あらかじめ委託業務の内容や責任、役割分担等を当事者間で明確にしたうえ、契約書にもそれらを明記しておくことが重要となる。契約書の規定に関して、当事者が前提としている事項があるのであれば、それらの点についても契約書の中に明文で盛り込むことが望ましい。たとえば、上述した裁判例である前掲東京地

判令和2年9月24日においては、業務委託契約を締結するにあたって、成果物の仕様が明確でなかったことから、受託者が委託者に対して準委任契約の形式で契約を締結することを要求し、その結果、契約書にも準委任契約として締結することが明記されたという事情が、当該契約の法的性質が準委任契約であると判断するうえで考慮されている。

また、委託業務が完成しない原因は、純粋に受託者の帰責事由による場合もあり得るが、委託者が適切に受託者に提供すべき資料を提供していなかったり、仕様や指示が不明確であったりしたことによる場合もあり得る。そのように受託者が委託業務を遂行するうえで委託者の協力や作業等が適切になされることが前提である場合には、それらの事項を委託者の義務として契約書に規定しておくほか、委託者がそのような義務を果たさなかった場合の対応（契約条件の見直し等）についても規定しておくことも考えられる。

そして、契約書の規定のみならず、実際の運用においても、当事者間で密にコミュニケーションをとり、委託業務の遂行に係るスケジュール等を作成し、そのつど業務の進捗状況等に応じて更新することなどによって、相互に委託業務の進捗状況等について認識の齟齬がない状態を維持し、仮に委託業務の完成に影響を及ぼすような事情が生じた場合には、必要に応じた調整を試み、事前に損害の発生や拡大を防止できるようにしておくことが望ましい。

2　委託業務の成果が得られていない

（1）　委託業務で達成すべき成果の認定

委託業務による成果が得られなかった場合にまず問題となるのは、契約上受託者が達成すべき成果の有無および内容である。

委託者が達成すべき成果の有無および内容は、契約の規定や仕様書等の記載に従って判断されるが、それらが明確ではない場合には、契約の締結および履行に関連する事情から総合的に判断する必要がある。

裁判例では、受託者が提供した仕様書や提案書に記載されていた仕様に基づいて受託者が完成すべき成果物の仕様を確定したもの（東京地判平成23年4月6日判例集未登載（平成20年（ワ）第8360号）、東京地判平成16年3月10日判タ1211号129頁）、成果物が用いられる業界において不可欠とされている機能、業務委託の当時の技術常識に照らせば備えていることが常識的である機能について

は、明示的な合意がなくとも受託者が完成すべき成果物の仕様に含まれていると判断したもの（東京地判平成16年6月23日判例集未登載、東京地判平成26年1月23日判時2221号71頁）などが存在する。他方で、契約書や仕様書等に記載のない機能については受託者が完成すべき成果物の仕様に含まれていないと判断したもの（東京地判平成21年2月18日判例集未登載、東京地判平成23年8月26日判例集未登載）も存在する。また、アドバイザリーサービスの提供に係る業務委託契約において、契約上、受託者は自己の最善を尽くして委託者に助言、情報提供等をするが、その実現等は保証せず、委託者は自己の判断および負担に基づき意思決定をすること、受託者は、当該契約に関する第三者からの一切の請求や、委託者に生じた一切の損害および債務について責任を負わない旨が規定されていた事案では、受託者は状況等に応じて自己の最善を尽くして委託者に助言等をすることが求められていたとはいえるものの、その助言等が委託者の目的の実現や委託者の利益等に直結することや、委託者が求める一定の水準に達することまでは要請されていないとみるべきであると判断したものも存在する（東京地判平成28年3月25日判例集未登載（平成26年（ワ）第26727号））。

したがって、委託者としては、委託者が委託業務によって達成すべきであったのに達成できていないと考える成果について、契約書等に明記がない場合には、そのような成果の達成について契約締結過程や契約の履行過程においてどのようなやり取りがなされていたかをメールや打合せの議事録等で確認をしておくほか、そのような成果が一般的にみて委託業務の成果として当然に備えられているべきといえるものか、受託者の責任について契約上どのように規定されているかなどについても検討することが必要である。受託者も同様に、委託者が達成すべきと考える成果の内容や性質、当事者間のやり取りの内容や経過、受託者が負うこととされている責任の範囲等に照らして、そのような成果を達成することを合意していたと評価される余地がないかを検討する必要がある。

（2） 法的性質に応じた当事者のとりうる対応

受託者が委託業務により達成すべき成果があったにもかかわらず、それが得られなかった場合に当事者がとり得る対応も、第一次的には契約の規定に従うこととなり、それが明確ではない場合には当該契約の法的性質に応じて対応を

検討することとなる。

　(A)　請負契約の場合

　業務委託契約の法的性質が請負契約である場合、委託業務の成果が得られていないことが、委託業務が完成していないことによるときには、受託者の仕事完成債務の不履行として、当該債務の履行請求、債務不履行に基づく損害賠償請求（民法415条）、または契約の解除（同法541、542条）により解決を図ることになる。このとき、委託者は、仕事が完成していない以上、原則として報酬の支払義務を負わない。

　他方で、委託業務は一応完成して目的物を注文者に引き渡した時点（引渡しを要しない場合には委託業務が終了した時点）で、委託業務の成果が得られていないときには、契約不適合責任の追及（履行の追完請求、報酬減額請求（民法559条が準用する同法562条および563条）、または契約の解除、損害賠償請求（同法415条、541条、542条）をすること）により解決を図ることになる。このとき、委託者は、仕事の目的物に契約不適合があり、受託者に修補を請求する場合、修補が履行されるまで報酬全額の支払いを拒むことが可能と考えられているため、修補を請求しつつ報酬の支払いを拒むことが考えられる。また、修補に代わる損害賠償を請求する場合にも、当該損害賠償義務は報酬の支払義務と同時履行の関係に立ち、信義に反する特別の事情がない限りは、損害賠償義務の履行またはその提供がなされるまで報酬全額について支払いを拒絶することができるとされている（最判平成9年2月14日民集51巻2号337頁）。

　もっとも、委託者は、委託者が提供した材料の性質または委託者の与えた指図によって仕事の目的物の契約不適合が生じた場合には、その材料または指図が不適当であることを受託者が知りながら告げなかったときを除き、契約不適合責任の追及をすることができない（民法636条）。また、委託者が契約不適合があることを知った時から1年以内にその旨を受託者に通知しなければ、受託者に悪意または重大な過失があるときを除いて契約不適合責任を追及することができなくなるため、注意が必要である（同法637条）。

　(B)　準委任契約の場合

　業務委託契約が準委任契約に該当する場合、委託業務の成果が得られなかったことは、契約不適合責任ではなく、受託者の債務不履行（善管注意義務違反）

の問題として処理されることとなる。しかしながら、そのことをもって準委任契約における受託者の委託業務の成果に対する責任が軽いと評価することはできない。受託者は委任の本旨に従って善管注意義務をもって委託業務を処理する義務を負うところ、そこで要求される善管注意義務の内容および程度は、個々の委任契約の目的、趣旨、内容等に照らして判断されることとなり、場合によっては高度かつ専門的なものとなり得る。さらに、受託者の債務不履行責任は、委託者が受託者に対して通知をしたか否かにかかわらず、委託者が受託者に債務不履行があったことを知った時から5年間（民法166条1項1号）追及することが可能であり、契約不適合責任と比べて長期間の責任追及が可能とされている。

なお、委託者は、委託業務の成果が得られなかったとしても、委託業務の遂行が終わった後（委託の期間によって報酬を支払うことを合意していた場合は当該期間が経過した後）に報酬を支払う義務を負う。ただし、成果に対して報酬を支払うことが合意されていた場合には、成果が得られていない以上は、委託者は受託者に対して報酬を支払う必要はない。

(3) トラブルを防止するための方策

委託業務で達成すべき成果が得られなかった場合に起因するトラブルを防止するためには、契約で達成すべき成果があるのであれば、そのことを明確に契約に定め、成果を達成することを受託者の債務の内容としたり、成果に対して報酬を支払うこととしたりする必要がある。また、達成すべき成果の内容についても、認識の齟齬がないように詳細に定めておくことが必要になる。さらに、委託業務の内容や仕様等に関する当事者間の連絡や打合せの内容についても記録に残しておくべきである。

そして、実際の契約の運用においても、当事者間で密にコミュニケーションをとり、委託業務の進捗状況について当事者双方が把握し、仮に委託業務の成果に影響を及ぼすような事情が生じた場合には、必要に応じた調整を試み、事前に損害の発生や拡大を防止できるようにしておくことが望ましい。

3　当初予定より業務範囲が増大し、追加作業分の費用が発生した

（1）　追加作業分の費用を委託者に請求することの可否
（A）　当初の想定の誤り等により追加作業が発生した場合

　受託者が委託業務を遂行する過程で、当初の作業量の想定に誤りや不確定要素が含まれていたり、当初想定していなかった事態が発生したりしたなどの事情により、追加作業が発生して受託者のコストがかさむことはしばしばあり得ることである。

　そのような場合において、受託者が委託者に対して増加分のコストについて報酬の増額等を求め得るかは、第一次的には契約書の規定に従い判断することになる。たとえば、契約書において、遂行した作業量に応じて報酬が支払われることが規定されている場合には、当該規定に従い増加した作業量に応じた報酬を請求しうると考えられる。また、委託業務の報酬として一定の金額が定められている場合であっても、契約において追加作業が発生した場合に増加費用分を委託者が負担することが規定されていたり、報酬を一定の金額とする前提条件（見込み工数など）が満たされない場合には別途報酬を定め直すことが規定されていたりする場合などには、それらの規定に従い処理をすることとなる。

　他方で、契約上増加分のコストの負担に関する規定がなされていなかった場合には、当初の想定の誤り等によって追加作業が発生したときに、増加分のコストを委託者に請求することは困難な可能性がある。裁判例においても、受託者が実際に委託業務に着手したところ、当初予定していた工数ではとても足りないことが判明したため、受託者が委託者に対して契約書に定める報酬は当初見込んでいた工数を前提とする金額であったと主張して追加工数分の報酬を請求した事案で、裁判所は、受託者は契約締結前に委託者から十分な説明を受けており、専門的知識・能力も有していることから、委託業務にかかるコストを正しく見積もることができたはずであること、契約書にも見込み工数等の記載がないことから、契約書に定める報酬額は当初の見込み工数を前提としたものではなく、委託業務全体の報酬であるとして、受託者の請求を認めなかったものが存在する（東京地判平成7年6月12日判時1546号29頁）。

Ⅲ　業務委託契約に関するトラブル類型別の対応策

　（B）　委託者の要求により追加作業が発生した場合
　また、委託業務の遂行の過程で、委託者が仕様の変更等を要求し、受託者がこれを受け入れて追加作業を行う場合もある。
　このような場合に、当事者間で追加作業に係る追加報酬の支払いについて合意していれば、受託者は当該合意に従って追加報酬の支払いを請求できることになる。
　さらに、当事者間で追加報酬の支払いについて明示に合意していなかったときであっても、黙示の合意が成立しているか、そうでなくても商法512条に基づき相当額の報酬が支払われるべきことを根拠として、追加報酬の支払請求が認められる可能性がある（東京地判平成25年12月19日判例集未登載、東京地判平成22年1月22日判例集未登載等）。もっとも、明示の合意がないにもかかわらず追加報酬の支払請求が認められるためには、追加作業の内容が当初の委託業務の範囲を超えていることが前提となるため、当初の委託業務の内容や追加作業の内容が不明確であると、追加作業が当初の委託業務の範囲の作業であると判断され、追加報酬の請求が認められない可能性がある。

（2）　委託者および受託者がとり得る対応
　（A）　委託者がとり得る対応
　委託者としては、受託者から追加作業に係る報酬等を請求された場合、まずは追加作業が発生した原因を確認する必要がある。その原因が受託者が想定以上に委託業務の遂行に時間を要した、見積りに漏れがあったなどの受託者側に起因するものであった場合には、契約書の規定を確認してそのような事情を基に報酬額を増額することが合意されていたのかを確認し、追加報酬の支払義務の有無を検討する必要がある。他方、委託者が追加作業を要求したことにより追加作業が発生した場合には、契約書等を確認し、そもそも追加作業が当初の委託業務の範囲を超えており、受託者が当初の委託業務に対する報酬とは別に追加報酬を請求する権利を有しうるのかや、委託業務の範囲を超える追加作業に対する報酬の支払いについてどのような合意がなされているかを検討する必要があるほか、受託者とのやり取りを振り返り、追加作業に対して委託者が追加して報酬を支払うことを合意していたような事情がないかを確認し、追加報酬の支払義務の有無を検討する必要がある。

それらの検討の結果、委託者が受託者に対して追加報酬を支払う義務があると考えられる場合には、いくらの追加報酬を支払う必要があるのかの検討に進むこととなる。反対に、追加報酬を支払う義務はないと考えられる場合には、受託者からの追加報酬の請求に対してどのように対応するのかの検討に進むことになる。

　　（B）　受託者がとり得る対応
　受託者も、委託者と同様に、委託者が追加報酬の支払義務を負うか否かを検討する必要がある。
　委託者が追加報酬の支払義務を負うと考えられる場合には、請求する追加報酬の金額や、請求手段（任意交渉、民事訴訟等）の検討に進む必要がある。
　追加報酬の支払いについて委託者との明文の合意が存在しない場合には、追加報酬の請求が困難になり得るため、受託者の立場からは、事前の対策が極めて重要になる。受託者は、定額の報酬を定めるのであれば、可能な限り委託者から情報を集めて正確な見積りを出すようにすべきことはもちろんであるが、そのようなことが難しい場合には、報酬の算定方法をタイムチャージ方式にするなどの方法も検討すべきである。そして、定額で報酬を定めた場合において、不確定要素や予定する工数などの前提条件があるのであれば、そのことを契約書に明記するとともに、前提条件に変動があった場合の報酬の改定手続についても規定しておくべきである。そうでなければ、事後的に前提条件に変動が生じ、受託者のコストが増大した場合でも追加の報酬を請求することは困難になり得る。また、委託者から追加作業を要請された場合には、それらへの対応に伴い発生することとなる費用を当事者間でどのように負担するのかを委託者と明確に取り決めておき、トラブルを防止することが望ましい。

4　契約を解除したい

（１）　委託者が契約を中途解除することの可否
　　（A）　概　要
　委託者が業務委託契約の中途解除を行いたい場合、受託者に債務不履行があるのであれば、債務不履行に基づく解除（民法541条）を行うことを検討することになる。しかし、委託者の都合によって受託者に委託業務を遂行してもらう必要がなくなった場合など、受託者に債務不履行があるわけではない場合に中

途解除が可能であるかどうかは、第一次的には契約においてどのように規定されているかにより判断される。

契約において、中途解約に関する規定が設けられていれば、当該規定に従って中途解除することが考えられる。他方で、業務委託契約に中途解除に関する規定が設けられていない場合には、業務委託契約の法的性質に応じて解除の可否を検討することとなる（ただし、いずれの場合であっても、継続的契約を解除する場合には「やむを得ない事由」や「正当な事由」等を要するとの議論が存在し、解除が制限される可能性があることについては、後述の（３）を参照）。

（Ｂ）　請負契約の場合

業務委託契約の法的性質が請負契約である場合には、受託者に債務不履行がない場合であっても、委託者が不要と考えている仕事を完成させることの無意義を避ける観点から、受託者が仕事を完成しない間は、委託者はいつでも損害を賠償して契約の解除をすることができるとされている（民法640条）。そのため、委託者は、受託者の損害を賠償する必要はあるものの、仕事が完成する前であれば、業務委託契約を中途解除することが可能である。ただし、解除の時点で受託者がすでになした仕事の結果のうち可分な部分の給付によって委託者が利益を受けるときは、その可分な部分については仕事が完成したとみなされ、委託者は当該部分の契約を解除することができず、受託者は委託者が受ける利益の割合に応じて報酬を請求しうるとされている（同法634条）。そして、請負契約を解除する場合に委託者が賠償すべき受託者の損害とは、契約の解除があったとしても受託者に契約が履行されたのと同様の利益を収めさせるものでなければならないとされており、受託者が支出した費用だけでなく、その得べかりし利益も含むとされている。ただし、受託者が仕事完成義務を免れたことにより支出を免れた費用については賠償すべき範囲から除かれると解されている。

（Ｃ）　準委任契約の場合

業務委託契約の法的性質が準委任契約である場合には、債務不履行の有無にかかわらず、各当事者がいつでも契約を解除することが可能とされており、当該解除には理由の告知等も不要とされている（民法651条1項）。委託者が受託者の不利な時期に解除した場合または受託者の利益（もっぱら報酬を得ることに

よる利益を除く）をも目的とする契約を解除した場合には、受託者の損害を賠償する必要があるとされているほか（同条2項）、解除により準委任契約が中途で終了した場合には、すでに受託者が遂行した委託業務の割合に応じた報酬を支払わなければならないとされているものの（同法648条3項2号）、それらの事情によって解除をすること自体が妨げられるものではない。

　民法は任意規定であるため、準委任契約の解除権も当事者間の特約により制限することが可能であるが、準委任契約の各当事者が契約をいつでも解除できるとされていることは、準委任契約が信頼関係を基礎とすることに由来する本質的な要素であると解されているため、そのような特約の有効性は慎重に検討されている。

　裁判例では、病院経営に関する継続的なコンサルタント業務に係る業務委託契約において、契約の有効期間を3年間とし（更新可能）、受任者の責めに帰すべき理由によらずに委任者が病院を閉鎖することになった場合には受任者の逸失利益として前1年間のコンサルタント料を加算して支払う旨が規定されていた事案において、コンサルタント契約が、委任者の利益のみを目的としており、受任者の専門的知識、経験、能力を要する事務処理を内容としており当事者間の信頼関係が特に重視されるべき契約類型であることから、委任者の解除権を保護すべき必要性が特に大きいことを指摘したうえ、委任者が契約をいつでも解除できるという委任契約の本質的な権利を制限または放棄したと認めるためには、単に契約期間および受任者の逸失利益に関する損害賠償の定めがあったというだけでは足りず、契約期間中契約が継続しなければ委任契約の目的を果たすことができない場合である等、委任者において特段の事情がない限り約定の期間が満了するまで契約を継続させる意思を有していたと認めるべき客観的・合理的理由のある場合であることが必要であると解するのが相当であるとし、当該事案ではそのような客観的・合理的理由はないとして委任者による解除を有効としたものが存在する（神戸地判平成2年7月17日判タ745号166頁）。

（2）　受託者が契約を中途解除することの可否

　受託者が業務委託契約の中途解除を行いたい場合も、委託者から中途解除する場合と同様に、委託者に債務不履行があるのであれば、債務不履行に基づく解除（民法541条）を行うことを検討することになる。他方で、委託者に債務不

履行がない場合には、契約において中途解除を可能とする規定があれば当該規定に従い中途解除することが考えられる（ただし、継続的契約の解除については「やむを得ない事由」や「正当な事由」等を要するとの議論が存在し、契約条項に従った解除が制限される可能性があることについては、下記（3）参照）。

業務委託契約に中途解除に関する規定が設けられていない場合には、業務委託契約の法的性質に応じて解除の可否を検討することとなる。

業務委託契約の法的性質が請負契約である場合、受託者から契約を解除しうるのは、委託者に債務不履行があるとき、委託者が破産手続開始の決定を受けたとき（民法642条1項）、契約における中途解除の条項に従い解除することができるとき、委託者との合意により中途解除するときに限られる。そのため、受託者としては、契約締結時点で一定の事情が生じれば中途解除が必要になることが見込まれる場合には、当該事情を中途解除事由として規定しておく必要がある。

他方で、業務委託契約の法的性質が準委任契約である場合には、委託者の債務不履行の有無にかかわらず、受託者からもいつでも契約を解除することが可能とされている（民法651条）。ただし、受託者が委託者の不利な時期に解除した場合には、委託者の損害を賠償する必要があるとされている（同条2項1号）。

（3） 継続的契約の解消

一定期間にわたって契約関係が存続することを前提として締結された継続的契約の解消については、契約が長期間継続することに係る当事者の期待を保護する観点から、「やむを得ない事由」や「正当な事由」等が必要であるとする裁判例の蓄積や学説上の議論が存在している。裁判例は、継続的契約の解消について「やむを得ない事由」等が必要であるとするものと、「やむを得ない事由」等を要件とはしないが、信義則や権利濫用の禁止による一定の制限に服するとするものに分かれており、判断枠組みは確定していない。いずれの事案においても、事案ごとに個別の事情を考慮して「やむを得ない事由」等の要否や契約の解消の可否が判断されている（第3章Ⅲ5（2）参照）。

継続的契約に該当する請負契約や（準）委任契約の解消の可否について判断した裁判例としては、たとえば以下のものがあり、それらも、事案ごとに個別

の事情（契約の法的性質、契約の内容、締結に至った経緯、当事者の関係性、契約の解消に関する経緯等）を考慮し、契約の解消における「やむを得ない事由」等の要否や契約の解消の可否を判断している。

　まず、最判昭和58年９月20日判時1100号55頁は、税理士である原告が会社である被告と顧問契約を締結し、税務事務および経営コンサルタント事務を処理していたが、会社が顧問契約を解除したため、原告が主位的に委任契約上の地位の確認および報酬の支払いを、予備的に債務不履行または不法行為に基づき損害賠償を請求した事案において、委任契約は、一般に当事者間の強い信頼関係を基礎として成立し存続するものであるから、当該委任契約が受任者の利益をも目的として締結された場合でない限り、委任者は、民法561条１項に基づきいつでも委任契約を解除することができ、かつ、解除にあたっては、受任者に対しその理由を告知することを要しないものというべきであり、この理は、委任契約たる税理士顧問契約についても何ら異なるところはないものと解するのが相当であるとし、継続的契約にあたる委任契約にも民法651条１項がそのまま適用されると判断した。

　また、東京地判平成23年７月28日判タ1383号284頁は、地方銀行である原告とメガバンクである被告がオンライン現金自動支払機の相互利用に関する基本契約を締結し、相互に他行の保有するATMによる現金の払戻し等の業務を行い、それについて銀行間利用料を支払うこととしていたが、原告のATMを利用する顧客が増加し、被告が支払う利用料が増加したことから、被告が利用料の引下げを要請したものの、交渉が決裂し、被告が約３か月間の予告期間をおいて委託契約を解約したことについて、原告が解約は無効である等と主張し、基本契約等に基づく債務の履行等を請求した事案である。裁判所は、原被告間の契約を準委任契約であり、継続的契約の性質を有するとしたうえ、契約の内容や締結の経緯等からして、双方当事者は自らの経営判断に基づいて対等な立場で契約関係に入った独立した事業者であり、情報の非対称性や依存関係がないことに鑑みると、期間の定めのない継続的契約であるからといって当該契約の解約にやむを得ない事由は必要ではないとした。そのうえで、解約が信義則に反する場合はその効力が否定されるが、被告が３か月以上の猶予期間をおいて解約したことなどを考慮すれば、解約が信義則に反しないことは明らかであ

るとし、解約したことは有効であると判断した。

　他方、東京地判昭和57年10月19日判時1076号72頁は、被告が大手印刷会社から請け負った商品ラベルの印刷業務を原告に継続的に下請けさせていたところ、大手印刷会社からの注文がなくなり、原被告間で他の下請取引について交渉が行われたが、結局折り合いがつかず、被告が原被告間の契約を解約し取引を中止したため、原告が被告に対して債務不履行に基づき逸失利益の損害賠償を請求した事案である。裁判所は、原告が被告から継続的に発注を受けており、その売上げは毎月の原告の売上げの約8割を占めていたこと、原告が被告の発注に対応するため、機械設備の調達や人員の確保に相当の投資をしてきたことからすれば、信義則に照らして、被告は解約についてやむを得ない事由がない限り、相当の予告期間を設けるか、相当の損失補償をしない限り、一方的に取引を中止することは許されないとしたうえ、本件では被告は大手印刷会社からの発注がなくなることを相当事前に原告に告知できたにもかかわらず告知をしていなかったこと、他の下請取引についての交渉は解約に係る取引と取引条件等も異なっており、予告期間や損失補償に代替する措置がとられたとはいえないことなどからすれば、被告にやむを得ない事由はなかったとして、被告に債務不履行に基づき6か月分の逸失利益の賠償を命じた。この事案では、原告が下請事業者として被告との取引に依存し、下請取引のために相当の出捐もしてきたという事情があり、継続的契約関係の中でも特に保護の必要性が高かったという事情があったといえる。

　以上のとおり、請負契約や準委任契約も、継続的契約に該当すればその解消が制限される可能性があり、解消の可否や必要な条件は事案ごとに個別に検討する必要がある。

　そのため、継続的契約を解消しようとする当事者としては、契約の解消が制限されるリスクがどの程度あるのか検討したうえ、解消にあたり相手方に対して猶予期間や代償措置を設けるかどうかや、その内容が十分であるかについて検討する必要がある。

　また、継続的契約を解消されようとしている当事者としては、自社が回収できなくなる投下資本の大きさや、当該取引が自社の売上げに占める大きさなどからして、契約関係の解消による打撃が大きい場合は、相手方にその旨を説明

しつつ、契約の解消について再考を求めたり、解約までに十分な予告期間を設けるよう要請したり、回収できなくなった投下資本や逸失利益等について補償を求めたりして自社の利益を守れるように粘り強く対応すべきであると考えられる。

5 委託者が報酬を支払ってくれない

委託者が報酬を支払わない場合に、受託者が確認すべき事実関係およびとり得る対応については、本編第3章Ⅲ4において述べたとおりである。

すなわち、まずは支払いに関する条件、委託者が支払いをしない事情、当事者間の他の取引の有無、担保や保証金の差入れの有無、委託者の資産状況などの事実関係を速やかに確認する必要がある。

そして、仮に、委託者が、受託者が納期までに成果物を完成していないので報酬を支払わないと主張したり、委託業務の成果が得られていないため報酬を支払わないと主張したり、当初予定より業務範囲が拡大して発生した追加作業分の費用については報酬を支払わないと主張したりした場合は、それぞれ上記1から3において述べた観点から、委託者のかかる主張に正当性があるのかを確認し、交渉等により解決ができなければ、訴訟等による解決を図ることになる。

他方で、委託者が財産状況の悪化を原因として報酬を支払わない場合には、早期にその支払いの確保および損害の拡大の防止に向けた対策をとる必要があり、その際に必要な対応は、本編第3章Ⅲ4（1）から（3）において述べたのと同様である。

すなわち、早期の支払いの確保に向けた対策としては、委託者から物的・人的担保を徴していた場合には当該担保権を実行したり、商事留置権が成立していた場合には留置物を留置して支払いを促したり、留置物を競売したり、反対債権の発生の原因となる取引が存在する場合には当該取引の代金と未払い報酬を相殺したりすることが考えられるほか、報酬の未払いが生じた際には速やかに事前に把握しておいた委託者のめぼしい財産の差押えを実施したりすることが考えられる。そして、それらの手段がない場合には、速やかに支払督促をなす、仮差押えをするなどの対応をすることが考えられる。ただし、委託者の倒産手続が開始した場合には当該手続外での権利行使が禁止され、訴訟手続は中

断し、強制執行、仮差押え、仮処分等は失効するなど、倒産手続が開始してしまえばこれらの対策は制限されてしまう。

　損害の拡大の防止に向けた対策としては、報酬支払債務の不履行を理由として委託者との間の契約を解除し、反対債務の履行を免れるほか、他に成立している双務契約が存在すれば、不安の抗弁権を主張し、将来の回収不能な債権の発生の拡大を防止することも考えられる。

　委託者に法的倒産手続（破産手続、民事再生手続、会社更生手続、特別清算手続）が開始した場合にとり得る対応等については、本編第3章Ⅲ4（4）において述べたのと同様である。

第5章 共同開発契約

I 代表的なトラブル類型

共同開発契約に関する当事者間のトラブルとしては、次のようなものが考えられる。
① 一方当事者が共同開発契約上の分担業務を履行しない
② 一方当事者が共同開発の成果を開示・提供しない
③ 共同開発の継続の是非
④ 一方当事者による成果に関する単独出願
⑤ 一方当事者による成果の不正利用

II 共同開発契約に関するトラブル類型に共通する対応策

1 関連資料の整理・保存

いずれのトラブル類型においても、共同開発契約の締結に至った経緯や目的を示す関連資料を整理・保存することが極めて重要である。契約書や付随する覚書等はもちろんのこと、共同開発契約の一方当事者が他方当事者にアプローチをして共同開発を打診した段階からトラブルの発生に至るまでの当事者間の電子メール、契約前の交渉時の社内報告、共同開発の過程での進捗報告会や打合せ等に関する議事録等の当事者間での意思疎通の内容・状況・時期等を示す資料、共同開発が終了した後にトラブルが生じた場合は共同開発の終了時における当事者間の意思疎通の内容が記載されている資料等を、時系列に沿って整理・保存すべきである。

2 事実関係の調査

また、客観的な資料のほか、社内の交渉担当者や開発担当者から、共同開発

契約の目的、共同開発の進捗状況、終了時の状況等について、ヒアリングを実施し、それを裏付ける証拠を収集するなどして、事実関係の全容を調査する必要がある。

3 調査結果の評価

関連資料や社内調査結果に基づき、自社の主張の法的根拠の強弱と、自社の主張の立証可能性を評価する。トラブルになった時点で、事業部門や研究開発部門においては、相手方との間で感情的な対立が生じていることも多いから、法務部門においては、相手方であればどのような主張をするかという相手方の立場に立った場合の主張や法律構成についても検討し、経営判断に資する冷静かつ客観的な評価を行うよう努めることが肝要である。

また、裁判例を調査し、類似事案における裁判所の判断を参考にしながら、当該事案において裁判に至った場合の結論のめどをつけておくことが望ましい。もっとも、共同開発契約をめぐるトラブルの原因や争点はケースバイケースであり、必ずしも類似事案の裁判例がみつかるとも限らない。そのような場合は、外部弁護士に相談し、客観的な立場からの見解を得ることも有用である。

4 対応手段の選択

法的根拠や立証可能性の強弱に応じて、対応手段を検討する。検討にあたっては、共同開発を継続し相手方との良好な関係を維持したい事案なのか、全面的な対立関係となってもかまわない事案なのかという、相手方との将来の関係性についても配慮が必要である。

民事的措置として、民事訴訟・仮処分と、仲裁・調停のようなADR手続があることは、第2編第2章Ⅱ5（1）を参照されたい。

Ⅲ 共同開発契約に関するトラブル類型別の対応策

1 一方当事者が共同開発契約上の分担業務を履行しない

（1） 分担業務を履行しない理由の確認

まずは共同開発契約上、分担業務に関し、どのような定めがあるかが出発点となる。

また、他方当事者が、共同開発契約上の分担業務を果たさない理由を確認する必要がある。その理由としては、たとえば、
- 分担業務の定めが不十分ないし不明瞭であり、分担業務の範囲や履行時期について、両当事者の認識に相違が生じている
- 分担業務の履行に契約締結時の想定を大幅に超える費用・労力がかかることが判明した
- 分担業務を実施しても共同開発契約の目的を達しないことが判明した
- 分担業務を実施することができない事情が生じた

など、さまざまなものが考えられる。これらの理由は、大別して、分担業務の実施に関する当事者間の認識の相違に起因するものと、分担業務の履行不能に関するものとがありうる。

（2）　履行請求

　分担業務の実施に関する当事者間の認識の相違により、他方当事者が分担業務を履行しない場合、他方当事者の分担業務の内容・時期等が、自社の認識のとおりであることを、共同開発契約を締結した目的や契約締結時の関連資料等から説得的に主張立証して、履行を請求することとなる。

（3）　分担業務の履行不能を主張される場合

　他方当事者による分担業務の不履行が履行不能を理由とする場合、他方当事者に対し、履行不能との主張に関する客観的資料の提供を求め、契約どおり履行された場合に共同開発契約の目的を達成しうる可能性について検討する。共同開発契約に分担業務について明示の定めがあり、目的の不達成を裏付ける客観的資料がない場合には、他方当事者に対し、契約上の債務の履行請求として、共同開発契約の定めに基づく分担業務の実施を請求することとなろう。

（4）　錯誤取消しと事情変更の法理の主張

　これに対し、他方当事者からは、錯誤取消し（民法95条）や事情変更の法理に基づく契約変更や解除の主張がなされることも想定される。

　共同開発契約の業務分担について錯誤取消しが認められるためには、原則として、共同開発契約の締結において、共同開発の分担業務の実施により目的を達することができることや、共同開発の分担業務に要する費用・労力等について、他方当事者に真実に反する錯誤があり、そのことが契約交渉の際に表示さ

れていたことが必要である。錯誤取消しを否定したい側においては、当該錯誤が共同開発契約の目的および取引上の社会通念に照らして重要ではないこと（民法95条1項）、契約交渉時の意思疎通において、これらの錯誤が表示されていなかったこと（同条2項）、錯誤が他方当事者の重大な過失によるものであること（同条3項）、自社が善意無過失であること（同条4項）を示す具体的事実を確認し、それを裏付ける関連資料を収集して、錯誤取消しが成立しないことを主張立証していくこととなる。

また、「事情変更の法理」とは、契約の成立後、その契約の基礎となっている事情につき、契約当事者が当初予見し得なかった著しい変化が生じ、元の契約内容をそのまま履行させることが当事者間の衡平を損ない、信義に反する結果となる場合、契約の改定または解除を認めるとする理論である。「事情変更の原則」が認められる要件として、一般に、

① 契約後に契約の基礎となる事情に著しい変化が生じたこと
② 事情変更が契約当初予見不可能であったこと
③ 事情変更の結果、元の契約の拘束力をそのまま承認することが信義則に反する結果となること

が必要であると解されている。

事情変更の法理を主張したい側においては、これらに該当する具体的事実を確認し、それを裏付ける資料を提示するなどして主張立証していくこととなる。具体的には、たとえば、契約締結後の市況の変化により共同開発に用いる資材が入手不可能となった場合にはそれを示す取引先からの通知文書や、契約締結後の新たな技術的知見により分担業務を実施しても開発の目的を達せられないことが判明した場合には当該技術的知見の内容およびそれが判明した時期を示す学術論文等がこれに該当する。事情変更の法理の適用を否定したい側では、①事情変更として主張されている変化が生じていないこと、②事情変更が契約締結当時から予見可能であったにもかかわらず分担業務を引き受けたこと、③事情変更を踏まえても当該業務を当該当事者の費用・労力において実施することが信義則に反するとはいえないことに関する具体的事実を主張立証していくこととなる。もっとも、実際の裁判において、事情変更の原則の適用が肯定される可能性は高いとはいいがたく、このことも踏まえて事情変更の法理

の主張を行うか否かについて検討する必要がある。

（5）　契約内容の変更

協議の結果、共同開発期間の延長、未了となっている分担業務の実施に要する費用の分担、分担業務の削減、分担業務の第三者への委託等の調整により、共同開発を継続することとなった場合には、変更後の内容について書面で明確に合意すべきである。共同開発によりめざすゴール、目的が変更になる場合には、そのことについても書面で確認しておく必要がある。

（6）　解除・損害賠償請求

協議の結果、共同開発をこれ以上継続し得ないと判断される場合は、共同開発契約を解除し、損害賠償請求を検討することとなる。その際は、共同開発契約の終了が、他方当事者の責めに帰すべき事由によるものであること、および共同開発契約の終了により被った損害の額を主張立証できるよう資料を収集する必要がある。

もっとも、開発が成功していた場合に得られたはずの収益の額についてまで、損害賠償が認められるとは限らない。東京地判平成25年9月10日判例集未登載（平成23年（ワ）第28592号）は、相手方の責めに帰すべき事由により開発が完了しなかったものであり、共同開発の目的物の完成見込みがないと原告が判断したことは相当であるとして、原告の解除を有効と認め、原告が被告に交付していた原告負担分の開発費の原状回復請求を認めたが、原告が共同開発の目的物の完成から直ちに利益を得られたとはいえないとして、損害賠償請求の一部を否定した。

また、事情によっては、過失相殺が認められる可能性もある。東京高判平成3年11月28日判時1409号62頁では、新薬の共同開発において、一方当事者が臨床試験の資料を捏造するなどの不正をし、その資料を相手方に提出したが、相手方もまた、自ら実施することになった試験につき、一部虚偽の試験資料を作成したという事案において、自らも虚偽の試験資料を作成した当事者が、あたかも無責無関係の被害者と同様の立場で損害賠償責任を追及することは、損害の公平な分担の理念に照らして相当ではないとして、過失相殺を認めている。共同開発の頓挫に至った原因次第では、相手方から過失相殺を主張されることも踏まえて、自社による分担業務の履行に責めに帰すべき事情がないことを説

明できるように用意しておくことが望ましい。

(7) 契約締結前の先行着手に対する報酬請求

共同開発契約に向けた協議中に、共同開発契約が締結されることを見越して開発業務に先行着手するようなことは避けるべきであるが、当事者間の合意により開発行為に先行着手したものの、後日、契約が成立しなかった場合、先行着手した側は、商法512条に基づき、相当額の開発費用を請求しうる。

もっとも、契約が成立していない事案において、先行着手の合意があったとの認定を受けることは相応にハードルが高い。東京地判令和2年6月15日判例集未登載（平成31年（ワ）第5095号）は、原告が、開発行為の先行着手について被告から委託を受けたとして開発費用の半額を、「相当な報酬」として請求した事案であるが、裁判所は、原告と被告との間で先行開発を行うことについて合意がなされたことを認めるに足りる証拠はないとして、原告の請求には理由がないと判断され、契約締結上の過失を理由とする損害賠償も否定されている。このような裁判例に照らせば、先行着手することおよび開発費用の分担について、覚書等の書面を作成することを徹底すべきである。

2 一方当事者が成果を開示・提供しない

(1) 一方当事者が成果を開示・提供しない理由の確認

まずは、成果を開示・提供しない理由を確認する。その理由が、開発の失敗により成果が生じていないというものであれば、失敗した経緯も含めて共有されるべき成果であることを主張し、どのような経緯で失敗に至ったのかの説明を求めることが考えられる。

また、何らかの成果が生じていることが合理的に想定されるにもかかわらず、成果を開示・提供する義務の有無について、認識の相違が生じていることが原因である場合、共同開発契約の定めに基づき、成果の開示・提供義務を負うことを主張していくこととなる。

(2) 成果の開示・提供義務の範囲

成果の開示・提供義務が、具体的事案において、どの範囲の情報に及ぶかは、必ずしも明瞭ではない場合もある。たとえば、一方当事者が、共同開発の分担業務として試験を行い、当該試験の結果のみを開示し、営業秘密を理由に試験方法の詳細を開示しないという場合、当該当事者に試験方法の詳細を開

示・提供する義務があるか否かは、当事者が共同開発契約を締結した目的等に照らして解釈されることになろう。一方当事者が、共同開発の分担業務として特定の部品を製作し提供することとなっていた場合に、当該部品の提供のみを行い、営業秘密を理由に当該部品の製造方法の詳細を開示しないという場合も、同様である。共同開発契約の目的が、試験結果や部品自体にあり、当該試験や部品を用いた完成品に係る事業において、試験方法の詳細情報や部品の製造方法の詳細情報は必要ではなく、これらの情報がなくても事業化が可能であるという場合には、試験方法や部品の製造方法について、成果としての開示・提供義務を負わないという解釈もありうると思われる。他方、当該試験結果や部品の製造方法について開示を受けることが、共同開発契約の目的である製品等の事業化において必要である場合であって、そのことを当該当事者が認識し得た状況において共同開発契約を締結したようなときは、試験方法や部品の製造方法が当該当事者の営業秘密に属するものであったとしても、所定の範囲で開示・提供する義務があると解釈されることもありうると考えられる。開示を求めたい側においては、共同開発の目的である事業における当該情報の必要性等について、具体的に主張立証していくこととなる。

(3) 履行の請求・解除

開示・提供を求める側では、契約上の根拠を示し、契約上の債務の履行請求として、開示・提供を求めることとなるが、他方当事者が成果の開示・提供をしないことにより、共同開発契約の目的を達し得ない場合には、契約の解除条項に基づき解除することも検討することとなる。その場合の損害賠償については、上記1(6)と同様の問題がある。

3 共同開発の継続の有無

(1) 共同開発の終了事由・継続条件の整理

共同開発の終了や継続をめぐるトラブルが生じた場合、まずは、契約上の終了事由や、継続する場合の条件を確認する。共同開発契約上、これらが明確に定められている場合には、大きなトラブルにはなりにくいと思われるが、共同開発の終了事由が不明瞭である場合、いつまで共同開発を継続すべきか、契約解釈が争点となる。未来永劫共同開発が継続すると解釈することは不合理であるから、共同開発契約に明示の定めがなくても、その目的や共同開発契約を締

結した当事者の合理的意思に基づき、所定の期間の経過ないし一定の分担業務の履行をもって、契約の目的を達しなければ終了すると解釈することが合理的な場合が多いように思われる。

（2） 継続条件の交渉

共同開発の継続を主張したい当事者においては、継続するための具体的な条件を交渉していくこととなる。

4 一方当事者による成果に関する単独出願

（1） 成果の帰属条件の整理

共同開発契約中またはその終了後に、一方当事者が、成果にかかわる知的財産に関し、単独で出願をしたことが発覚した場合、共同開発契約における成果の帰属に係る条件を確認する。当該当事者に単独で帰属する条件となっている場合には、当該出願において相手方の秘密情報を利用しているような事例を除きトラブルになることは少ないが、成果にかかわる知的財産が共有とされている場合には大きなトラブルに発展する可能性がある。

共同開発契約後の改良発明等についても、同様のトラブルが生じる可能性がある。

（2） 名義変更の協議

他人の発明について正当な権原を有しない者が特許出願人となっている出願は、冒認出願とよばれ、拒絶理由を有する（特許法49条7号）。

また、特許を受ける権利が共有に係るときは、各共有者は、他の共有者と共同でなければ特許出願をすることはできない（特許法38条）。これに違反する特許出願は、拒絶理由を有する（同法49条2号）。

当事者間で共有とすることについて協議が調えば、特許庁に対して出願人名義の変更手続を行うことで、共有とすることができる。

（3） 法的措置

これに対し、共有とする協議が調わない場合には、無断で単独出願をされてしまった当事者は、以下のような法的措置を検討することとなる。

（A） 特許登録後の移転請求

共同出願違反の出願について、単独出願をした当事者に対し、特許持分の移転を請求することができる（特許法74条）。単独出願をした当事者が、当該特許

権を第三者に譲渡した場合には、当該特許権を取得した者に対して、特許持分の移転を請求することができる。移転請求により、特許持分の移転の登録がされた場合には、当該特許権は初めから共有であったものとみなされる。ただし、移転請求権の行使による特許権の移転登録がなされる前に、特許が共同出願違反に該当することを知らないで、その発明の実施である事業またはその事業の準備をしている特許権者または実施権者は、その実施または準備をしている発明および事業の目的の範囲内において、通常実施権を有することとなり、真の権利者は、当該通常実施権者から相当の対価を受ける権利を有することとなる（同法79条の2）。

実用新案および意匠においても同様の規律がなされている。

このような移転請求制度は、平成24年4月1日以降の出願に基づく権利についてのみ適用される。

具体的な手続としては、裁判所に対し、特許権移転請求訴訟を提起して、勝訴判決を得る。その判決の写しを添付して特許庁に対し、特許権移転登録申請を行うこととなる。移転請求訴訟では、移転登録請求をする側において、相手方の特許権に係る特許発明について、自己が真の発明者または共同発明者であることを主張立証する責任があり、単に、自己が当該特許発明と同一内容の発明をしたことを主張立証するだけでは足りず、当該特許発明は自己が単独または共同で発明したもので、相手方が発明したものでないことを主張立証する必要があり、これを裏返せば、相手方の当該特許発明に係る特許出願は自己のした発明に基づいてされたものであることを主張立証する必要があるとした裁判例がある（大阪地判平成29年11月9日判時2382号47頁）。

この裁判例とは異なり、共同開発契約において、発明者がいずれの当事者の従業員であるか否かにかかわらず、所定の条件を満たす場合には共同発明とする旨が定められているような場合は、自己が単独または共同で発明したものであることまでの主張立証は不要と解されるが、問題となっている発明が、共同開発契約に基づいて共有とされるべき発明であることを、発明がなされるに至った具体的事実に基づき、丁寧に主張立証する必要がある。

（B）　特許無効審判請求

共同出願違反の出願に係る特許は、無効理由を有するとされていることから

（特許法123条1項2号・6号）、真の権利者は、特許無効審判を請求することによって特許を無効にすることもできる。

（C） 損害賠償請求

共同開発契約の債務不履行または民法709条の不法行為に基づき、無断で単独出願をした当事者に対し、逸失利益等について、損害賠償を請求することが考えられる。もっとも、逸失利益の損害賠償については相応にハードルが高いことは、上述したとおりである。なお、後述する平成27年知財高判は、特許を受ける権利の確認請求について、共同発明者の認定を含む、すぐれて専門性の高い事項を内容とするものであることから、訴えの提起および訴訟遂行を弁護士に委任する必要があったとして、共同研究契約の債務不履行と相当因果関係のある弁護士費用として100万円を認容している。なお、冒認出願を不法行為として法律構成して移転請求をした事案において、弁護士費用以外の損害を認めることはできない以上、原告が冒認出願等の被害者として、出願により生じた損害につき本件訴えを提起することを余儀なくされたとは認められないとして、原告が訴訟追行に要した弁護士費用を冒認出願等と相当因果関係のある損害とはいえないとした裁判例もある（大阪地判令和4年2月28日裁判所ウェブサイト（令和2年（ワ）第7486号）、東京地判平成30年10月25日裁判所ウェブサイト（平成29年（ワ）第10038号）も同趣旨）。

（4） 共同発明者

共同開発契約において、発明をした者が属する当事者に権利が帰属することとされていた場合には、共同開発に関与した者のうち、誰が発明者ないし共同発明者であるかが問題となる。

発明とは、自然法則を利用した技術的思想の創作のうち高度なものをいい（特許法2条1項）、産業上利用することができる発明をした者は、その発明について特許を受けることができる（同法29条1項柱書）。また、発明は、その技術内容が、当該の技術分野における通常の知識を有する者が反復実施して目的とする技術効果をあげることができる程度にまで具体的・客観的なものとして構成されたときに、完成したと解すべきであるとされている（最判昭和52年10月13日民集31巻6号805頁参照）。発明者とは、当該発明における技術的思想の創作に現実に関与した者、すなわち当該発明の特徴的部分を当業者が実施できる

程度にまで具体的・客観的なものとして構成する創作活動に関与した者を指すものと解されている。また、発明の特徴的部分とは、特許請求の範囲に記載された発明の構成のうち、従来技術にはみられない部分、すなわち、当該発明の課題解決手段を基礎づける部分を指す（前掲大阪地判令和4年2月28日）。

そこで、共同発明者と認められるためには、自らが共同発明者であると主張する者が、上記の意味での当該発明の特徴的部分を当業者が実施できる程度にまで具体的・客観的なものとして構成する創作活動の過程において、他の共同発明者と一体的・連続的な協力関係の下に、重要な貢献をしたといえることを要する（知財高判平成27年3月25日裁判所ウェブサイト（平成25年（ネ）第10100号））。

この点が争点となる場合には、発明等の内容を前提として、共同開発契約に定める分担業務の内容や共同開発の遂行過程を踏まえ、自社の従業員が重要な貢献をしたことを主張立証していくこととなる。

（5） 共同創作者

　（A） 著作物

共同開発契約における成果物が著作物である場合、成果物の著作者が問題となる。著作者とは、著作物を創作する者をいい（著作権法2条2号）、複数の者の関与の下に著作物が創作された場合は、著作者となりうる程度の創作的寄与をした者のみが著作者となる。そして、ある者の行為について、著作者となりうる程度の創作性が認められるか否かは、当該行為の具体的内容に加えて、当該行為者の当該著作物作成過程における地位、権限、当該行為のされた時期、状況等に鑑みて理解、把握される当該行為の当該著作物作成過程における意味ないし位置づけをも考慮して判断される（知財高決平成28年11月11日判時2323号23頁〔著作権判例百選事件〕）。

そこで、成果物の著作者が誰かが争点となる場合、共同開発契約の下で各当事者が実際に担当した行為の具体的内容や、著作物作成過程その他の背景事情等も踏まえて、自社が質および量の両面から、創作的寄与をしたことを主張立証していくことになる。なお、成果物がソフトウェアである事例において、被告が、当該ソフトウェアの本質的特徴部分である機能を作成した当事者に単独で帰属すると主張したのに対し、裁判所が、当該ソフトウェアは被告が主張す

る部分以外にも多様な機能があり、これらの他の機能も存在してこそ成立しうるものであるとして、当該被告主張を排斥した事例がある（大阪地判令和3年7月29日裁判所ウェブサイト（平成31年（ワ）第3368号、令和1年（ワ）第8944号））。

　　（B）　意　匠

「意匠の創作をした者」（意匠法3条1項）とは、意匠の創作に実質的に関与した者をいい、具体的には、形状の創造、作出の過程にその意思を直接的に反映し、実質上その形状の形成に参画した者をいう。主体的意思を欠く補助者や、単に課題を指示ないし示唆するにとどまる命令者は、「意匠の創作をした者」にはあたらない。

　共同開発契約の成果物が意匠である場合には、上記の規範に照らして、自社の従業員が意匠の創作に実質的に関与した者であることを主張立証する必要がある。東京地判令和3年9月1日裁判所ウェブサイト（平成30年（ワ）第38585号、平成31年（ワ）第10171号）では、原告が提案し設計した入れ歯入れ容器のヒンジ部分の形状について、デザイン面から設計されたものではなく、もっぱら機能的な側面から設計されたものであり、当該形状はそもそも意匠として保護されないうえ、ヒンジ部分は製品全体の形状のごく一部にすぎず、製品の形状の全体により視覚を通じて起こさせる美感には大きな影響を及ぼさないとして、原告は「意匠の創作をした者」には該当しないと判断されている。

5　一方当事者による成果の不正利用

（1）　成果の利用条件の整理

　共同開発契約の成果の両当事者による利用については、共同開発契約に定める利用条件に従うこととなるから、共同開発契約の内容を確認する必要がある。

　なお、共同開発契約が締結されておらず、成果の帰属や利用に関する合意が存在しない事案において、裁判所は、両当事者の従業員がともに開発を行ったと認定し、開発費をいずれの当事者が支払ったかにかかわらず、開発成果物を両当事者が使用することは制限されない旨判示している（知財高判平成29年2月23日裁判所ウェブサイト（平成27年（ネ）第10113号））。成果を利用したい側の当事者においては、共同開発契約の定めが不明瞭な場合には、共同開発におけ

る自社の貢献を示す資料を収集し、成果を利用する権限があることを主張立証していくことが考えられる。

（2）　知的財産権の侵害に該当する場合

他方当事者が、成果を利用する権限がないにもかかわらず、成果を利用している場合であって、かかる行為が当事者に単独で帰属している知的財産権を侵害しているときは、知的財産権の侵害行為の差止請求、侵害品の廃棄請求、侵害の行為に供した設備の除却請求、損害賠償請求等を検討することとなる。

損害賠償請求については、侵害行為と損害との因果関係の立証の困難性に鑑み、知的財産権法において、損害賠償額の推定規定が設けられているから（特許法102条等）、推定規定に基づいて、損害賠償額を主張立証していくこととなる。

（3）　営業秘密の不正利用に該当する場合

知的財産権の侵害に該当しない場合であっても、共同開発契約の定めに違反して成果を利用している場合、債務不履行に基づく請求のほか、営業秘密の不正利用等に該当するとして、不正競争防止法に基づく差止請求をすることも考えられる。不正競争防止法に基づく請求については、第2編第2章を参照されたい。

第6章 合弁契約

I 代表的なトラブル類型

合弁契約に関する当事者間のトラブルとしては、次のようなものが考えられる。
① 合弁会社の運営方針をめぐる対立が生じている
② 合弁当事者が合弁会社と競業する事業を行っている
③ 合弁会社への資金供与が必要な状況が生じている
④ 合弁関係の解消をめぐる対立が生じている

II 合弁契約に関するトラブル類型に共通する対応策

1 関連資料の整理・保存

いずれのトラブル類型においても、合弁契約を締結した当事者の合理的意思に基づき説得的な主張を組み立てる必要があるから、合弁契約の締結に至った経緯や目的を示す関連資料を整理・保存することが極めて重要である。契約書や付随する覚書等はもちろんのこと、合弁契約の一方当事者が他方当事者にアプローチをして合弁事業を打診した当初の段階からトラブルの発生に至るまでの当事者間の電子メール、契約前の交渉時の社内報告、基本合意を締結した場合にはその際の社内報告、合弁契約締結に至るまでの契約文言の修正経緯、合弁会社の設立以降の合弁会社の取締役（会）議事録、その他の合弁会社の会議体の議事録、合弁会社の経営・財務状況を示す資料、合弁当事者間での意思疎通の内容・状況・時期等を示す資料、合弁会社と合弁当事者の間で締結した契約がある場合にはその締結経緯および履行状況を示す資料等、さまざまな関連資料が存在するはずであり、時系列に沿って整理・保存すべきである。合弁契

約の終了に関する紛争や合弁契約の終了後に生じた紛争の場合には、合弁契約の終了原因に関する資料、一方または双方当事者による合弁契約の終了方法に関する資料、清算をした場合には清算時の状況を示す資料等も重要な関連資料となる。

2 事実関係の調査

また、合弁事業は、合弁当事者が指名した役員により運営されていることから、当該役員は、合弁事業の実態や、紛争における意見対立のポイントを最もよく認識しているはずである。そのため、客観的な資料を収集することに加えて、当該役員から、合弁事業の実態や他の合弁当事者が指名した役員との議論の状況等についてヒアリングを実施し、意見対立がある点については、主張を裏付ける証拠を収集するなどして、事実関係の全容を調査する必要がある。

また、合弁会社内部の事項について客観的な調査を要すると判断される場合には、第三者調査委員会を設置して、外部の専門家による事実調査と評価を行うことが必要になる場合もある。

3 調査結果の評価

関連資料や社内調査結果に基づき、自社の主張の法的根拠の強弱と、自社の主張の立証可能性を評価する。トラブルになった時点で、合弁事業に直接関与している従業員においては、相手方との間で感情的な対立が生じていることも多いから、法務部門においては、相手方であればどのような主張をするかという相手方の立場に立った場合の主張や法律構成についても検討し、経営判断に資する冷静かつ客観的な評価を行うよう努めることが肝要である。

また、裁判例を調査し、類似事案における裁判所の判断を参考にしながら、当該事案において裁判に至った場合の結論のめどをつけておくことが望ましい。もっとも、合弁契約をめぐるトラブルの原因や争点はケースバイケースであり、必ずしも類似事案の裁判例がみつかるとも限らない。そのような場合は、外部弁護士に相談し、客観的な立場からの見解を得ることも有用である。

4 対応手段の選択

法的根拠や立証可能性の強弱に応じて、対応手段を検討する。検討においては、合弁事業を継続し相手方との良好な関係を維持したい事案なのか、全面的な対立関係となってもかまわない事案なのかという、相手方との将来の関係性

についても配慮が必要である。

　また、合弁会社設立の時点で、対外的なプレスリリースをしているような場合も多く、合弁契約をめぐるトラブルが公になれば、その対応が社内外からの注目を集めることになりうるから、慎重な対応が求められる。さらに、合弁事業にかかわる多数のステークホルダーとの関係にも配慮が必要である。合弁会社の株主ないし親会社として、どのような措置を講じることが適切か、また、そのような措置を講じた場合に自身の株主等との関係で役員の善管注意義務が問題とならないかという観点でも、対応手段を検討する必要がある。

　民事的措置として、民事訴訟・仮処分と、仲裁・調停のようなADR手続があることは、第2編第2章Ⅱ5（1）を参照されたい。

Ⅲ　合弁契約に関するトラブル類型別の対応策

1　合弁会社の運営方針をめぐる対立が生じている

（1）　契約条件と相手方による契約違反の有無の確認

　例外的な場合を除き、合弁当事者が指名した各取締役は、指名した合弁当事者の意向に沿って合弁事業を運営しようとすることが多いから、合弁当事者間に合弁会社の運営方針をめぐる見解の相違がある場合、合弁会社の取締役会ないし取締役間の協議において、意見対立が表面化することとなる。また、株主総会決議事項については、株主総会の場においても、合弁当事者の意見対立が表面化することになる。このような場合であっても、それぞれの機関の可決要件に応じた決議ないし決定がなされることとなり、基本的に多数派株主の意向が合弁会社の運営に反映されることとなるが、合弁契約において、重要事項の決定について少数派株主の事前承諾を要すること（拒否権）を定めている場合には、当該重要事項に該当する限りで、少数派株主の意向が反映されるべきこととなる。そこで、まずは、合弁契約における拒否権に関する条項の有無と、当該運営方針が拒否権対象事項に該当するかを確認する。

　また、拒否権対象事項に該当する場合において、多数派株主が主導して、取締役会や株主総会において少数派株主の事前承諾を得ずに決議ないし決定が行われてしまったのか、これから行われようとしているのかという状況によっ

て、とるべき対応策が異なりうることから、指名取締役を通じて速やかに状況確認を行い、迅速に対応することが求められる。

（2） 対応手段の検討

（A） 合弁当事者間での運営方針の協議

　少数派株主としては、取締役間ないし合弁当事者間で十分な議論の場をもち、少数派株主の見解に対する多数派株主の理解を求めることは当然として、それでも対立が解消されない場合には、多数派株主が、その運営方針に基づく合弁会社の運営を強行することに対する対応策を検討することとなる。

（B） 拒否権対象事項ではない場合

　対立が生じている事項が、合弁契約上、拒否権の定めがないか拒否権対象事項に該当しない場合には、少数派株主の意向を反映することは困難であるが、合弁当事者間の意見対立の状況を後に立証する必要が生じることも想定し、運営方針の決定機関において決議事項に反対の意思を表明し、議事録に残しておくべきである。

（3） 拒否権対象事項の場合

（A） 拒否権行使の通知

　対立が生じている事項が拒否権対象事項の場合、当該運営方針の決議ないし決定が未了であるときは、少数派株主としては、当該事項が合弁契約に定める重要事項に該当し事前承諾を要する事項であり、承諾しない意向であることを、多数派株主に書面をもって通知することを検討する。

（B） 議決権行使の履行強制

　また、合弁契約において拒否権が定められている場合、拒否権対象事項について事前の承諾がないとして、決議事項を否決する議決権行使の履行を強制する裁判（判決・仮処分命令）の提起を検討する。

　名古屋地決平成19年11月12日金判1319号50頁〔スズケン対小林製薬事件〕において、裁判所は、株主間契約に基づき議決権を行使してはならない不作為義務を負う株主が契約に違反して議決権を行使する場合であっても、株主間契約が株主全員を当事者とするものであり、かつ、契約内容が明確に当該議決権行使を禁じているものでなければ、契約相手方が当該議決権行使の差止めを求めることはできないと判示していた。また、東京高判令和2年1月22日判時2470

号84頁は、議決権行使の履行強制の可否について、次のとおり、詳細な判断基準を示している。同判決によれば、株主間の議決権行使契約は、一律に無効とすべきではなく、議決権行使の履行強制の可否は、株主間契約を締結した当事者の合理的意思を探求して解釈すべきであり、合弁契約の議決権拘束条項に法的効力を発生させる意思が明確に認定できる合弁契約については、契約に沿った議決権行使の履行を強制する内容の裁判（判決・仮処分命令）が認められうることになる。他方、合弁契約における当事者の合理的意思が、法的効力を伴わない紳士協定的なものとする意思を有していたにすぎない場合には、議決権行使の履行強制は認められないこととなるから、それに応じた対応を別途検討する必要がある。

○東京高判令和2年1月22日判時2470号84頁（抜粋）（下線は筆者）
1　株主間契約の効力の判断方法
　(1)　<u>株主の議決権行使や株式会社の運営に関する株主間の契約の効力については、これを一律に無効と解すべきではない。株主間の議決権行使契約については、契約当事者の一方が他方に対して契約に沿った議決権行使の履行強制をすることができる場合もあれば、契約に沿わない議決権行使により成立した株主総会決議に決議取消事由があることを肯定できる場合もあると考えられる。</u>
　(2)　しかしながら、株主間契約については、契約当事者の属性、契約内容、契約締結の動機目的、契約当事者の有する株式の種類や議決権の総株主に占める割合、契約の締結時期などが、千差万別である。これに伴い、株主間契約の法的効力の有無や法的効力がある場合の効力の内容をどの程度のものにするかについての契約当事者の認識も、千差万別である。
　そうすると、<u>株主間契約に基づく当事者の主張については、事実認定の問題として、個別の株主間契約ごとに、会社法その他の関係法令の趣旨を考慮に入れて、前記の各要素を検討の上で契約当事者たる株主の合理的意思を探求し、当事者双方が法的効力を発生させる意思を有していたか、法的効力を伴わない紳士協定的なものとする意思を有していたにすぎないか、法的効力を発生させる意思を有していた場合における効力の内容・程度（損害賠償請求ができるにとどまるか、契約に沿った議決権行使の履行強制ができるか、契約に沿わない議決権行使により成立した株主総会決議の決議取消事由を肯定するか、契約の終期など）について、契約当事者の意思を事実認定した上で、当事者の主張す</u>

る法的効果が肯定できるかどうかを判断していくことになる。
2　株主間契約締結の動機・目的
(1)　株主間契約は、2ないし複数の法人が発行済株式の全部又は大半を保有して合弁事業を営むような場合において、会社法等の法令によっては実現の保障がない事項（特に少数派株主の希望する事項）があるときに、契約締結の必要性があると指摘されている。現実にも、2ないし複数の法人間で締結されることが多いと言われる。

株式会社は、営利事業を営み、配当可能利益の全部又は一部を株主に分配する（あるいはその他の方法による剰余金処分をする。）ことを目的とする。配当可能利益の分配その他の剰余金処分が最終目的ではあるが、配当可能利益の産出は出資及び企業経営の成果である。企業経営の実行を担当するのは取締役であるから、取締役の選任も重要事項となる。また、どのような企業と一緒に合弁事業を営むかも重要であるから、合弁事業への新規参入や合弁事業からの離脱等（株式の譲渡、新株又は新株予約権の発行、組織再編等）も重要である。したがって、取締役選任、株式譲渡等の株主の変動や組織再編・新規出資等及び剰余金処分に関する事項が、株主間契約においては重要である。

(2)　株主間契約をめぐる法的状況の十分な知識とこれに基づく会社経営の企画力がある株式会社間で締結された株主間契約であって、契約当事者の保有する株式の合計が発行済株式総数の全部又は大半を占め、内容が具体的で違反の有無が判断しやすく、方針や意図が明確な合意ほど、法的効力を発生させる意思のもとに契約当事者が合意をしたという事実を推認しやすいことになる。その内容、方針、意図から法的効力を発生させる意思が明確に認定できる株主間契約については、契約に沿った議決権行使の履行を強制する内容の裁判（判決・仮処分命令）をすることが可能であり、契約に沿わない議決権行使により成立した株主総会決議について、定款違反があった場合に準じて、株主総会決議取消の判決をすることも可能であると考えられる。ただし、後者の株主総会決議取消判決ができるのは、株主間契約の当事者ではない株主に予想外の影響を及ぼすことを避けるために、発行済株式の全部を株主間契約の当事者が保有している場合に限られる。

株主間契約の終期については、株主間契約の内容や契約当事者の方針、意図などから、確定期限、不確定期限、解除条件などの終期の有無を、個別の株主間契約ごとに認定していくほかはない。いわゆる事情変更の原則を適用することも、考えられる。株主間契約に具体的な定めがないにもかかわらず、有効期間を限定するために、一律に契約の有効期間の定めがあるなどと判断する（米

国の州法にならって契約締結後10年間に限り有効であると解釈する等）ことは、必要がないものと解される。また、株主間契約が株式会社の業務の適正を確保するための体制（内部統制システム。会社法348条3項4号、362条4項6号、会社法施行規則98条1項3号、同条4項7号）の規定の趣旨に反するような結果をもたらす場合は、会社法所定の内部統制システムを構築する義務（会社法348条4項、362条5項など）を負う会社かどうかにかかわらず、内部統制システムの規定の趣旨に反する限度で、公序良俗・信義則に違反するものとして、株主間契約の法的効力は否定されると解すべきである。

（C）　決議取消し等の請求

拒否権対象事項について事前の承諾がないにもかかわらず、多数派株主が主導して決議ないし決定が行われてしまったときは、少数派株主としては、多数派株主に対する損害賠償請求に加えて、当該決議の取消しを求める方法を検討する。

定款において決議要件が加重されており、定足数や賛否認定について定款違反がある株主総会決議は、決議取消しの訴えの対象となるから、決議の日から3か月以内に訴えを提起することを検討する（会社法831条1項）。決議の取消しを認める判決が確定すれば、判決は第三者に対しても効力を有し（同法838条）、決議はさかのぼって無効となる。また、定款違反がある取締役会決議については、株主総会決議とは異なり、会社法上特別な訴えの制度は設けられていないが、定款に違反する取締役会決議は当然に無効と解されている。取締役会決議の無効ないし不存在確認の訴えについても、確認の利益が認められる限り、提起可能である（最判昭和47年11月8日民集26巻9号1489頁）。

定款違反がない場合であっても、前掲東京高判令和2年1月22日によれば、合弁契約の議決権拘束条項に法的効力を発生させる意思が明確に認定できる合弁契約に沿わない議決権行使により成立した株主総会決議については、定款違反があった場合に準じて、株主総会決議取消判決を受けられる可能性がある。もっとも、当該判決によれば、その場合に株主総会決議取消判決ができるのは、発行済株式の全部を合弁契約の当事者が保有している場合に限られるとされている。

（4） 相手方指名取締役の任務懈怠に基づく請求

（A） 相手方指名取締役に対する損害賠償請求

合弁会社の取締役は、職務執行上、任務を怠ったこと、すなわち会社に対する善管注意義務ないし忠実義務に違反する行為により合弁会社に損害を生じさせた場合には、それを賠償する責任を負う（会社法423条1項、330条、355条）。そこで、合弁会社の運営方針に関連して、相手方が指名した役員が、相手方の利益を図り、合弁会社の利益に反している場合には、相手方指名取締役の責任を追及する訴えを提起することが考えられる。合弁会社がかかる訴えを提起するには、監査役設置会社では監査役（同法386条1項1号）、監査役設置会社以外の会社では代表取締役等（同法349条4項、353条、364条）が合弁会社を代表することが原則であるが、少数派株主がこれを主導することは困難であることから、株主が合弁会社のために取締役に対して訴えを提起する、いわゆる株主代表訴訟（同法847条、847条の4～853条）を提起することを検討することになる。具体的には、まずは株主が合弁会社に対し、書面等により、取締役の責任を追及する訴えの提起を請求し、請求の日から60日以内に合弁会社が訴えを提起しないときは、当該株主は、合弁会社のため訴えを提起することができることとなる。ただし、訴えの提起が株主の悪意によるものであることが疎明されたときは、裁判所から、訴えを提起した株主に対し相当の担保を立てるべきことが命じられうるし、敗訴した場合には悪意があれば合弁会社に対して損害賠償責任を負う（同法852条2項）こととなるから、訴えの提起にあたっては、相手方指名取締役の任務懈怠を立証する訴訟資料を収集し、慎重に検討する必要がある。

（B） 相手方指名取締役による違法行為に対する差止請求

相手方指名取締役が、法令・定款に違反する行為をし、またはその行為をするおそれがある場合に、その行為によって合弁会社に著しい損害（監査役設置会社の場合は、回復することができない損害）が生じるおそれがあるときは、株主は、合弁会社のため、その行為の差止めを相手方指名取締役に対して請求することができる（会社法360条1項）。かかる差止請求は、急を要する事前の措置であることから、仮処分命令申立てによって行うことが通常である。

(5) 合弁関係の解消の検討

以上に加えて、運営方針の対立により合弁事業の継続が困難であると考える場合には、合弁契約違反を理由とするプット・オプション、コール・オプションの行使や合弁契約の解除等による合弁関係の解消の可否について具体的な検討を進めることとなろう。合弁関係の解消については、下記4を参照されたい。

2 合弁当事者が合弁会社と競業する事業を行っている

(1) 契約条件と競業避止が問題となっている事実の確認

合弁当事者が、合弁事業と競業する事業を行うことの可否や、競業を制限する場合の内容、地域、期間等については、合弁契約締結時に十分に協議したうえで、合弁契約において取り決めておくべき事柄である。合弁契約締結時に合弁当事者の競業避止義務について協議をしたが合意に至らず、合弁契約に規定されなかった場合には、特別な事情がない限り、合弁当事者に競業避止義務は認められがたいと思われることから、まずは、合弁契約において、競業避止義務条項が定められていること、およびその内容について確認を行う。

合弁契約締結時に競業避止義務について一切協議が行われなかったという場合に、合弁事業開始後に相手方の競業避止を主張することも、ややハードルは高いと思われるものの、合弁当事者の合理的意思として競業避止義務を負うことが共通の認識であったことを示す交渉時の資料を収集し、主張の強弱を評価することとなる。

他方、合弁当事者の競業避止義務が認められない場合であっても、後述するとおり、取締役の兼任関係があるときは、相手方指名取締役による合弁会社に対する競業避止義務違反が認められる余地があることから、兼任関係を確認のうえで、相手方指名取締役による競業行為への関与に関しても事実関係を調査すべきである。

また、相手方が競業行為を実際に行っていることを示す資料として、相手方の販促資料（作成年月日のわかるもの）や取引の事実を示す資料（取引先の名称、取引対象物・サービス、取引の時期がわかるもの）を収集し、相手方の競業行為を具体的に特定できるようにする必要がある。

さらに、相手方ないし相手方指名取締役の競業行為において、合弁会社に帰

属する営業秘密ないし秘密情報が利用されているか否かを調査し、合弁会社の営業秘密ないし秘密情報の流用を主張する余地があるかを確認すべきである。

(2) 対応手段の検討
 (A) 相手方の競業行為に対する差止請求等
　合弁契約に定められた競業避止義務ないし合弁当事者の合理的意思から導かれる競業避止義務の違反がある場合、競業避止義務違反に基づき、相手方に対し、競業行為の差止請求ないし損害賠償請求を行うことが考えられる。合弁契約に関連する競業避止の合意違反を理由とする競業行為の差止めを認めた事例として、知財高判平成22年11月30日裁判所ウェブサイト（平成22年（ネ）第10040号）がある。この事案では、合弁事業に属する事業の一部について、当該事業をしてはならないとの判決が出されている。
　他方、競業避止義務の存在を争いたい当事者としては、競業避止義務の不存在確認請求訴訟を提起することも考えられよう。
 (B) 相手方指名取締役の義務違反に基づく請求
　(a) 競業避止義務違反
　合弁会社の取締役は、自己または第三者のために合弁会社の事業の部類に属する取引をするには、取締役会設置会社においては取締役会、取締役会以外の会社においては株主総会において、その取引について重要な事実を開示して承認を受ける必要がある（会社法356条1項1号、365条1項）。具体的には、合弁当事者の代表取締役が、合弁会社の取締役（代表取締役である必要はない）を兼任している場合に、合弁当事者において、合弁会社の「事業の部類に属する取引」、すなわち合弁会社が実際に行っている取引や開業準備に着手している事業に係る取引と、目的物（商品・役務の種類）および市場（地域・流通段階等）が競合する取引を行おうとするときは、合弁会社において承認を受けることが必要となる。相手方指名取締役が、事前に包括的に承認を得ていた場合であっても、事前に承認した範囲を超えた競業取引を行う場合には、あらためて承認を得る必要がある。
　相手方指名取締役が、かかる承認を受けずに相手方において競業取引を行った場合、その競業取引によって相手方が得た利益の額を合弁会社に生じた損害額と推定して、合弁会社はその取締役に対して損害賠償を請求することができ

る（会社法423条1項・2項）。相手方指名取締役の協力が得られない等の理由で合弁会社による請求が困難である場合には、株主代表訴訟によることを検討することとなる。

(b) 守秘義務違反

　合弁会社の取締役は、善管注意義務ないし忠実義務として、合弁会社に対して、守秘義務を負っている。合弁会社が独自の事業活動において得た情報であって、第三者に対して秘密保持義務を負う情報や、合弁会社と合弁当事者の利害が対立する情報を、合弁会社の取締役が指名株主に開示する行為は、当該取締役の善管注意義務違反ないし忠実義務違反を構成しうる。

　合弁契約において、このような紛争が生じる可能性にあらかじめ配慮して、合弁会社における情報の取扱いについて定めておいた場合には（第1編第6章Ⅵ1（5）参照）、当該条項の定めによることとなるが、規定がない場合には、当該情報の内容を踏まえ、合弁契約を締結した当事者の合理的意思として、合弁当事者への開示を制限すべき情報であるかを解釈して、善管注意義務違反等の有無を検討することとなる。

　善管注意義務違反等が認められる場合には、株主代表訴訟により、当該取締役に対する損害賠償を行うことが考えられる。

　また、合弁会社の情報が、不正競争防止法上の営業秘密に該当する場合には、取締役を通じた他方当事者による営業秘密の取得が不正競争に該当するとして、合弁会社による差止請求や損害賠償請求についても検討の余地がある。

(c) 合弁会社の事業機会の奪取

　合弁会社の取締役が、合弁会社の事業に係る取引の機会に関する情報を得たにもかかわらず、合弁会社には開示せずに合弁当事者において取引を行った場合、当該行為が、合弁会社に対する善管注意義務違反ないし忠実義務違反を構成する場合がありうる。

　もっとも、合弁事業は、合弁当事者が共通の目的の下で共同で事業運営をするものであるとはいっても、自社の事業の一環として合弁事業を通じて自社に最大限の利益をもたらすことを想定して合弁事業を行っていることからすれば、合弁契約において、事業機会の付与ないし提供に関して明示的な義務を定めていない場合には、合弁当事者から合弁会社に事業機会を付与されるはずで

361

ある、あるいは事業機会に関する情報が提供されるはずであるという合理的期待は生じにくいように思われる。そのため、事業機会の奪取についての請求の可否は、合弁契約にいかなる定めがあるかを前提として、合弁当事者の合理的意思を解釈して検討することになると考えられる。

3 合弁会社への資金供与が必要な状況が生じている

(1) 契約条件と合弁会社の財務状況・業績見通しの確認

合弁契約締結時には、合弁会社において資金調達が必要な事情が生じた場合に合弁当事者が資金提供義務を負うか否か、資金提供義務を負う場合の資金提供方法の有無等について協議して定めておくべきであり（第1編第6章Ⅵ2(2)参照）、合弁契約において該当する条項が定められているか否か、および合弁契約の交渉過程で資金提供義務について合弁当事者間でなされた交渉経緯を確認すべきである。

もっとも、合弁契約に資金提供義務に関する条項があるとしても、合弁会社において資金供与が必要な状況が生じたいかなる場合においても限度なく合弁当事者が資金供与を行い続けることは現実的ではなく、むしろ、十分な情報収集および検討を行わずに漫然と合弁会社への資金供与を続けることは、合弁当事者の取締役の善管注意義務違反を構成しうる。合弁会社の財務状況や合弁事業の将来の業績予測次第では、さらなる資金供与ではなく、合弁会社を解散して合弁事業を終了することや、倒産手続の開始申立てを行うことを選択すべき場合も考えられる。

そのため、合弁当事者においては、合弁契約における資金提供義務の条項の有無にかかわらず、合弁会社の財務状況および合弁事業の将来の業績の見通しを、正確に把握することが肝要である。

(2) 対応手段の検討

(A) 合弁会社への資金供与

合弁会社への資金供与を行うかは、取締役による経営判断であり、経営判断は、判断の前提となった事実の認識に重要かつ不注意な誤りがあり、意思決定の過程・内容が企業経営者として著しく不合理、不適切であった場合に、その違反が認められることとなる（東京高判平成10年8月31日金判1059号39頁）。

実際には、合弁当事者が資金供与を行う判断をしたが合弁会社が破綻した場

合に、振り返って、資金供与を行う判断が善管注意義務に違反したものであったかが問われることになるが、合弁会社の破綻という結果だけから善管注意義務違反が認定されるのではなく、その判断過程における事実の認識と意思決定の過程・内容の合理性、適切性が判断されることとなるが、かかる観点から、合弁会社に資金供与を行うことおよびその額、方法、回収不能のリスクを低減するための保全措置等の選択において、合弁当事者の取締役の善管注意義務違反にならないかを慎重に判断する必要がある。

　神戸地判令和1年5月23日金判1575号14頁（シャルレ株主代表訴訟事件）は、子会社に対して10回にわたって行った貸付け・増資の全額が回収不能に陥ったことについて、執行役および取締役の会社に対する責任追及がなされた株主代表訴訟の事案であるところ、裁判所は、新規事業に係る貸付け・増資の判断については、事業の開始時においてはもとより事業の開始後においても、当該新規事業の成功の見込みおよび将来の見通し、失敗した場合に会社に与える悪影響、親会社および子会社の業績予測、財務状況等を総合的に考慮する必要があり、将来予測にわたる経営上の専門的判断にゆだねられた事項であるというべきであり、その決定の過程、内容に著しく不合理な点がない限り、善管注意義務に違反しないとして、上述した経営判断原則の判断基準に基づき、貸付け・増資に関する取締役会決議にかかわった取締役および執行役の責任を否定した。

　しかし、同判決の判断に対しては、新規事業の開始後に、取締役は状況の変化に応じて推進・縮小・中止等の決定を随時行わなければならず、問題が判明した場合には損失の拡大を回避するために適切な措置をとる必要があるとして、事業の状況の変化が判明した段階では、当初の計画の実現可能性について新たな情報収集と分析が必要であった、急を要する子会社への救済融資であっても、回収不能のリスクを減らすために保全措置等について十分な情報収集を行わなかった場合には取締役の任務懈怠責任が認められる余地があるとの批判的批評もなされているところである[19]。

19　顧丹丹「新規事業の開拓・推進と子会社への貸付け等による取締役の責任」ジュリスト1577号（2022年）140頁以下。

（B）　合弁会社の解散・清算

　合弁会社を解散・清算することについて、合弁当事者間に意見対立がある場合、デッドロックを理由とするプット・オプション、コール・オプションの行使や合弁契約の解除等による合弁関係の解消について、合弁当事者間で協議を行うこととなる。

　協議が調わない場合には、会社法に基づく解散請求（同法833条1項1号）を検討する。

　東京地判令和4年3月17日判例集未登載（令和3年（ワ）第9286号）は、合弁当事者が合弁会社の発行済株式の50％ずつを保有しており、一方当事者による会社法に基づく解散請求の可否が争点となった事案において、各合弁当事者が選任した役員の間で互いの業務執行に不適切な行為があるとして対立が生じ、それぞれについて善管注意義務違反があるとの調査報告書が作成され、株主総会は定足数を満たさないため開催できず、取締役全員の任期が満了しているにもかかわらず新たな取締役を選任するめどが立たず、正常かつ円滑に業務を執行することが期待できない状況にあり、また合弁会社の財務状況が切迫し、事業の運営も困難な状況に陥っているところ、合弁会社は、対外的な信用も得られず、収益を得られないまま既存の財産が逸出し、経済的に破綻するおそれがあるとして、合弁会社は業務の執行において著しく困難な状況にあり、被告に回復することができない損害が生じるおそれがある（会社法833条1項1号）として、合弁当事者による解散請求を認容した。本事例における株主間契約の具体的条項は不明であるものの、同事例において、裁判所は、株主間契約の解除の有無を認定することなく、会社法に基づく解散請求を認めた。

　また、東京地判平成29年11月17日判例集未登載（平成27年（ワ）第36775号）は、合弁会社の発行済株式の半数ずつを保有する合弁当事者間において、合弁会社の運営方針をめぐる対立が生じ、合弁当事者間で合弁会社株式の買取りに関する交渉を続けたが買取価格について合意に至らなかった事案において、一方当事者が、業務執行において著しく困難な状況に至り、回復することができない損害が生じまたは生じるおそれがあるとともに、解散することがやむを得ない事由があると主張して、会社法833条1項1号に基づく解散請求をした事案であるところ、裁判所は、合弁会社において当期純利益を計上しており、合

弁会社の目的に係る業務を執行することに支障を来す状態に至っているというべき具体的事情は認められないとして、請求を棄却した。

　以上のとおり、会社法に基づく解散請求が認められるかは、合弁会社の業務執行の状況や財務状況を踏まえて判断されることとなるから、解散請求の検討においては、これらを示す客観的資料を収集して判断することが必要である。

　　（C）　倒産手続

　合弁会社が債務超過であり、債務超過を解消しなければ通常の解散・清算による合弁事業の終了が困難である場合は、合弁当事者による貸付け等により債務超過を解消したうえで合弁当事者が貸付金債権を放棄して通常の解散・清算を行うか、倒産手続を行うかを検討することとなる。

　合弁当事者による合弁会社の債務超過の解消については、合弁当事者の取締役の善管注意義務違反の有無が問題となりうる。善管注意義務違反の有無は、上述した経営判断原則により判断されるところ、合弁当事者の企業規模、合弁当事者が負担する貸付金の額、合弁会社が倒産手続を行うことが合弁当事者に与える悪影響の程度（レピュテーションリスクや取引先の重複の程度等）が考慮されることになろう。

　倒産手続の種類としては、裁判所における手続である、破産手続、特別清算手続、民事再生手続、会社更生手続のほか、裁判所外での私的整理手続がある。

　裁判所における手続は、公的機関である裁判所の監督の下で手続が進行するため、手続の公正さが担保されるが、私的整理と比較して手続に時間や費用がかかるのに対し、私的整理は、裁判所が関与せずに合弁会社と債権者との協議により弁済方法や財産の換価等を取り決めるものであり、より柔軟な手続であるということができる。

　裁判所における手続のうち、会社を消滅させる清算系の手続は破産手続と特別清算であり、事業を継続する再生系の手続は民事再生と会社更生である。

　破産手続は、裁判所が選任する破産管財人が破産者である合弁会社の資産の調査、管理、換価処分をして、債権者に対してその債権の全部または一部を弁済・配当する手続である。破産手続が終了すると、合弁会社は消滅する。特別清算は、裁判所が選任する特別清算人が、合弁会社の財産・債務の清算と協定

案の作成をして、債権者の同意を得て、債務の一部を弁済する手続であり、特別清算手続が終了すると、合弁会社は消滅する。

再生系の手続のうち、民事再生手続は、裁判所が監督委員を選任し、監督委員による監督の下で、再生債務者である合弁会社が再生計画案を策定して、債権者の同意を得て、債務の一部を弁済する手続である。会社更生手続は、裁判所が選任する更生管財人が、財産の調査・管理と更生計画案の策定を行い、債権者の同意を得て、債務の一部を弁済する手続である。

以上のような手続の相違を踏まえて、いずれの手続を選択するかを検討することになるが、倒産手続のいずれが望ましいかは専門的な判断を要するうえ、倒産手続前の債権者の平等を阻害する行為が否認されることもあることから、債務超過が疑われ、倒産手続の可能性が少しでも生じた早期の段階で、倒産法を専門とする弁護士に相談することが望まれる。

なお、合弁会社について倒産手続を選択したことについても、合弁会社の取締役の善管注意義務違反が主張されることがあることにも留意が必要である。大阪地判平成28年2月19日判時2318号130頁は、合弁会社の発行済株式数の過半数を有する多数派株主が、合弁会社に新株予約権の無償割当てを実施させて3分の2を超える株式を取得し、合弁会社の事業に関する権利義務を別会社に承継させた後、合弁会社が破産した事例において、多数派株主から資金援助を得るほかに事業継続の見込みがなかった合弁会社の経営状態に鑑みれば、多数派株主の意向を無視して合弁会社において事業を継続させる現実的な選択肢があったとはいえないとして、合弁会社の取締役に善管注意義務違反または忠実義務違反に基づく責任を否定した。

また、東京地判平成29年11月10日金法2093号80頁は、会社法486条（清算人の清算株式会社に対する損害賠償責任）が争われた事例において、裁判所は、清算株式会社に債務超過の疑いがあるとはいえない場合に、清算人の裁量の範囲を超えて特別清算の申立てをして善管注意義務に違反したと認められるときは任務懈怠として清算株式会社に対する損害賠償責任を負うところ、当該事案においては、債務超過の疑いがあったとして、善管注意義務違反はないと判断した。

このような裁判例が示唆するとおり、合弁会社について倒産手続を開始する

場合においても、合理的な説明ができるようにしておく必要がある。

4　合弁関係の解消をめぐる対立が生じている

(1)　契約条件と合弁会社・合弁当事者の現況の確認

　合弁関係を解消することになる要因には、合弁会社の運営方針をめぐる対立、合弁当事者の支配権の変動等、合弁事業の不振、合弁事業開始当時に予定していた合弁期間の終了等、さまざまなものがあり、合弁当事者間で、合弁関係の解消の有無において意見対立が生じている場合も考えられる。合弁契約には、合弁関係の解消に向けた条項（株式の第三者への譲渡、プット・オプション、コール・オプション、デッドロック、合弁契約の解除事由、合弁契約解除後の措置等）が規定されていることが通常であるから、まずは、これらの契約条項の内容について確認する必要がある。

　そのうえで、合弁関係の解消を望む合弁当事者であるか、解消を望まない合弁当事者であるかにかかわらず、合弁契約が定める合弁関係の解消に向けた条項に該当するという合弁会社ないし合弁当事者の現況（合弁事業の運営状況、合弁事業の業績、合弁当事者の支配権の変動状況等）に関する具体的事実を整理し、客観的資料を収集・整理することが必要である。

(2)　合弁関係の解消に関する主張の評価

　合弁関係を解消することについて、合弁当事者間に争いがない場合には、合弁関係の解消に向けた対応手段を協議・遂行すれば足りるが、合弁関係の解消の有無について意見対立が生じている場合には、上記(1)において確認された契約条件と合弁会社・合弁当事者の現況に基づき、合弁関係の解消に関する自らの主張の強弱を評価する。

　合弁契約の解除事由ないしオプション権行使の前提の充足性に関する紛争事例として、東京地判令和3年10月20日判例集未登載（令和2年（ワ）第13175号）がある。同判決において、裁判所は、合弁契約書は、上場企業ないし上場企業の子会社である合弁当事者間で相当の期間をかけたうえで作成されたものであるから、合弁契約の解釈は、契約書の文言に忠実に行うのが相当であるとしたうえで、上位株主の構成の大幅な変更、取締役会における取締役の構成の変更による実質的経営主体の変更等を例示列挙しつつ「実質的に経営主体に変更があると合理的に判断されるとき」を解除事由としている合弁契約においては、

一方当事者の株主の大幅な変更や取締役会における取締役の構成の変更により、経営主体が合弁契約の締結当時の経営主体との連続性を実質的に欠くに至ったときはこれに該当するとして、一方当事者の変更後の経営主体が当事者間の信頼関係を喪失させ合弁契約の解消が認められる程度に許しがたいものであることを要するとした主張を排斥した。

意見対立が収束しない場合、合弁契約の解消を望む当事者の側から、合弁契約上のオプション権を行使したとして相手方に対して合弁会社株式の対価を請求する訴訟を提起するなどして訴訟に至ることが多いが、合弁契約の解消を望まない当事者の側から、相手方に対して、相手方に合弁契約上の債務不履行があるなどとして訴訟を提起することも考えられる。なお、裁判所に対して、合弁契約が有効に存続していることの確認を求める訴訟を提起したとしても、合弁契約が有効に存続しているか否かを確定するのみでは当事者が差止請求、損害賠償請求等の具体的な法的請求権を行使することができるか否かは直ちに確定しないことから、確認の利益を欠き不適法として却下される可能性が高い（東京地判平成27年9月25日判例集未登載（平成27年（ワ）第2846号））ことに留意すべきである。

以下では、合弁関係を解消する場合の対応手段について検討することとする（合弁会社への資金供与が必要な状況が生じている場合の解散・清算や倒産手続については、上記3参照）。

(3) 対応手段の検討

(A) 株式の譲渡等

合弁会社を解散・清算せずに合弁関係を解消する方法の一つとして、合弁会社株式を第三者に譲渡するか、相手方に譲渡することが考えられる。

合弁契約においては、第三者に株式を譲渡するための条件や、相手方に譲渡する場合の譲渡対価の算定方法を具体的に定めておくべきであり（第1編第6章Ⅵ6（2）参照）、合弁契約の定めに従って対応することとなるが、定めがない場合には合弁当事者で協議して定めることになる。

相手方への合弁会社株式の譲渡対価については、以下のような算定が考えられるが、ケースバイケースでさまざまである。

・直近の決算期末における合弁会社の貸借対照表に基づく1株当たり純資産

額
・合弁当事者が合意した第三者評価機関によって算定された価格
・各合弁当事者が選定した第三者評価機関によって算定された価格の平均値
・営業利益に一定の倍率を乗じて計算される価格

(B) 事業譲渡等の可否の検討

合弁会社を解散・清算せずに合弁関係を解消する別の方法として、株式の譲渡ではなく、合弁会社を第三者に吸収合併させたり、合弁会社の事業を第三者に事業譲渡したりすることも考えられる。合弁事業がそれなりの業績を上げている場合には、合弁事業の終了に向けた処理に要する負担を回避しつつ、相応の対価を得られる可能性があり、有効な手段となりうる。

ただし、第三者の吸収合併による場合、合弁当事者が、吸収合併した会社の株式を保有することとなるところ、これにより自動的に合弁契約が終了することにはならない可能性がある。東京地判令和3年10月20日判例集未登載(令和2年(ワ)第13175号)は、合弁会社が吸収合併され、合弁当事者が吸収合併した会社の株式を保有することとなった事案において、合弁当事者が吸収合併後も吸収合併会社において合弁事業を継続・拡大することを合意したとの適時開示を行っていること、吸収合併会社において合弁契約における合弁会社の役員の指名と同様に取締役の指名がなされたこと、吸収合併会社の合弁当事者グループ間の議決権比率が合弁会社におけるものとほぼ同等であること、当事者において吸収合併会社が合弁契約に係る合弁会社であることを前提とするやり取りを行っていたこと、といった諸事情を前提に、吸収合併後も、吸収合併会社を合弁会社として合弁契約を継続する旨の合意をしたと判断している。

(C) 合弁事業の終了に向けた処理

合弁事業を終了する場合には、合弁契約や合弁会社の状況に応じて、次のような処理を進めることとなる。

(a) 契約の解除

合弁会社が締結している契約をすべてリストアップし、可能なものから解約ないし解除して終了させる。契約期間中の中途解約の場合や、最低取引保証額を定めているような場合には、損害賠償義務が生じることもあるから、各契約の条件を十分確認したうえで対応する。

（b）　資産の処分

　合弁会社の資産を処分する。合弁当事者が拠出した資産については、その合弁当事者において買い取ることもある。いずれにしても、合弁当事者間で紛争が生じることを避けるため、相見積りを複数取得するなど、客観的にみて適正な価格で処分したことを裏付ける資料を合弁当事者間で共有して進めることが望ましい。

　合弁会社の資産のうち知的財産権については意見対立が生じやすい。当該知的財産権の取得に貢献した合弁当事者が単独で譲り受ける、合弁当事者の共有とする、いずれかの合弁当事者が単独で譲り受けたうえで他方の合弁当事者が希望した場合には実施許諾する、などさまざまな事例がある。なお、合弁当事者が、合弁会社による知的財産権の取得にいかに貢献していたとしても、当該知的財産権を、合弁当事者と合弁会社との共有ではなく、合弁会社に単独で帰属することとしていた場合には、合弁会社から合弁当事者に対する権利行使が認められうる点には留意が必要である。知財高判平成25年3月25日判タ1410号137頁〔ナーナニーナ事件〕では、共同事業のために考案され、合弁会社の名義で登録された商標について、共同事業が破綻した後に、合弁会社から合弁当事者に対して商標権侵害が主張された事案であるところ、裁判所は、共同事業が破綻した時点で合弁会社は当該商標を使用する固有の利益を失っており当該商標権の行使は権利の濫用にあたるとの合弁当事者の主張を排斥した。

（c）　従業員の解雇・退職金の清算

　合弁会社の従業員のうち、合弁当事者からの出向者については、合弁当事者に戻せば足りるが、合弁会社が採用した従業員については、解雇するか、当該従業員の同意を得ていずれかの合弁当事者に転職させるかを検討することとなる。

　子会社が解散して全従業員を解雇する場合に親会社に子会社の従業員の雇用義務があるか否かについては、しばしば裁判等で争われるところであり、もともと親会社との間で雇用関係が成立していたのと同様の実態があったような場合や、子会社を解散して従業員を解雇しつつ自ら同一の事業を継続するような偽装解散のような場合は、子会社の従業員が親会社に対して雇用関係の存在を主張することが認められうることとなる（福岡地小倉支判平成21年6月11日労判

989号20頁〔ワイケーサービス（九州定温輸送）事件〕）。

なお、合弁当事者から合弁会社に出向していた出向従業員について、合弁契約に、出向従業員に支払われる退職金は、出向元である合弁当事者と合弁会社における全勤務期間を考慮して計算されることや、各会社に勤務した期間に比例して合弁当事者と合弁会社が負担することなどの退職金負担条項を定めていた場合には、出向従業員が合弁契約の終了に伴い退職するときは、退職金の清算も必要となる（東京地判平成5年11月26日労判647号64頁〔アイ・ビイ・アイ事件〕）。

(d) 解散決議・清算

解散するには、合弁会社の株主総会において、解散の特別決議をする。解散決議と同時に、清算人を選任することが通常である。清算人の選任について、合弁契約に定めがある場合にはそれによることになるが、定めがなければ、会社法上は、多数派株主が清算人を指名することができることになる（会社法478条1項3号）。解散決議から2週間以内に、合弁会社の本店所在地で解散と清算人選任の登記を行う。

なお、通常清算において解散決議をするタイミングは事案によるが、合弁会社の営業を停止する日のめどが決まった段階で、取引先や従業員との間で、契約の解除や解雇等に向けた協議を始めることが考えられる。

清算人は、就任後、次のような業務を行う。

〈清算人の業務〉
・税務署、年金保険事務所等への解散の届出
・債権者に解散を通知するための官報公告や個別の催告（債権者保護手続）
・税務署に解散確定申告書（事業年度開始日から解散日までの確定申告書）を提出
・合弁会社の財産を調査して、財産目録および貸借対照表を作成
・資産の換価、債務の弁済、残余財産の確定・分配
・残余財産確定後に、税務署に清算確定申告書を提出
・清算事務完了後に決算報告書を作成、株主総会による清算事務報告の承認

・清算結了登記
・税務署等への清算結了の届出

　官報公告期間が2か月以上とされているため、清算手続には少なくとも2か月以上を要し、資産の換価等に時間を要する場合には、さらに清算結了までの期間が長期化することもある。

　なお、合弁会社が負う債務は、原則として合弁会社が負担すべきであるが、裁判例において、合弁会社が発生させた公害について、親会社に公害防止事業費を負担させた事例がある。東京高判平成20年8月20日判タ1309号137頁は、子会社が操業していた工場の跡地で高濃度のダイオキシン汚染が発覚した場合に、ダイオキシン類を含有する物質を当該工場跡地に投棄させたのは親会社であるとして、当該親会社が公害防止事業費事業者負担法3条の「当該公害防止事業に係る公害の原因となる事業活動」を行った事業者にあたるとして、当該親会社が合併した後の会社に対して行われた公害防止事業費を負担させる決定を適法と判断した。合弁事業についても、万が一公害が発覚した場合に、合弁当事者が責任を負うことになる可能性は否定できない。このような事態が生じる可能性についても、合弁事業の終了を決定した早期の段階で確認しておくことが望ましい。

AI 開発・利用契約

Ⅰ 代表的なトラブル類型

AI 開発・利用契約に関する当事者間のトラブルとしては、次のようなものが考えられる。
① 納品された開発物の性能に争いがある
② 開発物の知的財産権の帰属に争いがある
③ AI ベンダが同業他者に同種の開発物を提供している

Ⅱ トラブル類型別の対応策

1 納品された開発物の性能に争いがある

（1） 開発物の性能に関する合意内容の確認

まずは、AI 開発契約において、納品対象となる開発物の性能についてどのような合意がなされたかを確認することから始める。AI 開発契約の締結に至るまでに当事者間で技術検証（PoC）契約が締結されている場合にはその内容、当該契約に基づいて作成された検証結果報告書等の内容、AI 開発契約の締結に至るまでに、AI ベンダが事業会社に提示したプレゼンテーション資料等の販促資料、開発物の性能がトラブルとなるまでの当事者間の電子メール等のやり取りの内容を示す資料等も踏まえて、納品される開発物の性能について当事者がどのように認識し合意していたかを精査する。

（2） 納品された開発物の性能に関するトラブルの状況の確認

また、納品された開発物の状態を正確に把握することが必要である。すなわち、開発物が、開発の目的とした機能を全く奏しない状態（たとえば、学習済みモデルにデータを入力しても結果が出力されない状態）なのか、開発の目的とし

た機能としての出力はなされるがその精度が悪いのか、悪いとしてどの程度なのかといった成果物の状態を把握する。

(3) 債務不履行の有無の検討

そのうえで、納品された開発物の性能問題が、AI開発契約上のAIベンダの義務の不履行に該当するかを検討する。

第1編第7章で解説したとおり、AI開発契約においては、品質の保証は通常困難であることから、AIベンダの完成義務、品質保証義務、契約不適合責任等を負わないこととすることが多いが、契約の内容がAIベンダが完成義務を負うことを前提としている場合には、AIベンダが完成義務を負うと認定され、債務不履行責任が認められることもありうる。

たとえば、東京地判令和4年9月15日判例集未登載(令和2年(ワ)第10397号)において、裁判所は、「AIにより自動的に放送の音声を認識して字幕を生成するシステム」の開発に関する合意書において、ベンダがこれを完成させること、ユーザがシステムの開発費用として対価を支払うことが記載されているとして、対象とされるシステムの開発作業を完成させる債務を負っていたと認定して、完成義務の不履行(履行遅滞)による解除を理由とする既払代金の返還請求を認めた。この事案では、ベンダ側は、当該システム開発は、請負契約ではなく、動画自動編集AIの開発に関する準委任契約であると主張したが、裁判所は、開発を予定したシステムの機能は特定されており、開発対象として具体性に欠けていたとはいえないことや、合意書上「完成させる」との文言が用いられ完成期限が定められていたことなどを理由に、ベンダ側の主張を排斥した。また、ベンダ側は、システムを完成させることができなかったのはユーザがシステム開発に必要な音声データをベンダに提供するという協力義務を怠ったことが原因でありベンダに帰責性はないと主張したが、裁判所は、ユーザである原告はAIを用いたシステムの開発について専門的な知見を有しているとはいえないから、システム開発においてユーザが行うべき作業についてベンダから具体的な指示を受けなければ作業を行うのは困難であるとしたうえで、ユーザが提供したデータだけではシステム開発が困難であるなどの指摘はベンダからなされておらず、ベンダがシステム開発に必要な音声データの提供をするように指示したと認めるに足りる証拠もないとして、協力義務違反の主張を

排斥した。

また、東京地判令和4年8月24日判例集未登載（令和2年（ワ）第32073号）は、ユーザがベンダに対し、「デンタルデザイン作業自動化AI（プロトタイプ）の開発及びその管理システムの開発」を委託する旨の契約（本件プロトタイプ契約）を締結し、ベンダのウェブページ上で、本件プロトタイプ契約に基づき開発されたデンタルデザイン自動化AIの動作確認を行ったところ、同AIがユーザの求める挙動をとったことから、当事者間で、「デンタルデザイン作業自動化AIの開発及びその管理システムの開発」に関する本契約を締結したという事案において、裁判所は、ベンダが本契約に基づきシステムの開発を完成させ、成果物（本契約によれば、ソースコード一式、ドキュメント一式とされている）を納入すべき義務を負っていたにもかかわらず、納期の延期が繰り返されたと認定し、本契約が定める本契約を継続しがたい重大な事由が生じているとして本契約を解除できると判断した。この事案においても、ベンダは、ユーザが業務遂行に必要な資料等としてAI開発のためのデータを提供する義務を負っていたもののこれを提供しなかったと主張したが、裁判所は、契約上、ユーザの義務について定めた条項がないこと等を理由に、ベンダの主張を排斥した。

このように、裁判例においては、AI開発契約として締結された契約についても、契約内容に照らして、請負契約であることを前提とした判断がなされていることに留意すべきである。「AI」と名付けられた契約であっても、その実質は、従来のシステム開発契約に近く、システムの完成や一定の品質保証が可能なものである場合も考えうることから、開発物の内容によっても、判断が異なりうるのではないかと思われる。

そして、AIベンダが仕事完成義務を負わないとされた場合であっても、AIベンダが一切納品をしない場合や、納品された開発物が開発の目的とした機能を全く奏しない状態であるような場合には、AIベンダの善管注意義務違反が認められる場合も考えられる。

（4）　説明義務違反の有無の検討

また、事案によっては、AI開発契約締結前のAIベンダ側の説明が、開発物に関して事業会社に過大な期待を抱かせるものであったとして、契約締結上

の過失（信義則上の注意義務違反）があることを理由に不法行為責任を追及することも考えられる。責任追及を行う事業会社側では、事案の状況や契約内容に応じて、法律構成を検討していくこととなる。

(5) 履行請求

ベンダ側が何らの成果物の納品も行わない場合に、事業会社側では、解除に基づく原状回復請求や損害賠償請求ではなく、履行請求をすることも考えられる。

もっとも、仮に、AI開発契約において、成果物として「ソースコード一式」といった記載があったとしても、その引渡しを求める請求は、引渡対象物の特定が困難であり、現実には難しい可能性がある。前掲東京地判令和4年8月24日において、ユーザである原告は、主位的に、契約所定の成果物の引渡しを請求していたが、裁判所は、記録媒体に記録された内容によって他と区別しようとする特定では、他の同種の記録媒体と客観的に識別することが困難であるから、その引渡しの強制執行をすることはできないとして、引渡請求の目的物の特定を欠き、求める給付の内容が特定されていないとして、引渡請求に係る部分の訴えを不適法として却下している。

(6) AIベンダ側の反論

納品した開発物の性能に関するトラブルが生じた場合、AIベンダ側では、契約上の債務の内容として、完成義務や品質保証義務等を負わないことを、AI開発契約の文言やAI開発契約において提示した販促資料の内容等から主張していくことになる。また、AIベンダとしては、上述した裁判例のように、開発物の性能が所定のレベルに至らなかったのは、データ提供等の事業会社の協力義務違反があったためであるとして、解除事由に該当しないとか、帰責事由がなく損害賠償義務を負わないなどといった主張をすることも考えられるが、契約上、事業会社の協力義務について具体的な定めがない場合には、AIベンダの上記主張が排斥されうる点に留意が必要である。

2 開発物の知的財産権の帰属に争いがある

(1) 開発物の知的財産権の帰属に関する合意内容の確認

第1編第7章Ⅱ3（5）で解説したとおり、開発物の知的財産権の帰属は、AI開発契約における重要論点であり、明確に契約書に記載すべき事項である。

そのため、まずは、開発物の知的財産権の帰属に関する合意内容と、当該合意に至るまでの当事者間でのやり取りに関する資料を確認すべきである。

（2） 争いが生じている開発物の確認

また、開発物としては、学習済みモデル（カスタマイズモデル）のほか、学習用データセット、事業会社の既存システムと連携するための連携システム、ドキュメント類、追加学習後の学習済みモデルなど、さまざまなものがありうるから、何についてトラブルとなっているのかについて正確に把握することが必要である。

以下では、特にトラブルとなりやすい学習済みモデルの知的財産権の帰属に争いがある場合を想定して対応策を検討することとする。

（3） 著作権法に基づきとりうる手段の検討

（A） 学習済みモデルは著作権の対象となるか

著作権法上、「プログラム」とは、電子計算機（データ処理を行うコンピュータ）を機能させて一の結果を得ることができるようにこれに対する指令を組み合わせたものとして表現したものをいう（著作権法2条1項10号の2）。プログラムのうち、特に表現に選択の幅があるプログラム（所望の機能を実現するプログラムが複数存在しうるもの）については、著作物性が認められる（東京地判昭和60年3月8日判タ561号169頁）。学習済みモデルは、一般的には、表現に選択の幅があるプログラムとして、著作物性が認められることが多いと思われる。

（B） AI開発契約に明示の定めがある場合の著作権の帰属・利用権の範囲

AI開発契約における著作権の帰属については、大別して、以下のパターンがある。

① AIベンダ単独帰属
② AIベンダと事業会社の共有
③ 事業会社単独帰属

AI開発契約において、上記①〜③のように定めた場合には、AIベンダおよび事業会社の実際の創作的表現への関与の程度がどのようなものであったとしても、契約の定めに従って、著作権が単独または共有として帰属することとなる。また、AI開発契約において、著作物の利用権について、明示の定めがある場合は、当該定めに従うこととなる。

（C）著作権法に基づく著作権の帰属

　AI開発契約に著作権の帰属に関する定めがない場合は、著作権法に従って著作物を創作する者である著作者（著作権法2条1項2号）に、著作権が付与されることとなる。また、著作権法上、①使用者の発意に基づきその業務に従事する者が、②職務上作成する著作物であって、③使用者が自己の著作の名義の下に公表するものの著作者は、④その作成の時における契約、勤務規則その他に別段の定めがない限り、その使用者である法人組織となる（同法15条12項）から、AI開発における著作者は、従業員ではなく、AIベンダか事業会社の法人組織となることが通常である。

　2人以上の者が共同して創作した著作物であって、その各人の寄与を分離して個別的に利用することができない著作物は、共同著作物（著作権法2条1項12号）となり、共同著作物は、著作財産権について共同著作者の共有となり、著作財産権の持分の譲渡や権利行使の制限を受けるうえ（同法65条）、著作者人格権も、共同著作者全員の合意によらなければ行使できない（同法64条）こととなる。

　著作物は、思想または感情の創作的表現であるから、著作者は、創作的な表現の創出に実質的に関与した者でなければならないところ、共同著作物に該当するというためにも、共同著作者のそれぞれが、いずれも創作と評価されるに足りる程度の関与を行うことが求められる。

　また、AI開発の場合、ライブラリやフレームワークが充実しており、公開されているモデルを使用する場合も多いことから、具体的事案において、そもそもどのような著作権が発生するかという観点からも検討する必要がある。

　なお、AI開発契約においては、実質的な開発費用は事業会社が負担することが多いが、「明示の特約があるか、又はそれと等価値といえるような黙示の合意があるなどの特段の事情」がなければ、開発費用の負担元がいずれであるかは考慮されない（知財高判平成22年5月25日裁判所ウェブサイト（平成21年（行コ）第10001号）。

　また、AI開発契約において、事業会社が提供したデータを基に学習済みモデルが生成されるとしても、そのようなデータの提供のみでは、プログラムの著作者ないし共同著作者としての関与があったと評価される可能性は低く、プ

ログラムの具体的記述について創作性を発揮したといえるほどの関与が必要であると考えられる。

　そうすると、明示の合意等がない限り、AI開発契約において生成された学習済みモデルの著作権は、AIベンダに単独で帰属することとなることが多いと考えられる。

　また、AI開発契約において生成された学習済みモデルが、AIベンダの既存のモデルの二次的著作物に該当する場合、著作権法上、二次的著作物の利用に対しては、原著作物の著作権者の権利が及ぶ（著作権法28条）ことになる。そのため、AI開発契約において、学習済みモデルの著作権をAIベンダとユーザの共有とすることを定めた場合であっても、既存モデルの利用許諾についても定めておく必要がある。

　（D）　AI開発契約に定めがない場合の学習済みモデルの利用権の範囲

　学習済みモデルの著作権が、著作権法に従いAIベンダに帰属し、学習済みモデルの利用条件について何らの合意がない場合であっても、AI開発契約を締結した目的に照らし、一定の範囲で、ユーザが当該学習済みモデルの利用権を有すると判断される可能性はあると考えられる。

　すなわち、AI開発契約は、ユーザが開発物を事業活動において使用することを前提として、開発費用を負担して締結されるものであることから、AI開発契約を締結する当事者の合理的意思として、ユーザが開発物を事業活動において使用することをAIベンダが許諾することについて、黙示の合意があると認定される可能性が高いと考えられる（知財高判平成29年2月23日裁判所ウェブサイト（平成27年（ネ）第10113号）も参照）。

　もっとも、その場合であっても、どの範囲で学習済みモデルの利用権が許諾されているといえるかについては、解釈に委ねられることとなる。たとえば、当該学習済みモデルを、ユーザの内部業務処理目的で自己利用する限りでの許諾なのか、事業活動の中で第三者に利用させることも許諾されているのか、さらに他のAIベンダに委託して再利用モデルの生成をさせることも許諾されているのか、といった事項については、契約締結当時の当事者の意思を踏まえて判断されることとなる。一般論としては、ユーザが学習済みモデルのソースコードの提供を受けているような場合であっても、他のAIベンダに委託して再

利用モデルの生成をさせることまで許諾されていると考えられる事例は少ないと思われ、そのような利用態様が想定されるのであれば、AI開発契約締結時において、著作権の帰属条項や利用許諾条項において明示的に定めることが必要と考えられる。

(4) 特許法に基づきとりうる手段の検討

(A) 学習済みモデルは特許権の対象となるか

特許権は、特許を受ける権利を有する者が特許出願をし、審査を経て特許登録を受けることで取得することができる。登録を受けるには、新規性（特許法29条1項）や進歩性（同条2項）といった他の要件を満たすことに加えて、特許法上の「発明」（同法2条1項）に該当するものであることが求められる。

特許庁によれば、コンピュータソフトウェアを利用するものは、「ソフトウェアによる情報処理が、ハードウェア資源を用いて具体的に実現されている場合」は、「自然法則を利用し他技術的思想の創作」、すなわち発明に該当するとされている（審査基準第Ⅲ部第1章2.2）。

学習済みモデルを出願して特許権を取得しようとする場合には、AI分野を専門とする弁理士に相談し、どのような構成であれば発明該当性を満たし特許を取得できる可能性があるか、十分に検討することが必要である。

(B) 特許法に基づく特許権の帰属

特許法上、特許を受ける権利は、発明者または発明者の帰属する使用人（組織）に帰属する（特許法29条1項、35条4項）。発明が共同でなされたときは、特許を受ける権利は、共同発明者の共有となり、共同発明者は共同で特許出願を行うことが必要である（同法38条）。共同発明者の一部の者のみが出願して特許を受けた場合には、その特許は無効とされうる（同法123条1項6号）ほか、真の権利者は、移転登録を請求して、出願名義の移転登録を受けることができる（同法74条。共同発明者の場合には、共同持分の移転登録請求となる）。

発明者ないし共同発明者となるためには、当該発明の創作行為に現実に加担した者でなければならず、単なる補助者、助言者、資金提供者等は発明者にはならない。

(C) AI開発契約における特許権の帰属

AI開発契約における特許権の帰属については、大別して、以下のパターン

がある。
　① AIベンダ単独帰属
　② AIベンダと事業会社の共有
　③ 事業会社単独帰属
　④ 特許法に従う

　AI開発契約において、上記①～③のように定めた場合には、AIベンダおよび事業会社の実際の創作行為への関与の程度がどのようなものであったとしても、契約の定めに従って、特許権が単独または共有として帰属することとなるが、AI開発契約に明示の定めがない場合や上記④のように定めた場合には、特許法の原則に従って、いずれの当事者に帰属するかが問題となりうる。

　AI開発契約において、事業会社が提供したデータを基に学習済みモデルが生成されるとしても、そのようなデータの提供のみでは、発明者ないし共同発明者としての創作行為への加担があったと評価される可能性は低く、個々のアウトプットを踏まえた連続的、能動的なデータ提供を行い、発明完成に貢献したといえることが必要であると考えられる。

　そうすると、明示の合意等がない限り、AI開発契約において生成された学習済みモデルの特許を受ける権利は、AIベンダに単独で帰属することとなることが多いと考えられる。

　そこで、AIベンダが特許を受ける権利を有するにもかかわらず、事業会社が単独で特許を取得してしまったような場合には、名義変更について交渉したうえで、合意に至らなければ、特許庁に対して、上述した無効審判請求や、名義移転請求を行うことが考えられる。

　（D）　利用権の範囲

　もっとも、学習済みモデルの特許権が、特許法に従いAIベンダに単独で帰属し、学習済みモデルの利用条件について何らの合意がない場合であっても、AI開発契約を締結した目的に照らし、一定の範囲で、事業会社が当該学習済みモデルの利用権、すなわち当該特許権の通常実施権を有すると判断される可能性はあると考えられる点は、著作権の場合と同様である。その場合の利用権の範囲についても、著作権の場合と同様に、AI開発契約を締結した当事者の合理的意思に基づき解釈されることとなると考えられる。

(5) 著作権法や特許法に基づく請求

以上の検討の結果、著作権が自己に帰属しているにもかかわらず、相手方が無断で成果物を使用していることを立証できる資料が収集できた場合、著作権法に基づき、その使用行為に対する差止請求や損害賠償請求等を検討する。

また、特許権が自己に帰属しているにもかかわらず、相手方が無断で特許出願をしてしまった場合、名義変更の協議のほか、特許登録後の移転請求や損害賠償請求等を検討する。その詳細については、第5章Ⅲ4を参照されたい。

3 ベンダが同業他者に同種の開発物を提供している

(1) 同種の開発を制限する合意の有無の確認

AIベンダが同業他社に同種の開発物を提供していることが判明した場合、AI開発契約の契約条件からして、そのような行為が許容されるものであるかを検討することになる。

第1編第7章Ⅱ3(5)で解説したとおり、AI開発契約の成果物である学習済みモデルの権利の帰属や、学習済みモデルの利用条件については、AI開発・利用契約において明確に定めるべきであるが、まずはその合意内容と、当該合意に至るまでの当事者間でのやり取りに関する資料を確認すべきである。

特に、ユーザに独占権が付与されている場合や、AIベンダの競業避止義務が定められている場合等については、その独占権や競業避止の範囲を確認することとなる。

(2) 争いが生じている開発物の確認

同業他者に提供されている同種の開発物が、独占権や競業避止の対象の範囲に属するものであるかを確認する。

また、独占権や競業避止の対象外であるという場合も、法律上の請求の可否を検討するため、同種の開発物がどのような経緯で開発されたものであるかを、可能な範囲で確認する。すなわち、同業他者の同種の開発物が、同じ学習済みモデルなのか、さらに追加学習をした学習済みモデルなのか、それとも、AIベンダが保有している既存モデルに別のデータを用いて学習させたモデルなのかによって、主張の可否やその法律構成が異なり得ることから、これを確認する必要がある。もっとも、同種の開発物の実力を確認するだけでは、どのような経緯で開発されたものであるかを把握することは容易ではない。事業会

社としては、AIベンダに対し、書面により、その開発経緯を問い合わせることも検討すべきである。

（3） 契約上の義務違反に基づく請求

AIベンダにおいて、独占許諾義務違反、競業避止義務違反、学習済みモデル等の利用条件違反がある場合には、事業会社は、AIベンダに対し、当該債務不履行に基づき、債務の履行を求める請求と、AIベンダの債務不履行に基づく損害賠償請求をすることが考えられる。

その際、AIベンダに対してAI開発・利用契約に基づく請求を行うにしても、当該同種の開発物を利用している同業他者に対して請求を行うかどうかについては、後述する法的請求の可否を検討のうえ、慎重に検討する必要がある。すなわち、同業他者に対して、AIベンダの契約違反を指摘して当該開発物の利用停止を求める請求を行った場合、後日、裁判所等により、AIベンダの契約違反がないとの判断がなされると、AIベンダへの業務妨害等の不法行為を理由とする損害賠償請求等がなされる可能性がある。また、AIベンダと事業会社では、「競争関係にある他人」に該当しない場合もあるが、状況によってはこの要件を充足し、不正競争防止法上の虚偽事実の告知・流布（同法2条1項15号）に該当するとの判断がなされる可能性も否定できない。

AI開発・利用契約上、同種の開発物の利用条件の定めがない場合や、同種の開発物の利用条件が明確ではない場合には、事業会社としては、秘密保持義務違反に基づく請求や知的財産権法等に基づく請求を検討することとなる。

（4） 知的財産権法に基づきとりうる手段の検討

特許法や著作権法に基づきユーザに成果物の権利が帰属しているにもかかわらず、AIベンダや同業他者が当該成果物を利用していることについて、客観的な資料が収集できた場合には、特許権侵害や著作権侵害に基づき、侵害行為の差止請求、侵害品である同種開発物の廃棄請求、損害賠償請求等を検討することとなる。

また、特許権侵害や著作権侵害を主張することが難しいとしても、事業会社がAIベンダに提供した生データや、あるいはデータの収集に関する事業会社のノウハウが、同業他者への同種開発物の提供において用いられていることが客観的な資料から主張可能な場合、営業秘密や限定提供データの不正利用を理

由として、営業上の利益の侵害行為の差止請求、侵害行為を組成する同種開発物の廃棄請求、損害賠償請求を検討することとなる。不正競争防止法に基づく請求については、第2編第2章を参照されたい。

事項別索引

【英字】

AI 開発・利用契約	235
AI 開発契約	373
——における特許権の帰属	380
AI 開発における著作者	378
COC 条項	21
LLP	194, 195
——の解散	201
——の業務	199
——の業務執行の決定	199
——の財産	200
——の損益分配	200
ODM 契約	93
OEM 契約	93

【あ行】

相手方指名取締役	358
アドホック仲裁	266
委託者の義務	157
違約金	34
受け入れ可能な事項	43
受入検査	119
請負契約	139, 318
——の解除	318
営業秘密侵害罪	275

【か行】

会計参与	210
会社更生手続	366
解除条件	14
解除による原状回復	28
解除の効力を争う方法	300
開発物	377
改良発明	181
学習済みモデルの完成義務	241
学習済みモデルの知的財産権の帰属	242
学習済みモデルの著作権	379
過失	296
過失相殺	31
株式交換	224
株式の譲渡	226
株式の譲渡制限条項	224
株主間契約	184
株主間での利害調整	213
株主代表訴訟	361
株主等との取引条件	221
仮差押え	256
仮執行宣言	264
——の申立て	261
仮の地位を定める仮処分	257, 273
管轄の合意	37
監査条項	73
監査役	210
間接損害	32
完全合意条項	24
期間	12
機関設計	208
機関仲裁	266
期限	14
——の利益	15
——の利益喪失条項	15
危険負担	124
——における債務者主義	10
技術検証契約	236
帰責事由	296
基本合意書	188

385

吸収合併	369	契約不適合	289
給付を受領した日	121	契約不適合責任	126
競業避止義務	155, 182	——に基づく損害賠償請求	305
競業避止義務違反	360	——を追及しうる期間	306
競業避止条項	220	決議取消しの訴え	357
強行規定	3	欠席判決	263
強行法規	3	現実の損害	32
強制執行	267	限定提供データ	47, 272, 277
強制売却請求権	227	故意	296
共同開発	168	交渉担当者	45
——の成果	177	控訴	264
共同開発期間	175	合同会社	194
共同開発契約	168	口頭弁論	263
共同研究開発契約	238	合弁会社株式の譲渡対価	368
共同著作物	378	合弁会社の解散	234
共同売却請求権	227	合弁会社の解散・清算	364
共同発明者	347	合弁会社の債務超過の解消	365
業務委託契約	139	合弁会社の事業機会の奪取	361
——の中途解除	330, 332	合弁会社の資産	370
——の法的性質	320	合弁会社の従業員	370
共有著作物の利用条件	178	合弁会社への資金供与	362
共有に係る著作物	178	合弁関係の解消	226, 367
拒否権対象事項	353	合弁契約	184
組合員の加入	200	——の解釈	367
組合員の除名	201	——の解除	233
組合員の脱退	201	——の契約交渉	192
組合持分の払戻し	201	——の交渉	187
クレーム対応	301	合弁事業の解消	230
警察への届出	275	合弁事業の終了	369
刑事的措置	275	合弁当事者の競業避止義務	359
継続的契約の解消	312, 333	合理的な根拠	43
契約解釈	344	コール・オプション	229
契約期間	163	個人情報保護	165
契約自由の原則	3	個別契約	99
契約の解除	297		
契約の目的	11		

【さ行】

再委託	112
最恵待遇条項	246
債権譲渡禁止条項	19
催告による解除	297
催告の対象	298
裁判上の和解	264
錯誤取消し	340
差止請求	80
差止めの仮処分	273
始期	14
事業譲渡	369
資金調達	217, 362
事実関係の調査方法	269
事情変更の法理	24, 341
私的自治の原則	3
私的整理	365
自動更新条項	17
支払督促	261
事物管轄	262
釈明権の行使	263
終期	14
従業員の秘密情報の漏えい	276
重要な業務執行	185
受託者の義務	154
出資比率	204
守秘義務違反	361
受領者による目的外使用	281
準委任契約	140, 318
準拠法	37
準備書面	263
準備的口頭弁論	263
少額訴訟手続	262
使用従属性	145
商事留置権	310
少数派の株主	205
消費生活用製品	302
商標	132
情報の開示	190
剰余金の配当	219
初日不算入の原則	12
処分禁止の仮処分	257
書面による準備手続	263
所有権の移転時期	123
成果の開示・提供義務	343
成果の帰属	177
成果の公表	180
成果物に関する知的財産権の帰属	160
請求の原因	262
請求の趣旨	262
誠実交渉義務	191
製造物供給契約	93
製造物責任	129, 306
成立の牽連性	9
設立費用の負担	203
善管注意義務	140, 212
先行着手の合意	343
専属的合意	39
先買権	226
前文	11
専門仲裁機関	266
占有移転禁止の仮処分	257
相当の期間	298
双務契約	8
即時起算	12
訴状	262
訴訟記録閲覧等制限の申立て	37
訴訟費用	264
ソフトウェア開発契約	238
損害賠償額の予定	34
損害賠償義務	162

損害賠償条項	78
存続の牽連性	9

【た行】

タームシート	188
代金の支払い	121
対策本部	269
対象製品の特定	103
退職金の減額または不支給	276
退職者の秘密情報の漏えい	276
諾成契約	8
チェンジオブコントロール条項	21
遅延賠償	295
仲裁	266
仲裁手続	38, 274
中途解約条項	17
懲戒処分	276
調停手続	38
調停に代わる決定	260
直接損害	32
追加学習サービス	248
通常生ずべき損害	30
通常訴訟	262
定款違反	357
定期行為	299
停止条件	13
適用範囲	98
デッドロック	231
典型契約	5
填補賠償	295
倒産手続	365
同時履行の抗弁権	9, 298
答弁書	263
独占交渉義務	190, 191
特定受託事業者	146
特別採用	119

特別清算	365
特別の利害関係	213
土地管轄	262
特許権	380
特許持分の移転	345
取締役会設置会社	209
取締役会非設置会社	209
取締役の指名権	211
取締役の選任	211
取引基本契約書等における秘密保持条項	83

【な行】

ナショナルブランド（NB）製品	93
任意規定	3
任意組合	195
任意交渉	317
納期の遅延	295
納期の猶予	300
納入	118

【は行】

破産手続	365
派生生成物	181
発注者の帰責事由	296
発明	347, 380
発明者	347
反社会的勢力	34
反社条項	34
引渡し	118
引き抜き禁止	221
非典型契約	6
秘密情報から除外される情報	62
秘密情報から除外する情報	61
秘密情報の定義条項	58
秘密情報の破棄または返還	76

秘密情報の複製の取扱い	71
秘密情報の目的外使用	276
秘密情報の漏えい	269
秘密保持義務	66, 214
秘密保持義務等の存続期間	82
秘密保持契約	46, 236
──の有効期間	81
秘密保持誓約書	86
表題	10
費用負担	174
ファーストドラフト	39
不安の抗弁権	309
不可抗力事由	137
不可抗力条項	22
付加的合意	39
プット・オプション	229
不特定物の所有権	123
プライベートブランド（PB）製品	93
フリーランス	146
プログラム	377
紛争解決手段	37
分担業務	339
別除権	310
偏頗行為	311
返品	121
片務契約	8
弁論準備手続	263
報告義務	154
報酬の定め方	152
法定解除	25
法的倒産手続	310
冒認出願	345
暴排条項（暴力団排除条項）	34
保証	116

【ま行】

未確定事項	153
民事再生手続	366
民事訴訟	262
民事調停	259
民事保全手続	256
無催告解除	298
無償契約	8
無名契約	6
目的外使用の禁止	71
目的条項	54, 97, 150, 171
目的物が特定した時	124

【や行】

役員の解任権	211
約定解除	25
役割分担	172
やり直し	121
有限責任事業組合契約書	196
有償契約	8
優先買取権	226
有名契約	5
要式契約	6
要物契約	8

【ら行】

利益の配分の方法	186
履行遅滞	297
履行の牽連性	9
利用料のディスカウント条項	246
類似製品の製造禁止	136
漏えい等の事故	74

執筆者略歴

服部　誠（はっとり・まこと）

弁護士・弁理士（阿部・井窪・片山法律事務所パートナー）

（略歴）

1994年	慶應義塾大学法学部法律学科卒業
1995年	司法研修所入所（50期）
1998年	弁護士登録（第一東京弁護士会）、阿部・井窪・片山法律事務所入所
2001年	期限付任用法に基づき経済産業省知的財産政策室にて勤務（課長補佐）
2002年〜	海外研修（ペンシルバニア大学ロースクール卒業（法学修士号）、マックス・プランク知的財産研究所客員研究員等）（〜2004年）
2003年	米国ニューヨーク州司法試験合格
2021年〜2022年	日本弁護士連合会知的財産センター委員長
2022年〜	早稲田大学大学院法務研究科非常勤講師

（主な著書）

『企業における裁判に負けないための契約条項の実務』（共著。青林書院、2023年）／『国際取引トラブルの出口戦略と予防法務』（共著。ぎょうせい、2022年）／『情報・AIの利活用と紛争予防の法律事務』（共著。民事法研究会、2021年）／『知財トラブルの出口戦略と予防法務』（共著。ぎょうせい、2020年）／『契約書作成の実務と書式――企業実務家視点の雛形とその解説――〔第2版〕』（共著。有斐閣、2019年）

第1編第1章、第1編第2章　担当

中村　閑（なかむら・のどか）

弁護士（阿部・井窪・片山法律事務所パートナー）

（略歴）

2003年	慶應義塾大学法学部法律学科卒業、司法研修所入所（57期）
2004年	弁護士登録（第一東京弁護士会）、阿部・井窪・片山法律事務所入

所
2012年〜　国内大手情報通信技術関連企業出向（〜2013年）
2013年〜　弁理士会・特定侵害訴訟代理業務能力担保研修講師（〜2016年）
2016年〜　工業所有権審議会試験委員（弁理士試験委員・意匠法担当）（〜2019年）

（主な著書）

『日弁連研修叢書 現代法律実務の諸問題（令和5年度研修版）』（共著。第一法規、2024年）／『企業における裁判に負けないための契約条項の実務』（共著。青林書院、2023年）／『金融機関の法務対策6000講第VI巻保証・取引先支援・事業再生編』（共著。きんざい、2022年）／『情報・AIの利活用と紛争予防の法律事務』（共著。民事法研究会、2022年）／『法務リスク・コンプライアンスリスク管理実務マニュアル〔第2版〕』（共著。民事法研究会、2021年）／『知財トラブルの出口戦略と予防法務』（共著。ぎょうせい、2020年）／『知的財産権訴訟要論（不正競業・商標編）〔第4版〕』（共著。一般社団法人発明推進協会、2018年）／『金融機関の法務対策5000講（第V巻）』（共著。金融財政事情研究会、2018年）／『新・注解特許法〔第2版〕上巻・下巻』（共著。青林書院、2017年）／『商標法コンメンタール』（共著。レクシスネクシス、2015年）
第1編第5章〜第7章、第2編第5章〜第7章　担当

大西ひとみ（おおにし・ひとみ）

弁護士（阿部・井窪・片山法律事務所パートナー）

（略歴）

2013年　東京大学法学部卒業、司法研修所入所（67期）
2014年　弁護士登録（第一東京弁護士会登録）、阿部・井窪・片山法律事務所入所
2020年〜　国内大手広告代理店企業出向（〜2021年）
2023年〜　工業所有権審議会臨時委員（弁理士試験委員・意匠法担当）
2024年〜　経営法曹会議会員

（主な著書）

『企業における裁判に負けないための契約条項の実務』（共著。青林書院、2023

年）／『情報・AI の利活用と紛争予防の法律実務』（共著。民事法研究会、2022年）／『知財トラブルの出口戦略と予防法務』（共著。ぎょうせい、2020年）／『第4次産業革命と法律実務』（共著。民事法研究会、2019年）／『知的財産権訴訟要論（不正競業・商標編）〔第4版〕』（共著。一般社団法人発明推進協会、2018年）／『会社法書式集』（共著。商事法務、2017年）
本書の利用方法　担当

柿本祐依（かきもと・ゆい）

弁護士（阿部・井窪・片山法律事務所）

（略歴）

2016年	神戸大学法学部卒業
2016年	地方裁判所民事部　裁判所事務官として勤務
2019年	慶應義塾大学法科大学院中退、司法研修所（73期）
2020年	弁護士登録（第一東京弁護士会登録）、阿部・井窪・片山法律事務所入所

第1編第2章〜第4章　第2編第2章〜第4章　担当

〔執筆者事務所所在地〕

阿部・井窪・片山法律事務所

〒100-6613　東京都千代田区丸の内1丁目9-2
グラントウキョウサウスタワー
電話　03-5860-3640（代表）
URL：https://www.aiklaw.co.jp/

契約トラブルの出口戦略と予防法務
── リスク管理から考える条項例と紛争対応

令和7年2月5日　第1刷発行

著　者　　服部　誠　中村　閑
　　　　　大西ひとみ　柿本祐依

発　行　　株式会社 **ぎょうせい**
　　　　　〒136-8475　東京都江東区新木場1-18-11
　　　　　URL：https://gyosei.jp
　　　　　フリーコール　0120-953-431
　　　　　ぎょうせい　お問い合わせ　検索　https://gyosei.jp/inquiry/

〈検印省略〉

印刷　ぎょうせいデジタル株式会社　　　　　Ⓒ2025　Printed in Japan
※乱丁・落丁本はお取り替えいたします。

ISBN978-4-324-11441-4
(5108963-00-000)

〔略号：契約トラブル〕

知財トラブルの出口戦略と予防法務
―紛争解決へのアプローチとリスク管理―

紛争発生時のリスクの極小化を図る対応方法（出口戦略）と事前予防策（予防法務）を解説！

阿部・井窪・片山法律事務所・弁護士
服部 誠・中村 閑・大西ひとみ《著》

A5判・定価4,180円（税込）［電子版］価格4,180円（税込）

- 警告書が届いたときの対応方法や意図せず権利侵害しないための留意点を解説！
- 侵害者、被疑侵害者双方の立場から解説し、弁護士、弁理士、企業の法務・知財担当者の実務に最適な実践的手引書！

国際取引トラブルの出口戦略と予防法務
―日本企業の渉外活動に潜むリスク対応―

阿部・井窪・片山法律事務所・弁護士 服部 誠《編》
広瀬史乃・牧恵美子・辛川力太・髙岸亘《著》

A5判・定価3,080円（税込）［電子版］価格3,080円（税込）

- 外国企業との取引・現地法人にかかわるリスクを「見える化」し、事前・事後対応を解説！
- ビジネス環境・文化・言語、準拠法、紛争解決手続、地政学的リスク、カントリーリスク、債権回収、知財をめぐるリスク等の背景と構造を詳細に解説！

株式会社 ぎょうせい
〒136-8575 東京都江東区新木場1-18-11
フリーコール TEL:0120-953-431 ［平日9〜17時］ FAX:0120-953-495
https://shop.gyosei.jp
※電子版は ぎょうせいオンラインショップ 検索 からご注文ください。